21世纪经济管理精品教材·信息管理与信息系统系列

信息资源管理

李兴国 主 编
顾东晓 副主编

清华大学出版社
北 京

内容简介

本书将信息资源管理的基本理论和最新研究成果融合在一起，按照信息资源管理涉及的主要内容和核心要素构建信息资源管理的新体系，并组织了5个案例将这些基本理论和原理应用于企业、商务和公共事业单位等领域。全书共分八章：绪论、信息资源分布规律与管理原则、狭义信息资源管理、广义信息资源管理、信息系统管理、信息资源开发与利用方法、信息资源安全管理和信息资源管理案例。

本书可作为高等学校管理学和经济学门类本科生和研究生的"信息资源管理"课程的教材，也可供高级管理者培训以及社会读者研读。

图书在版编目（CIP）数据

信息资源管理/李兴国主编. --北京：清华大学出版社，2015(2021.7重印)
(21世纪经济管理精品教材·信息管理与信息系统系列)
ISBN 978-7-302-41390-5

Ⅰ. ①信… Ⅱ. ①李… Ⅲ. ①信息管理－高等学校－教材 Ⅳ. ①G203

中国版本图书馆CIP数据核字(2015)第209173号

责任编辑：张　伟
封面设计：汉风唐韵
责任校对：宋玉莲
责任印制：丛怀宇

出版发行：清华大学出版社
网　　址：http://www.tup.com.cn，http://www.wqbook.com
地　　址：北京清华大学学研大厦A座　　**邮　　编**：100084
社 总 机：010-62770175　　**邮　　购**：010-83470235
投稿与读者服务：010-62776969，c-service@tup.tsinghua.edu.cn
质量反馈：010-62772015，zhiliang@tup.tsinghua.edu.cn
课件下载：http://www.tup.com.cn，010-83470332

印 装 者：北京富博印刷有限公司
经　　销：全国新华书店
开　　本：185mm×260mm　　**印　　张**：19.25　　**字　　数**：443千字
版　　次：2015年9月第1版　　**印　　次**：2021年7月第4次印刷
定　　价：49.00元

产品编号：063231-02

前言

移动互联网、全球通信、云计算、物联网和电子商务等信息技术的飞速发展及广泛应用，尤其是“大数据”概念的出现，使科技、经济、文化和社会正在经历一场深刻的革命。20世纪90年代以来，人类已经进入到以“信息化”、“网络化”和“全球化”为主要特征的经济发展新时期。信息已成为重要的资源，它正在改变社会资源的配置方式，改变人们的价值观念、工作和生活方式，信息资源管理的重要性日益显现。信息资源管理作为管理学的一个分支，由于信息资源有别于物质和能量资源，有其自身的规律，因此在很多方面值得探讨，本书就是这一探索过程的产物。

了解信息、信息科学、信息技术和信息社会，把握信息资源和信息管理，对于当代管理者来说，就像把握组织财务管理、人力资源管理和物流管理等一样重要。信息资源管理依托信息科学和信息技术对信息资源和信息活动进行管理，以实现信息资源利用和收益最大化，为国家、企业、事业单位和个人等发展提供给养。

信息资源管理的研究领域广泛，不仅包括信息的收集、加工、存储、传递、使用以及信息系统建设等信息管理技术方面的内容，而且也包括以信息、信息技术和信息生产者为特定管理对象的信息资源管理过程理论与方法研究。本书将信息资源管理的基本理论和最新研究成果融合在一起，按照信息资源管理涉及的主要内容和核心要素构建信息资源管理的新体系，并组织了5个案例将这些基本理论和原理应用于企业、商务和公共事业单位等领域。全书共分八章，即绪论、信息资源分布规律与管理原则、狭义信息资源管理、广义信息资源管理、信息系统管理、信息资源开发与利用方法、信息资源安全管理和信息资源管理案例。

本书由合肥工业大学管理学院李兴国教授任主编，顾东晓任副主编。各章的编写分工如下：第一章和第三章由李兴国、黄娟娟、宋常华、项鸿雁编写；第二章和第七章由聂会星、王翔宇、廖宝玉编写；第四章由钟金宏、蒋瑞轩、王勇编写；第五章由杨颖、赵业晗、黄婷、李旭伟编写；第六章由顾东晓、夏旻旻、程浩、孟憧憧编写；第八章由李兴国、顾东晓、钟金宏、杨颖编写。李兴国负责全书的策划和大纲的制定，顾东晓、钟金宏负责全书的统纂工作。

在本书编写过程中，参考了大量的国内外有关研究成果，对所涉及的专家、学者表示衷心的感谢。本书也是合肥工业大学信息管理与信息系统研究所全体教师和硕士研究生们多年研究成果的汇聚，在此对所有贡献者表示真诚的感谢。本书的编写受到合肥工业大学研究生精品教材建设项目(YJC2012Z02)、国家自然科学基金(71301040)、中国博士后基金(2013M541651、2014T7058)、江苏省博士后科研资助计划(No. B02129C)、安徽省哲学社会科学规划项目(AHSKQ2014D23)和安徽省软科学项目(1502052014、1502052016)的资助。

由于编者水平有限，书中难免有疏漏或不妥之处，恳请广大读者不吝赐教，以便我们今后对本书改版时进行完善。

作 者

2015年6月

目
录

第1章

绪　论

计算机、全球通信和互联网等信息技术的飞速发展及广泛应用，使科技、经济、文化和社会正在经历一场深刻的革命。20 世纪 90 年代以来，人类已经进入到以"信息化"、"网络化"和"全球化"为主要特征的经济发展的新时期，信息已成为支撑社会经济发展的继物质和能量之后的重要资源，它正在改变社会资源的配置方式，改变人们的价值观念及工作与生活方式。了解信息、信息科学、信息技术和信息社会，把握信息资源和信息管理，对于当代管理者来说，就像把握企业财务管理、人力资源管理和物流管理等一样重要。

信息资源管理依托信息科学和信息技术对信息资源和信息活动进行管理，以实现信息资源利用收益最大化，为国家、企业、个人等发展提供给养。信息科学是研究信息运动规律和应用方法的科学；信息技术是关于信息的产生、发送、传输、接收、变换、识别和控制等应用技术的总称，架起了信息科学和信息资源开发利用之间的桥梁；信息资源管理是以信息、信息生产者、信息生产工具（信息技术）与信息活动为研究对象，研究信息资源管理活动的基本规律和方法的科学。

你可以从本章了解到：

1. 信息的含义、类型及其特征；
2. 信息技术与社会发展；
3. 信息资源化及信息资源的概念；
4. 信息资源的分类、特征与功能；
5. 信息资源管理的形成与发展。

1.1　信息与信息技术

1.1.1 信息的含义、类型及其特征

1. 信息的含义

信息、物质和能量是人类社会发展的三大资源。工业革命使人类在开发、利用物质和能量两种资源上取得巨大的成功，其结果是创造了工业时代。

随着以计算机技术、通信技术、网络技术为代表的现代信息技术的飞速发展，人类社会正从工业时代阔步迈向信息时代，人们越来越重视信息技术对传统产业的改造以及对信息资源的开发和利用，"信息化"已成为一个国家经济和社会发展的关键环节，信息化水平的高低已经成为衡量一个国家、一个地区现代化水平和综合国力的重要标志。

对于"信息"的概念不同的学者有不同的解释和理解。信息源于物质运动与能量转换，它反映事物和能量的特征及变化，体现对事物的认识与理解程度。同时，信息是一种经过加工处理后的数据，可以保存和传递，具有知识的含义，具有价值，但它只能通过接受

者的决策或者行为才能得以体现。

“信息”一词在英文、法文、德文、西班牙文中均形似“information”，日文中为“情報”，我国台湾称之为“資訊”，我国古代用的是“消息”。它作为科学术语最早出现在哈特莱(R. V. Hartley)于1928年撰写的《信息传输》一文中。20世纪40年代，信息论的奠基人香农(C. E. Shannon)给出了信息的明确定义。此后许多研究者从各自的研究领域出发，给出了不同的定义。具有代表性的表述如下。

(1) 信息论奠基人香农认为“信息是用来消除不确定性的东西”，这一定义被人们看作是经典性定义而加以引用。

(2) 控制论创始人维纳(Norbert Wiener)认为“信息是人们在适应外部世界，并使这种适应反作用于外部世界的过程中，同外部世界进行互相交换的内容的名称”。

(3) 经济管理学家认为“信息是提供给决策者的有效数据”。

(4) 物理学家提出了“信息熵”的概念，用信息熵描述系统与环境交流信息的程度。

(5) 电子学家、计算机科学家认为“信息是电子线路中传输的信号”。

(6) 美国信息管理专家霍顿(F. W. Horton) 给信息下的定义是：“信息是满足用户决策的需要经过加工处理的数据。”简单地说，信息是经过加工的数据，或者说，信息是数据处理的结果。

(7) 我国著名的信息专家钟义信教授认为“信息是事物存在方式或运动状态以及这种方式或状态直接或间接的表述”。

根据近年来人们对信息的研究成果，普遍接受的信息概念可以概括如下：信息是客观世界中各种事物的运动状态和变化的反映，是客观事物之间相互联系和相互作用的表征，表现的是客观事物运动状态和变化的实质内容。

2. 数据、信息和知识的关系

在看书和读报过程中，我们经常遇到“数据”、“信息”和“知识”这三个词，它们之间有什么联系和区别呢？图1-1揭示了三者之间的关系：数据是基础，信息寓于数据之中，知识隐含于数据与信息之中。

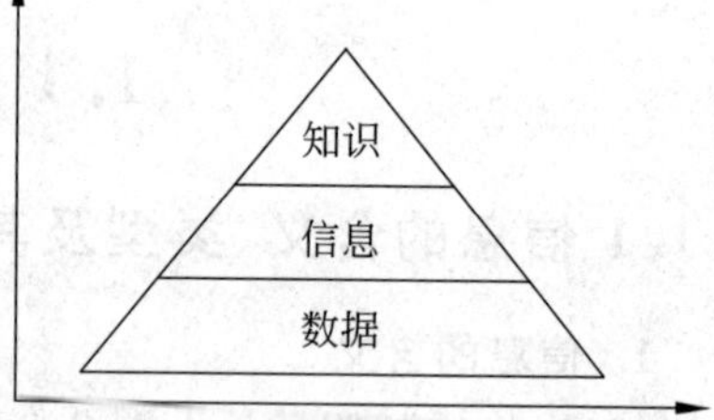

图1-1 数据、信息和知识的关系

数据是对物质、事件、活动和事务的客观记录、分类和存储，它不被用来传递任何特定意义。构成数据的内容可以是数值、字符(串)、图形、声音、图像等。

信息是被组织起来、对接受者有特定意义的数据。它包含一些接受者可能知道，也可能令接受者大吃一惊的预先未知的内容，接受者自己能够理解这种意义。

知识是通过对数据和信息的加工与提取形成的，它有重要的应用前景，能反映过去经验，具有价值性，其应用效果取决于使用者对于这些知识的掌握程度。

3. 信息的特征

(1) 客观性

信息是事物变化和运动状态的反映，以客观存在为前提，其实质内容具有客观性。信息的客观性特征是由信息源的客观性决定的。信息一旦形成，本身就具有客观实用性。

(2) 普遍性

世界是物质的,物质是运动的,物质及其运动的普遍性决定了信息的普遍性。由于信息是对事物运动的状态和方式表述,而宇宙万物又都在不停地运动着,因此信息无处不在,无时不有。

(3) 不完全性

人们对客观事物的认识是随社会和科学的发展而不断深入和发展的,因此描述这种认识的信息也是不断发展的,即信息对客观事物的描述具有不完全性。

(4) 依附性

依附性又称为寄载性。信息必须依附于一定的载体而存在,并且这种载体可以变换。其载体有纸、磁介质、电流、声波和光波等。人类通过视觉、听觉、嗅觉等感官感知、识别和利用信息。可以说,没有载体,信息就不会被人们所感知,信息也就不存在,因此,信息必须依附载体,依靠载体的传输和记忆实现信息的传输和存储。

(5) 价值性

信息与其他物质一样,是商品,是价值和使用价值的统一。信息的使用价值是指信息对人们的有用性,即特定的信息能够满足人类特定的需要的属性,例如信息能满足人们学习、研究、购物等方面的需求。信息的价值则是指凝结在信息产品中的人类一般劳动,这是信息商品的社会属性,体现出信息生产者和信息需求者之间的关系,也就是他们之间交换劳动的关系。

(6) 时效性

信息的时效性是指从信源发送信息,经过采集、加工、传递和使用的时间间隔和效率。信息的使用价值与信息经历的时间间隔成反比,即信息经历的时间越短,使用价值就越大;反之,经历的时间越长,使用价值就越小。

(7) 可传递性

任何信息从信源发出到被信宿接收和利用必须经过传输,不能传输的信息是无用的。信息传输方式影响着传输的速率和传输的质量,这对信息的效用和价值是很重要的。

(8) 可存储性

所谓存储,实质上是指信息在时间上的传递。信息的依附性使信息可以通过各种载体储存实现信息存储,从而使得信息具有可存储性。信息的可存储性使信息可以积累,信息经过记录存储起来,以便今后使用。

(9) 可扩散性

所谓扩散,是指信息在空间上的传递。信息富有渗透性,它总是力求冲破自然的约束(如保密措施等),通过各种渠道和传输手段迅速扩散,扩大其影响。正是这种扩散性,使信息能够成为全人类共同的财富。

(10) 共享性

由于信息可以在不同的载体间转换和传播,并且在转换和传播的过程中不会丢失,所以谁拥有了某信息的载体谁就拥有了该信息。它与物质不同,物质从甲方传给乙方后,乙方得到了该物质,"甲方"就失去了该物质。而信息在传递和使用过程中,允许多次和多方共享使用,原拥有者只会失去信息的原创价值,不会失去信息的使用价值和潜在价值。因此信息不会因为共享而消失，也不会因为共享而损失。这是信息与物质和能量资源的本质区别。

(11) 可加工性

信息可以通过各种手段和方法进行加工、选择、精炼、排除无用的信息，使其具有更大的价值。信息的可加工性使得人们能够从大量而又繁杂的信息中提取出其感兴趣的信息资源。

(12) 有用性

从信息定义可知，信息是对人们决策有用的一种特殊数据，但信息的有用性是相对的，某信息对A决策有用，对B决策未必有用甚至有害。同一信息在不同时间、不同地点对不同人的效用是不同的。

4. 信息的常见分类

同其他事物的分类问题一样，信息的类型也取决于其分类的准则和方法，常见的信息分类有以下几种。

(1) 按空间状态分类：宏观信息(如国家的)、中观信息(如行业的)、微观信息(如企业的)。

(2) 按信源类型分类：内源性信息和外源性信息。

(3) 按价值分类：有用信息、无害信息和有害信息。

(4) 按时间分类：历史信息、现时信息和未来信息。

(5) 按载体分类：文字信息、声像信息和实物信息。

(6) 按信息的性质分类：语法信息、语义信息和语用信息。

按信息的性质分类形成的三个类别也被称为信息的三个层次。语法信息只涉及“事物运动的状态和状态改变的方式”的本身，不涉及这些状态的含义和效用，而把涉及其含义因素的信息部分称为语义信息，把涉及其效用因素的信息部分称为语用信息。语法信息是信息的最基本层次，语义信息和语用信息都是寄托在语法信息之上的，借助于语法信息存储和传输等。

语法信息是事物运动的状态和方式。根据事物的运动状态不同，语法信息可划分为：①连续状态和离散状态，与之对应的是连续状态语法信息和离散状态语法信息；②有限状态和无限状态，与之对应的是有限状态语法信息和无限状态语法信息；③明晰状态和模糊状态，与之对应的是明晰状态语法信息和模糊状态语法信息。

事物的运动方式(即各状态出现的方式)可以划分为三种，即随机型运动方式、半随机型运动方式以及确定型运动方式，它们分别对应于概率型信息、偶然型信息和确定型信息。所谓随机型运动方式是指各状态完全按照概率规则或统计规律出现；半随机型运动方式是指各状态的出现是随机的而不是确定的，但这些状态的出现是偶然的，不能大量重复出现，因此不能用概率统计的规则来描述；确定型运动方式是指各状态的出现能用经典数学公式来描述，其未知因素常表现在初始条件和环境影响(约束条件)方面。

因此根据事物运动的状态和方式不同，就可以得到 $C_2^1 \times C_2^1 \times C_2^1 \times C_3^1 = 24$ 种不同的语法信息形式，它们在理论上都是存在的，但在实际研究工作中，连续信息通常被离散化；而无限状态总是通过对有限状态的求解然后通过求极限的方法将其延伸至无限状态，这样最基本的语法信息形式就只有 6 种，即概率型信息、偶然型信息、确定型信息、模糊型概率信息、模糊型偶然信息以及模糊型确定信息。通常所说的模糊信息是指模糊型确定信息，因而真正最基本的语法信息只有 4 种：离散有限明晰状态的概率型信息、离散有限明晰状态的偶然型信息、离散有限明晰状态的确定型信息、离散有限模糊状态的确定型信息，分别将它们简称为概率型信息、偶然型信息、确定型信息和模糊型信息。按信息性质的信息分类如图 1-2 所示。

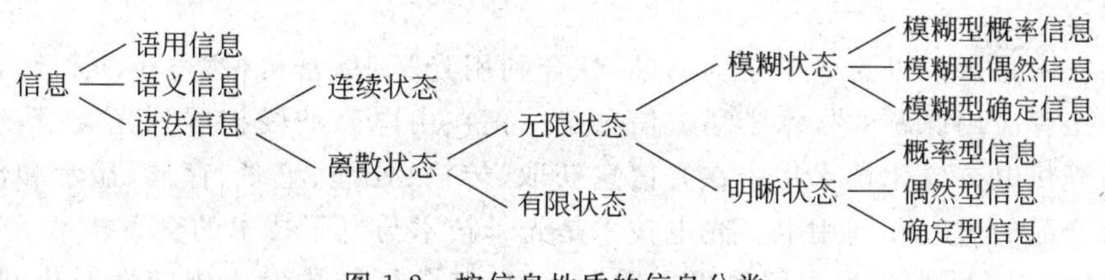

图 1-2　按信息性质的信息分类

1.1.2　信息科学

信息科学是研究信息运动规律和应用方法的科学，是由信息论、控制论、计算机、人工智能和系统论相互渗透、相互结合而形成的一门新兴综合性学科。其支柱为信息论、系统论和控制论。

信息论，是信息科学的前导，是一门用数理统计方法研究信息的度量、传递和交换规律的科学，主要研究通信和控制系统中普遍存在的信息传递的共同规律以及研究最佳地解决信息的获取、度量、变换、存储、传递等问题。

系统论，是以一般系统为研究对象的理论。其创始人是美籍奥地利生物学家贝塔朗菲(L. V. Bertalanffy)。系统是指相互作用的并具有一定整体功能和整体目的的诸要素所组成的整体。在内部，这些要素相互作用，形成一定的结构；对外部，这些要素所构成的整体与环境相互联系，表现出一定的功能，具有一定的目的。

控制论，是研究控制系统的理论，其创始人是美国数学家维纳。控制论认为：控制是指事物之间的一种不对称的相互作用，系统事物之间构成控制关系，其间必然存在一个或几个主动施加作用的事物，称为主控事物或控制者；同时也存在一个或多个被作用的事物，称为被控事物或控制对象。

1.1.3　信息技术

1. 信息技术内涵

信息技术是关于信息的产生、发送、传输、接收、变换、识别和控制等应用技术的总称，是在信息科学的基本原理和方法的指导下扩展人类信息处理功能的技术。具体包括信息基础技术、信息处理技术、信息应用技术和信息安全技术等。

(1) 信息基础技术

① 微电子技术。微电子技术是在半导体材料芯片上采用微米级加工工艺制造微小型化电子元器件和微型化电路的技术。主要包括超精细加工技术、薄膜生长和控制技术、

高密度组装技术、过程检测和过程控制技术等。

② 光子技术和光电技术。光子是物质存在和运动的基本形态之一,它具有运动速度快、不具有荷电性、最容易体现出波粒二象性、静止质量为零等特征。利用光子作为信息的载体,在某些场合效果明显优于电子,比如信息的远距离传输,光缆比电缆好。光子技术主要包括光子发生技术、光子存储技术、光子调制和开关技术、光子通信技术、光子探测技术等,利用该技术生产的计算机和通信等产品,具有运算速度快、存储容量更大、传输更迅速的特点。

光电技术是一门以光电子学为基础,综合利用光学、精密机械、电子学和计算机技术解决各种工程应用课题的技术学科。信息载体正在由电磁波段扩展到光波段,从而使光电科学与光机电一体化技术集中在光信息获取、传输、处理、记录、存储、显示和传感等的光电信息产品的研究和利用上。光电技术是光子技术与电子技术的交叉技术。

③ 分子电子技术。当光照射蛋白质分子时,其分子结构发生周期性变化,其中两种稳定结构状态可起导通和关闭的开关作用,能用来表示二进制数据。不仅蛋白质有此特性,其他许多生物分子也具有类似特性。利用这些特性可制作生物分子开关元件。

(2) 信息处理技术

① 信息获取技术。信息的获取可以通过人的感官或技术设备进行。有些信息,虽然可以通过人的感官获取,但如果利用技术设备来完成,效率会更高,质量会更好。信息获取技术主要包括传感技术和遥感技术。

② 信息传输技术。包括通信技术和广播技术,其中前者是主流。现代通信技术包括移动通信技术、数据通信技术、卫星通信技术、微波通信技术和光纤通信技术等。

③ 信息加工技术。它是利用计算机硬件、软件、网络对信息进行存储、加工、输出和利用的技术,包括计算机硬件技术、软件技术、网络技术、存储技术等。

④ 信息控制技术。它是利用信息控制系统使信息能够顺利流通的技术。

(3) 信息应用技术

信息应用技术直接面向产品设计、生产制造和管理等领域,典型代表有信息系统技术(IS技术)和计算机集成制造系统(CIMS技术)。

① IS技术。IS是由人、计算机网络和数据等组成的能进行信息收集、传输、加工、存储和利用的人机系统。其技术理论包括信息系统的分析、设计、实施和评价等。

② CIMS技术。CIMS是在通信技术、计算机技术、自动控制技术、制造技术基础上,将制造类企业中的全部生产活动(包括设计、制造、管理等)统一管理起来,形成一个最优化的产品生产大系统。CIMS系统由管理信息系统、产品设计与制造工程设计自动化系统、制造自动化系统、质量保证系统等功能子系统组成。CIMS技术的关键是将各功能子系统有机地集成在一起,而集成的重要基础是信息共享。

(4) 信息安全技术

它主要有密码技术、防火墙技术、病毒防治技术、身份鉴别技术、访问控制技术、备份与恢复技术、数据库安全技术等。这里介绍前两项。

① 密码技术。是指通过信息的变换或编码,使不知道密钥(如何解密的方法)的人不能解读所获信息,从而实现信息加密的技术。该技术包括两个方面: 密码编码技术和密

码分析技术。Internet 中常用的数字签名、信息伪装、认证技术均属于密码技术范畴。

② 防火墙技术。防火墙是保护企业内部网络免受外部入侵的屏障，是内、外网络隔离层硬件和软件的合称。防火墙技术主要有包过滤技术、代理技术、电路级网关技术等。

2. 信息技术的发展对社会经济的冲击

21 世纪初，人类将全面迈向一个信息时代，信息技术革命是经济全球化的重要推动力量和桥梁，是促进全球经济和社会发展的主导力量，以信息技术为中心的新技术革命已成为世界经济发展史上的新亮点。信息技术将使人类能够进一步挖掘潜藏在物质运动中的巨大信息资源，把世界变成一个没有边界的信息空间。微处理机进入亿万办公室和家庭，超级计算机问世，卫星通信与光导通信的发展，特别是互联网、物联网、云计算、大数据等的迅速发展标志着信息技术革命的产生。信息技术革命不仅以最为便捷的方式打通了各国、各地区、各企业、各团体以及个人之间的联系，而且在一定程度上打破了地域乃至国家的限制，把世界空前地联系在一起，推动了全球化的迅速发展。

互联网的普及提供了加强各国联系的新纽带，信息的快速搜集、加工、储存和传递，使各国政府、公司企业和个人能便捷地获取信息。信息的这种公开性和流动性，有利于各国政府和人民间的相互了解、有利于科学文化知识的传播、有利于政府和企业的科学决策，从而必然有利于各国间的经济合作。互联网将不断提高金融、贸易、企业全球经营的效率和质量。信息技术的不断发展，使互联网可以及时处理几乎无限的信息，这就为全球居民提供了参加国际经济合作的手段：银行可以每天处理 1.5 万亿美元的货币交易；证券市场每年可以处理几十万亿美元的证券交易；海陆空运输可以从容地把数亿个集装箱送往世界各地；跨国公司可以了如指掌地指挥全球的分厂在流水线上按顾客的需要生产出同一牌号、不同个性的产品。

信息技术的发展，云计算、物联网、大数据、电子商务等风起云涌，“无物不联网，无处不计算”，为企业实现集成管理奠定了基础，企业将上游和下游的环节形成一个整体，通过网络对全球的资源进行优化配置，取得最佳的经济效益。因此，企业只有放眼世界，才有可能在未来的信息时代求得生存和发展。

联合国的资料显示，在发达国家，信息产业正成为朝阳产业，而穷国和富国在互联网用户数量方面的差距比其在国民收入方面更为悬殊。55 个信息技术领先国家投入信息技术产业的资金占全球信息技术投资的 99%，世界上 93%的互联网用户生活在发达国家，在全世界数亿网民中，收入最低的 1/5 人口中只拥有全球因特网用户的 0.2%。美国所拥有的计算机数量多于世界其他国家的总和。由此可见，现代信息技术的飞速发展，将使不同国家之间以及不同地区之间信息化的差距逐渐拉大。

1.1.4 信息社会

1. 信息社会的提出

1959 年，美国哈佛大学社会学家丹尼尔·贝尔(Daniel Bell)开始探讨信息社会问题，并首次提出了“后工业社会”的概念。他指出：前工业社会依靠原始劳动力并从自然界提取初级资源，工业社会是围绕生产和机器这个轴心并为了制造商品而组织起来的，后工业社会则是围绕着知识组织起来的，其目的在于进行社会管理和指导革新与变革，这反过来又产生新的社会关系和新的结构，并将后工业社会的基本特征归纳为五个方面：在经济上，由制造业经济转向服务性经济；在职业上，专业人员与科技人员取代企业主而居于社会的主导地位；在中轴原理上，理论知识居于中心，是社会革新和制定政策的资源；在未来方向上，技术发展是有计划、有节制的，重视技术鉴定；在决策上，依靠新的"智能技术"。

1963年，日本社会学家梅棹忠夫在《信息产业论》一书中首次提出了"信息社会"的概念，其后又有多位学者提到"信息社会"。至1979年贝尔认为"信息社会"的概念比"后工业社会"更确切，其后"信息社会"被人们广泛接受。

2. 信息社会的特点

美国学者阿尔温·托夫勒(Alvin Toffler)和日本学者增田米二分别在他们的著作《第三次浪潮》和《信息化社会》中总结了信息社会的特点。综合起来，信息社会具有以下特点。

(1) 在信息社会中，信息、知识成为重要的生产力要素，和物质、能量一起构成社会赖以生存的三大资源。农业社会，主要依赖物质、土地和劳动力；工业社会，主要依靠机械设备、能量、劳动力和资本；信息社会，主要依赖信息和知识。

(2) 信息社会是以信息经济、知识经济为主导的经济，它有别于农业社会以农业经济为主导、工业社会以工业经济为主导。

(3) 在信息社会，劳动者的知识化成为基本要求。在农业社会，劳动者是农民和手工业者，劳动对象以土地为基础，劳动工具是手工工具；在工业社会，主体劳动者是工人，劳动对象以矿山等非再生资源为基础，劳动工具是机器；在信息社会，劳动对象以信息资源为基础，劳动工具主要是信息技术控制的智能化系统，劳动者不再划分为体力劳动者和脑力劳动者，而是以体力为主的知识劳动者和以脑力为主的知识劳动者，并且，以后者为社会劳动者的主体，信息与高素质知识劳动者的结合，促进社会的知识创新。信息社会是学习化社会，任何个人和组织都需要学习。社会的竞争主要表现为人才、知识和技术的竞争。

(4) 科技与人文在信息、知识的作用下更加紧密地结合起来。农业社会与工业社会的文化被追求科学精神和人文关怀的新的社会规范和文化所取代。政治多极化、经济全球化、信息网络化、社会多样化和人类个性化开始出现。

(5) 人类生活不断趋向和谐，社会可持续发展。与农业社会、工业社会不同的是，信息社会由于信息和知识减少了人类对有限物质、能量的消耗和对环境的破坏，人类生活更加美化，人与自然更加和谐。

3. 信息社会存在的问题

(1) 信息污染

它主要表现为信息虚假、信息垃圾、信息干扰、信息无序、信息缺损、信息过时、信息冗余、信息误导、信息泛滥、信息不健康等。信息污染是一种社会现象，它像环境污染一样应当引起人们的高度重视。

(2) 信息犯罪

它主要表现为黑客攻击、网上"黄赌毒"、网上诈骗、窃取信息等。

(3) 信息侵权

主要是指知识产权侵权，还包括侵犯个人隐私权。

(4) 计算机病毒

它是具有破坏性的程序，通过复制、网络传输潜伏于计算机的存储器中，时机成熟时发作。发作时轻者消耗计算机资源，使效率降低，重者破坏数据、软件系统，有的甚至破坏计算机硬件或使整个网络瘫痪。

(5) 信息侵略

信息强势国家通过信息垄断和大肆宣扬自己的价值观，用自己的文化和生活方式影响其他国家。

1.2 信息资源化及信息资源的概念

1.2.1 信息资源化的背景和条件

信息是人类和人类社会发展所必需的资源，也是事物存在和运动的状态、方式以及关于这些状态和方式的广义知识。它在其他信息活动要素的支持下，通过一系列的流通、加工、存储和转换过程作用于用户，就可以为人类创造出十分珍贵的物质及精神财富。

信息的组织、开发和利用自古就有。古人"结绳记事"实质上就是用"结绳"来存储和传递信息。但信息利用的最初形态并不像物质和能源那样普遍且广泛，信息需要依附于物质资源和能源资源，并且借助于物质资源和能源资源的利用而发挥作用。因此，信息最初并不是资源。

信息资源化既有其社会经济发展的大背景：农业→工业→信息，也是与之相伴的人类认识演变和深化的结果。

随着社会经济的发展，信息的地位和作用日趋重要。现代社会经济的发展为信息的产生、传递、存储和积累提供了用武之地，而以计算机为核心的现代信息技术又为信息的广泛应用提供了前所未有的技术基础和条件。因此，进入现代社会以来，各种形态的信息的产生以指数形式增长并迅速积累起来，很快就达到了一个十分庞大的基数。据统计，20 世纪 40 年代至今产生和积累的信息超过了此前人类创造和积累的信息总和；20 世纪 60 年代信息储存量达 72 万亿字符；20 世纪 80 年代信息储存量达 500 万亿字符；而 1995 年产生和积累的信息是 1985 年的 2 400 倍。庞大的信息量的存储依赖于磁介质和光介质，信息的流动速度达到了光速，信息的传播是以电磁波和光波的形式在全球范围传播。自 20 世纪 60 年代以来，人们在经济活动实践中逐渐认识到，资源不仅有各种物质形态，即物质资源和能源资源，也包括知识、经验、技术等非物质的信息形态，即信息资源。信息资源与物质资源和能源资源一起，成为现代社会经济发展的三大支柱。物质向人类提供了材料，能源向人类提供了动力，而信息向人类提供了知识和智慧。这三方面无论是对于一个有"目的性"的微观系统，还是对于整个人类社会，都具有同样的功能。

人类自身的认识也随着社会经济的发展而产生变化，人类的价值观在不断地演变。在农业时代，人们将土地和矿产视为最重要的资源，谁拥有土地、矿山，谁就得到了荣誉、地位和权力；在工业时代，人们将股份视为最有价值的财富，股票就是一个象征，它包含着原材料、组装线、建筑物以至整个工厂等物质资源；进入信息时代，社会生产力的发展发生了质的飞跃，形成了以创造型信息劳动者为劳动主体，以电子计算机等新型工具体系为劳动手段，以再生性信息为劳动对象，以高技术型中小企业为骨干，以信息产业为主导的新一代信息生产力。在这种生产力的作用下，产品中的信息成分、总财富中所包含的信息财富比重都在不断上升，信息成了一种重要的资源，在现代社会经济活动中扮演着愈加重要的角色。

在传统经济中，人们对资源的争夺主要体现在物质资源和能源资源。而在信息资源日趋重要的今天，信息资源成为人们争夺的重点。在科学技术和经济发展水平较为接近的国家之间，关于信息的竞争十分激烈。谁能掌握和利用更多的信息，谁就能在国际竞争中取得主动权，从而获得胜利。为此，世界上一些工业发达国家把占有、开发和利用信息资源作为一项基本国策。在历史上，英国、德国、美国都先后依靠充分开发、利用信息资源而促进了本国经济的腾飞。日本战后经济的恢复和发展更充分证明了开发、利用信息资源的意义。作为一个自然资源极度匮乏的国家，日本推行"信息资源化政策"，加强教育和信息工作，在开发人类智力资源的基础上创造性地建立适合本国国情的技术体系，从而弥补了自然资源的先天不足，创造了经济腾飞的奇迹。

目前，新兴的工业化国家以及许多发展中国家也认识到开发、利用信息资源的战略意义，并纷纷加入到这场新的世界性竞争中去。我国从 20 世纪 80 年代开始重视信息资源的开发利用。1984 年 5 月，邓小平同志在为《经济参考》题词时，明确提出"开发信息资源，服务四化建设"，从而促进了我国信息事业的快速发展。在 1992 年，中共中央又做出了两项影响深远的决策：一个是"关于加快发展第三产业的决定"，明确指出信息产业是加快发展第三产业的重点，信息资源作为信息产业发展的基础性资源，自然也要得到重视；另一个是确立建设社会主义市场经济新体制的宏伟目标，这是一项关于经济体制方面的重大改革，其结果必然将信息资源推向广阔的市场，使得信息资源得到真正有效的开发和利用。这两项决策的实施使得信息资源得到了前所未有的重视，并且成为推动我国当代社会经济发展的重要力量。

1.2.2 信息资源化的表现

信息资源化的表现即社会经济信息化。随着社会经济的发展，人类对信息资源的依赖程度越来越高，而对物质资源和能源资源的依赖程度相对降低。早在原始社会和农业社会，人类对信息的利用极其有限，其生产和生活主要依赖于物质资源和能源资源，因此信息对人类社会的生活影响极小。18 世纪蒸汽机技术的出现把人类带入了工业文明的时代，物质资源和能源资源虽然是支撑经济发展的主导力量，但信息的广度和深度在这个时代里却大大提高了，信息资源也随着工业文明的进程从无到有，从小到大，逐渐得以形成。经过工业时代的充分酝酿，到今天，随着信息技术的高度发展和广泛应用必然导致社会经济全面信息化，将成为一种推动时代社会、经济发展的时代潮流。

1. 社会经济信息化的主要特征

信息要素广泛渗透到人类生活和社会活动之中；社会经济的发展主要不是依赖物质材料的增加和新能源的开发，而是依赖信息力量的推动。从微观角度考察，产品和劳务中的信息含量增加，信息物质比提高，企业经济活动中信息的作用日益突出并起着关键作用；从宏观角度考察，信息对人民生活水平提高的贡献增大，整个国民经济中信息成分占据很大比例。总体来讲，信息资源化的趋势越强，社会经济信息化程度就越高，物质经济向信息经济转化的速度就越快。

2. 社会经济信息化程度研究的里程碑

(1) 信息产业的出现与壮大

早在20世纪60年代初信息资源在社会经济发展中的地位和作用被人们所认识，不少学者曾尝试定量测算信息对经济发展的贡献，但是由于经济意义的信息计量问题尚未解决，人们只得间接测度信息及其相关活动在国民经济中所占的比例，或者用有关的信息要素综合计算信息化程度。其中最具代表性的是下述两方面的研究。

1962年美国学者马克卢普在《美国知识的生产与分配》一书首次提到"知识产业"的概念，这一领域的研究是从信息产业的角度开展的，首开先河。书中还分析了知识(信息)产生的机制，并对美国知识产业的比重进行了测算，将美国30个产业部门的知识生产和分配活动划分为教育、研究开发、通信媒介、信息设备、信息服务五大类，测算出1958年美国知识产业的产值占国民生产总值的29%(约1 364亿美元)。

马克·波拉特以马克卢普的理论为基础，吸收了丹尼尔·贝尔的"后工业社会"思想，利用三次产业分类法，测算出1967年美国信息产业的产值占GNP的46%，信息劳动力占社会总劳动力的46.4%，信息部门的收入占国民总收入的53%。尽管波拉特的方法有许多需要改进之处，但他还是为定量研究信息及其相关活动提供了一整套可操作的方法。

(2) 社会的信息和信息能力测算

20世纪70年代末日本学者小松崎清介提出了信息化指数法，该研究从社会的信息和信息能力角度来测算社会经济信息化程度。信息化指数包含一套指标体系，由信息量(Q)、信息装备率(E)、通信主体水平(P)、信息系数(U)4个主要因素构成，具体又分解为11个小变量，其结构如图1-3所示。

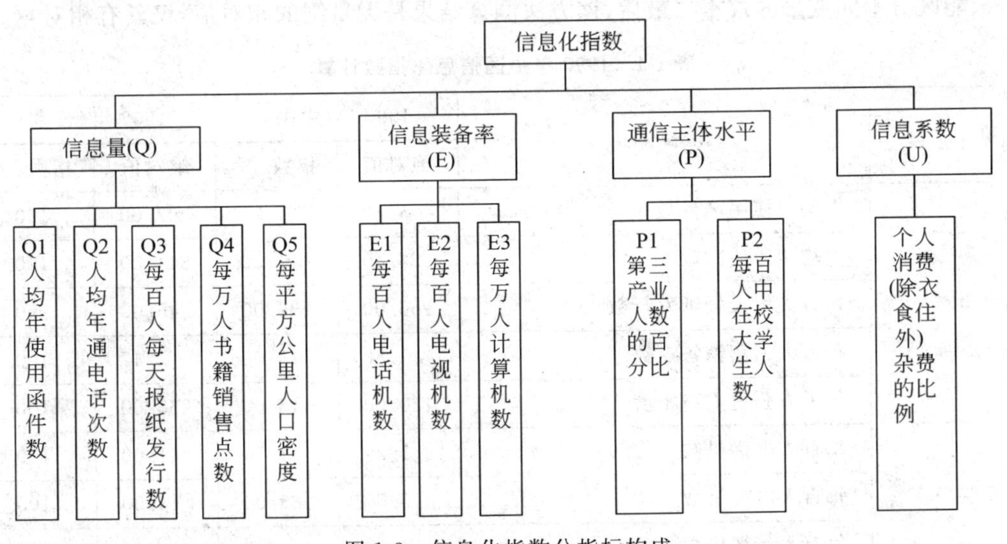

图1-3　信息化指数分指标构成

由于上述分指数是不同的量,无法直接进行比较,需要转换成指数才能求出反映社会经济信息化程度的总指标(即信息化指数)。

计算信息化指数一般有两种方法,即一步算术平均法和二步算术平均法。一步算术平均法:首先将基年各项指标的指数定为100,分别用测算的年度同类指标值除以基年指标值,求得年度各项指标值指数,再将指数相加除以项数,得最终的信息化指数。二步算术平均法:对每一组的变量指数求算术平均值,最后将4组的指数平均值相加除以4,得到最终的信息化指数。

为了更好地理解信息化指数法,表1-1是1990年中国信息化指标值,分别用两种算法进行实际计算,具体步骤如下。

① 确定基年:基年为日本1965年,各项指标值指数为100。

② 计算测算年度各项指标值指数:

测算年度指标值指数=测算年度指标绝对值/基年该指标绝对值

③ 信息化指数计算:

一步算法:信息化指数=(4.9+7.5+…+89.6)/11=61.7

二步算法:信息化指数=[(4.9+7.5+236+73+45)/5+(11.7+83+53)/3+(41.3+33.3)/2+89.6]/4=62.4

信息化指数法有其优点也存在着一些问题和不足。优点:指数统计比较方便,计算简单,操作性和对比性较好,用这种方法不仅能间接反映信息及其要素的作用和地位,而且能对社会经济信息化程度做出趋势预测。问题和不足:首先,该模型只选择4个主要信息化要素进行统计,忽略了其他一些重要因素(如信息需求、利用程度和规模),因此结果难免会带有片面性。其次,仅将4个主要指标分解成11个变量,事实上并非如此,还可以分解成更多的分指标,即便是11个变量,但因不同的国家或地区,或者同一国家的不同时期,其作用和代表性也都是不同的,因此准确性并不是很高。再次,该方法采用的是算术平均,未能区分不同变量的权重。最后,该方法测算结果是无量纲的相对值,仅具有相对意义。

表1-1 1990年中国信息化指数计算

项目	指标	1990年(中国)		1965年(日本)	
		绝对值	指数/%	绝对值	指数/%
信息量	人均年使用函件数	4.80	4.90	97.00	100
	人均年通话次数	23.40	7.50	314.00	100
	每百人每天报纸发行数	106.00	236.00	45.00	100
	每万人书籍销售点数	1.80	73.00	2.47	100
	每平方公里人口密度	120.00	45.00	265.00	100
信息装备率	每百人电话机数	1.29	11.70	11.00	100
	每百人电视机数	15.00	83.00	18.00	100
	每万人计算机数	0.09	53.00	0.17	100

续表

项目	指标	1990年(中国)		1965年(日本)	
		绝对值	指数/%	绝对值	指数/%
通信主体水平	第三产业人数的百分比	18.60	41.30	45.00	100
	每百人中在校大学生人数	0.38	33.30	1.14	100
信息系数	个人消费(除衣食住外)杂费的比例	26.00	89.60	29.00	100

(3) 国家信息化水平测算

2001年7月中国信息产业部出台了我国信息化水平测度指标体系,如表1-2所示。

表1-2　中国信息化水平测度指标(2001年版)

指标名称	指标单位	指标意义
每千人广播电视播出时间	小时/千人(总人口)	测度传统的音频、视频信息资源
人均带宽拥有量	千比特/人(总人口)	测度通信基础设施的实际通信能力
人均电话通话次数	通话次数/人(总人口)	反映话音信息服务应用程度
长途光缆长度	芯长公里	测度带宽及通信基础设施规模
微波占有信道数	波道公里	测度传统带宽资源
卫星站点数	卫星站点	中国幅员广阔,卫星通信占有一定地位
每百人拥有电话主线数	主线总数/百人(总人口)	测度电话(含移动电话)普及率,主要反映话音业务规模
每千人有线电视台数	有线电视台数/千人(总人口)	测度有线电视的普及率,有线电视网络可用于综合信息传输
每百万人互联网用户数	互联网用户数/百万人(总人口)	测度互联网的使用人数,反映互联网的发展状况
每千人拥有计算机数	计算机拥有数/千人(总人口)	反映计算机的普及程度(计算机指全社会拥有的各类计算机)
每百户拥有电视机数	电视机数/百户(总家庭数)	反映电视机这种传统信息产品的普及程度
网络资源数据库总容量	吉(G)	反映信息资源的开发状况
电子商务交易额	亿元	指通过计算机网络进行的所有交易活动所形成的总成交额,反映信息技术应用水平
企业信息技术类固定投资占同期固定资产投资的比重	百分比	反映企业信息技术应用水平,该类投资指硬件、软件、网络建设、维护和升级以及其他相关投资
信息产业增加值占GDP比重	百分比	信息产业增加值主要指电子、邮电、广电、信息服务等产业的增加值,反映信息产业在整个国民经济中的地位
信息产业对GDP增长的直接贡献率	百分比	反映信息产业对整个国民经济增长的贡献

续表

指 标 名 称	指 标 单 位	指 标 意 义
信息产业研究与开发经费支出占全国研究与开发经费支出总额的比重	百分比	从国家对信息产业研究与开发的投入反映国家支持信息产业发展的政策力度
信息产业基础设施建设投资占全部基础设施建设投资的比重	百分比	从国家对信息产业基础设施建设的投入反映国家支持信息产业发展的政策力度
每千人中大学毕业生比重	拥有大专以上毕业文凭数/千人(总人口)	反映信息主体水平
信息指数	百分比	指个人消费中除去衣食住外杂费的比率,反映信息消费能力

1.2.3 信息资源的概念

维纳指出:信息就是信息,不是物质也不是能量。也就是说,信息与物质、能量是有区别的。同时,信息与物质、能量之间也存在着密切的关系。物质、能量(能源)、信息是构成现实世界的三大要素。

信息具有使用价值,能够满足人们的特殊需要,可以用来为社会服务。但是,认识到信息是一种独立的资源还是近期的事情。

美国哈佛大学的研究小组给出了著名的资源三角形,如图 1-4 所示。他们指出:没有物质,世界不会存在;没有能量,世界不会运动;没有信息,世界没有意义。

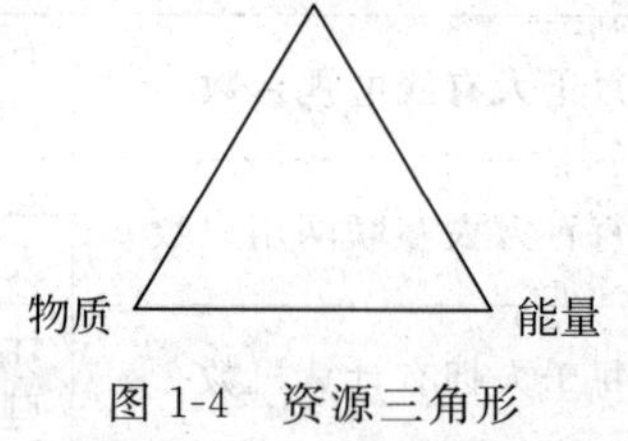

图 1-4 资源三角形

作为资源,物质为人们提供各种各样的原料;能量提供各种各样的动力;信息提供无穷无尽的知识。

信息是普遍存在的,但并非所有信息都是资源。只有满足一定条件的信息才能构成资源。对于信息资源(information resources)的概念,有狭义和广义之分。狭义信息资源,指的是信息本身或信息内容,即经过加工处理,对决策有用的数据。开发利用信息资源的目的就是充分发挥信息的效用,实现信息的价值。广义信息资源,指的是人类信息活动中各种要素的总称。这些"要素"包括信息、信息技术以及相应的设备、资金和人等。归纳起来,广义信息资源由信息生产者、信息和信息技术三大要素组成。

(1) 信息生产者是为某种目的生产信息的劳动者,包括原始信息生产者、信息加工者或信息再生产者。

(2) 信息既是信息生产的原料,也是产品。它是信息生产者的劳动成果,对社会各种活动直接产生效用,是信息资源的目标要素。

(3) 信息技术是能够延长或扩展人的信息能力的各种技术的总称,是对声音、图像、文字等数据和各种传感信号进行信息收集、加工、存储、传递和利用的技术。信息技术作为生产工具,对信息收集、加工、存储与传递提供支持与保障。

1.3 信息资源的分类

信息资源分类的目的是认识信息资源的特征，对信息资源进行管理、开发和利用。从便于对信息资源进行管理的角度出发，通常将信息资源划分为记录型信息资源、实物型信息资源、智力型信息资源和零次信息资源。这四种不同类型的信息资源各具特点，对信息资源进行管理和开发利用时，需遵循不同的原则，采用不同的方法。

1.3.1 记录型信息资源

记录型信息资源是信息资源存在的基本形式，也是信息资源的主体。它包括由传统介质（如纸、竹）和各种现代介质（如磁盘、光盘、缩微胶片）记录和存储的数据、信息和知识，如图书、期刊、数据库和网站等。信息活动中那些具有固定的形式和较稳定的传播渠道的一次信息、二次信息和三次信息均为这类信息资源。

这类信息资源占人类信息资源总量的80%以上。为了更好地研究，可以把记录型信息资源进一步分为非数字化信息资源和数字化信息资源。

1. 非数字化信息资源

非数字化信息资源主要包括传统文献型信息资源及传统缩微声像型信息资源。

传统文献型信息资源主要是指印刷型信息资源，这类信息资源数量十分庞大，它们通过印刷技术传播各种信息。这类信息源包括出版社、杂志社、报社等产生这类信息的组织机构，以及图书馆、信息中心等收藏了大量印刷型信息的文献信息部门。这类信息资源主要包括图书、期刊、报告、学位论文、会议录、专利说明书、技术标准和产品样本等。

传统缩微声像型信息资源是指通过缩微技术、磁技术以及光技术制成的大量的缩微胶片、平片、磁带、录像带和照片等。缩微胶片提供的信息需通过缩微阅读机才能获得，规模较大的图书馆、档案馆和科技信息中心都提供这类信息。这类信息资源现在越来越少，大部分被数字化了。

2. 数字化信息资源

数字化的信息资源提供的信息来源于现代存储设备。这些存储设备包括计算机的内存、外存（如软盘、硬盘、光盘）等。数字化信息资源涉及人类生产、生活、娱乐以及其他社会活动的各个方面，是随着人类社会实践的不断发展而不断积累起来的。与传统的非数字化信息资源相比，数字化信息资源类型相对丰富。可以根据其分布特点进一步分为网络信息资源和单机信息资源。

网络信息资源是指一切存在于网络中的数字化的信息资源的统称。这里的网络包括：局域网、城域网和广域网。其中最重要的两类广域网信息资源分别是互联网信息资源和联机信息资源。我们可以按照不同的方式对网络信息资源进行进一步的划分：按照信息的交流方式，可分为正式、非正式和半正式三种类型；按照信息的组织方式，可分为数字文件（数据库）、主题目录和超媒体三种类型。

单机信息资源是指一切存在于单台计算机中的数字化信息资源的统称。它与网络信息资源的区别就在于其存储位置，但随着计算机存储设备容量的不断扩大以及计算机网络技术的不断发展，单机信息资源正在逐渐消失，融于网站之中。

尽管数字化信息资源越来越多、内容越来越丰富，人类此前积累的和正在积累的大量非数字化的信息资源对于社会、经济和生活的影响还是很大的。据统计，对于组织，高层管理人员——信息取自非数字化信息资源的约占 10%～15%；中层管理人员——信息取自非数字化信息资源的约占 15%～20%；基层管理人员——信息取自非数字化信息资源的约占 25%～45%。因此，在当今信息社会，非数字化信息资源的管理和开发利用依然不容忽视。

此外，对于组织，不同管理层的人员获得数字化信息资源的来源不同。据统计，高层管理人员——信息取自内部信息系统的大约占 15%～20%；中层管理人员——信息取自内部信息系统的大约占 30%～40%；基层管理人员——信息取自内部信息系统的大约占 55%～75%。

1.3.2 实物型信息资源

实物型信息是实物本身存储和表现的知识信息，如样品、样机，它本身代表着一种技术信息。许多技术信息是通过实物本身来传递和保存的，在技术引进、技术开发和产品开发中发挥重要作用。此类信息资源的获取手段有：技术解剖、反演、反编译等。例如，通过对实物材质、造型、规格、色彩、传动原理、运动规律等方面的分析研究，利用反求工程，人们就可以推出研发者、加工者最初的构思和加工制作方法，达到仿制的目的，或在其基础上进一步加工和改进。这类信息资源不能直接进入信息系统，要对其进行管理，必须先将它转换成记录型信息资源。

除了技术信息以外，有的信息本身就是用实物来实现的，如艺术品、文物等。一尊雕像、一幅绘画既是艺术品，又是作者的创作思想、艺术流派、艺术传统等重要信息的载体和传递者，是重要的信息资源，这类信息资源即使采用传统的或数字化的方式记录下来，也完全不等同于原来的信息。

实物型信息资源虽然不能直接进入信息系统进行管理，但为了对其进行存储、管理、开发和利用，必要时还必须对其进行转换、处理和记录，否则它携带的信息就可能随着实物载体的损毁而永远消失。数字化的手段为这类信息的处理、转换和记录提供了支持。

1.3.3 智力型信息资源

智力型信息资源是由人脑存储的未编码的知识信息，包括人们掌握的诀窍、技能和经验，也称为隐性知识(tacit knowledge)。它由人的活动携带，难以记录和保存，甚至无法言传。

此类信息资源分布极为广泛，只要有人和人的活动，这类信息资源就会存在，它可能是管理者一生积累的管理艺术和经验，也可能是科学家和工程师头脑中的创造设计灵感，还可能是企业员工掌握的某种技能等。这类信息资源的数量十分庞大，而且价值很高，是知识经济时代的重要资源。但由于这类信息资源未经编码，难以表达和记录，对其进行管理具有相当大的难度，开发利用也很不易，使得这类信息资源的价值很难得到充分发挥。

智力型信息资源管理、开发和利用的策略：通过政策、法规进行组织、协调，或借鉴人力资源管理的理论的方法和实践成果加以开发利用；充分调动人的积极性，发掘人的潜能，最大限度地贡献自己的聪明才智，同时采用信息技术，将隐性的知识数字化，复制到机器和其他物质载体上。

1.3.4 零次信息资源

零次信息资源是指在各种渠道中由口头传播的信息，是人们通过交流获得的信息，是信息客体的内容直接作用于人的感觉（包括听、视、嗅、闻、摸等）的结果。零次信息不像一次、二次、三次信息和实物型信息那样通过某种物质载体的记录形式发生作用。它的产生形式有：聊天、电视、广播、会议等。因此，零次信息具有随机性；直观便捷；易理解、难准确，同理解力有关；难以保存，取决于记忆等典型特征。

零次信息对于科技活动和经济活动具有不可忽视的作用。第一，在科学技术日新月异的今天，新知识、新概念、新术语、新数据等层出不穷，且常常通过非正式渠道以零次信息的形式传播，获取零次信息可以补充记录信息和正规渠道的不足。第二，如果组织机构信息系统不健全，信息工作者水平低，不能提供有价值的信息，或者信息渠道不畅通，也可以通过捕捉零次信息来加以弥补。第三，在市场环境中，零次信息占有较大的比例，它们反映着市场供求、价格、竞争状态的变化，是市场调查和分析的重要依据。第四，在现代咨询服务中，零次信息具有特殊意义，用户的需求通过零次信息反映出来，咨询人员所提供的知识经验正是他们携带的零次信息。第五，随着网络的兴起和普及，零次信息的传递超越了时空限制，传播量、传播速度和影响面越来越大。

由于零次信息的存在形式和传播渠道具有较大的随机性，使得其难以存储和系统积累，因此给这类信息资源的管理带来了极大的困难，需要采用特殊的方法进行搜集、记录、整理和存储。

1.4 信息资源的特征

可以从两个角度分析信息资源的特征：一个角度是把信息资源作为一般经济资源；另一个角度是将信息资源与物质资源和能量资源进行比较。

1.4.1 信息资源作为经济资源的特征

信息资源作为经济资源的一种，与物质资源和能量资源一样，它具有经济资源的共同特征，即需求性、稀缺性和对象的选择性等。

1. 需求性

信息资源和物质、能量构成人类社会赖以生存的三大资源，是继劳动者、劳动工具和劳动对象之后的第四个生产力要素，它一方面承担经济活动中的信息生产要素投入，在生产过程中增值；另一方面承担劳动者、劳动工具和劳动对象等要素之间的“润滑剂”，促进这些非信息要素相互作用，使其价值倍增。

2. 稀缺性

稀缺性是经济资源最基本的特征。首先，由于受到时间、空间或技术等方面的限制，人们在从事特定的经济活动过程中，获取的信息资源总量是有限的；其次，任何信息资源都有其固定的使用价值（总效用），每次投入到经济活动中，其使用价值会被消耗一部分并获得一定的利益，随着投入次数的增多，其使用价值会逐渐衰减至零。因此信息资源具有稀缺性。

3. 对象的选择性

信息资源的开发与利用是智力活动过程，它包括利用者的知识积累状况和逻辑思维能力，因此，信息资源的开发利用对使用对象有一定的选择性，同一内容的信息对于不同的使用者所产生的影响和效果将会大不相同。例如，股票的涨跌，对炒股者很有用，对不炒股票的人就不一定有用了。

1.4.2 信息资源不同于物质资源和能量资源的特征

信息资源作为一种独立存在的资源，它与物质资源和能量资源相比，也有自身特有的特征，如可共享性、时效性、不可分性、不同一性、驾驭性、无穷无尽性以及易积累性和易再生性等。正是这些特殊性，使得信息资源具有许多其他经济资源无法替代的经济功能。

1. 共享性

物质资源和能量资源的利用表现为占有和消耗，当物质资源和能量资源的总量一定时，利用者在资源的利用上存在着明显的竞争关系，而信息资源的利用不存在这种竞争关系。由于信息对物质载体有相对独立性，信息资源可以多次反复地被不同的人利用，在利用过程中信息不仅不会被消耗，反而会得到不断扩充和升华。在理想条件下，信息资源可以反复交换、多次分配、共享使用。这种共享性是信息资源的本质特性。

2. 时效性

信息资源比其他任何资源都更具有时效性。一条及时的信息可能价值连城，使濒临破产的企业扭亏为盈，成为行业巨头；一条过时的信息也可能分文不值，甚至使企业丧失难得的发展机遇，酿成灾难性的后果。但这并不意味着信息资源越早投入利用就越好，这并没有必然的因果关系，有些信息资源可能会随着时间的推移，如同陈年老酒一样不断增值。因此，在信息资源的利用上，要充分把握时机，只有在合适的时机，才能使其发挥最佳效益。

3. 不可分性

信息资源在生产中是不可分的，信息生产者为一个用户生产一组信息与为许多用户生产同一组信息所花费的努力几乎没有区别。因此，信息资源的生产在理论上具有潜在的、无限大的规模性。

信息资源在使用中也具有不可分性，即使信息在交换中是可分的，某一组信息的一部分也具有市场价值，但对于特定的具体目标而言，如果整个信息集合都是必需的、不能任意减少的，则只有整个的信息集合都付诸使用，其使用价值才能得到最直接的发挥。

4. 不同一性

信息作为一种资源具有不同一性。对于信息资源而言，当我们需要更多的信息时，就意味着需要更详尽的、不同的信息，对原来的信息的复制是不能满足人们的需求的。因此，对于既定的信息资源而言，它必定是不同内容的信息的集合，集合中每一条信息都具有独特的性质。

5. 驾驭性

信息资源具有驾驭其他资源的能力，其他资源的开发和利用依赖于信息的支撑。例如，对闲置的资本投入信息后可以变成有利的投资。信息的这一特性使得信息在人类认识和实践中扮演着特殊的角色。人的认识和实践过程就是一个信息利用过程，信息始终贯穿全过程，支配一切。因此，具体的物质资源和能量资源都是支持信息利用过程的手段，只有信息是主导的、不可替代的。

6. 无穷无尽性

由于信息资源是人类智慧的产物，它产生于人类的社会实践活动并作用于未来的社会实践，而人类的社会实践活动是一个永不停息的过程，因此信息资源的来源是永不枯竭的。

7. 易积累性和易再生性

信息资源一旦产生，不仅可以满足同时期人类的需要，更可以通过信息的保存、记录和传递得到时间上的延续，满足后代的需要。每一代信息生产者都是在继承前人的基础上开展自己工作的，他们的产品和前人的成果又共同构成了后人生产的基础和条件，这就是信息资源的易累积性。

与易累积性密切相关的是易再生性。信息资源在满足社会需求的同时，不仅不会被消耗，还会不断生产出新的信息资源，而且信息资源利用范围越广，其效用就能愈加得到充分发挥，创造出的新信息就越多。这表明信息资源利用的结果是再生新信息。

1.5 信息资源的功能

一般来说，"功能"的含义比"作用"的含义要广泛得多，"功能"除了包含已有的、正在发挥的作用外，还包括潜在的、未来的作用和能力。因此，对于信息资源的研究具有很深远的意义与价值。

1.5.1 经济功能

信息资源的经济功能表现在多个方面，在经济活动中发挥着不同的作用，其中最重要的是它对社会生产力系统的功能。

信息是继劳动者、劳动工具和劳动对象之后的第四个生产力要素。信息作为生产力要素具有其特殊性：一方面，它是一种有形的独立要素，与劳动者、劳动工具、劳动对象共同构成现代生产力的基础；另一方面，它又是一种无形的、寓于其他要素之中的非独立要素，通过优化其他要素的结构和配置、改进生产关系及上层建筑的素质与协调性来施加其对生产力的影响。

信息作为一种生产力要素，有助于提高生产力系统中劳动者的素质，缩短劳动主体对客体的认识及熟练的过程，使各生产要素以较好的状态尽快进入生产运行体系，使生产过程更具时效性并且更充分地发挥生产力。信息要素通过与生产力系统中的不同决策管理层的相互作用，可以实现生产要素的最佳组合，增强管理层与管理对象之间的可知度和透明度，提高生产力系统运行的有序度，从而提高生产力。信息要素的投入还有助于引发对生产过程、生产工具、操作方法和工艺技术等的革新与创新，从而提高生产力系统的质量与效率。

信息要素和信息技术要素是信息资源的两个重要因素，信息资源的生产力功能是在信息要素和信息技术要素的有机结合下实现的。在信息技术的支持下，信息能有效地改善其对生产力各个要素施加影响的条件，它给社会生产力带来的变化不是一般意义上的效率提高和功能的改善，而是由量到质的深刻变革。可以通过分析以信息技术要素为核心的生产力模型来证实这一结论，如图 1-5 所示。

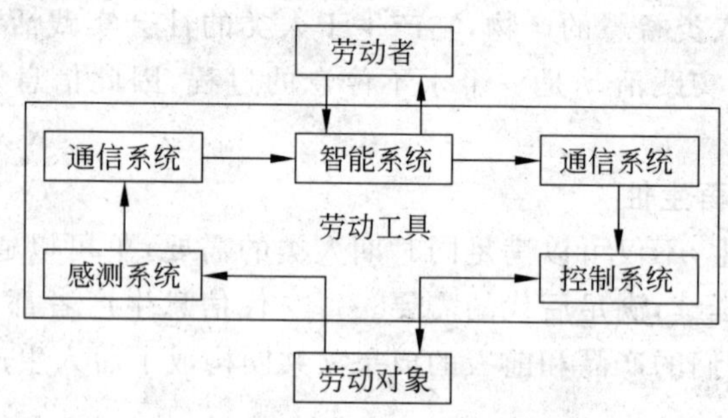

图 1-5 信息化社会的生产力系统

在信息化社会的生产力系统中，劳动者通过感测技术获得劳动对象的信息，通过通信技术把这些信息传到“指挥中心”，在这里通过计算机和人工智能技术进行处理分析后形成改造劳动对象的策略信息，再通过通信技术把这些策略信息送到控制系统，控制系统再将这些策略信息通过劳动工具，反作用于劳动对象。整个劳动的过程在信息技术的支持下和信息的润滑下运行，这是一个完全自动化和智能化的系统。劳动者不再是生产过程的一部分，而是位于生产过程之外，对生产过程进行管理和监督，从而使人类得以从大部分简单的生产过程中解放出来，去从事更富有创造意义的劳动和学习，创造和发展更高水平的社会生产力。

通过上述分析可知，信息资源对于社会生产力系统具有举足轻重的作用。信息资源的开发利用程度是衡量现代国家信息化和社会生产力水平高低的重要标志。一般说来，一个国家信息资源开发和利用的水平越高，信息力就越大，生产力水平也就越高；反之，一个国家的生产力水平越高，信息力就越大，那么这个国家对于信息资源的开发和利用水平也越高。苏联科学家的研究表明，一个国家总的信息流的平均增长同本国的工业潜力的平方成正比，而信息流量就是一个国家信息生成和利用水平的标志。

同时，信息资源还具有直接创造财富、放大经济效益的功能。信息不但本身是财富的象征和源泉，还可以通过流通和利用直接创造财富。其主要途径为：运用信息可以使非资源转化为资源从而创造财富；使用信息取代劳动力、资金、材料等资源创造财富，从而实现经济效益的成倍递增；直接让信息作为商品在市场流通中创造财富；通过现代信息技术缩短信息流动时间实现财富增殖；通过运用信息资源扩大财富增殖空间创造财富；通过信息自身的积累和增殖来创造财富以及通过信息进行科学决策、减少失误创造财富。

1.5.2 管理与协调功能

在人类社会中，物质和能源不断从生产者向使用者流动，这种客观存在的物质流和能源流的运动表现为相应的文献和信号的运动，它的总汇便构成了信息流。信息流所反映的是物质和能源的流动，社会可以借助信息流来控制和管理物质能源流的运动，左右其运动方向，进行合理配置，从而发挥其最大效益。

具体到一个企业，信息的管理与协调功能主要表现为协调和控制企业的五种基本资源以实现企业的目标。这五种资源包括人、财、物、设备和管理方法(即所谓的"5M"资源)，它们都是通过有关这些资源的信息(如记录在图纸、账单、订货单、统计表上的数据)来协调控制的。例如，在企业活动中，伴随着材料和能源的输入(即物质流和能源流的定向运动)，反映了"5M"资源的信息流会以相互联系的方式扩散和运动，并最终作用于物质流和能源流的协调并控制其运动，从而导致优质、高产的产品或服务输出。由此可见，信息的管理与协调功能在企业活动中的作用主要体现在：传递整个企业系统的运行目的，有效管理"5M"资源；调节和控制物质流与能源流的数量、方向和速度；传递外界对系统的作用，保持企业系统的内部环境稳定。

1.5.3 决策功能

信息是决策的基础。决策的过程就是对信息进行加工和利用的过程。信息的决策功能广泛作用于人类的决策活动的各个环节，并优化人类的决策行为，从而实现预期目标。信息的这种功能体现在两个方面：一方面是没有信息就无任何决策可言；另一方面是没有信息的反馈，决策就无优化可言。

一个典型的决策遵循这样的程序：针对某一目标，考虑所受的条件限制和其他约束，从几种可能的方案中做出决策。决策的目标、限制条件以及多种方案都必须依赖信息的支持。决策的实施，还必须依赖反馈信息的不断修正，这样才能达到决策结果的优化。

信息在人类的决策活动中还可以发挥预见性功能。信息是人类认识未来环境的依据，是人类适应未来环境的手段，是通向未来的桥梁。人类的决策活动实际上就是处在对信息的不断利用和对未来的预测之中的。预测不是先知先觉，更不是胡思乱想，而是在深入调查、周密研究、系统利用信息的基础上对客观事物发展规律的认识。信息反映了事物演变的历史和现状，隐含着事物的发展趋势。因此，充分利用信息，结合人类的经验，运用科学的方法，经过推理和逻辑判断，可以将被研究对象的不确定性极小化，从而对其未来发展的必然趋势和可能性做出预计、推断和设想。

1.5.4 研究与开发功能

在人类科学研究和技术创新的活动中，信息具有活化知识和生产新知识的功能。信息的这种功能实际上是信息的科学功能的具体体现。

科学研究和技术开发是在前人已经取得的成果的基础上进行的，因此在人类从事科学研究和技术开发的各个阶段，都需要获取和利用相关信息，掌握方向、开阔视野、启迪思维，生产出新知识、新技术和新产品。发挥这一功能的信息基本上是科学技术信息。

1.6 信息资源管理的概念与发展

1.6.1 信息资源管理的概念

1979年,美国学者迪博尔德(J. Diebold)发表论文 *IRM: The New Challenge*,提出了信息资源管理(information resources management,IRM)这一术语。从此,国内外学者对信息资源管理概念的内涵和外延进行了界定。其中值得一提的是美国著名信息资源管理专家霍顿(F. W. Horton)给出的定义:"信息资源管理是对信息内容及其支持工具的管理,是对信息资源实施规划、组织、预算、决算、审计和评估的过程。"

综合国内外学者的观点,可以看出信息资源管理既是一种管理思想,又是一种管理模式。就其管理对象而言,IRM是对信息资源及其信息活动中各种要素的管理;就其根本内容而言,IRM是对信息资源生命周期全过程的管理;就其目的而言,IRM是为了有效满足社会各方面的各种信息需求;就其管理手段而言,IRM是借助信息技术实现信息资源的最佳配置。因此,可以从广义和狭义上来把握信息资源管理的概念。

1. 狭义信息资源管理概念

狭义信息资源,指的是信息本身或信息内容,是指经过加工处理、对决策有用的数据。因此狭义信息资源管理就是对信息本身或信息内容所构成的信息有序化集合进行收集、加工、存储、传递、利用和归档的过程进行管理,从而使得信息能够充分发挥效用,以实现信息的价值和信息资源的优化配置。

2. 广义信息资源管理概念

广义信息资源,指的是人类信息活动中各种要素(信息、信息技术以及相应的设备、资金和人等)的总称。这些要素可以归纳为信息生产者、信息和信息技术三大要素。广义信息资源管理就是着眼于人类信息利用过程的综合性、全方位控制和协调。因此广义信息资源管理是对这三大要素所包含的信息、信息技术以及相应的设备、资金和人等进行管理。

对信息生产者的管理可以划分为对原始信息生产者的管理、对信息加工者的管理和对信息再生产者的管理。

对信息的管理就是对信息本身或信息内容的收集、加工、存储、传递、利用和归档。

信息技术是一种生产工具,它可以支持和保障对信息生产者和信息的管理。而对信息技术的管理也是广义信息资源管理中不可或缺的一部分,是对能够延长或扩展人的信息能力的各种技术的规范化和标准化,从而保障利用信息技术对信息进行收集、加工、存储、传递和利用时发挥其价值。

1.6.2 信息资源管理的发展阶段

信息资源管理虽然是在20世纪70年代末80年代初才兴起的一个新兴领域,但是对文献、知识和信息的管理却可以追溯到遥远的古代。在文字未产生前对信息的存储和管理采用"结绳记事"的原始形式。而当代的信息资源管理是在经济和科学技术高度发展的条件下，对文献、知识和信息管理的延伸和拓展，是文献、知识和信息管理由古代到现代不断演变和发展的产物。信息资源管理的历史变革可以分为三个发展阶段，即传统管理阶段、技术管理阶段和信息资源管理阶段。这三个阶段对应着三个不同的管理内容和方法。如果我们将人类社会的信息利用过程表示为图 1-6，就可以按这一过程区分出不同阶段管理的侧重点。传统管理阶段以信息源的搜集、管理为重点；技术管理阶段以利用信息技术控制信息流为重点；信息资源管理阶段强调从多种角度对人类社会信息利用过程及相关要素实行综合管理。

图 1-6　人类社会的信息利用过程

1. 传统管理阶段

这一阶段的管理核心是信息源，管理机构包括图书馆、档案馆、文献馆（科技信息）。虽然人类对知识信息的保存与管理早已有之，但作为一项专门的工作和事业则是在图书馆出现之后才兴起和发展起来的。在文字产生之前，人们只能用语言来传递信息（即所谓的零次信息），文字的产生使得人们可以用这种符号将信息和知识记录在一定的物质载体上，这就是最初的文献。人类社会正是"由于文字的发明及其应用于文献记录而过渡到文明时代"的。

图书馆、档案馆、文献馆（科技信息）都是或主要是社会公益性事业机构，在国家财政拨款或公民税收支持下，从事以文献为载体的信息的搜集、加工、存储、检索和提供，着眼于"文件信息源"的管理。尤其是在大量采用现代信息技术使得图书馆从书籍世界进入了信息世界的背景下，图书情报服务更趋于一体化。20 世纪 60 年代之后，科技信息机构和图书馆都更重视管理，并且向信息管理发展过渡，这从有关的名称更改就可以反映出来。例如，1975 年，《信息存储与检索》(*Information Storage and Retrieval*)更名为《信息处理与管理》(*Information Processing and Management*)；1983 年，国际著名的"专业图书馆协会"(Aslib) 更名为"信息管理协会"(The Association for Information Management)；1986 年，《社会科学情报研究》(*Social Science Information Studies*)更名为《国际信息管理》(*International Journal of Information Management*)杂志。这些都反映了以"信息源"为核心、以文献为主要载体、以公益性服务为主要目标的传统管理阶段正在向信息管理阶段发展，从注重"源"的管理向注重"流"的控制过渡。

在传统的文献管理阶段，特别值得一提的是政府部门和机构中的文件管理，或记录管理(records management)。20 世纪 50 年代以后，除了各类书籍和专业领域中的文献呈现爆炸性的增长之外，政府部门和其他机构的行政和管理活动中产生的各类文件也大量增加。1980 年美国联邦政府颁布了《文书削减法》，与简化文书工作有关的准备性工作直接相联系，美国文书工作委员会提出了信息资源管理。根据美国文书协会的统计，仅文件产生的纸板总量，1960 年是 4.3 万吨，1980 年增长了 2.5 倍，即 11.4 万吨，1990 年达 24 万吨。这一巨大数量的文件档案和文献几乎无处不在，成为机构的沉重负担。文献记录管理成为信息资源管理关注的重要领域。1985 年美国联邦政府管理与预算局发布了 A-130 号通报——《联邦信息资源管理》，该通报首次从政府的角度将信息资源管理定义为“与政府信息相关的规划、预算、指挥、培训和控制”；信息资源管理内容包括七个方面：文书工作、数据处理和通信、统计、记录管理、信息共享和公开、信息政策和监督、组织发展和管理。

2. 技术管理阶段

这一阶段以利用信息技术控制信息流为核心，以计算机为工具，以自动化信息处理和信息系统建造为主要工作内容。显然，这是在计算机技术及相关信息技术高度发展和广泛应用的背景之下发展起来的新兴信息管理模式。

计算机具有科学计算功能和信息处理功能。自 20 世纪 40 年代成功研制出第一台计算机以来，计算机的应用在上述两个方面都显示出强大的生命力，而在后一方面更显示出广阔的应用前景，取得了一系列重要成果和突破性进展。

计算机出现后不到 10 年，就被应用于图书馆的文献信息加工和管理，目的是要提高文献信息加工处理和查找效率，实现对文献信息流的控制。1954 年，美国海军兵器中心把文献号和少量索引词输入计算机，这可以说是世界上第一个计算机信息检索系统。计算机大批量处理和管理文献信息则是由美国化学文献社(CAS)开创的。1961 年，化学文献社用计算机成功地编制了《化学题录》(*Chemical Titles*)。它包括 600 多种重要的化学化工期刊的字序主题索引，由此萌发了上下文关键词索引(KWIC)，用计算机对文献中的题名来自动抽取关键词并进行排序，从而节省了概念标引中的人工智力负担，大大提高了文献处理效率。这种方法实际上代表了自然语言和全文检索的原始形式，此后在计算机文献信息检索系统中得到广泛应用。

这实际上是文献信息管理的一场革命。在这种计算机系统中，只要把原始文献的信息进行一次分析，输入计算机系统，就能从中选取和编制出二次文献索引的信息。这种文献信息加工和管理的计算机化，不仅大大缩短了二次文献出版分发的时差，而且文献收录的范围更加广泛，能适应多样化的需求，给用户带来方便，从而推动了数据库产业的发展。随着计算机技术的发展，计算机的信息处理功能越来越强，使得人们对文献的加工有可能从宏观层次向微观层次深入，从文献的局部信息扩展到全文信息，极大地提高了人类对文献信息的处理和管理能力，提高了图书情报中心对文献信息流的自动化控制速度。

计算机在被用于图书馆情报中心文献信息管理的同时，也被广泛地应用于公司、企业和其他各类机构的行政记录处理、财务数据处理、经营活动数据处理。起初，这种数据处理是停留在操作层次上，主要目的是用机器来代替手工操作，提高数据处理速度和效率。随着机构的记录数据处理量不断增大，不仅需要解决大量数据的处理、组织和存储问题，还需要对数据进行保护并在需要时有效取出。这就需要以系统思想为指导，全面考虑组织机构中各类数据或信息的采集、加工、存储、检索、传输和利用等，由此促成了管理信息系统的诞生和发展。

进入 20 世纪 60 年代以后，管理信息系统被广泛地应用于各个领域并产生了很大的影响。以管理信息系统为题研究信息系统和信息管理的论著大量涌现，产生了一套行之有效的信息系统分析、设计、实施的理论和方法。随着信息系统技术的发展，人们在信息检索系统、办公自动化系统和管理信息系统基础上，又研制出了不同功能的决策支持系统和专家系统。

随着分时多用户计算机网络和分布式计算机网络的出现，国际大型联机信息检索系统迅速发展起来。例如，1965 年，美国系统发展公司开始研制交互式联机检索系统，这种系统能够使用户直接同所检索的数据库通信，进行会话式交流。1966 年，美国洛克希德空间与导弹公司建成著名的 DIALOG 系统，此系统成为联机信息系统的典范，支持远程数据库 CD-ROM 和海量存储器。20 世纪 80 年代以来，微型计算机性能的迅速提高，特别是在性能价格比上的巨大优势，为信息管理提供了新的工具和途径，加上 CD-ROM 的普及，使得信息系统管理出现了结构性变化，从追求覆盖面越来越大、功能越来越综合的大型系统演变到集中式和分散式同时并存和相互竞争的新型信息系统。从而不仅出现了为特定目标而构建的机构专用信息系统，还出现了个人专用信息系统，信息系统开始向多样化发展。

在技术管理阶段着眼于用计算机技术处理信息并对信息流进行控制，技术因素占据主导地位。这一阶段围绕计算机应用创造了许多信息加工处理方法、系统设计开发理论。人们希望在高度发展的信息技术的支持下克服由“信息爆炸”带来的利用方面的困难，以实现有效管理和开发利用。当信息技术无能为力，达不到预期的目标时，人们便误以为是技术不够先进，于是拼命追求更先进的技术，却忽视了信息管理中其他因素的作用。

3. 资源管理阶段

这一阶段的特色是将信息看作资源，对信息实施资源性管理。信息资源管理这一概念的提出基于两个背景：一方面，信息管理阶段纯粹的技术手段不能实现对信息的有效控制和作用；另一方面，当代社会经济发展使得信息成为一种重要的资源，迫切需要从经济学的角度思考问题，并进行优化配置和管理，这也是最重要的原因。

在第一种背景下，20 世纪 60 年代以后，信息技术被迅速地利用于信息管理，建立了各类现代化的信息系统和网络，认为这样可以一劳永逸地解决信息的有效管理和利用问题。但是，随着信息技术的高度发展和广泛应用滋生出许多新的、复杂的问题。如在顾及信息的高效处理、传播、利用和共享的同时，信息安全和信息利益这两大问题便非常棘手。

计算机信息系统的建立虽然能够高效地解决信息管理中的许多问题，但仅仅是在微观层次上着眼于个别机构和组织。随着技术的进一步发展，必然导致信息系统分散和小型化，反而使得信息管理和控制变得更加困难，宏观层次的信息共享和信息效益无法实现。于是，20 世纪 70 年代以后，人们利用行政的、法律的、经济的手段，从微观与宏观结合上协调社会信息化进程中的各种矛盾、冲突和利益关系，妥善处理信息管理中人与物的复合关系，逐渐形成了信息资源管理的思想和观念。

在第二种背景下，信息作为一种重要的经济资源是当代社会经济发展的必然结果。既然是经济资源，它的管理模式就与在公益性信息活动基础上形成的信息管理模式有很大差别。不仅在公益性信息管理中局部引进一些经济手段和方法，而是要全面考察信息作为经济资源的性质、利用状况、效用现实的特征和规律，从经济学角度进行管理和优化，使其效益最大化。

卢泰宏曾用“概念框架”的方法来研究和比较信息管理不同阶段的特征，将信息管理划分为传统框架、网络框架、微观框架、系统框架、政策框架、资源框架，并从相近的主题概念、发源领域、管理特征、基本功能与目标等四个方面进行了比较（见表 1-3）。

表 1-3 不同信息管理框架的比较

认识框架	相近的主题概念	发源领域	管理特征	基本功能与目标
传统框架	图书馆管理、文献工作	图书馆	文献管理、手工管理	信息保存
网络框架	图书馆网络、信息基础结构标准化	图书馆、通信	基础设施管理	信息社会传播
微观框架	数据处理（DP、EDP、ADP）、信息处理数据库	办公事务、统计	操作、事务管理	信息有序
系统框架	信息系统、MIS	计算机	技术管理	信息社会服务应用系统
政策框架	信息政策、信息法律	知识产权法律、技术政策	人文管理	协调、控制
资源框架	信息经济、信息资源管理（IRM）	工商行政管理	集成管理、经济管理	信息战略利用

在这种认识框架中，信息资源管理一方面是用技术、经济、人文对信息进行管理的产物；另一方面，也是从经济学资源配置和管理中高层战略需求的角度对信息活动进行资源性质的管理，突出信息作为资源的经济性质。

20 世纪 90 年代以后，Internet 的发展彻底改变了人类信息活动的方式。它把方便的信息服务带进了家庭、办公室，使人们可以像使用自来水和煤气一样方便地使用全球信息资源。但是，Internet 并没有通过高度的技术发展带来一个真正高效有序的信息空间，相反，带来的信息污染、信息混乱、信息犯罪、信息侵权远远超出了传统意义上的“情报危机”。第一，信息量急剧增长、网络无序扩大，网络信息陷入严重混乱，使人们难以获取需要的信息；第二，信息污染使得因特网的网络和信息加之淫秽信息泛滥和病毒感染日趋严重；第三，信息侵权和安全问题——由于 Internet 存在着巨大开放性，进出方便，存取自由，任何个人或团体都可以通过网络的任何一点获取网上信息，这使得网络信息资源的安全系数大大降低，信息产权保护变得十分困难；第四，根据需求和效率配置网上信息资源的难度更大。因此，把技术、经济、人文三种手段有机结合起来，对网络信息资源进行管理就显得十分迫切，也是信息资源管理需要研究解决的核心课题。

1.6.3 信息资源管理的主要著作及观点

信息资源管理作为一个新领域逐渐被人们所关注，随着社会经济环境和技术条件的变化，人们对于什么是“信息资源管理”也有着不同的看法，作为一个概念，IRM 的含义是很广泛的。

霍顿（F. W. Horton）：1979 年率先提出信息资源管理，认为 IRM 是对一个机构的信息内容及其支持工具的管理。霍顿的论著很多，涉及面广，主要有《信息资源管理：概念与案例》(1979)、《信息管理手册：使信息资源管理变为易事》(1982)、《公共行政部门的信息资源管理：10年的进展》(1985)、《信息资源管理》(1985)等。

怀特(M. S. White)：IRM是有效地确定、获取、综合和利用各种信息资源以便更有效地满足当前和未来的信息需求的过程。

伍德(C. Wood)：IRM是一般管理、资源控制、计算机系统管理、图书馆管理以及各种政策制定和规划方法的综合。

梅德柯(W. O. Maedke)：IRM是企业管理中各种相互联系的技术群以使信息资源获得最大利用的艺术和科学。

迪博尔德(J. Diebold)：1979年，发表了《信息资源管理——新的挑战》、《信息资源管理：管理中的新方向》两篇研究报告；1984年，在《数据管理》杂志上发表一篇《影响信息管理未来的六个问题》的论文。

马奇安德(D. A. Marchand)：1985年与F. W. Horton合著《公共行政部门的信息管理》，1986年出版了《信息趋势：从信息资源中获利》一书，提出信息生命周期理论，论述了信息管理的功能，强调了信息生命周期的每个阶段及进行相应管理的必要性。

利克斯(B. R. Ricks)：1988年出版了《信息资源管理：记录系统入门》，论述了记录型信息从产生到处理的全过程管理的系统方法。

赫森(D. Hussian)：1984年出版了《信息资源管理：80年代的机会与战略》，书中分析了信息、信息管理者在管理活动中的作用和功能，信息活动中的人力资源、硬件和软件、通信手段、办公室自动化、项目选择与管理等内容。

博蒙特(J. R. Beaumont)：1992年出版了《信息资源管理：基于知识的社会和经济的管理》，讨论信息时代企业经营活动的特征和组织的发展方向。

克罗宁(B. Cronin)：1985年主编《信息管理：从策略到行动》，反映了英国学者在信息管理领域的研究情况。

山田：1987年撰写了一部《信息资源管理概论》的著作，书中对信息资源管理进行了比较系统的阐述。

综上所述，信息资源管理自1979年首次提出到现在，历经三十多年的时间，取得了初步的成果，吸引了世界各地著名的专家和学者，受到各界的普遍关注和重视。为了进一步加强信息资源管理，美国政府还专门成立了国家电信和信息管理局(NTIA)、美国图书馆和信息科学委员会(NCLIS)等专职信息管理机构。这标志着信息资源管理在世界各地已经成为研究新领域，成为推动当代社会经济发展的重要武器。

第2章 信息资源分布规律与管理原则

信息资源的分布存在着一定的规律和特征，研究其规律和特征不仅可以揭示信息资源管理的内在规律，构建本学科的理论体系和方法，而且对实际的信息资源管理工作具有重要的指导意义。本章主要以文献信息为对象，研究信息分布的特征和规律，同时给出信息资源管理的原则。

你可以从本章了解到：

1. 信息资源的集中与分散规律；
2. 信息资源随时间的分布规律；
3. 信息的扩散与分布规律；
4. 信息资源管理的原则。

2.1 信息资源集中与分散规律

信息生产具有多目的性和无序性，信息的分布情况复杂多变，信息分布研究难度较大。由于文献具有较好的可计量性和稳定性，是信息的主要载体，且有关信息分布规律的研究大多是以文献(信息)为对象。因此本节也以文献为研究对象，先介绍信息分布集中与分散规律中的马太效应，然后分别从信息本身和信息生产者的角度介绍信息资源分布的特征和规律。

2.1.1 马太效应

1. 信息产生与分布中的马太效应

马太效应是罗伯特·莫顿在1973年首先提出的，来源于《圣经·马太福音》中的两句话“……谁若有，就给他，并不断增加；而谁没有，则连已有的都要被夺走”。中国古代思想家老子的《道德经》有句话“天之道，损有余而补不足。人之道则不然，损不足以奉有余。孰能有余以奉天下，唯有道者”，这里的“损不足以奉有余”如同马太效应的思想。罗伯特·莫顿认为“马太效应”指任何个体、群体或地区，在某一个方面(如金钱、名誉、地位等)获得成功和进步，就会产生一种积累优势，就会有更多的机会取得更大的成功和进步。

信息资源产生与分布中的“马太效应”指信息的产生与分布过程中表现出明显的核心趋势和集中取向。例如《科学引文索引》中80%的引文来自于15%～20%的期刊，某研究领域少数的作者因写的文章被引率最高，从而成为该领域的核心作者，部分期刊因刊载某学科领域大量的论文而使这部分期刊成为该学科领域的核心期刊，某类图书出版机构因出版了大量的图书书籍而成为该类图书的核心出版机构等。

在人类社会生活中普遍存在马太效应。该效应真实地描述了劣势与优势积累的过程：

若处于劣势，则这种劣势情况会继续加剧；相反，一旦有某种优势，这种优势局面就会不断加强。信息资源的流动过程是一种社会活动过程，社会活动必然会受到马太效应的支配，信息资源分布中的马太效应实际上是人类社会特有的选择机制支配的结果。

当同类对象被选择时，有的经常被选择，有的几乎不被选择，这种不均匀的选择结果，其本身又可以反过来影响再次选择的结果。优势选择结果的累积必然使得该对象具有更突出的优势，从而招致新的选择。以论文文献（信息）为例，一位新作者和一位资历深的作者各创作了一篇水平相当的文章，他们的文章要发表在某一期刊上面，资历深的作者发表过很多高质量的文章，比较出名，该篇论文发表的可能性很大，这就是所谓的"还要加给他，叫他多余"，这样高产作者就逐渐出现，并形成一个核心群体。而新作者的论文入选可能性很低。

2. 马太效应正面影响

马太效应导致信息资源的分布出现富集的现象具有其积极的意义。在理论上，马太效应可以帮助人们认识和理解信息资源的集中和分散的特征、趋势和规律，发现信息学中的相关基础性定律；在信息处理的实际过程中，马太效应的富集现象为信息资源的选择和利用提供依据，可以帮助我们摒弃平均，抓住信息采集的重点，降低信息管理成本，从而提高信息资源的有效利用率。

3. 马太效应负面影响

马太效应对信息资源分布的负面影响也是不可忽视的，在信息的应用中有时候需要对马太效应加以约束控制。信息对象在过度积累劣势的过程中容易诱导信息工作者走入极端，信息工作者如果不求创新变革，在复杂多变的信息工作环境中按简单的日常规则和经验从事信息管理工作，他们在对信息的判断、评估、选择、传播和利用过程中可能会做出错误的决定。

马太效应产生的信息资源分布富集可能只是表面现象，信息出现富集现象有时候也具有一定的偶然因素。例如被引用的次数较多的文章并不一定能说明它就是高质量的，某些有争议的论文观点也可能有较高的引用率。信息对象优势积累的过程有可能受统计学因素或者突发性因素影响，这种情况下会出现信息价值失真。例如，加菲尔德根据《科学引文索引》统计了 1961—1975 年被引用的 3 000 万条数据，按照被引次数排序，评选出 250 名科学家，他们的成果平均被引频次达到 3 811 次。其中有 44 人为诺贝尔奖获得者，有一个显著特点是在获得诺贝尔奖前后他们的被引频次有重要的变化，有的在获奖前被引用次数寥寥无几，但获奖后被引次数急剧增加。诺贝尔奖获得者的每篇论文并不是都具有较高价值，这有可能掩盖事实真相，导致对信息资源的评估和利用产生偏差。

信息资源中部分信息所含相关信息密度较大，被称为核心信息源，核心信息源是马太效应优势积累的结果，也是信息处理的重点对象，但在信息处理中如果过分注重核心信息源往往是一件不明智的事情，因为过分注重核心信息源会忽略分布在其他信息源中有价值的信息。如果任由核心信息源过度积累，不对核心信息源的优势集中加以控制，其信息就会出现高度专门化，所产生的信息价值会日渐单一，这种情况可能对部分信息用户有利，但也可能会失去更多的信息用户，得不偿失。信息资源产生与分布的马太效应优势积累要适度，不能任由其发展，当信息出现不合理和不科学的分布时，就有必要对信息的优势积累进行适当的干预和调整。

4. 马太效应的数学模拟

马太效应优势积累的过程及效果可以用数学模型来描述。目前这一领域的学者已经建立了多种数学模型,比较有代表性的是普利亚分布和塔格分布。

(1) 普利亚分布

普利亚分布(Polya)也叫单缸模型,下面是它的数学描述。

设某一缸中装有红球 a 个、黑球 b 个,按照一定的规则从中随机取球。若取到的是红球,则将取出的红球与 c 个红球一起放回缸中,假设取到的球为黑球也做同样的处理。独立重复做 n 次实验,设 X 表示取出红球的总次数,则 X 的分布为:

$$\begin{aligned}P(x) &= P(X=x)\\ &= \binom{n}{x}\frac{a(a+c)(a+2c)\cdots[a+(x-1)c]\cdots[b+(n-x-1)c]}{(a+b)(a+b+c)\cdots[a+b+(n-1)c]}\end{aligned}$$

① 当 $c=0$ 时

$$P(x)=\binom{n}{x}\left(\frac{a}{a+b}\right)^{x}\left(\frac{b}{a+b}\right)^{n-x}$$

$P(x)$服从参数为 n 和 $a/(a+b)$的二项分布。

② 当 $c=-1$ 时

$$P(x)=\frac{\binom{n}{x}\binom{a+b-n}{a-x}}{\binom{a+b}{a}}$$

$P(x)$服从参数为 $n,a+b$ 和 a 的超几何分布。

③ 当 $a=b=c$ 时

$$P(x)=\frac{1}{n+1}$$

$P(x)$为 $n(n=0,1,2,\cdots,n)$的均匀分布。

④ 当 $n\to\infty,a(a+b)^{-1}\to 0,c(a+b)^{-1}\to 0$ 时,$na(a+b)^{-1}$ 和 $nc(a+b)^{-1}$ 分别趋向于有限的非零值 θ 和 ρ,此时 $P(x)$服从负二项分布。

$$P(X=x)=\frac{(\theta\rho^{-1})^{(x)}}{x!}e^{-\theta}(1-e^{-\rho})^{x}$$

$$a^{x}=a(a+1)(a+2)\cdots[a+(x-1)]$$

$$e^{-\rho}=\exp\left(-\frac{nc}{a+b}\right)e^{-\theta}=\exp\left(-\frac{na}{a+b}\right)=\left[\exp\left(-\frac{nc}{a+b}\right)\right]^{-\theta\rho^{-1}}$$

即

$$e^{-\theta}=(e^{-\rho})^{k},\quad 式中\ k=\theta\rho^{-1}$$

因此

$$P(X=x)=\frac{k(x)}{x!}(e^{-\rho})^{k}(1-e^{-\rho})^{x}$$

若令 $e^{-\rho}=p$,则

$$P(X=x)=\frac{(k+x-1)!}{(k-1)!x!}p^k(1-p)^x$$

$$x=0,1,2,\cdots$$

$P(x)$服从负的二项分布，它表明当取到红球的概率是 p 时，取到 k 次红球之前 x 次黑球出现的概率。

如果上述实验中取到红球表示一次成功，取到黑球表示一次失败，红球(成功)和黑球(失败)的每一次出现，都将增加再次出现的概率，即成功的概率增大了，再次成功的概率将继续增大，同样，失败出现了，再次出现失败的概率也将增大。

(2) 塔格分布

塔格(Tague)分布也叫多缸模型，是在单缸模型的基础上发展起来的，下面是它的数学描述。

① 设有一系列的缸，每个缸中装有 a 个红球和 b 个黑球。

② 按一定的规则从缸中取球，若取到红球，则在该缸中另外加进 c 个红球；若取到黑球，则不另外加进黑球。

③ 依次从第一个缸开始取球，一直持续到取出 k 个球为止。

④ 按同样的办法从第二个缸中取球，直至所有的缸。

在单缸模型中，x 次成功的概率是在第 k 只黑球取出之前获得个红球的概率。这里的概率由下式给出：

$$P(X=x)=\frac{a(a+c)(a+2c)\cdots[a+(x-1)c]b}{(a+b)(a+b+c)\cdots(a+b+xc)}$$

$$\sum\prod_{i=0}^{x}\left(\frac{b}{a+b+ic}\right)^{a_i}$$

式中，全部 $a_i>0$，因此有

$$\sum_{i=0}^{x}a_i=k-1$$

令 $\gamma=\frac{a}{c}$，$\alpha=\frac{b}{c}$，有

$$P(x)=\frac{\gamma^{(x)}\alpha}{(\alpha+\gamma)^{(x+1)}}\sum\prod_{i=0}^{x}\left(\frac{\alpha}{\alpha+\gamma+i}\right)^{a_i}$$

可简化为

$$P(x)=\gamma^{(x)}\alpha^k\sum_{i=0}^{x}\frac{(-1)^i}{i!(x-1)!(\alpha+\gamma+i)^k}$$

对于上式：

① 如果 $k=1$

$$P(x)=\frac{\alpha\gamma^{(x)}}{(\alpha+\gamma)^{(x+1)}} \tag{2-1}$$

这就是概率论中的弗林分布，其平均数是 $\gamma/(\alpha-1)$。

② 如果 $\gamma=1$，弗林分布对应于瑞利分布或累计优势分布：

$$P(x)=\frac{\alpha x!}{(\alpha+1)(\alpha+2)\cdots(\alpha+x+1)}=\alpha\frac{x!\alpha!}{(\alpha+x+1)!}$$

$$P(x) = \alpha B(x+1, \alpha+1)$$

其中 $B(\cdot,\cdot)$为贝塔函数。

③ 在累积优势分布中，如果 $\alpha=1$

$$P(x) = \frac{1}{(x+1)(x+2)}$$

拉维昌德拉·劳在1987年提出了累积优势分布的替代形式。他指出，几何分布和单参数 β 分布的组合分布就是累积优势分布。即设 u 和 v 为两个随机变量($u=1,2,3,\cdots$，$0\leqslant v<1$)。

设 $P(u/v)=(1-v)^{u-1}$ 和 $P(v)=(\alpha+1)(1-v)^{\alpha}$，$\alpha>0$

容易证明：

$$P(v) = P(u/v)vP(v) = (\alpha+1)\beta(u, \alpha+2)$$
$$u = 1,2,3,\cdots$$

上述模型中，以弗林分布(2-1)最有普遍意义，累积优势分布可视为其特例。塔格的多缸模型能很好地模拟核心信息源的形成过程。

2.1.2 布拉德福定律

1. 布拉德福定律的产生

20世纪30年代，英国著名文献信息学家布拉德福提出了有名的“布拉德福分散定律”(Bradford's law of scattering)，简称布拉德福定律或布氏定律。该定律描述了文献分散和集中的经验定律。

布拉德福定律：如果将科学期刊按其刊载某个学科主题的论文数量，以递减顺序排列起来，就可以在所有这些期刊中区分出载文率最高的“核心”部分和包含着与核心部分同等数量论文的随后几区，这时核心区和后继各区中所含的期刊数成 $1:a:a^2$ 的关系($a>1$)。

利用布拉德福定律应注意三点：首先，排序。将要研究的期刊种类按刊载论文数量递减排序。其次，划分区域。规定每个区域含有的论文数量大致相等，论文刊载率最高的期刊为核心区，刊载率较高的为相关区，刊载率一般的为非相关区。最后，确定各区域比例关系，各区域内所含的期刊数比例约为 $1:a:a^2$。

设某学科领域所涉及的文章核心区有 n_1 种期刊；相关区有 n_2 种期刊；非相关有 n_3 种期刊。则3个区中的期刊数量有下列比例关系：

$$n_1 : n_2 : n_3 = 1 : a : a^2$$

其中 a 表示布拉德福常数，$a>1$，也称比例系数。

布拉德福是对“应用地球物理学”论文数据进行统计引出的定律，如表2-1所示，期刊数量比为：$9:59:258\approx1:5:25$。

布拉德福定律的图形描述：期刊载文数量按递减顺序排列，如果横轴取期刊按载文量递减排列时的顺序号 n 的对数，取1至 n 号期刊所载论文的累积数为纵轴，即可绘制出布拉德福分散曲线，如图2-1所示。

表 2-1 “应用地球物理学”论文的布拉德福分布

分区	期刊载文数量（篇/年）	应用地球物理学		润滑	
		期刊数量	论文数量	期刊数量	论文数量
a	>4	9	429	8	110
b	1～4	59	499	29	130
c	1	258	404	127	152

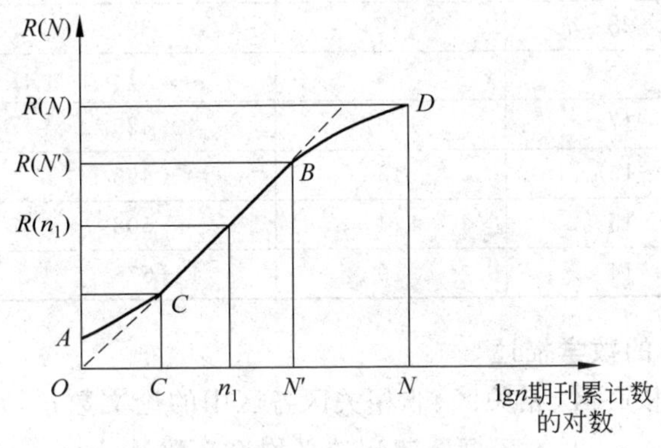

图 2-1 布拉德福分散曲线

从图 2-1 中可以看出布拉德福分散曲线由三部分构成，先是上升的曲线 AC，然后是直线上升的线段 CB，最后是上升的曲线 BD。

布鲁克斯用下述模式来表示布拉德福定律：

$$R(n)=\alpha n^{\beta}(\text{曲线部分})(1\leqslant n\leqslant C) \tag{2-2}$$

$$R(n)=k\lg(n/s)(\text{直线部分})(C\leqslant n\leqslant N') \tag{2-3}$$

曲线上 BD 部分近似地满足式(2-3)。

式中：

α——第一级杂志中的相关文章数 $R(1)$，即刊载文章最高频率的杂志中的相关文章数。

β——参数，与收藏的杂志(核心杂志)数量有关，大小等于分布图中曲线部分的曲率。

n——杂志等级排列的序号。

$R(n)$——相关论文累积数。

C——“核心区”中的杂志数量。

N——等级排列的杂志总数。

k,s——待定参数，k 等于分布曲线中直线部分的斜率，可用实验方法求得。当 N 足够大时，$k\approx N$。

式(2-2)和式(2-3)就是布拉德福定律的图形表述形式。

《应用物理学》期刊累计文献数量如表 2-2 所示。

表 2-2 《应用物理学》期刊累计文献数量

期刊数	文献数	累积期刊数	累积文献数(Y)	Log 累积期刊数(X)
1	93	1	93	0
1	86	2	179	0.301 03
1	56	3	235	0.477 121
1	48	4	283	0.602 06
1	46	5	329	0.698 97
1	35	6	364	0.778 151
1	28	7	392	0.845 098
1	20	8	412	0.903 09
1	17	9	429	0.954 243
1	16	13	493	1.113 943
1	15	14	508	1.146 128
5	14	19	578	1.278 754

2. 布拉德福定律的数学描述

令 m_1,m_2,m_3 为核心区、相关区、非相关区各区中的论文数量，p_1,p_2,p_3 为对应各个区中的期刊数量，r_1,r_2,r_3 为各区每种期刊的平均论文数量，则

$$r_1=m_1/p_1,\quad r_2=m_2/p_2,\quad r_3=m_3/p_3$$

显然 $p_1<p_2<p_3$，并且 $r_1>r_2>r_3$

划分区域后有：

$$r_1p_1=r_2p_2=r_3p_3=m_1$$

$$p_2/p_1=r_1/r_2=a_1$$

$$p_3/p_2=r_2/r_3=a_2$$

令 $a_1=a_2=a$，则

$$p_2=a_1p_1,\quad p_3=a_2p_2=a_1a_2p_1$$

于是

$$p_1:p_2:p_3=1:a:a^2 \tag{2-4}$$

3. 布氏定律的维克利解释

布氏定律的维克利解释实际上是布拉德福模式的修正形式，是将期刊分区的数目推广到 $n>3$ 的普遍情形。设将刊载某一学科相关论文分为 m 个区，每一区的论文数量相等，各区中期刊的数量 $n_1,n_2,n_3,\cdots,n_m$ 有如下关系：

$$T_1:T_2:T_3:\cdots:T_m=1:b:b^2:\cdots:b^{m-1} \tag{2-5}$$

其中：

b 为维氏分布系数；

$T_i=\sum n_i$，$i=1,2,\cdots,m$，T_i 为前 i 个区的期刊数量之和；

$T_m=n_1+n_2+n_3+\cdots+n_m=N$，$N$ 为杂志总数。

布拉德福定律的具体方法包括区域分析和图形描述，虽然两者数值并不相等，但所揭

示的都是论文在期刊中的分散规律。布拉德福定律中要注意两个基本要点：一是频次等级排序，形成主体来源（期刊）的有序目录；二是确定相关论文在主体来源中的分布规律。

2.1.3 词汇分布的齐夫定律

1. 齐夫定律简介

齐夫定律是美国哈佛大学教授齐夫(G. K. Zipf)在 1935 年通过对文献词频规律的研究得出的，他认为把一篇较长的文章中每个词出现的频次按递减顺序排列，其数量关系特征呈双曲线分布。该定律是计量学的基本定律，广泛应用于情报检索用词表的编制和情报检索系统中文档结构的设计。

2. 齐夫定律内容

将一篇 5 000 字以上的文章中每个词按其出现频次逐渐递减的顺序排列起来，用自然数给这些词编号，出现频次最高的为 1 级，其次为 2 级，再次为 3 级……依次下去直到 D 级，如果用 r 表示词的等级序号，f 表示某词在文章中出现的频次，则有

$$fr = C(C\text{ 为常数})$$

其曲线图如图 2-2 所示。

对等级 r 与频次 f 都取对数，则有

$$\log(r) + \log(f) = \log(C)$$

此时图 2-2 中的双曲线变成一条直线（见图 2-3）。图 2-3 中的虚线表示理想化形式，一般地，斜率为 k 的任一直线可表示为：

$$k\log(r) + \log(f) = \log(C)$$

这条直线由图 2-3 中实线表示。将这一方程改写可得：

$$fr^k = C$$

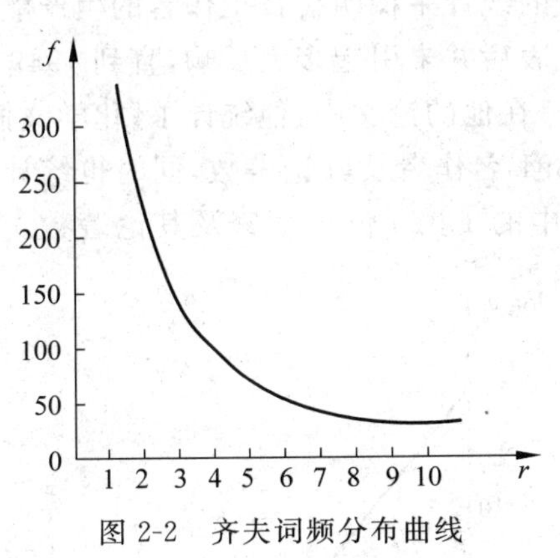

图 2-2 齐夫词频分布曲线

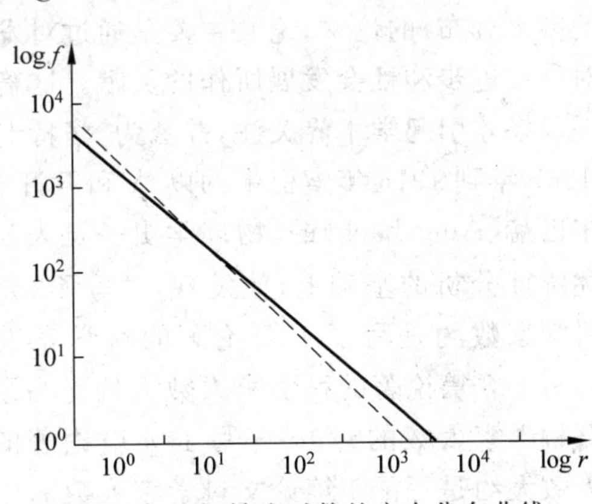

图 2-3 坐标轴为对数的齐夫分布曲线

在 Brown 语料库中，最常见的单词是“the”。the 在这个语料库中出现的频率大约为 7%，统计的 100 万单词中出现了 69 971 次。出现次数第二多的单词为“of”，出现了 36 411 次，约占整个语料库的 3.5%。正如齐夫定律中所描述的一样，之后出现频率较高的是“and”，出现了 28 852 次。仅仅 135 个字汇就占了 Brown 语料库的一半。

齐夫分布可以在很多现象中被观察到，它是一个实验定律，而非理论定律。齐夫定律

很容易用点阵图观察，坐标为 log(排名)和 log(频率)，如图 2-4 所示。比如，"the"用上述表述可以描述为 $x=\log(1)$，$y=\log(69\ 971)$的点。如果所有的点接近一条直线，那么它就遵循齐夫定律。最简单的齐夫定律的例子是"$1/f$"。给出一组齐夫分布的频率，按照从最常见到非常见排列，第二常见的频率是最常见频率的出现次数的 1/2；第三常见的频率是最常见的频率的 1/3；第 n 常见的频率是最常见频率出现次数的 $1/n$。然而，这并不精确，因为所有的项必须出现一个整数次数，一个单词不可能出现 2.5 次。然而，在一个广域范围内并且做出适当的近似，许多自然现象都符合齐夫定律。

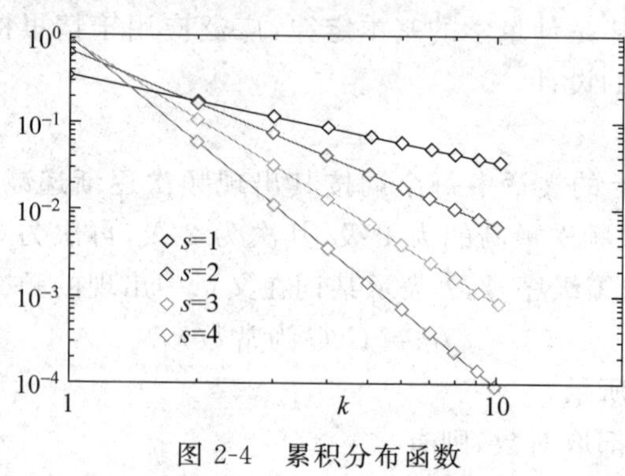

图 2-4 累积分布函数

2.1.4 信息生产者分布规律

1. 洛特卡定律

美国著名学者和科学计量学家洛特卡研究了科学家与其发表的科学文献之间的数量关系。1926 年，他在著名的学术刊物《华盛顿科学院报》上发表了一篇题名为《科学生产率的频率分布》的论文，论文主要是通过对发表论著的统计来探明科技工作者的生产能力及对科技进步和社会发展所作的贡献。这篇论文发表后并未引起多大反响，直到 1949 年这一成果才引起学术界关注，并誉为"洛特卡定律"。在他的论文中，他统计了《化学文摘》从 1907 年到 1916 年索引中的以 A 和 B 开头的 6 891 名作者及其论著数，同时也统计了奥尔巴赫(Auer bach)的《物理学史一览表》(1919)中的 1 325 位科学家及其论著数。在上述统计分析的基础上，他发现："写了 2 篇论著的科学家数约是写了 1 篇论著的科学家人数的 1/4；写了 3 篇论著的科学家人数大约是写了 1 篇论著科学家人数的 1/9……写了 n 篇论著的科学家人数大约是写了 1 篇论文科学家人数的 $1/n^2$。"这就是著名的洛特卡定律。

洛特卡以论文数 x 的对数为横轴，以作者数 y_x 的对数为纵轴作图，得到的曲线是直线(见图 2-5)。图中实线代表《物理学史一览表》的数据，虚线表示《化学文摘》的数据。用最小二乘法计算拟合直线的斜率，近似为−2。

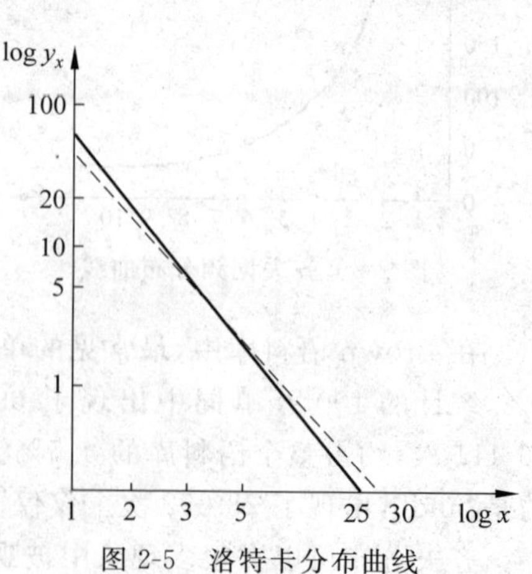

图 2-5 洛特卡分布曲线

根据洛特卡的理论，y_x 是发表了论文 x 篇的作者数，作者数 y_x 与论文数 x 之间存在着下列关系：

$$x^n y_x = c \tag{2-6}$$

式中，n 和 c 为两个常数，其中 n 的数值在 2 上下波动。例如，当 n 近似为 2.0，式(2-6)即为

$$x^2 y_x = c \tag{2-7}$$

上式变形为

$$y_x = c/x^2 \tag{2-8}$$

上式两边同除以著者总和 $\sum y_x$ 有

$$\frac{y_x}{\sum y_x} = \frac{c}{\sum y_x} \cdot \frac{1}{x^2} \tag{2-9}$$

设 $f(y_x)$表示发表 x 篇论文的作者出现的频率，令 $f(y_x) = \dfrac{y_x}{\sum y_x}$，$C = \dfrac{c}{\sum y_x}$ 是新的常量，表示作者取样总数的比例，这样式(2-9)可以写成

$$f(y_x) = C/x^2 \tag{2-10}$$

令 $x=1,2,\cdots,n,\cdots$，则 $f(y_x)$分别为 $f(y_1)$，$f(y_2)$，…，$f(y_n)$，有

$$f(y_1) = \frac{C}{1^2}$$

$$f(y_2) = \frac{C}{2^2}$$

……

$$f(y_n) = \frac{C}{n^2}$$

……

两边累积求和：

$$\sum_{x=1}^{\infty} f(y_x) = C\left(1 + \frac{1}{2^2} + \frac{1}{3^2} + \cdots\right)$$

即

$$\sum_{x=1}^{\infty} f(y_x) = C \cdot \sum_{x=1}^{\infty} \frac{1}{x^2}$$

由于 $f(y_x)$表示写 x 篇论文的作者出现的频率，因此

$$\sum_{x=1}^{\infty} f(y_x) = 1$$

即

$$C \cdot \sum_{x=1}^{\infty} \frac{1}{x^2} = 1$$

$$C \cdot \frac{\pi^2}{6} = 1$$

$$C=\frac{6}{\pi^2}=\frac{6}{9.87}=0.6079=60.79\%$$

这就是著名的平方反比分布。根据上述分布，所有发表一篇文章的著者的比例约为60.79%。在《物理学史一览表》的统计数据中，共有1 325位作者，其中59.2%的人只写一篇文章。在《化学文摘》的统计数据中，姓氏是以A开头的共有1 542位作者，其中57.7%的作者只发表过一篇文章；姓氏是以B开头的共有5 348位作者，其中57.98%的作者只发表过一篇文章。二者合计平均后，发表一篇文章的人数占总数的57.9%。

人类学、经济学、生物学、法医学、计算机学、情报学、图书馆学等不同学科领域的国外学者分别对洛特卡定律进行了适用性验证，并以此为基础提出了修正洛特卡定律的可能性。其中最具影响力的是1986年帕欧利用包括20个学科和3个大型图书馆目录在内的48组有关文献作者分布的数据验证洛特卡定律，并重新界定了洛特卡分布中参数的取值范围，推动了洛特卡定律的发展。研究学者德莱斯顿(Dresden)、休伯特(Hubert)、戴维斯(Davis)等对不同学科、时期、国家或单位、类型的科学文献的作者分布规律进行过研究，从各个不同角度来检验或修正了洛氏定律。

学科特征和统计条件会影响到洛特卡平方反比律 $f(x)=c/x^2$。

统计研究的学科的性质、范围、特点、发展阶段以及与其他学科的相关度等都会对其分布产生本质上的影响。一方面，科学的分化趋势显著，一个学科内部可能会不断产生新的发展点；另一方面，科学研究的综合化趋势也在加剧，边缘科学不断得到发展。洛特卡定律掩藏了不同学科、同一学科在不同发展阶段上文献与作者分布间的差异性，缺乏对学科发展及文献增长的动态性描述；此外，洛特卡定律对合作现象的研究较少，对合著者的科学贡献研究不足。因此，随着现代研究环境的不断变化，洛特卡定律的普适性受到了一定的限制。

统计时，影响平方反比定律的主要有两个量：统计研究的时间跨度和作者数量。一般来说，若统计的时间较长(如10年以上)、作者集合较大(如1 000人以上)，其研究将会得到比较客观的结论。

我们可以利用洛卡特定律来预测著作数量与文献数量，从而便于搜集信息、掌握文献信息流的变动规律、预测科学家数量的增长和科学发展的规模及趋势等。此外，在分析研究人口的分布状况和城市的比例结构等类似的信息分析与预测工作中，洛卡特定律也可以作为理论依据。

应用洛卡特定律应注意下面三点。

(1) 经验定律：洛特卡定律毕竟只是从两组实际统计数据中总结出来的经验定律，尽管许多学者进行了有益的探讨，但至今还需要进一步从理论上进行严格的论证。

(2) 平方反比规律：平方反比规律并不能很好地符合各个学科各种文献统计范围的著者与文献的分布规律，然而就倒幂次这个意义上讲，即 n 取一定范围浮动值时，还是比较好地反映了著者与其撰写的论文数量上的规律。

(3) 高产作者处理：洛特卡当年得出平方反比定律形式时，对高产作者部分进行了删节，摒弃了与平方反比率相悖的因素。

目前一般认为，在一定统计条件下，洛氏定律在大多数学科领域是适用的，能够描述科学文献作者分布规律和科学家著作的行为模式。

2. 普赖斯定律

1948年，普赖斯研究物理学论文数量增长现象，发现了科学文献指数增长规律，绘制了著名的普赖斯曲线。1954年，他获得英国剑桥大学科学史博士学位。1959年，普赖斯任耶鲁大学教授，后来又担任皮博迪博物馆的历史科技仪器馆馆长，1983年当选为瑞典皇家科学院院士。普赖斯发表了300余篇论文和17本专著，其中，对信息科学产生深远影响的有《巴比伦以来的科学》、《科学论文网络》、《小科学，大科学》、《世界大脑的一些问题》、《引文循环》等。

普赖斯在《小科学，大科学》一书中论述"在同一主题中，半数的论文为一群高生产能力作者所撰，这些高产作者的集合数量上约等于全部作者总数的平方根"。这就是他提出的核心生产者分布的"平方根定律"，表达式为：

$$\sum_{m+1}^{I} n(x) = \sqrt{N} \tag{2-11}$$

式中，$n(x)$为撰写x篇论文的作者数；$I=n_{\max}$为该学科规定时间内最高产作者发表的论文数；N为该学科领域全部作者总数。m可由下式确定：

$$\sum_{I}^{m} x \cdot n(x) = \sum_{m+1}^{I} x \cdot n(x) \tag{2-12}$$

如果规定发表了n篇论文的作者人数为$a(n)$，则发表$n \leqslant N \leqslant n'$篇论文的作者人数为：

$$A(n-n') = a(n) + a(n+1) + \cdots + a(n') = \sum_{i=n}^{n'} a(i) \tag{2-13}$$

$a(n)$名作者一共发表的论文数为$p(n)=n \cdot a(n)$。

同理，发表了$n \leqslant N \leqslant n'$篇论文的作者总共发表的论文数为：

$$P(N) = P(n-n') = na(n) + (n+1)a(n+1) + \cdots + n'a(n') = \sum_{i=n}^{n'} P(i) \tag{2-14}$$

若$\frac{1}{2}P(1 \to n_{\max}) = P(m \to n_{\max}) = P(1 \to m)$，则有

$$A(1-n_{\max})^{\frac{1}{2}} = A(m - n_{\max}) \tag{2-15}$$

由洛特卡定律可知，$a(n)=\frac{c}{n^2}$，其中$a(n)$是频数。则有

$$P(1 \to n) = \sum_{i=1}^{n} i \cdot \frac{c}{i^2} = \sum_{i=1}^{n} \frac{c}{i} = c\sum_{i=1}^{n} \frac{1}{i}$$

由调和级数和公式可得

$$P(1 \to n) = c(\ln n + 0.577 + \cdots + \varepsilon n)$$

整理后可写成

$$\ln \frac{(n_{\max})^{\frac{1}{2}}}{m} = 0.289 + \cdots + \frac{1}{2}\varepsilon m + \frac{1}{2}\varepsilon n_{\max}$$

由于 m 一般不会太小，所以假定 $\varepsilon m < 0.289$ 是合理的，而且一定存在 $\frac{1}{2}\varepsilon n_{\max} < \varepsilon m$，上式可简化为：

$$m = 0.749(n_{\max})^{\frac{1}{2}} \tag{2-16}$$

式(2-16)表明，撰写 $0.749(n_{\max})^{\frac{1}{2}}$ 篇以上论文的作者所发表的论文数等于论文总数的一半。高产作者中一位最低产的作者发表的论文数量，等于最高产作者所发表论文数的平方根的 0.749 倍。

另外，可以推出：

$$k = \frac{A(m \to n_{\max})}{A(1 \to n_{\max})} = \frac{6/\pi}{0.749(n_{\max})^{\frac{1}{2}}} = \frac{0.812}{(n_{\max})^{\frac{1}{2}}}$$

这个式子表明了高产作者人数同全体作者人数的比例关系。

洛特卡定律是对两组数据统计的推广，是对信息生产的一般理论估计，而不是一个精确的统计分布，因而有其局限性。而普赖斯定律仅是在洛特卡定律基础上提出的一种假说，不能将这一定律绝对化，洛特卡定律的 $n \neq 2$ 的情形同样影响着普赖斯定律。普赖斯定律的价值在于，它可以简明扼要地描述信息是如何按生产者的能力进行分布的。

洛特卡定律、普赖斯定律和其他一些描述文献信息生产者分布的规律都揭示了少数信息生产者生产了大量信息的规律和特点。

2.2 信息资源随时间的分布规律

信息资源随时间的动态分布规律揭示了信息资源的产生、传播、发展、演化与老化等过程，学习信息资源随时间的分布规律有助于信息管理者把握信息的变化，对信息资源进行有效合理的动态管理。这里介绍信息的指数增长规律和信息的老化现象。

2.2.1 指数增长律

在互联网时代，随着信息爆炸式的增长，信息充斥着社会生活的每一个角落，随着大数据时代的到来，信息的定义改变了传统上的有用即信息的观点。学习信息的增长规律有利于信息的利用和吸收，信息的增长规律也是学术界一直关注的重要课题。

1. 普赖斯曲线

(1) 研究对象和研究方法

美国学者赖德用数据证明了主要大学图书馆的藏书量平均每 16 年增加 1 倍。之后，就信息的爆炸式增长问题，英国的文献学家普赖斯进行了深入研究，他以 1665 年以来的期刊数量为研究对象。1665 年，第一本期刊在法国问世，到 1750 年期刊数量增至 10 种，1800 年增至 100 种，1850 年增至 1 000 种，目前的期刊数量接近 10 万种，几乎平均每隔 50 年期刊数量会增加 10 倍。

经过对不同年限的文献数量的分析，普赖斯得到文献增长与时间成指数函数关系的结论。以文献数量为纵坐标，以年限为横坐标，绘制不同年限的文献数量的坐标点，然后拟合成一条光滑曲线，该曲线可以近似地描述文献数量随时间增长的规律，如图 2-6 所示。

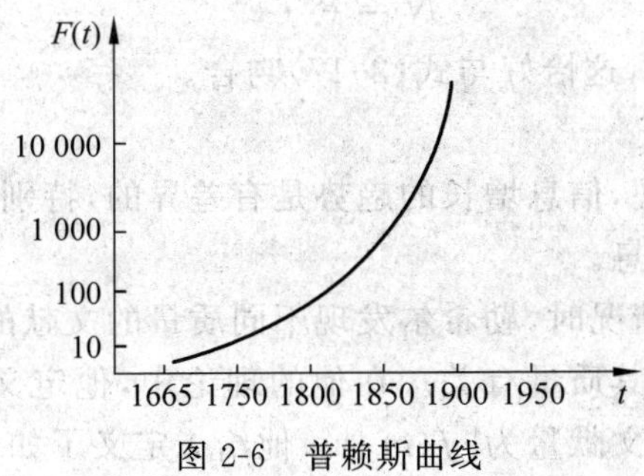

图 2-6 普赖斯曲线

(2) 普赖斯曲线的描述

用 $F(t)$ 表示 t 时刻的文献量，则有

$$F(t) = ae^{bt} \tag{2-17}$$

a 表示 $t=0$（统计的初始时刻）时的文献数量，即 $f(t)=a$；$e=2.718$；b 表示持续增长率。

令 t' 表示文献量翻一倍的时间，则 $F(t')=ae^{bt'}=2a$，得

$$t' = (\ln 2)/b \tag{2-18}$$

人们常用上式来衡量文献的增长速度，即用文献量翻一倍的时间来衡量文献的增长速度。

(3) 普赖斯曲线的实例说明

设增长率 $b=0.1$，某初始时刻，文献量 $a=10\ 000$ 件，则文献量翻一倍的时间为：

$$t' = \ln 2/0.1 = 0.693/0.1 = 6.93(\text{年})$$

10 年后文献量将为：

$$F(10) = 10\ 000e^{0.1\times 10} = 27\ 180(\text{件})$$

100 年后的文献量为：

$$F(100) = 10\ 000e^{0.1\times 100} = 220\ 264\ 660(\text{件})$$

根据 1952—1982 年世界图书数量统计数据和 1907—1977 年世界化学学科论文数量的统计数据显示，普赖斯指数增长律具有一定程度的普遍性和正确性，此规律得到了学术界一致认可。

(4) 普赖斯曲线的内在机理

信息成指数增长是社会信息流的传播和影响的结果。随着时间的推移，信息受体接受新信息的概率会增大。实际上，掌握新信息的人数本身是按指数增加的，他们从事信息的生产和传播，这就必然引致信息量按指数增长。

假设一个人接受新信息的概率随时间按某一固定的比例增大，则有

$$\frac{dN}{dt} = bN$$

即

$$\int \frac{dN}{dt} = \int b dt$$

$$\ln N = bt + c$$

$$N = e^{c} \cdot e^{bt}$$

令 $e^{c}=a$,则有 $N=ae^{bt}$,这恰好与式(2-17)吻合。

(5) 普赖斯曲线的修正

实际的文献统计中发现,信息增长的趋势是有差异的,特别是不同质量、不同学科、不同时期、不同级别的文献信息。

在考察文献数量增长情况时,勒希尔发现不同质量的文献的增长速度有很大的差别。勒希尔认为,文献的数量与其质量有关。在他的理论中,他定义 $\lambda(0\leqslant\lambda\leqslant1)$ 为文献的质量级别,则不同质量级别的文献量为 $[f(t)]\lambda$。他给 λ 定义了如下不同的值:

$\lambda=0$:第一流的文献,文献数量为 $\ln F(t)$。

$\lambda=1/4$:至少是非常重要的文献。

$\lambda=1/2$:至少是重要的文献。

$\lambda=3/4$:至少是有意义的文献。

$\lambda=1$:至少是一般文献(实际代表所有文献)。

若文献量为 100 万件,根据勒希尔的定义,有

14:第一流的文献。

32:至少是非常重要的文献。

1 000:至少是重要的文献。

31 623:至少是有意义的文献。

1 000 000:至少是一般文献(即文献总数)。

记文献量翻倍时间为 t',则质量为 λ 级的文献数量翻倍时间将是 t'/λ。随着社会的进步,当文献工作者都在尽最大的努力提高文献的质量时,而指数增长将减慢,对于第一流的文献($\lambda=0$),指数增长规律完全破坏,并且每一周期仅有一常数增量。在这种情况下,文献的增长函数呈线性关系,即

$$f_0(t) = \ln a e^{bt} = \ln a + bt$$

2. 生长曲线

(1) 生长曲线的描述

文献信息的增长会受到多方面的影响,比如经济、物质、时间、技术等因素的影响。在普赖斯看来,文献信息的增长更趋近于生物的生长曲线(logistic curve),最开始的时候信息的增长很快,随着时间的推移,增长速度越来越慢,最终几乎不增加了。数学方程为:

$$F(t) = k/(1 + ae^{-kbt}) \tag{2-19}$$

其中,$F(t)$ 为文献量,是时间 t 的函数,k 表示文献增长的最大值。

生长曲线如图 2-7 所示。

从生长曲线上可以看出,只有在文献信息增长的初始阶段,信息的增长才符合指数增长规律;当文献信息量增至最大值的一半时,增长率就开始变小,最终增长的极限为 k 值。

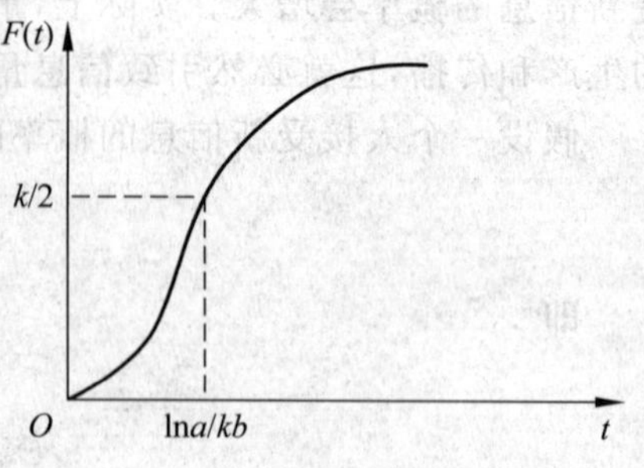

图 2-7 生长曲线

(2) 生长曲线的应用

生长曲线能很好地描述某一学科领域内文献的增长规律,该曲线对学科文献增长规律的研究具有重要的理论意义,但在一般情况下,学科文献在不同时期的增长态势有所不同。学科处于起步阶段,文献量呈指数增长,这个时期的文献寿命较短;在学科相对成熟阶段,文献指数增长率逐渐变小,曲线渐变平缓,这个时期的文献寿命相对变长;最终学科文献将会进入一个稳定时期。

对于不同的学科领域,文献增长的生长曲线中各个常数(a、b 和 k)一般是不相同的。

(3) 普赖斯曲线与生长曲线的局限性

生长曲线也有一定局限性,从式(2-19)中可以看出,当 $t \to +\infty$ 时,$F(t) \to k$,随着学科的发展,文献的增长率最终会为零,此时文献的总量达到最大值。利用普赖斯曲线和生长曲线来研究文献增长和预测未来文献总量必然会有局限性。存在局限性的原因有以下两点。

一是学科的差异性。指数增长规律是普赖斯根据物理学文献数量的增长情况提出的,然后把这一结论推广到其他学科领域,从而得出普赖斯曲线。然而把对文献的某一历史阶段、某一研究领域的研究成果推广到文献的全部领域,其理论依据不够充分。

二是缺乏系统分析。普赖斯曲线与生长曲线是根据预测学中的趋势外推法做的预测。文献增长规律往往会受到多方面的因素影响,文献作为信息传播这一复杂系统中的子系统,它的预测过程中忽略了系统论的思想。

2.2.2 逐渐过时规律

时代在变,创新不断,新老文献信息更新换代,随着时间的推移,有些文献信息的价值会逐渐衰减乃至失效,文献信息会出现老化现象。

1. 文献信息老化的表现

文献信息的老化一般指下列四种表现情形。

(1) 文献中所含的信息仍然有用,但信息存在于更新的其他论著中。

(2) 文献中所含的信息仍然有用,但人们对该文献信息的学科的兴趣下降了。

(3) 文献中所含的信息仍然有用,但被后来的著作所超越。

(4) 文献中所含的信息不再有用。

2. 文献信息老化的衡量标准

文献老化往往用文献半衰期和普赖斯指数进行评价,文献半衰期指某学科领域现仍旧有用的全部文献中的半数文献的发表时间,例如物理学文献的半衰期为 4.6 年,指物理学文献现仍有用的一半文献的发表时间不超过 4.6 年。普赖斯指数是指某学科领域 5 年内发表的文献的引用次数与所有文献的引用次数之比值。一般而言,半衰期越大,普赖斯指数越小,文献老化的速度越慢。

3. 文献信息老化曲线

文献现在正被引用次数用纵轴表示,文献出版年龄用横轴表示,则可得到图 2-8 所示的文献信息老化曲线。

其方程式为:

$$C(t) = ke^{-at} \tag{2-20}$$

其中，k 是常数，随学科不同而不同；a 为老化率，$C(t)$ 表示发表了 t 年的文献的被引次数。

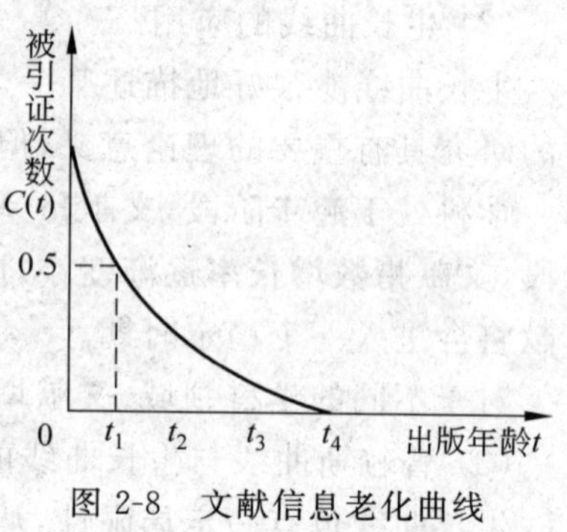

图 2-8 文献信息老化曲线

4. 文献信息老化的影响因素

(1) 文献增长。增长和老化是文献信息发展的两个方面，文献的老化与文献的增长密切联系。文献量不断增加会使得新文献被引用的次数不断增加，而旧文献被引用的机会降低，从而使得文献老化的过程被加速。

(2) 学科差异。不同学科文献老化的速度是有所差异的。像物理、数学等基础学科一般比较稳定，这些学科的半衰期比较长；动植物分类学、地理学等学科的发展靠不断地修正积累，这些学科也相对比较稳定。电子信息类、医学类等活跃学科的研究需要不断投入新的方法实验技术，这类学科更新换代比较快，文献的半衰期比较短，因此老化的速率相对也较快。

(3) 学科发展阶段的差异。每个学科的发展都经过诞生初期、增长、稳定和衰亡的生命周期，不同时期的增速不一样，有呈指数增长的，也有平缓发展的。学科处在不同的发展阶段文献的半衰期不尽完全相同。

(4) 信息环境和需求。不同环境中不同的信息用户对文献信息的需求也是不相同的，因而文献信息使用者的需求和他们所处的信息环境也会影响到信息老化。

2.3 信息资源在空间上的分布规律

2.3.1 信息的扩散与分布

1. 信息扩散的多向对称性

在信息的传播过程中，如果信息源 S 所处的外围介质(包括自然介质、社会介质)是同质均匀分布的话，则 S 的信息传递就成一种各向对称结构，这就是信息扩散的多向对称性。多向对称中传递的速度、内容、空间和信息强度都是对称的。

只有在同质均匀分布的外部介质中，多向对称性原则才适用，当介质不均匀或者不同质时，就出现了多向对称的引申原则，包括信息传递的拓扑原则和多路传递法则。

(1) 信息传递的拓扑原则

拓扑原则是指信息从信息源 S 传递到信息受体 R 时，如果介质环境均匀，信息能快速直接地从 S 传递到 R，如图 2-9 所示；如果介质非均匀，S→R 信息流在传递过程中会利用"信息栈"来传递信息，即拓扑变换，因为信息介质的每一次改变都要经过一次转换，都要经过"信息栈"予以变换，信息传递的信息栈拓扑结构如图 2-10 所示。

(2) 多路传递法则

多路传递法则，又称多通道原则，指在信息源 S 到信息受体 R 的信息传递过程中，除了 S 与 R 的直接沟通之外，还可以通过其他通道将信息传递给接受者 R。无论是在均匀

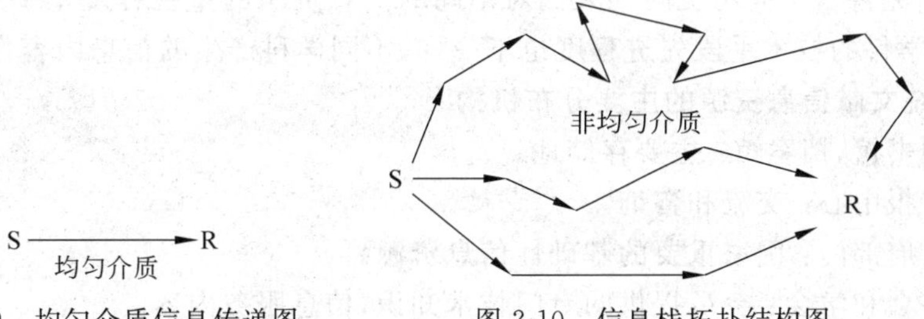

图 2-9 均匀介质信息传递图　　图 2-10 信息栈拓扑结构图

介质中还是在非均匀介质中，原则上信息都可以通过无限种渠道传递给信息受体。

多路传递法则的理论基础：信息是可以分享的；信息是可以分栈传递的。

2. 信息传递的密度递减法则

信息传递是在一定的信息时空中完成的。由于介质吸收和干扰，任何信息流都要发生衰减。由于信息传递涉及时间和空间两方面，因此衰减也就发生在这两个方面。

从时间上来说，信息源 S 所发生的信息会随着时间的流逝而衰减，时间越久，衰减越严重。在时间轴上，信息存在一种积淀过程，现代所获知的信息中，3 年后可能最少有 1/3 的信息会过时，5 年后可能就有一半信息将不再有用。

从空间方面来说，设 S 为信息源，在 t 时刻 S 以声音形式向外传递信息。此时的信息是以各向对称形式发送的，呈球面对称形状。如果以音量为信息强度，音量大，则表明信息被感受的可能性就大，当音量减小到一定程度时，S 发出的信息就无法被信息接受者感知到。

我们设离 S 的距离为 r 时的信息强度为 P，则随着 r 的加大，P 逐渐减弱至消失。在理想条件下，S 向周围发出的信息应构成一个球体。为了方便计算，我们取 $r_0=1$ 为标准距离，P_0 为对应的强度，则单位圆周面积为 $4\pi r_0^2=4\pi$，单位圆上总强度为 $4\pi P_0$。在信息传递时，随 r 增大，圆周面积不断加大，但总强度保持不变，即恒等于 $4\pi P_0$，则半径为 r_1 ($r_1>1$)时，圆周面积上的强度为：$P=4\pi P_0/4\pi r_1^2=P_0/r_1^2$，当 $r_1\to\infty$，$P\to 0$。这就是为什么光线和声音的传播都有一定的距离限制原因。

2.3.2 传统文献信息资源分布格局

信息源和信息受体的目的和需求具有差异性，信息资源在不断扩散和传递的过程中，信息资源的分布会呈现出复杂的格局。

1. 传统文献信息资源离散分布的差异化

(1) 地区差异。例如，发达国家和发展中国家等地区有着明显的差异，中国的东部和西部地区信息资源存在明显的差异，北上广、江浙福地区是我国信息资源分布最密集的地区。

(2) 行业或机构差异。例如，各类决策机构、教育与科研部门、协会与学会、广播电视部门、编辑出版发行机构、档案馆、图书馆、情报中心、数据中心、信息中心、调查和咨询中心、策划中心和统计中心有着明显的差异。

(3) 内容差异。人类社会不断发展，科学技术不断进步，学科的新知识不断出现，学科建设不断完善。不同历史时期人们对不同的信息资源的重视程度不一致,即使在同一历史时间,学科的技术手段先进程度也不一样,不同学科产生的信息内容都有所差异。

2. 传统文献信息资源的主要分布机构

(1) 图书馆、档案馆:主要存储地。

(2) 情报中心:交流和咨询。

(3) 政府部门:国家重要的基础性信息资源。

(4) 协会和学会:会员提供的专门技术知识、信息服务内容。

(5) 编辑、出版、印刷和发行机构:书籍、影像等出版物。

(6) 广播、电视机新闻机构:重要的新闻信息、报刊和影视资料。

(7) 科研机构:科研资料、技术成果档案、研究报告等。

(8) 企业:专利、图纸、报告、档案、样本等。

2.3.3 网络信息资源分布格局

1. 网络信息资源的地域分布

截至 2014 年 6 月,我国的网民数量达到 6.32 亿户,我国的域名总量达到 1 915 万个(中国互联网信息中心 CNNIC,http://www.cnnic.net.cn/hlwfzyj/jcsj/)。从注册量和使用量看,.cn 在国内担当主流的作用,主要分布在(不含.edu.cn 域名)北京、广东、浙江、上海、福建、江苏、山东、四川等地区。其中北京、广东、上海、浙江、福建拥有超过全国一半的域名,这些省市的互联网信息化水平也是居全国前茅的。域名拥有量与地区经济发展水平相称、与各地的互联网信息化水平的匹配。

2. 网络信息资源的行业分布

截至 2013 年 12 月,中国存在大小网站接近 350.7 万个。从内容上大概可以分为:

(1) 计算机与网络:网站、数据库、安全、编程、软件、硬件、数据通信、数码产品、桌面壁纸、电子书、相关组织。

(2) 休闲:彩票、宠物、户外活动、旅游、收藏、手机图铃、幽默、游戏、体育。

(3) 家庭:家政服务、烹调、育儿、青少年生活。

(4) 新闻:新闻类(体育、政治、经济、娱乐等)、网上直播、电子报纸杂志。

(5) 生活服务:常用查询、婚庆服务、失物招领、天气气象、寻人、租赁。

(6) 社会文化:博物馆、民俗、宗教、历史、图书馆、公共事业。

(7) 政府机构:民主党派、司法/执法机关、行政机构、中国共产党组织。

(8) 教育:成人教育、大专院校与研究所、远程教育、职业教育、留学、培训、教学资源。

(9) 商业:电子商务、公司企业、交通运输、市场营销、招标采购。

(10) 健康:保健、心理健康、美容、家庭保健、健身、远程医疗、医疗。

(11) 农业:农业资料、园艺园林、畜牧养殖业、农业资料。

(12) 艺术:文学、摄影、音乐、工艺美术。

3. 网络信息资源的内容分布

(1) 政治活动:政党、法律、政策、政治方针等。

(2) 经济活动：金融、商品经济、技术经济、市场、消费、贸易等。

(3) 军事活动：战略、战术、战争等。

(4) 生产活动：产品生产、材料购销、商品流通、广告等。

(5) 技术开发：技术交易、开发、推广应用等。

(6) 科学研究活动：研究成果、学术交流等。

(7) 文化和教育活动：新闻、文化、教育等。

(8) 医疗卫生活动：医疗、保健、卫生等。

(9) 艺术、体育和娱乐活动。

(10) 人类生活：衣食住行。

2.4 信息资源管理原则

原则，是人们观察问题、处理问题的准绳。信息管理的实践表明，信息资源管理者必须具有相同的观察问题和处理问题的准绳，才可能获得满意的管理效果。因此，信息管理原则对信息管理活动的各个环节都具有重要的指导意义。

2.4.1 系统原则

信息管理的系统原则是以系统的观点和方法，从整体上、全局上、时空上认识管理客体，以求获得满意结果。

信息管理为什么要遵循系统原则呢？首先是因为管理客体不仅自身是一个系统，而且必定是另一个大系统的组成部分，即子系统；其次，是因为系统是信息流的通道，是信息功能得以实现的前提和基础，要管理信息资源和信息活动，就离不开对信息通道的管理；再次，系统是对信息资源和信息活动进行管理的重要工具，任何信息管理的意图最后都是需要通过系统实现。

系统原则包括整体性、历时性和满意化等三个原则。

(1) 整体性原则。整体性原则要求把管理客体作为有机整体来认识，注意构成管理客体的各要素之间的相互联系和相互制约以及与环境的关系，统一服从于系统的目标。

(2) 历时性原则。历时性原则要求在信息管理中必须注重管理客体的产生、发展的过程及其未来的发展趋势，就是要把客体当作一个随时间推移而变化着的系统来考察，从客体的形成过程中所表现出来的规律来认识客体，注意其过去、现在和将来要产生的信息。

(3) 满意化原则。满意化原则要求对管理客体进行优化处理，从整体的观念出发，调整整体与局部的关系，拟定若干可供选择的调整方案，然后根据本系统的需要(目的)和约束(条件)，选择满意度最高的方案。

2.4.2 整序原则

整序是指对所获得的信息按照“关键字”(即某些特征)进行分类排序。信息管理为什么要遵循整序原则呢？首先，是因为信息管理中的信息量极大，如果无序，查找所需信息的速度会非常慢、非常困难,甚至找不到。其次,是因为未排序的信息只能反映单条信息的内容,不能定量地反映信息的整体在某些方面的特征。整序之后,信息按类归并,在此特征下信息总体内涵和外延容易显现,也便于发现信息中的冗余和漏缺,方便检索和利用。再次,因为同一组信息,按不同的关键字排序所得到的序列也不相同。管理者可以根据自己的需要选择信息的特征进行整序,以便获得自己需要的信息序列。

现以文献检索说明整序原则,文献检索的整序包括分类整序、主题整序、著者整序、号码整序、时间整序、地区整序、部门整序等方法。

(1) 分类整序原则。分类整序是以信息内容的学科类别为信息标识,以学科层次结构体系为顺序的整序方法。

(2) 主题整序原则。主题整序是以能够代表信息主题的词语作为信息标识,再按词语的字顺为序的整序方法。代表信息主题的词语叫主题词或关键词。

(3) 其他整序原则。当信息内容难以区分和主题难以提取时,可以采用信息的外部特征进行整序,如著者整序,是按作者姓名字顺为序的整序方法;号码整序,是按信息的固有序号为序的整序方法;时间整序,是按信息发表的时间或数据、事实发生的时间为序的整序方法;地区整序,是按行政区划名称字顺为序的整序方法;部门整序,是按部门名称字顺为序的整序方法。

2.4.3 激活原则

信息管理的激活原则是对所获得的信息进行分析和转换,使信息活化。信息并不都是资源,未经激活的信息没有任何用处,只有在被激活之后才会产生效用。所有的管理者都应该学会自己激活信息。激活能力是管理者信息利用能力的核心。

(1) 综合激活原则。这是以综合的方法,对已经拥有的较多的信息进行扩展、转换而获得新信息的激活方法。它是通过在深入分析和认识众多相关信息的基础上,根据需要将信息逻辑地组合起来,以求形成一种新的认识。

(2) 推导激活原则。推导激活是根据已知的定理、定律或事物之间的某些联系,从已知的信息出发,进行逻辑推理或合理推导,从而获得新信息的方法。推导激活与综合激活不同,前者是根据单一信息通过激活而获得新信息,后者是从众多信息中通过激活而获得新信息。

(3) 联想激活原则。联想是由一事物想到另一事物的心理过程。联想激活就是从已知的一条信息想到另一条信息或几条信息,而这些信息本身可能是激活主体所需要的新信息,或者可以将它们综合成新信息,或者可以从它们中得到启发从而产生新的信息。联想和推导不同。联想并未像推导那样经过逻辑推理或者合理推导,是由此(已知信息)而想到彼,有时是非逻辑的思维过程,或者是仅仅因为此(已知信息)而得到的启示。

2.4.4 共享原则

信息管理的共享原则是在信息管理活动中为获得信息潜在价值,力求最大限度地利用信息。信息管理活动中为什么要遵循共享原则呢?是因为共享性是信息的基本特征。不仅组织需要信息共享,社会也需要信息共享,否则信息就不能发挥其潜在的价值。

(1) 贡献原则。贡献原则又称“集约原则”。它指的是信息管理者要善于最大限度地将组织拥有的信息以及组织成员所拥有的信息都贡献出来,供组织及其全体成员使用。贡献原则是实现信息共享的前提。

(2) 防范原则。正因为信息是可以共享的,企业的竞争对手、敌对的国家等也可以共享我们企业和国家的信息,由此产生了信息安全问题,要求信息管理者随时予以防范。这就是信息管理的防范原则,也叫安全原则。

2.4.5 搜索原则

信息管理的搜索原则是信息管理者在管理过程中千方百计地寻求有用信息。

信息管理者应该具有强烈的搜索意识,能够识别明确的搜索范围,掌握有效的搜索方法。搜索意识是管理者及时、有效地获取信息的前提。因为任何信息不会自动地来到管理者的面前,学会信息检索方法,只解决了搜索范围和方法问题,有了搜索范围和方法不等于就一定能搜索到有用的信息,最根本的在于管理者要能够时时处处都有一种强烈的搜索欲望和搜索动机,这就是搜索意识。因此,搜索原则主要围绕搜索意识,包括:

(1) 有意搜索原则。是指管理者在做任何事情之前,都要去搜索有关这一事情的现实和历史情况的信息管理原则。

(2) 随意获取原则。是指信息管理者在事先毫无思想准备的情况下,对于发生在身边的、瞬息即逝的信息流,能够发现其中有的信息与自己的相关性,并且能够及时地抓住不放,进一步予以激活和利用的信息管理原则。

(3) 求助搜索原则。是指信息管理者想搜索信息而自身又没有能力办到时,知道寻求社会帮助的信息管理原则。也就是说,请求他人帮助来获得自身所需要的信息。

第3章 狭义信息资源管理

按照信息资源管理的范围不同,可以将信息资源管理分为狭义信息资源管理和广义信息资源管理。狭义信息资源管理就是对信息本身或信息内容所构成的信息有序化集合进行收集、加工、存储、传递、利用和归档的过程进行管理,从而使得信息能够充分发挥效用,以实现信息的价值和信息资源的优化配置。

狭义信息资源管理的过程由一系列相关有序的环节组成,包括信息需求分析、信息源分析、信息资源采集、信息资源组织、信息资源检索、信息资源开发、信息资源利用、信息资源传递和信息资源反馈等环节。

你可以从本章了解到:

1. 信息需求分析;
2. 信息源分析;
3. 信息资源采集;
4. 信息资源组织;
5. 信息资源检索;
6. 信息资源开发;
7. 信息资源利用;
8. 信息资源传递;
9. 信息资源反馈。

3.1 概 述

狭义信息资源是指信息资源本体,狭义信息资源的管理过程是由一系列相关有序的环节组成,如图3-1所示,包括信息需求分析、信息源分析、信息资源采集、信息资源组织、信息资源检索、信息资源开发、信息资源利用、信息资源传递和信息资源反馈等环节。

由于信息资源管理过程是围绕用户信息需求的产生和满足而形成的闭环系统,所以该系统又称为“信息资源管理系统”。从系统角度来看,信息资源管理系统本身是由信息资源、信息用户、信息技术和信息资源管理人员等构成的一个整体,它的运行需要依赖于计划、组织、指挥、协调、控制等管理功能的实现。其中,用户既是信息管理过程的出发点,又是必经归属,所以它是信息管理过程的核心。信息技术是信息资源管理的支持手段,它主要由硬件技术(即计算机与网络系统)和软件技术(即信息资源管理所需的知识、程序和技能等要素)构成。信息资源管理过程主要是由信息资源管理人员所控制和操作的,用户信息需求满足在很大程度上取决于信息资源管理的整体构成与用户的素质和能力。

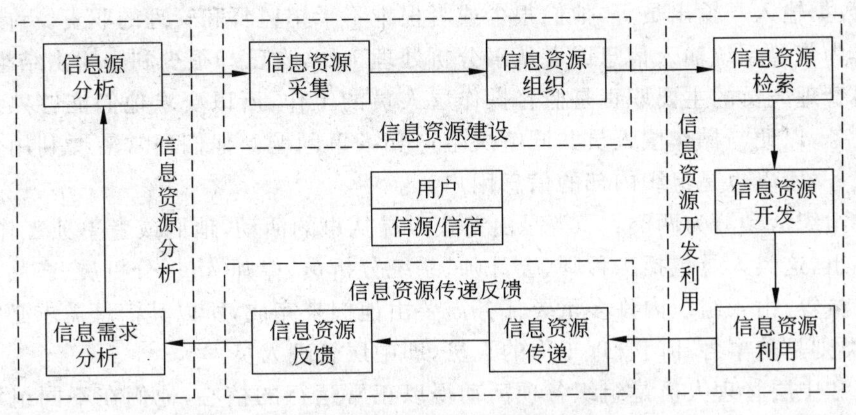

图 3-1　狭义信息资源管理过程

3.2　信息需求分析

3.2.1　信息需求的基本概念

所谓信息需求，是指人们在从事各种社会活动的过程中，为了解决不同问题所产生的信息需要。信息需求是引发信息行为的原动力。

3.2.2　组织信息需求分析

1. 组织管理层次

对一般组织机构来说，可以根据管理层次的不同，分为高层管理人员、中层管理人员和专业技术人员、基层管理人员与操作工作人员。相应地，组织活动可以分为高层、中层和基层与操作层的活动。我们将前三个层次统称为管理层和专业层，如图 3-2 所示。

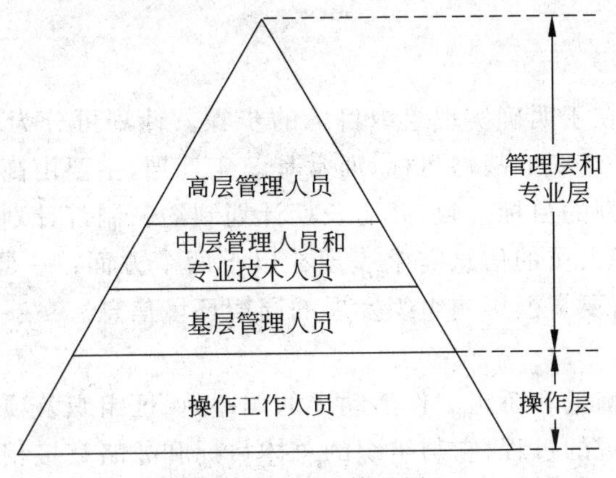

图 3-2　组织管理层

在组织内部，不同层次的工作人员有不同的信息需求，并且与其工作内容、性质和目的有密切关系。在图 3-2 中，最底层的操作人员包括仓库保管员、销售员、修理工、秘书、打字员、数据输入与输出员等,他们很少或者根本不承担监督和管理的职责。许多操作层工作人员为信息系统输入信息或者从事分析处理工作,自己却很少利用输出结果。

基层管理人员的主要职责是监督操作层人员的工作,所以要求他们能够熟悉操作层的各项任务,以便与操作层人员共同解决生产和人事问题。他们通常需要利用信息来完成工作任务,所以也是组织内部的信息用户。

中层组织活动分为两类:一类是由专业人员从事的活动,他们或者单独工作,或者组成专家小组,这类人员包括工程师、会计师、系统分析员、律师、市场分析员、产品设计师以及广告人员等,由于组织内许多重要任务需要由他们来完成,所以其信息需求必须得到满足;另一类则是从事各部门管理工作的人员,即中层管理人员。

高层和中层管理人员是组织各项活动得以正常运行的核心,他们在不同组织里有不同称谓(如公司中的总经理和部门经理、大学中的校长和院长等),因为他们在组织中的地位和工作性质,决定了这些管理人员需要大量的内部信息和外部信息才能够完成他们的各项工作。

由于操作人员的工作性质,决定了他们的信息需求种类相对单一,需求量也较少。因此,下面主要分析专业技术人员和管理人员的信息需求。

2. 专业技术人员的信息需求

专业技术人员的信息需求种类依其工作性质而定。例如,有些研究人员开展工作只需要利用本专业的书刊中所提供的知识型信息,而另外一些研究人员则不仅依赖于图书和期刊,还依赖于信息系统中存储的大量外部信息、数据处理模型等,才能完成其研究工作。尽管如此,仍然可以总结出这类人员在信息需求方面表现出来的若干共同特点:①专业技术人员通常需要未经加工处理的原始数据;②专业技术人员的信息需求取决于其工作性质。

3. 管理人员的信息需求

由于信息需求与工作内容息息相关,从管理人员所从事的管理活动出发,可以分析出他们的不同信息需求。

(1) 计划

制订计划的目的在于明确实现组织目标的步骤。计划可分为长期计划和短期计划。其中,长期计划反映了组织的战略目标,通常是5年计划,主要由高层管理人员制订;短期计划的目标与长期计划的目标一致,并受长期计划制约。制订计划之前,必须了解组织当前的状况。为此,管理人员的信息需求表现在以下两个方面:一是需要了解组织当前的生产状况信息;二是需要掌握影响组织发展的周边环境信息。

(2) 管理控制

管理控制是通过衡量和矫正工作活动中的偏差,保证组织各项活动按计划实施,从而确保组织目标得以实现的过程,它与组织的总体目标和战略直接相关,是中层和高层管理人员的主要职责。管理控制在很大程度上依赖于对信息系统提供的原始信息进行加工处理后形成的高度概括的报告,通过分析和比较报告中的工作结果与长期计划或者短期计划的目标是否相符,以判断当前工作是否与计划产生偏离,并分析其中的原因。

(3) 关键问题分析

关键问题是指影响组织生存和发展的重要问题，中层和高层管理人员通常会花费大量的时间去处理此类信息。一般来说，关键问题产生于组织内部，解决它们的信息也应该来源于组织内部，但这些信息通常分散在组织的各个部门。为此，可能要从组织各部门采集相关信息，然后按适当形式加以重新组织。在日常管理工作中要求管理人员能够借助各种手段(包括先进的数据库管理技术)，使组织内部的各类信息实现标准化、有序化管理。

(4) 领导和礼仪活动

高层管理人员通常要花费大量时间履行领导职能，还要参加与组织业务相关的各种礼仪活动，包括组织内外的社会活动、发表演说、参加下属公司的开业剪彩等。这类信息通常由日常工作报告提供。

(5) 直接监督

直接监督是基层管理人员的主要工作，由于直接监督是通过管理人员亲自观察来完成，因而信息需求量相对较小。

(6) 业务控制

业务控制是围绕提高组织工作效率而展开的，它包括衡量单项任务完成的效率以及采取补救措施纠正工作偏差。业务控制是基层管理人员的主要工作，他们依赖直接观察和业务工作的详细报告来完成该项工作，信息贯穿于业务控制的全过程。

(7) 人事管理

据调查，中层和基层管理人员要花费50%甚至更多的时间来处理组织内部的人事工作，而其中许多是雇员的个人问题。要妥善解决这些问题，不仅需要管理人员掌握人际交往技巧，而且需要他们掌握员工的性格、爱好、家庭情况等多方面的信息。

总之，一方面，基层管理人员的信息需求大多源于组织内部，内部信息大体上能够满足其信息需求。另一方面，高层和中层管理人员为完成计划所产生的信息需求不可能从组织内部完全得到满足；关键问题分析所需的信息是始料未及的，所以其信息需求的满足也相对较困难。

3.3 信息源分析

3.3.1 信息源概述

1. 信息源的定义

联合国教科文组织出版的《文献术语》中将信息源定义为“个人为了满足其信息需要而获得信息的来源”。还有一种说法，即认为“信息的载体形式即为信息源”。

2. 信息源的特征

信息源具有以下主要特征：①它是人类一切思维和社会活动的反映，是人类知识和记忆的物质载体。②它是人们获取信息的主要来源。③它是信息传播过程中的第一要素，只有通过传播到达接收者并得到利用，才能发挥其作用。④它总是处于不断传播与使用的循环之中。在循环过程中,可以不断得到调整、补充、改编与重组,使其所含有的内容针对性更强。⑤接收者并非独占使用者,信息源可以传播到不同接收者,具有可共享性。⑥数量巨大,内容丰富,形式多样,并随人类社会的发展和科学技术的进步而迅速增长。

3.3.2 信息源的类型

根据不同的分类标准,可将信息源分为不同的类型。当然,在信息源的建设过程中不仅要明确不同的信息源和信息类型,还应了解这些信息的采集方法。

1. 按组织边界划分

如果按组织边界划分,则可将信息源分为内部信息源和外部信息源。

内部信息源产生组织的内部信息,包括组织中的各个部门(如生产部、人事部等),这些部门在工作中形成了大量的有用信息,供管理人员分析组织当前状况,以便进行决策。同时,不同层次的管理人员依赖于其他层次的管理人员提供信息。因此,他们也是内部信息源的组成部分。组织成员本身是一种重要的信息源。此外,内部信息源还包括组织经过多年发展积累下来的图书、报刊、档案等信息。

外部信息源是指组织外部为组织活动提供信息的信息源,与组织自身的业务和外部环境相关。此外,还可以从互联网等信息网络中获取大量的综合性信息。由此可见,组织的外部信息来源比较广泛。

2. 按信息的数字化形式划分

如果按信息的数字化形式划分,则可将信息源分为数字化信息源和非数字化信息源。数字化信息源提供的信息来自于计算机存储设备,包括内存和外存,并且可以通过网络传输。这类信息源包括组织内部的各种信息系统(如 TPS、MIS、DSS 等)、内联网、互联网以及各种国际联机检索等。由于某些数据和信息通过计算机更易于存储处理和提供利用,因此,人们通常将它们通过一定的方式存入计算机,形成数字化信息源。对于组织的不同管理层次来说,不同管理层次的人员对数字化信息源的依赖程度不同。

组织内部的非数字化信息源除了包括专业书籍、期刊、文书、档案等印刷型文献以外,还包括直接观察(如管理人员到车间巡视,了解企业的生产情况)、组织内部的生产快报、手工记录的信息、手机的通信信息、非正式的传播渠道(如参加各种社交活动,与下属或朋友闲聊等),以上途径都有可能获取与组织活动相关的重要信息。组织外部的非数字化信息源分布广泛,包括专业书刊及其出版部门、大众传播媒介等。在知识管理时代,部分显性知识可以存储在计算机中,而隐性知识大部分存储在人脑中,在成为显性知识之前,难以将其数字化。因此,挖掘隐性知识对组织的发展和创新具有重要意义。

3. 按信息的载体形式划分

如果按信息的载体形式划分,则可将信息源分为印刷型信息源、缩微型信息源、电子型信息源、实物信息源、声像信息源。

4. 按信息的运动形式划分

如果按信息的运动形式划分,则可以将信息源分为静态信息源和动态信息源。

静态信息源提供变化不大或不会发生变化的信息。例如,组织中的工资管理系统所提供的工资级别信息在一定时期内不会发生太大的变化,所以属于静态信息源。再如,由于档案信息是对过去发生事件的记录，其信息内容一般不会发生变化，因而也属于静态信息源。

动态信息源提供的信息通常处于变化之中。例如，证券公司提供的股票价格信息，随时间不断变化。再如，市场需求信息也会因时、因地、因人而表现出不同特性。因此，可将证券公司和市场管理机构称为动态信息源。对组织来说，静态信息源主要来自组织内部，动态信息源主要来自组织外部。

5. 按其他方法划分

此外，还可根据提供信息的单位和部门的性质进行划分，将信息源区分为文献信息部门（如图书馆、科技信息和档案馆等）和非文献信息部门（如与组织有相同的业务的竞争对手、咨询公司等）。

3.3.3 信息源的分布

从一般意义上说，一切事物都可以产生信息，所以宇宙万物可以称为信息源（即广义的信息源）。但从信息资源建设、开发、利用等角度出发，信息源仅指狭义的信息源，即拥有相对信息优势的信息媒体，包括善于积累和存储信息的个人以及生产、制作、存储和传播信息的机构。因此，下面讨论的仅是狭义信息源的分布。

信息源的分布是信息长期运动的结果，其实质是一种不平衡的分布，主要体现在以下几个方面。

1. 信息源的地区分布不平衡

信息源的不平衡首先表现在地区差异上，即有的地区信息密集一些，其信息源功能较强；有的地区信息稀疏一些，其信息源功能较弱。一般来说，各类政治、经济、文化、科技和教育中心集中了大批信息资源的生产者、传播者、管理者和消费者，同时形成了大量的信息资源管理机构。例如，北京和上海就是两大信息源最集中的地区。在全球范围内，发达国家是信息源集中地区，而广大发展中国家以吸收信息为主，其信息源功能相对较弱。

2. 信息源的机构分布不平衡

信息源的不平衡分布也表现在机构差异上，即有的机构信息源功能较强，主要生产、传播和管理各种信息资源；有的机构信息源功能较弱，其主要任务是消费各类信息资源。各类决策机构、教育和科研部门、协会和学会、广播电视部门、编辑出版发行机构、图书馆、档案馆、数据中心、信息中心、调查与咨询机构、策划机构、统计中心等集中了社会上主要的潜在信息资源和现实信息资源，成为社会中的信息源机构。其他职业组织和社区组织则主要充当吸收源角色。

3. 信息源的个人分布不平衡

信息源的不平衡分布还表现在个人差异上，即有些人善于积累和存储信息，信息源功能较强；另外一些人利用信息的能力较弱并且不注意信息的积累，其信息源功能较弱，所以主要充当吸收资源。各类决策人员、管理人员、研究开发人员、传播人员、技术人员、教师、统计人员、策划人员、调查人员、咨询人员、信息资源管理人员等由于积累了丰富的潜在信息资源和一定数量的书刊音像资料，所以在社会上充当主要信息源角色，而一般大众则主要充当吸收源角色。

3.4 信息资源采集

3.4.1 信息资源采集的原则和程序

1. 信息资源采集的原则

信息源采集是指根据信息用户的需要，寻找、选择相关信息并加以聚合和集中的过程。

不同的用户对信息需求会有差异，因而在信息资源采集时也会有许多差异。但在信息资源采集工程中，还是需要遵守以下共同原则。

(1) 目的性原则

信息数据庞大，内容繁杂，但用户需求的范围又是一定的。所以，信息资源采集必须有明确的目的性。信息资源采集要根据本单位的方向、任务和服务对象的实际需求，有针对、有重点、有选择地采集利用价值较大并且符合单位用户需求的信息。只有这样，才能既满足本单位用户的需要，又能提高信息工作投入产出效益。

(2) 系统性原则

所谓系统性，是指时间上的连续性和空间上的广泛性，尽可能全面地采集符合本单位所需求的信息，注意重点需求信息的连续性和完整性。

(3) 及时性原则

所谓及时性，是指所采集到的信息能够反映出当前社会活动的现状，也包括别人未发现和未使用过的独具特色的信息，以及能及时准确地反映事物个性的信息。时效性是信息的一个重要属性。过时的信息不仅其价值会降低或丧失，而且会造成工作上的损失，所以要力争在最短时间内向用户提供最新、最急需的信息。

(4) 经济性原则

同样的信息如果有多种不同的载体形式，则应该注意优先选用较经济的载体形式。

(5) 计划性原则

采集信息时，既要满足当前需要，又要照顾未来的发展；既要广辟信息来源，又要做到持之以恒，日积月累。要根据本单位的任务、经费等情况制定比较周密详细的采集计划和规章制度，详细列明有关信息采集的目的、范围、方式以及人员配备、时间限定、经费数额和来源等情况。

(6) 可靠性原则

信息资源采集必须坚持调查研究，通过比较、甄别，采集真实、可靠、准确的信息，切忌将个别当作普遍，将局部视为全局，要实事求是，善于去粗取精、去伪存真、由表及里，深入细致地了解各种信息源的信息含量、实用价值以及可靠程度。

(7) 预见性原则

信息资源采集人员要掌握社会、经济和科学技术的发展状态，采集信息时既要着眼于显示需求，又要有一定的超前性，要善于抓苗头、抓动向，随时了解未来，采集那些对将来发展有指导作用的预测性信息。

2. 信息资源采集的基本步骤

(1) 确定采集方针

每一个采集系统都要根据自己的目的和任务来制定采集方针。采集方针虽不能解决具体采集问题,但它却是指导采集工作的总原则。确定采集方针时,要根据本单位的任务和未来发展,研究信息环境,明确服务对象,考虑财力等条件,并把分工协作、合理布局、资源共享等当作总的指导方针。

(2) 制订采集计划

采集计划是采集方针在一段时期内的具体实施方案。采集计划不但给采集人员规定具体的目标,而且还应提出遇到问题的解决办法。计划可分为年度计划、季度计划和月计划等。

(3) 实施采集工作

采集工作是一项长期的、连续不断的工作,整个过程包括组织性工作和事务处理工作。由于采集能力的调配离不开外部广泛联络,所以要求采集人员必须具备很强的协调公关关系的能力以及细致的事件处理能力。

(4) 反馈用户信息

信息采集的根本目的不是为了积累,而是要提供给用户使用。信息到手并不意味着采集过程的终结,而应该收集用户的反馈意见,改进工作,以便进一步提高信息采集工作的质量和效益。

3.4.2 信息资源的评价

1. 信息资源的评价方法

根据评价角度的不同将信息资源评价方法可划分为定性评价法、定量评价法、综合评价法和评价性元数据方法。

定性评价法是指按照一定的评价标准从主观角度对信息资源所做的优选与评估。这种方法一般根据评价目的和服务对象的不同需求,确定相应的评价指标体系,建立评价标准及赋值标准,再让用户进行评定或打分。定性评价法一般采用用户问卷调查和专家评议等方式。定性评价标准因专业领域、学术水平和课题的专门需求等的差别而因人而异,无法强求一致。目前,实践中所开展的绝大部分网络信息资源的评价服务都以定性评价法为主。定性评价的缺点是评价结果受人为因素影响较大,并且由于缺乏量化标准,评价结果往往较模糊,其优点是可以对信息资源内容进行深入系统的分析。

定量评价法是按照数量分析方法,从客观量化角度对信息资源进行的优选与评价。定量评价的优点是信息比较全面及时,使用方便而快捷,可以从技术指标上对信息资源进行评价,所得的评价结果比较客观而公允。缺点是标准过于简单,所得结果难免偏离。同时,定量评价方法无法对内容进行深入的考察。定量评价法在一定程度上克服了定性评价的主观性和价值偏好,为人们提供了一个系统、客观、规范、宏大的数量分析方法,是信息资源评价的一个发展方向。

综合评价法是定性评价和定量评价相结合的一种方法。其中,层次分析法是美国著名运筹学家托马斯·萨蒂于 20 世纪 70 年代提出来的,是一种定性和定量分析相结合的系统分析方法,它是综合人的主观判断来分析复杂的定性问题的定量方法,把总体现象中的各种影响因素划分成相互联系的有序层次使之条理化。

评价性元数据方法。除定性与定量评价方法之外,有些学者提出利用评价性元数据开展信息资源评价。从本质上看,利用元数据进行信息资源评价并不是一种新的方法,而是一种新的模式。元数据是信息资源管理的重要工具,但现有的元数据规范只针对网络信息资源进行描述,我们可称之为描述性元数据。实际上,元数据包括描述性元数据和评价性元数据两类,描述性元数据用于网络资源的描述和定位,如都柏林核心集等,而评价性元数据则用于网络资源的发现与评价。以元数据为基础的网络信息资源评价,实质上是对网络信息资源进行认证的一个过程。在很大程度上,其成功依赖于信息提供者能主动参与认证和用户对认证机构、评价标准、认证结果的信赖程度。

2. 信息资源评价的一般指标

(1) 及时性:能够以适当的方式及时提供信息以便解决问题。

(2) 准确性:信息符合用户需求的内容。

(3) 综合性:信息具有综合性。

(4) 获取简易性:信息容易获取(即不是采用特殊的手段或极少数人才能获取)。

(5) 经济性:信息的费用与目标吻合。

3. 信息源的评价方法

(1) 直接评价法

直接评价法就是按照有价值的信息应当具备的一般条件或标准,从不同角度和侧面对信息源的价值给予评分评价。这种方法的特点是简单易行,但带有主观色彩。

常采用五项指标、十分制对常见的信息源进行评价。把各种信息源的五项指标的得分相加,便是该信息源所得的总分。按总分多少可对信息源进行排序。

(2) 间接评价法

间接评价法是通过信息用户的满意度来评价信息源。以调查表的方式调查用户对信息源的需求和利用情况,然后由信息工作者对调查所得到的数据进行统计分析和对比,对信息源的价值作出评定。这种方法的特点是需要信息用户密切配合,工作量较大,但评价结果较为客观。

4. 信息的品质评价

(1) 信息准确度的比较评价

方法一:关键内容比较

从不同的信息源获得同质信息,对这些信息进行比较;定期地、系统地搜集信息,调查过去同种信息是否出现并和新获取的信息进行比较评价;从多种信息源搜集、分析同种信息和相关信息,与切题信息进行比较评价。

方法二:要素比较法

从信息所包含的六个要素出发评价信息的准确度。任何信息都包含六个要素:内容(what),原因(why),时间(when),地点(where),人(who),方法、途径和状况(how),即“5W1H”。评价步骤:

第一步,把信息分成六个要素,按要素分成不同的组。

第二步，分析各组中有无共同点，把具有共同点的信息抽出来。

第三步，只有被抽出来的，具有共同点的信息要素构成信息形态。

第四步，把组成信息形态的要素分别同原信息进行比较。

第五步，根据比较结果，对被认为最有共同点的原信息做进一步调查检验，分析它与其他信息的相关程度、相关的交接点等。

(2) 所需信息适合率的评价

评价获取的信息与所需信息的内容吻合程度。例如，解决问题的有效程度，要利用该信息但需要加工处理的必要程度等都是评价的尺度。

(3) 所需信息可靠性的评价

对于二次信息和三次信息，应评价其性质、加工深度、是否能获得证明性信息以确认其可靠性。

(4) 所需信息存在率的评价

调查有关的信息源、载体、实物（产品等）是否存在，如果存在，用什么方法从何种途径获得。

5. 信息资源采集的效率指标

(1) 采全率

采全率是用来衡量切题信息采集的完整程度，即指某一信息系统（信息库）所含的全部切题信息（对该系统全体用户而言）在当期系统内外所有切题信息中所占的比例。如果用 P 表示采全率，r 表示该信息系统中切题的信息，R 表示当期系统内外全部切题的信息，那么信息采全率可表示为：

$$P = r/R$$

注意：采全率取决于对本系统现有切题信息发展的预测数据、用户信息需求结构、相关信息源的分布和信息流的特征。系统的经济实力、物质条件、信息管理水平都是限制性条件。

(2) 采准率

采准率是用来衡量信息资源采集的针对性，即指某一信息系统（信息库）所含的全部切题信息（对该系统全体用户而言）在当期该系统所有信息中所占的比例。如果用 E 来表示采准率，r 表示该系统中切题的信息，Q 表示系统内所有的信息，那么信息采准率可以表示为：

$$E = r/Q$$

注意：采准率取决于用户的信息能力和知识水平，信息搜集工作者的业务水平，以及系统所采集到的信息源的质量等。

(3) 及时率

及时率用来衡量信息资源采集的速度，即在最短的时间内完成信息采集过程的能力。它由搜集过程的每一环节（从信息的产生到其被输入到信息库）所花费的总时间来计算。表示为：

$$T = \sum_{i=1}^{n} t_i$$

(4) 费用率

费用率用来衡量信息资源采集的资金效率，即指用于信息库中单位信息的费用的最低能力。它取决于采集过程的组织、各环节的技术装备及其他因素。困难在于单位信息很难确定，不同单位的信息其费用度量不同，而且其价格不一样，如二次信息和一次信息的价格就有较大差别。我们可以用信息的件数来大致表示信息的单位。如果用 C 表示单位信息的费用率，F 表示年度采集信息的总花费，G 表示年搜集到的信息量(总件数)，那么费用率可表示为：

$$C = F/G$$

(5) 劳动耗费率

信息资源采集的劳动耗费率指信息系统搜集到的单位信息所耗费的最低劳动量，可用搜集过程中所有环节的劳动消耗总数来计算。如果用 L 表示搜集信息的工作量，$l_i(i=1, 2, \cdots, n)$表示单位(件)信息在每一环节中的劳动耗费(可用人、时等单位表示)，那么劳动耗费率可表示为：

$$L = \sum_{i=1}^{n} l_i$$

注意：该指标取决于信息资源采集过程的难度、条件、效率等方面的因素。在实践中，一般依照采集过程每道工序的劳动耗费定额来确定劳动耗费率和工作量。

3.4.3 信息资源采集的方法与途径

1. 信息资源采集的方法

所谓采集方法，是指根据信息采集计划，广泛开辟信息来源，及时将信息采集到手的基本方法。信息采集方法很多，通常按以下标准进一步细分。

(1) 按信息载体形式划分

如果按信息载体形式划分，则可将其进一步细分为：①文件研究法。文件研究法是指从各种文件中寻找所需信息资源的方法。②报刊摘录法。报刊摘录法是指通过对报刊的摘录获取所需信息资源的方法。③广播收听法。广播收听法是指通过收听广播获得所需信息资源的方法。④电视收看法。电视收看法是指通过收看电视获取所需信息资源的方法。⑤电信接收法。电信接收法是指通过电话、电报获取所需信息资源的方法。⑥电脑显示法。电脑显示法是指通过电脑获取所需信息资源的方法。⑦直接交谈法。直接交谈法是指通过两个或者两个以上人员的面对面交谈获取所需信息资源的方法。⑧信件询问法。信件询问法是指通过信件采集获取信息资源的方法。

(2) 按信息采集方式划分

如果按信息采集方式划分，则可将其进一步细分为：①定向采集法。定向采集法是指在采集计划范围内，对某一学科、某一国别、某一特定信息尽可能全面、系统地进行采集。例如，很多国家设置的监视电视信号、监听电台信号都属于定向采集。②定题采集法。定题采集法是根据用户指定的范围或需求有针对性地采集信息。这种方法能使用户及时掌握有关信息，针对性强，但较为被动，而且由于题目具体，涉及面既深又专，难度较大。科研活动大多采用这种方法。③定点采集法。定点采集法是指聘请专门的信息采集人员定点采集相关的信息资源。该方法具有节省费用、采集全面等优点。④主动采集法。主动采集法是指针对特定需求或根据采集人员的预测，事先发挥主观能动性，在用户提出要求之前即着手采集工作。⑤跟踪采集法。跟踪采集法是指根据需要对有关信息资源（某一课题、某一产品或某一机构的有关信息）在一段时间内进行动态监视和跟踪，及时采集出现的一切新信息。用这种方法采集的信息连续而且及时，有利于掌握发生发展的过程，及时了解关心的问题。这对于深入研究跟踪对象很有用处。⑥社交采集法。该方法形式多种多样，如参加各种会议、旅游、舞会、聚会、走亲访友、娱乐、网络交流等。通过社交活动获取的信息一般都是最新的，是其他途径得不到的。⑦现场采集法。参加展览会、展销会、订货会、科技成果展示会、交易会、现场会及参观访问等，都会接触到一些实际的东西，而且往往有详细的介绍和资料，所以是采集信息的好方法。⑧积累采集法。平时读书看报时，应随时做卡片、剪报、藏书等信息积累，这些零星的片段信息，时间长了就会成为系统的信息财富。⑨委托采集法。由于时间、精力有限，或不熟悉信息来源，可以委托某一信息机构或信息人员采集，根据采集的质量支付一定费用。⑩间谍采集法。间谍采集法是指利用间谍窃取所需信息资源的方法。目前，该方法广泛用于采集政治、经济、军事等方面的信息资源。

(3) 按信息采集的渠道划分

如果按信息采集的渠道划分，则可将其进一步细分为：①单向采集法。单向采集法是指对待特定用户需求，只通过一条渠道采集相关信息资源，针对性很强。②多向采集法。多向采集法是指对特殊用户的特殊要求，多渠道地采集相关信息资源。这种方法成功率极高，但容易相互重复。

2. 信息资源采集的途径

对任何部门或系统来说，都应该在尽可能广泛的范围内采集信息。但就某个具体部门而言，它本身就产生大量信息，并对其他部门产生影响，这些信息可以叫作内部信息，与内部信息相对的就是外部信息。与此相对应，信息资源采集的途径也可以分为内部途径和外部途径。

(1) 内部途径

内部途径一般是指政府机关、科研机构、工厂企业内部形成的各种信息通道。它主要用于采集部门的内部信息，有时也能获取一些外部信息。

(2) 外部途径

外部途径是针对部门以外的各种信息来源，用于采集各种信息。

3.5 信息资源组织

3.5.1 信息资源组织的概念及分类

信息资源组织即信息的有序化与优质化，也就是利用一定的科学规则和方法，通过对信息外在特征和内容特征的表征和排序，实现无序信息流向有序信息流的转换，从而使信息集合达到科学组合并实现有效流通，促进用户对信息的有效获取和利用。简称“信息组织”。

信息资源组织具有类聚性、系统性、动态性、多重性和综合性等特征。

信息资源组织主要有以下几种类型。

(1) 按信息表现形式划分：文字信息组织、图像信息组织、声音信息组织、视频信息组织。

(2) 按信息的加工程度划分：一次信息组织、二次信息组织、三次信息组织。

(3) 按信息的传播载体划分：文献信息源、非文献信息源。非文献信息源特指网络环境下没有以传统文献载体形式出现的信息源，如程序代码、网页、超文本等。为了学习的方便，我们统称为网络信息源。

3.5.2 信息资源组织语言及其原理

信息组织的对象都是用语言描述的各种各样的具有语义性和准语义性的信息。没有语言就不可能有对事物的准确认识。信息描述和信息揭示中需要运用大量的语言工具。对语言的理解和掌握是人类区别于动物的一个根本标志，某些动物虽然也能说人话，有时似乎也能“理解”人类语言，但这不是真正意义上的，它们对人类语言的使用仅仅是动物高级条件反射。只有人才能准确识别、记忆和领会语言。人对事物的认识几乎都要转化为语言，只可意会不可言传的事物不能为其他人所了解。在信息组织的现代技术手段的使用上，信息的编码、算法语言、程序语言、机器语言运用和自然语言理解与处理都充分体现了语言所起的重要作用。

信息组织语言是根据信息组织和信息检索的需要而创制的人工语言，用以表达信息对象的主题概念和检索需求的主题概念，又称为信息检索语言、检索语言、情报语言、文献语言、文献工作语言、索引语言、标引语言、标识系统等。

按其构成原理分为分类组织语言、主题组织语言等。

1. 分类组织语言原理

用分类号来表达各种概念，将各种概念按学科性质进行分类和系统排序。分类组织语言分为：体系分类组织语言和组配分类组织语言。

(1) 体系分类法：通过对概括信息内容及其外部特征的概念进行逻辑分类和系统排列完成分类，并赋予标准分类号。如学科划分为 12 个门类，88 个一级学科，382 个二级学科。

(2) 组配分类法：一个复杂的概念可以用若干表达简单的概念的标识的组配来表达。比如：用 A 表示“网络信息”，用 B 表示“信息资源”，用 C 表示“资源管理”，则我们可以用 ABC 表示“网络信息资源管理”。我们用 ABC、BAC 等表示组配分类号。

2. 主题组织语言原理

用词语作为概念标识，将概念标识进行字顺排列，并用参照系统等方法间接显示概念之间的相互关系，称为主题法。主题法分为：标题词法、单元词法、叙词法和关键词法。

(1) 标题词法：以标准化的名词术语作为标识，按主题集中文献。

(2) 单元词法：复合概念＝简单的单元概念之和。例如“苹果梨”＝“苹果”＋“梨”。

(3) 叙词法：概念组配，不同于单元词法的字面组配。例如“苹果梨”表示为形状像

“苹果”，目标物是“梨”。

(4) 关键词法：直接抽取文献中和题名中的重要词语作为标识。

3.5.3 非数字化信息资源组织的方法和技术

1. 非数字化信息资源的描述

对非数字化信息的描述主要分为两种类型：一种是著录，主要描述非数字化信息资源的外部特征；另一种是标引，主要揭示非数字化信息资源的内容特征。

(1) 著录

① 著录的基本概念

著录是指依据一定的规则，对文献外表形式、物质形态和内容等特征进行分析、选择和记录的过程。它是客观描述信息和文献的过程，其结果称为款目。

② 著录的标准化

文献著录标准化是指在国家和国际范围内，对文献著录的原则、内容、格式等做出具有一定约束力的规范。统一的著录原则、内容、格式等是集中编目、合作编目的基础。著录标准化有利于提高目录的质量，生成可机读目录，便于通过使用计算机实现编目和检索的网络化，从而进一步促进文献的交流和充分利用。

(2) 标引

① 标引的基本概念

标引是指分析文献的内容属性及相关外表属性，并使用特定语言表达分析出的属性和特征，从而赋予文献检索表示的过程。

标引语言是表示文献主题概念和检索需求主题概念的简明性、单一性和关联性的概念系统，是根据标引和检索需要而编制的人工语言。

② 标引的类型

根据表达文献内容和标引语言的不同，我们可以将标引的类型划分为分类标引和主题标引等。

分类标引是指对文献进行主题分析，用分类语言表达分析的主题，赋予文献分类检索标引的过程。习惯上，分类标引被称为分类，分类标引的过程实质上是文献分类的过程。

主题标引是指对文献进行主题分析，用主题语言表达分析的过程，赋予文献主题检索标识的过程。由于主题标引是直接给文献主题概念命名，因此，无论是对不同类型的文献进行主题标引，还是对不同类型的主题语言进行主题标引，其原理和方法的差异不大。

③ 标引的过程和控制

标引过程一般包括查重、主题分析、转换标识、审核等四个步骤，其中中间两个是最主要的环节。

主题分析是在了解和确定文献的内容属性及帮助揭示内容的某些外表属性之后，将这些属性概括为主题并用自然语言表示，同时分析主题概念之间和主题概念因素之间的结构关系。

转换标识是用专门的主题概念或概念因素构成一定形式的检索标识。简言之，文献标引是用特定检索标识文献内容。此外，在主题分析之前要进行查重，在转换标识之后要进行审核。

标引的质量控制直接影响着信息资源检索、开发和管理的效率，所以必须努力将标引质量控制在较高的水平上。标引质量的控制主要从以下四个方面入手。

- 正确性：正确性要求标引的标识与文献信息内容相符合。
- 专指性：是指主题标识与文献主题概念的符合程度。
- 网罗性：是指对文献信息内容进行标引的完备程度，具体表现为标引词的个数。
- 一致性：是指不同标引人员对同一主题的文献标引的一致程度。

2. 非数字化信息资源的加工

非数字化信息资源的加工包括提要、文摘、汇编、综述的编写，书目数据库、全文数据库的构建，引文数据库的组织等。

3. 非数字化信息资源的序化

非数字化信息资源都是将一定的信息记录在一定的物质载体上的信息资源，具有外部特征和内部特征。我们可以根据非数字化信息资源的外部特征和内部特征来组织信息。非数字化信息资源的序化可以采用目录法、索引法、分类法、主题法、引文分析法等。其中最主要的就是分类法和主题法。

文献分类包括分类和归类两个概念。文献分类即是建立文献分类体系。它是由上而下，由大到小，由整体到部分，由一般到特殊，由总论到专论的划分过程。在进行分类时必须运用概念的缩小和限制。归类是运用文献分类体系来类分文献。它是由下而上、由小到大，由部分到整体，由特殊到一般，由专论到总论的集合过程。在进行归类时运用概念的扩大和概括。分类和归类有着密切的联系。将大量文献分门别类地组成一个体系和将每一文件归到既定的相应门类中去是一件事情的两个方面。

主题法则直接用词汇来控制和组织信息。直接用语词作为表达主题概念的标识，并用字序排列标识和用参照系统等方法来间接表达各种概念之间的相互关系，建立信息组织系统。

主题词表是主题词的汇编，是一部主题词典，可提供一种检索途径。如利用主题词表作为检索入口时，计算机会将用户输入的检索词与主题词表中的词进行匹配，匹配成功后便返回该主题词进行标引的相关文献。主题词表的结构比较复杂，一般都是由一个主表和若干辅表构成的。

4. 非数字化信息资源的存储

非数字化信息资源的存储主要是将描述、加工、序化后的非数字化信息资源通过某种工具、按照某种体例和保管要求存储到某种介质上。这里至少包含两部分内容，一部分是非数字化信息资源工具书的编制体例，另一部分是非数字化信息资源的存储和保管方法等。

3.5.4 数字化信息资源组织的方法和技术

近几年来，关于数字化信息资源组织的方法和技术一直是图书馆和网络界研究和探讨的热门课题。元数据体系是目前图书馆界较为认同并开始付诸实践的一种数字化信息资源组织方式。元数据是一种用来描述数字化信息资源，特别是网络信息资源的基本特征及其相互关系，从而确保这些数字化信息资源能够被计算机及其网络系统自动辨析、分解、提取和分析归纳(即所谓机器可理解性)的一整套编码体系。目前，国内外所提出的元数据格式或体系种类较多，主要有联机计算机图书馆中心(OCLC)的DublinCore(都柏林核心集)。元数据的建立还处于一个列国纷争的时代，还没有形成统一的标准。2000年6月，由中国国家图书馆主办的“中文文献资源共建共享合作会议”决定，由中国国家图书馆牵头，中国大陆、中国台湾及美国的多家单位参加，成立“中文METADATA标准格式工作小组”，负责协调、推动中文METADATA标准格式的研究和制定。

数字化信息资源组织的技术有：

(1) 以XML语言为代表和基础的一系列信息组织和信息处理技术。

(2) 知识组织体系的组织。

(3) 信息资源系统的组织。

信息资源系统是为满足一定用户群或应用环境的需要而建立的信息资源集合。目前包括开放资源系统、主题信息网关、语义门户和应用门户等方式。

数字化信息资源组织涉及元数据、主题信息网关、网络资源指南、文件和数据库、自动化处理等内容。

3.5.5 信息组织的相关标准

1. 信息描述与揭示的相关标准

对于非数字化信息资源而言，相关标准主要有ISBD系列标准、AACR2、《文献著录规则》、《普通图书规则》、《连续出版物著录规则》、《非书资料著录规则》、《地图资料著录规则》和《档案著录规则》等。

对于数字化信息资源，相关标准主要是元数据的相关标准。如DC、MARC、TEI、GILS、EAD、VRA、IEEELOM、IMS、CanCore等。

2. 信息序化的相关标准

信息序化最基本的标准是分类法和主题法。一些通用的分类法和主题法如下。

分类法：《中国图书馆分类法》、《中国科学院图书馆图书分类法》、《中国图书资料分类法》、《中国档案分类法》、《杜威十进分类法》、《美国国会图书馆分类法》、《国际十进分类法》、《冒号分类法》、《布里斯书目分类法》等。

主题法：《汉语主题词表》、《美国国会图书馆标题表》等。

3. 信息存储的相关标准

非数字化信息资源存储的相关标准主要是一些二次或者高次传统文献的编制方法，以及非数字化信息资源的保存技术和保存方法等，包括一些国家的相关法律，比如档案法、档案法实施办法等。

数字化信息资源包括对非数字化信息资源进行数字化之后而形成的数字对象，或者是原生数字形态的内容对象。数字化信息资源存储过程中主要有两个部分：一是数字化信息资源的创建，二是数字化信息资源的保存。

(1) 数字化信息资源内容创建

① 内容编码

内容编码涉及具体数据内容的计算机编码形式和标记形式，是指数字化信息资源的可用性乃至可持续性的最基本条件。这方面的标准主要有以下几种。

基本编码标准：国际上普遍要求遵循 ISO/IEC 10646/UNICODE。在我国，目前存在 GB2312—1980、GB13000.1—1993 和 GB18030—2000 标准。其中，GB18030 在 GB2312 基础上进行了扩展，在技术上是 GBK(《汉字扩展规范 GBK 1.0》)的超集，已经是国家的强制性标准。GB13000.1—1993 是 ISO 10646—1 的等同标准，GB18030—2000 与它在词汇上兼容，通过代码映射可以进行自由转换。

特殊信息编码：涉及数学符号和公式、化学符号、矢量信息、地理坐标的编码，例如基于 XML 的开放置标语言，如 SVG、SMIL、MathML、GML、CML 等。

数字文献结构编码：涉及如何定义文献结构，普遍要求采用 XML DTD/XML Schema 来定义文献结构，而且相关的文献模式定义应经过 XML 语法验证。

② 内容对象格式

内容对象格式涉及文本、图像、音频、视频、多媒体等数据内容，其格式包括如下标准。

文本数据格式标准：作为文本文件时，相关的标准有 HTML、XHTML；ASCII 格式、CSV 格式；专门格式有 Microsoft Doc、RTF 等。作为图像文件可采用的标准有 TIFF、JPEG、PDF、GIF 等。

图像数据格式标准：这类格式很多，比如 BMP、GIF、JPEG、PNG 等。

视频文件的格式标准：MPEG、Apple Quicktime、Microsoft Windows Media Video/Real Video 等。

音频文件格式标准：MP3、WAV、Apple Quicktime、Microsoft Windows Media Audio、Real Audio 等。与视频情况类似，音频数据保存格式也可以采用数字录音格式，如 CD-Audio、DAT、AIFF 等。

矢量数据的格式标准：主要有 SVG、VML、Micromedia Flash 等。

③ 内容对象标识

内容对象标识方面的标准与规范主要涉及数字对象唯一标识符。这方面的主要标准有：IEFT/URL 体系、DOI、SICI/BICI、PURL、CDL/METS、ADL/SCORM 等。

(2) 数字化信息资源保存

数字化信息资源保存方面的相关标准有：美国 RLG(图书馆研究组)提出的数字资源长期保护的问题框架；美国空间数据系统咨询委员会提出的开放档案信息系统参考模型；美国 RLG/OCLC 联合提出的可信赖数字存储库的属性要求；专门支持数字信息长期保护的元数据格式，如 CEDARS、PANDORA/NLA、NEDLIB 等。

3.5.6 数据库技术

数据库是以一定的组织形式存储在一起的相关数据集合。它能以最佳方式，最少的数据冗余为多种应用服务，保持程序与数据具有较高的独立性。

数据库的基本结构分三个层次，反映了观察数据库的三种不同角度。物理数据层是数据库的最内层，是物理存储设备上实际存储的数据的集合；这些数据是原始数据，是用户加工的对象，由内部模式描述的指令操作处理的位串、字符和字组成。概念数据层是数据库的中间一层，是数据库的整体逻辑表示；指出了每个数据的逻辑定义及数据间的逻辑联系，是存储记录的集合；它所涉及的是数据库所有对象的逻辑关系，而不是它们的物理情况，是相对于数据库管理员的数据库。逻辑数据库是用户所看到和使用的数据库，表示了一个或一些特定用户使用的数据集合，即逻辑记录的集合。

数据库不同层次间的联系通过映射进行转换。数据库具有以下主要特点。

(1) 实现数据共享。数据共享包含所有用户可同时存取数据，也包括用户可以用各种方式通过接口使用数据库，并提供数据共享。

(2) 规范设计。可以减少数据的冗余度，同一般文件系统相比，数据库的冗余往往较大，但通过范式设计可以减少数据冗余，保证数据的一致性。

(3) 数据的独立性。包括数据库中数据库的逻辑结构和应用程序相互独立，也包括数据物理结构的变化不影响数据的逻辑结构。

(4) 数据实现集中控制。一般文件管理方式中，数据处于一种分散状态，不同用户或同一用户在不同处理中其文件之间毫无关系；利用数据库可对数据进行集中控制和管理，并通过数据模型表示各种数据的组织以及数据间的联系。

(5) 具有良好的数据安全性和可靠性保障措施。主要包括安全性控制，防止数据丢失、错误更新和越权使用。

(6) 完整性控制。保证数据的正确性、有效性和相容性。

(7) 并发控制。使在同一时间周期内，允许对数据实现多路存取，又能防止用户之间的不正常交互作用。

(8) 故障的发现和恢复。数据库管理系统可及时发现故障和修复故障，从而防止数据被破坏。

数据库管理系统(DataBase Management System，DBMS)是一个能够科学地组织和存储数据，高效地获取和维护数据的系统软件。它是位于用户与操作系统之间的一层数据管理软件，主要功能包括数据定义功能、数据操纵功能、数据库的运行管理、数据库的建立和维护功能等。数据库管理系统是数据库系统的一个重要组成部分。目前有许多 DBMS 产品，如 Oracle、Sybase、Informix、DB2、PostgreSQL、Microsoft SQL Server、Microsoft Access、Visual FoxPro 等产品。

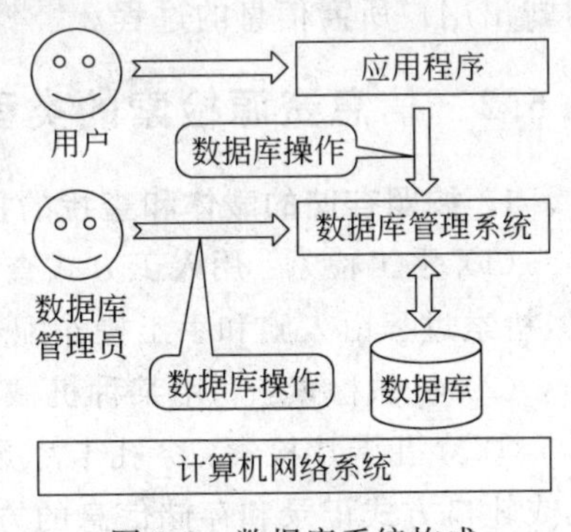

图 3-3　数据库系统构成

数据库系统是由计算机网络系统、数据库、数据库管理系统和有关人员组成的具有高度统一的整体，如图 3-3 所示。与传统的人工管理和文件系统相比，主要特点为：数据结构化；数据的共享性高、冗余度低、易扩充；数据独立性强；数据由 DBMS 统一管理和控制。

数据库系统的发展经历了三代：第一代网状、层次数据库系统；第二代关系数据库系统；第三代面向对象的数据库系统。数据库技术发展经历了人工管理阶段、文件系统阶段、数据库系统阶段。

3.6 信息资源检索

3.6.1 信息资源检索的概念

信息资源检索，简称信息检索。信息检索(information retrieval)又称情报检索，萌芽于图书馆的参考咨询工作，20 世纪 50 年代才固定成为专用术语。随着信息爆炸(information explosion)和以计算机技术为核心的信息技术的发展，信息检索的概念与类型都在发生新的变化。

1. 信息检索过程说

《图书馆学百科全书》认为，信息检索是“指知识的有序化识别和查找的过程……广义的情报检索包括情报的储存与检索，而狭义的情报检索仅指后者。”武汉大学黄如花教授主编的《信息检索》教材认为“信息检索是从任何信息集合中识别和获取信息的过程及其所采取的一系列方法和策略”。

2. 全息检索说

上海交通大学信息检索专家王永成教授认为，全息检索就是“可以从任意角度，从储存的多种形式的信息中高速准确地查找，并能以任意要求的信息形式和组织方式输出，也可仅输出所需要的一切相关信息的电脑活动”。

3. 概念信息检索说

Chank 等专家认为，概念信息检索是基于自然语言处理中对信息在语义层次上的析取，并由此形成知识库，再根据对用户提问的理解来检索其中的相关信息。

信息检索是从大量相关信息中利用人机系统等各种方法加以有序识别与组织以便及时找出用户所需信息的过程。

3.6.2 信息资源检索的类型

1. 按照存储的载体和查找的技术手段进行划分

(1) 手工检索：用人工方式查找所需信息的检索方式。检索对象是书本型的检索工具，检索过程由人脑和手工操作配合完成，匹配是人脑的思考、比较和选择。

(2) 机械检索：利用某种机械装置来处理和查找文献的检索方式。

① 穿孔卡片检索：穿孔卡片是一种由薄纸板制成的、用孔洞位置表示信息，通过穿孔或轧口方式记录和存储信息的方形卡片。

② 缩微品检索：把检索标识变成黑白点矩阵或条形码，存储在缩微胶片或胶卷上，利用光电效应，通过检索机查找。

(3) 计算机检索：把信息及其检索标识转换成电子计算机可以阅读的二进制编码，存储在磁性载体上，由计算机根据程序进行查找和输出。

检索的对象是计算机检索系统，针对数据库进行，检索过程由人与计算机协同完成，匹配由机器完成。检索本质没变，变化的是信息的媒体形式、存储方式和匹配方法。

计算机检索又可以分为：

① 脱机检索：成批处理检索提问的计算机检索方式。

② 联机检索：检索者通过检索终端和通信线路，直接查询检索系统数据库的机检方式。

③ 光盘检索：以光盘数据库为基础的一种独立的计算机检索，包括单机光盘检索和网络光盘检索两种类型。1983 年首张高密度只读光盘存储器诞生；1984 年美国、日本和欧洲开始利用 CD-ROM 存储科技文献。

④ 网络检索：利用搜索引擎、E-mail、FTP 等检索工具，在互联网上进行信息存取。

手工检索查准率较高，查全率较低；计算机检索查全率较高，查准率较低。

2. 按照存储与检索的对象进行划分

(1) 文献检索：以包含用户所需特定信息的文献为检索对象，是指将文献按一定的方式存储起来，然后根据需要从中查出有关课题或主题文献的过程。

文献检索是以文献为检索对象的一种相关性检索。相关性检索是指系统不直接解答用户提出的问题本身，而是提供与问题相关的文献供用户参考。可细分为：

① 书目检索：以文献索引为检索内容。换言之，检索系统存储的是书目、专题书目、索引和文摘等二次文献。此类数据库(检索工具)如 EI、《中文期刊数据库》(文摘版)、《中国科技成果数据库》、《中国专利公报》等。

② 全文检索：以文献所含的全部信息作为检索内容，即检索系统存储的是整篇文章或整部图书。

(2) 数据检索：以事实和数据等浓缩信息作为检索对象，检索结果是用户直接可以利用的东西。数据不仅包括数值形式的实验数据与工业技术数据，而且包括非数值形式的数据，如概念名词、人名和地名、化学结构式、工业产品设备名称及规格等。此类数据库(检索工具)如《中国企业、公司及产品数据库》、《中国科技名人数据库》、《中国宏观经济统计分析数据库》等。

数据检索也可细分为：

① 数值检索：以具有数量性质并以数值形式表示的数据为检索内容的信息检索。数值检索的结果是各种数值性和非数值性数据。

② 事项检索：以文献抽取的事项为检索内容的信息检索。事项检索的结果是基于文献检索和数据检索基础上的对有关问题的结论和判断，是在数据检索和文献检索的基础上，经过比较、判断、分析、研究的结果。

数据检索是以从文献中提取出来的各种事项、数据为检索对象的一种确定性检索。确定性检索是指系统直接提供用户所需要的确切的数据或事项，检索的结果要么是有，要么是无，要么是对，要么是错。

3. 按信息资源的组织方式进行划分

(1) 全文检索(full text retrieval)。

(2) 超文本检索(hyper text retrieval)。

(3) 超媒体检索(hyper media retrieval)。

3.6.3 信息资源检索过程

信息资源检索的基本过程如图 3-4 所示，包括：

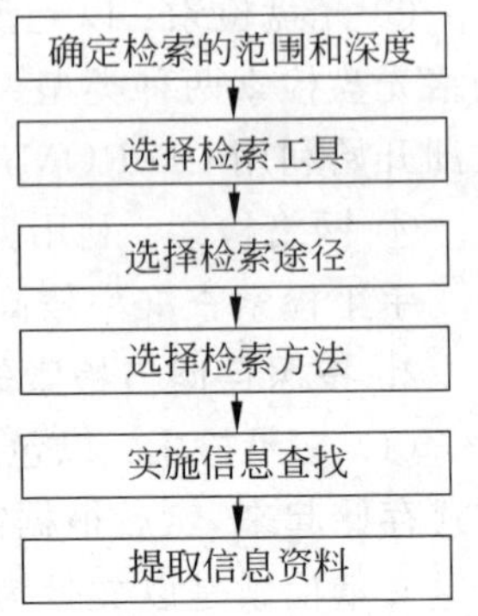

图 3-4 信息资源检索过程

(1) 确定检索的范围和深度。信息资源检索的范围是指检索信息内容的宽度。只有明确信息检索内容的宽度，才能在信息资源检索过程中做到有的放矢，以最短的检索时间达到最好的信息资源检索的效果。信息资源检索的深度有两个含义：一是指信息资源检索的长度；二是指是否需要索取信息的根源。确定了信息资源检索的深度，才能使信息资源检索一步到位，避免重复劳动。

(2) 选择检索工具。信息资源的检索工具很多，主要有目录、索引、文摘等。在检索过程中，要根据需要科学地选择合适的信息检索工具。一般情况下，当需要检索的信息内容十分清楚时，可以选用目录检索工具；如果只确定了检索信息的大概范围而具体内容心中无数时，则可选用索引检索工具；如果只需要获取一些信息的主干内容和重要数据，则可选用文摘检索工具。

(3) 选择检索途径。信息资源检索总是根据信息的某种外表特征和内容特征来查找并索取信息资料的，这些特征被称为信息资源的检索途径，包括分类途径、主题途径、信息名称途径、信息提供者途径、序号途径等，检索时可以根据需要加以选择。如果检索途径选择不当，往往会造成漏检和误检，影响信息资源检索的效果。

(4) 选择检索方法。选择检索方法的目的在于寻求花费时间少、查获信息资料全的有效方法。信息资源检索的主要方法有常用法、追溯法和循环法。

(5) 实施信息查找。实施信息查找是检索的实质性阶段。在信息查找过程中，如果是手工检索，则可根据检索者所提供的检索信息的标识符号进行查找，到某一具体收藏地点去查寻所需的信息资料；如果是机器检索，则可以依据目录、索引以及文件名称或者主题词等去查寻所需的信息资料。

(6) 提取信息资料。提取信息资料既可能是将信息资料调取出来，也可能是指为信息需求者提供复印、打印服务，还可能是指将信息资料直接提供给需求者使用。

3.6.4 信息资源检索系统

1. 信息资源检索系统的构成要素

信息资源检索系统包括：

(1) 检索文档或者数据库：标有检索标识的信息资源。

(2) 技术设备。

(3) 储存检索的工具和方法。

(4) 作用于系统的人。

2. 信息资源检索系统的体系结构

广义信息资源检索系统的体系结构如图 3-5 所示，包括信息资源组织和检索，狭义信息资源检索系统指图中左边部分。

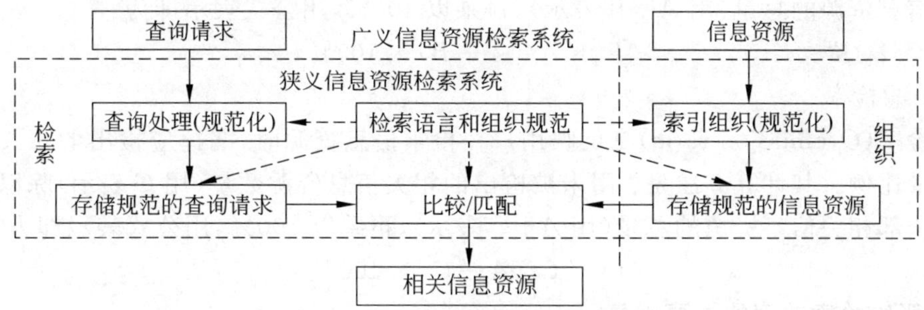

图 3-5　信息资源检索系统体系结构

3.6.5　信息资源检索策略

信息检索策略是检索前制定的概念组配和执行顺序的方案。

1. 核心问题

(1) 检索词必须贴近用户的信息需求。

(2) 扩检和缩检控制措施。

2. 检索式构造

(1) 布尔逻辑：组合：and/ *、or/＋、not/－。

(2) 位置检索：K1(W)K2 表示 K1、K2 两词位置相邻，K1 在前，K2 在后。

(3) 截词检索：例如用？表示检索词的部分可以变化。

(4) 限制检索：例如限制在特定字段中查找。

3.6.6　信息检索效果评价

信息资源检索效果是指信息资源检索所产生的有效结果。评价信息资源检索效果的目的是找出检索中存在的问题以及影响信息检索效果的各种因素，以便进一步提高信息资源检索的有效性。

一般来说，用户从信息资源检索信息时，往往受多方面因素的影响，所以通常会检索出一部分相关的信息资源，漏掉一部分相关的信息资源。

1. 信息资源检索效果的评价指标

信息资源检索效果可以通过评价相关信息资源检索过程中的各种指标来衡量。信息资源检索效果的评价指标有查全率、查准率、漏检率、误检率、响应时间、输出方式等。

(1) 查全率

查全率(R,Recall ratio)反映的是用户从信息资源库中检出的与其研究课题相关的信息资源的数量比例。其计算方法是：用检出的相关信息资源数量(用 A 表示)除以信息资源库中实有相关信息资源的总量(用 $A+C$ 表示)，再乘以 100%，用公式表示即为

$$R = A/(A+C) \times 100\%$$

(2) 查准率

查准率(P,precision ratio)反映的是用户从信息资源检索中检出与其研究课题相关

信息资源的准确程度。其计算方法是：用检出的相关信息资源数量(用 A 表示)除以检出的全部信息资源的总量(用 $A+B$ 表示)，再乘以 100%，用公式表示即为

$$P = A/(A+B) \times 100\%$$

(3) 漏检率

漏检率(O,omission ratio)是反映用户在检索信息资源时，漏掉应检出的相关信息资源的数量比例。其计算方法是：用未被检出的相关信息资源数量(用 C 表示)除以信息资源库中全部相关信息资源的总量(用 $A+C$ 表示)，再乘以 100%，用公式表示即为

$$O = C/(A+C) \times 100\%$$

2. 影响检索效率的主要因素

影响检索效率的因素主要有：标引的网罗度；检索词的专指度；检索者的水平；用户需求的表达。

3.6.7 信息检索的发展趋势

1. 信息检索的多样化发展趋势

信息检索多样化表现在可以检索的信息形态有文本、声音、图像、动画；检索工具向多国化、多语种化方向发展；网上检索工具的服务多样化等。

2. 信息检索的个性化发展趋势

个性化是指各网站注重内容的特色化和注重个性化的服务内容。个性化服务的实质在于提供真正适应用户需要的产品。事实上，网上已经开始出现专门收录某一领域信息的网站，尤其是在一些热门领域，如 StockSite(http://www.stocksite.com)提供股市分析文章、股票分析工具、公司研究文章及与商业和金融相关的新闻。

3. 信息检索的可视化发展趋势

信息检索中的可视化，是将数据库中不可见的语义关系用图像形式可视化显示，并透明用户检索过程。可视化信息检索有许多好处，主要表现在：对文献或检索式内部语义关系的理解有助于用户判断一个检索中的相关文献；一个透明的检索过程使检索更容易、更有效；一个可视化的环境为用户展示更丰富、更直观的信息；相关性在传统的信息检索中只指检索结果与检索式相关，而在可视化检索中则指检索结果之间的相关度；使得用户可以进行交互式输入，允许在信息空间进行动态移动，允许用户修改数据的展示方式，使他们理解数据的个人偏好可视化；减少了理解检索结果的时间，可以对相关信息进行聚类分析，而聚类分析可帮助人们发现新的学科点，也可作为反馈的工具；操纵检索的内部过程；提高检索系统与人之间的交互性；检索结果可以模仿网络环境形成拓扑图，在拓扑图中所有相似文献或其他类型资源将被归为同类，以等高线(contour lines)来表达与其他信息内容类的概念上的远近。

4. 信息检索的智能化发展趋势

智能化是网络信息检索未来的主要发展方向。智能检索是基于自然语言的检索形式，机器根据用户所提供的以自然语言表述的检索要求进行分析，而后形成检索策略进行搜索。近年来，Internet 上不断涌现人工智能产品，如智能搜索引擎(intelligent search engine)、智能浏览器(intelligent browser)、智能代理(intelligent agent)、知识共享智能体

(knowledge-sharing agent)等。它们将提高网络信息检索的智能化程度，促进智能信息检索(intelligent information retrieval)的发展。

3.7 信息资源开发

3.7.1 信息资源开发的内涵

1. 信息资源开发的概念

开发和利用信息资源是实现信息资源管理目标的核心。信息资源开发有广义和狭义两种理解。从广义上说，信息资源开发包括信息本体开发、信息技术研究、信息系统建设、信息设备的制造以及信息机构建立、信息规则设定、信息环境维护、信息人员培养等活动。从狭义上说，信息资源开发仅仅是指对信息本体的开发，主要包括信息的生产、表示、搜集、整序、组织、存储、检索、重组、转化、传播、评价、应用等。

2. 信息资源开发的意义

信息资源的开发是为了更有效地利用信息资源，也就是说，开发是利用的前提，而利用则是开发的最终目的。开发信息资源的意义主要表现在以下几个方面。

(1) 提高组织的工作效率。信息是维持组织正常运作的"润滑剂"，而生产出有价值的信息产品，无疑会极大地推进组织活动的开展，提高工作效率。例如CEO通过参谋人员的研究以及个人的分析判断而做出符合市场经济规律以及组织实际情况的经营决策，能正确引导组织的发展，使各项工作有序进行，并易于得到员工的理解和支持，加强组织的凝聚力，使组织的工作效率得以提高。

(2) 改善组织的经营效果。对企业或者公司这类经济组织来说，获取最大利润是它们的最终目的。由于社会信息化程度的日益加深，它们面临着激烈的市场竞争，在不断加剧的竞争环境中，信息这一生产力要素成为这些组织制胜的关键因素之一。然而，面对浩瀚的信息海洋，只有努力开发信息资源，才是获取有价值信息的唯一途径。因此，高效地开发信息资源，生产出增值信息产品，将极大地增强组织的竞争实力，从而改善它们的经营成果。

(3) 增强组织的灵活性和适应性。由于组织面临着全球经济区域一体化的经营环境，竞争的激烈程度可想而知。在这样的环境中，信息是否畅通、及时和准确，通常决定一个经济组织能否生存和发展。因此，开发和利用信息资源能有效地避免组织在从事经营活动中遭受"触礁"的风险，增强其灵活性和对环境的适应能力。例如，著名的海尔集团公司，通过对市场的研究和用户心理的准确捕捉，经常在产品的创意和设计上推陈出新，生产出"小王子"冰箱、"小丽人"洗衣机等产品，从而使海尔集团能灵活应对市场，并稳步发展为著名的跨国企业集团。

(4) 提高组织的创新能力。信息资源开发本身是一种创造性的活动，其形成的结果即信息产品同样具有创新性。当今时代，知识创新、组织创新是社会经济发展的主旋律。尤其是随着知识经济时代的来临，组织的知识管理逐渐提上了议事日程，这种管理思想的目标是实现创新，而达到这一目标的主要手段便是开发和利用信息资源。因此，信息资源是推进知识创新和组织创新的主要动力，它不仅能增强组织的活力，而且还能为经济组织提供新的商机。

3. 信息资源开发原则

信息资源开发主要有以下原则：经济性原则；全局性原则；实用性原则；用户导向原则；持续发展原则；法制原则。

3.7.2 信息资源开发的战略

1. 信息资源开发的宏观战略

宏观的信息资源开发战略主要是国家和地方政府决策机构从国家和地方整体角度考虑制定的开发战略。它是国家和地方总体发展规划的有机组成部分，和其他经济发展战略、教育发展战略、工业发展战略、农业发展战略等协同实施，互相支撑和依存。宏观信息资源开发战略一般通过财政预算、法律法规、政策导向、舆论宣传、经济杠杆、素养教育等实现。

2. 信息资源开发的微观战略

信息资源开发的微观战略是指在具体的开发任务中制定的阶段性的谋划。它包含两层意思：

第一层意思是面向信息资源本体的战略方向、原则和指导，主要是为丰富信息资源、提高信息资源质量、增加信息资源的效益价值而预先制定的行动指导方针，它影响和决定信息资源开发的最终成果的数量、质量、类型等。目前来看，信息资源开发包括四种基础战略：数字化战略、网络化战略、集成化战略、产品化战略。

第二层意思是面向信息资源的开发者。它主要是从组织角度出发考虑问题，把开发范围和决策空间局限在确定的组织内部，这个组织可能是一个企业、一个协会、一个机关、一个公司或者是一个图书馆等。

3. 信息资源战略阶段

社会信息资源的开发工作从宏观上可以分为两个阶段：信息资源本体开发阶段和信息资源应用开发阶段。

(1) 第一阶段：信息资源本体开发阶段

信息资源本体的开发主要是对信息本体的生产、创造、识别、搜集、整理、排序、组织、检索、加工、重组、总结、评论等活动。它是以客观信息为对象的行为活动，目的是要揭示信息、组织信息、评价信息，为利用信息做准备。

信息资源和其他资源一样，因其开发过程中本体存在方式、表现形态的不同，可以划分为一次开发、二次开发和三次开发。其中，一次开发是原始信息、潜在信息转化为显性信息；二次开发是分析、排序、整理、标引、归类、入库等；三次开发是信息资源发布、流通。

(2) 第二阶段：信息资源应用开发阶段

信息资源应用开发的目的是探讨已知信息应用于社会实践和生产的可能性、问题、途径和方法，为信息应用于社会实践和生产建立理论模型，解决技术问题，制定实施方案，并在一定范围内取得模型、样品、原始样机等。

一般说来，应用开发主要是围绕着如何利用信息资源本体进行的辅助性开发活动，其实质是为了更准确、更高效、更全面、更深层次地利用信息资源，如利用专利信息开发新产品，利用企业综合信息开发智能决策系统，利用信息技术开发数字图书馆等。

3.7.3 信息资源开发的模式

信息资源类型多样性决定了与之相对应的开发行为和模式的多样性。信息资源开发活动包括开展信息服务、生产信息产品、建立信息系统、开展宣传活动、组建信息机构、编写软件和提供商务模式等。

信息资源开发行为可以划分为两类：第一类是面向信息用户的；第二类是面向信息资源本体的。

1. 面向信息用户的开发模式

面向信息用户的开发核心是服务，主要是信息资源拥有机构与信息资源需求机构和人员之间进行的交互性行为，主要是提高信息资源拥有机构的服务水平和供给与需求双方的交流效率。

面向信息用户的开发类型包括信息搜集型开发、宣传与教导型开发、代理服务型开发、共建共享型开发。

2. 面向信息资源本体的开发模式

面向信息资源本体的开发是指以已经存在的信息资源本体为开发对象，通过对信息资源本体的分类、聚合、排序、变形、抽取、过滤、浓缩、提炼、检索、翻译、评价、总结等活动实现信息资源的价值升值。

面向信息资源本体的开发类型包括翻译与转化型开发、翻新与整理型开发、转移与移动型开发、主题集成型开发、研究评价型开发。

3.7.4 信息资源系统开发

广义上的信息资源系统应该包含专业信息机构和计算机信息系统。

1. 专业信息机构

专业信息机构是指提供信息服务和从事信息工作的人组成的专业化信息组织（如企业情报部门、图书馆、情报所、专业数据库生产企业等）。

2. 计算机信息系统

计算机信息系统是由计算机硬件、网络和通信设备、计算机软件、信息资源、信息用户和信息管理规章制度组成的以处理信息流为目的的人机一体化系统。

信息资源系统开发是指将用户需求转化为信息系统所需要的所有活动的集合，包括专业信息机构建立和计算机信息系统建设。

3.7.5 信息资源产品开发

1. 信息产品

信息产品是指以信息为对象，经过开发、加工、组织和转换而成，能够满足用户信息需求，可在市场中自由移动的信息媒体。

信息产品可以分为生产型信息产品和再生型信息产品。

(1) 生产型信息产品

生产型信息产品是指信息源生产阶段的产物，可以将其分为即时型、短命型、保存型等三类。其中，即时型包括广播节目、电视节目、电影、戏剧、音乐会、比赛项目、数据电话、电话商谈等；短命型包括周刊杂志、商业广告传单、用户电报传真等；保存型包括书画、专业杂志、报纸、记录、胶卷、软件程序、数据库等。

(2) 再生型信息产品

再生型信息产品是指信息源开发（再生产）阶段的产物，主要包括索引、汇编、综述、评述、预测等类型。其中，索引类信息产品又称线索型信息产品，其功能是为人们利用信息提供线索和指导服务，主要包括目录、书目、文摘、题录、索引、新书通报、广播电视节目预报和网络服务器目录等；汇编类信息产品是指根据特定用户的信息需求将相关信息资源汇集、鉴别、筛选，并按一定形式编排而成的一种信息产品，主要包括文集、图集、手册、年鉴、大事记、人物脸谱、机构名录、新闻集锦等；综述类信息产品是指对某一时期某一学科或者专题的信息资源进行全面系统的收集，并加以分析、归纳、整理而形成的一种信息产品，主要包括综述、学科总结、专题总结、年度总结、年度进展等；评述类信息产品是指围绕某一学科或专题，在对大量的相关信息资源进行归纳综述的基础上，进一步形成的带有评价和建议的一种信息产品，主要包括评述、评论、点评等；预测类信息产品是指在大量综述和分析某一学科或者专题的相关信息资源的基础上，找出其发展规律，进而预测其未来一段时间内的发展动向和趋势而形成的一种信息产品，主要包括展望、预测和趋势分析等。

2. 信息产品开发策略

在信息产品开发过程中，为了确保信息产品的成功开发，通常需要遵守以下六条开发策略。

(1) 选准目标市场。选准目标市场策略是信息产品开发的首要问题，它要求信息资源开发者根据用户对信息产品不同属性的重视程度，运用有目的的措施，塑造与众不同的个性和形象，从而使信息产品在市场中确立自己的位置。

(2) 保证高智力投入。保证高智力投入是确保信息产品质量和档次的重要前提。再生型信息产品具有生命周期短、用户层次高、需求量小等特点，这就要求信息资源开发必须注意开发的速度和时效，及时对主要品种更新换代，不断改善产品结构，提高产品档次。

(3) 紧跟技术进步。紧跟技术进步是提高信息产品开发效率的重要举措。目前，整个信息资源管理领域是信息技术高速渗透和普遍应用的领域，采用先进的信息技术可以提高信息产品的开发效率，再生型信息产品需要更多的技术支持。

(4) 确立竞争优势。确立竞争优势是信息产品开发的制胜法宝。目前，市场中存在着各种类型的信息公司和信息生产者，如果想在激烈的竞争中取胜，就必须确立自身信息产品的竞争优势，确立竞争优势采取的具体措施包括：提高信息产品的信息含有量，加快信息产品的更新速度，扩大信息产品的覆盖范围，从而形成鲜明的产品特色。

(5) 实现规模经营。实现规模经营是提高信息产品开发效益的核心问题。信息产品实现规模经营，可以降低信息产品的开发成本，提高信息产品的质量，逐步战胜竞争对手并占领目标市场，以便获得较高的经济效益。

(6) 争创名牌产品。争创名牌产品是信息产品进入国际市场的基本策略。为此，信息产品开发者必须树立用户至上意识、质量第一意识、创新意识、形象意识等。

3. 信息产品开发方法

下面主要讨论再生型信息产品的开发方法。

再生型信息产品开发的方法主要由信息分析、信息综合、信息预测等三类方法组成。其中,信息分析是手段,信息综合是目的,信息预测是发展。

(1) 信息分析法。信息分析法是将概念化的用户信息需求分解成各种简单要素及其关系,然后分别进行研究,找出其中的主要因素及其关系,并以此为依据组织信息资源的一种方法。

(2) 信息综合法。信息综合法是指将与特定用户信息需求相关的零散信息资源通过归纳整理,依据一定逻辑关联、效用关联或者形式关联,组成能够反映事物全貌和全过程,并能够满足用户信息需求的信息产品的过程。

(3) 信息预测法。信息预测法是在综合大容量信息资源的基础上,归纳总结出信息资源所表征的事物的发展规律,并根据这种规律预测未来一段时间内事物发展趋势的一种方法。

3.8 信息资源利用

3.8.1 信息资源利用的概念

信息资源利用行为就是人类有目的性地、有选择性地、能动地利用信息资源以满足个人或组织信息需要的行为。人类信息利用过程如图 3-6 所示。

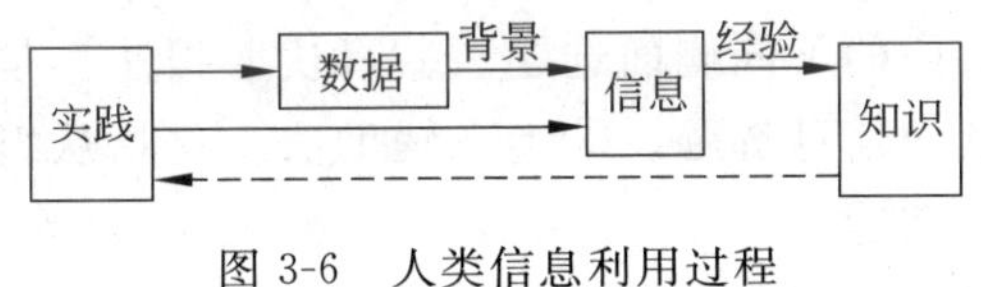

图 3-6 人类信息利用过程

3.8.2 信息资源的利用模式

信息资源的利用模式是一个"双螺旋模式"利用和积累相互缠绕,螺旋上升,在利用信息资源的过程中生产了新的信息,在积累信息的同时也在利用着已有的信息。信息资源的这种可积累性和共享性促成了信息资源的这种特殊的利用模式。

1. 信息资源利用的常见模式

信息资源利用的模式常常会因信息资源管理机构的不同而呈现出丰富多彩的变化。但是,信息资源利用的常见模式主要有三种类型:①信息资源提供服务模式。信息资源提供服务模式是指有选择性地为信息资源利用者提供信息资源的服务方式。信息资源提供服务的主要表现形式包括广播节目播放、电视节目播放、图书出版发行、图书阅览、图片阅览、档案阅览、报纸杂志发行、新书通报、馆藏图书档案的外借和阅览、文献复制服务、信息发布服务等。②信息资源咨询服务模式。信息资源咨询服务模式是指在信息资源提供服务模式的基础上发展起来的一种服务方式,其基本特点是改变所采集或存储的信息资源的形态以产生新的信息资源。信息资源咨询服务主要表现形式包括热线解答、出版发行书目服务、报刊论文索引服务、馆藏文献线索咨询服务、事实咨询服务、数据咨询服务、统计资料咨询服务、定题信息服务、在研项目跟踪服务、用户教育服务、信息预测服务等。③信息资源网络服务模式。信息资源网络服务模式是指建立在计算机、通信等信息技术的基础上，以应用软件为手段，以信息资源库为利用对象的一种服务方式。它既可以将信息资源服务模式和信息资源咨询服务模式统一起来，也可以有助于最大限度地实现个性化信息服务。信息资源网络服务主要表现形式包括图文信息电视广播服务、电子出版物的发布、电子函件、电子公告板(BBS)服务、联机公共目录查询(OPAC)服务、光盘远程检索服务、远程电视会议服务、用户电子论坛、用户点播服务等。

2. 信息资源利用的基本途径

信息资源利用的基本途径是信息编写。在信息资源管理过程的采集、加工、存储和传递等环节中，都需要将最终结果用书面文字进行编写并通过多种信息载体向外发布。信息编写过程中需要抓好两个重点：一是信息选题的常见方法，二是信息编写的基本要求。

信息选题是信息编写的首要环节。只有选择合适的选题，才有可能编写出高质量的信息。要想准确把握信息选题，首先要了解不同组织机构的信息需求，其次要灵活运用信息选题的方法。

信息选题的常见方法包括：①适时出新法。是指在特定期限内根据不断变化的形势，捕捉具有新意的信息选题。②个性发掘法。是根据实际情况的不同挖掘最具特色、最具典型并且最有推广价值的信息选题。③冷热并重法。是指利用辩证的观点、科学的态度以及发展的眼光去分析信息选题中的冷热状况。④跟踪领导法。是指信息选题必须适应领导的实际需要。⑤纵横结合法。是指信息选题既要考虑事物发展的各个阶段情况，又要考虑从事物发展各阶段的不同侧面选题。⑥喜忧兼报法。是指需要同时兼顾考虑对组织机构业绩有利和不利的信息选题。⑦上下辅助法。是指从组织机构的上下级单位发送的信息资料中发掘信息选题。

信息编写的主要类型有动态型信息、问题型信息、经验型信息、建议型信息。它们的具体编写要求概述如下：①动态型信息。动态型信息反映的是某项工作、活动或者事件的发生、发展及其变化的客观情况。在编写动态型信息时必须做到：信息内容准确无误，信息标题简洁新颖，突出主要内容。②问题型信息。问题型信息反映的是已经发生、正在发生或者即将发生的各种问题的客观情况。在编写问题型信息时，必须做到：反映问题发生的真实面貌，要写明已发生问题的产生原因，及其所造成的后果或影响，要做到快写快报。③经验型信息。经验型信息反映的是某个地区、部门、单位或者某一方面、某项工作的重要经验信息。在编写经验型信息时，必须做到：要对信息内容进行深层次开发，从中提炼出有价值的东西，要重点突出经验信息的具体做法以及所取得的成果。④建议型信息。建议型信息是指能够帮助决策者出谋划策的信息。在编写建议型信息时，除了需要遵循前面三类信息的一般编写要求以外，还必须写明建议的针对性或目的性、建议采取的措施或方法，以及采取该建议后可以解决的问题等。

3.8.3 信息用户研究

1. 信息用户

信息用户是指自觉地、有意识地、有目标地、有目的地利用社会信息资源，开展社会信息活动的个人或者团体。

2. 用户信息需求

按用户所属范围大小可将信息需求分为：国家需求、区域需求、行业需求、组织需求、个人需求。

信息资源利用应注意：用户的价值观、目标、爱好；用户的角色和地位；用户使用的语言；用户所需的信息类型；用户的信息素质；用户所属的专业组织常使用的信息系统以及与他人和组织交流的渠道；用户的教育、训练、经验、工作职业和岗位；用户对信息服务的偏好；用户对信息资源的偏好。

3. 用户信息行为

用户信息行为是指用户与信息资源之间的交互行为，如图 3-7 所示。

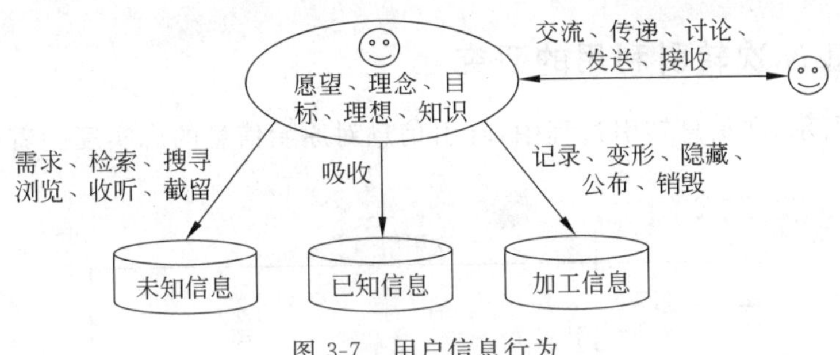

图 3-7 用户信息行为

4. 用户信息心理

用户在信息的需求、获取、吸收、利用等方面的心理。

5. 用户信息素养

美国图书馆协会在 1989 年的信息素养最终报告中定义具有信息素养的人："这种人知道如何去学习。他们知道如何去学习是因为他们知道知识是怎样被组织的，应如何去发现和利用信息，并且这种信息能够被别人所接受，他们准备终身学习，因为他们总能够发现那些为将来要完成的任务或做出的决定所需要的信息"。

美国国家图书情报委员会(NCIS)认为信息素养是一种查找、检索、评价、组织、控制和利用信息的能力。华南师范大学未来教育研究中心的桑新民教授认为，可从以下 6 个方面确立培养学生信息素养的内在结构与目标体系：高效获取信息的能力；熟练、批判性地评价信息的能力；有效地吸收、存储、快速提取信息的能力；运用多媒体形式表达信息，创造性使用信息的能力；将以上一整套驾驭信息的能力转化为自主、高效地学习与交流的能力；学习、培养和提高信息时代公民的道德、情感、法律意识与社会责任。

培养信息素养的方法：提高人们的信息意识，训练他们的信息素养；终身学习和学习的革命；加速科学、技术和教育领域的信息化，特别是农村的信息化；校园信息素养培养；

制定国家信息素养标准;投资国家基础设施,扶植信息素养的培养;营造统一的信息文化。

3.8.4 信息在组织机构中的利用效率研究

金字塔式组织中信息结构的特点:信息传递时耗长、耗散大,而且容易被人为过滤和失真,如图 3-8 所示。扁平式组织中信息结构的特点:信息传递速度较快、传播面广、失真少。

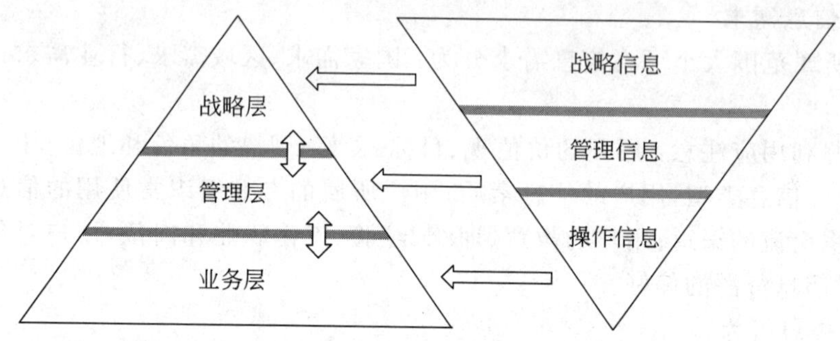

图 3-8 金字塔式组织中信息结构

3.8.5 信息 *N* 次转引利用的研究

如图 3-9 所示,在信息转引过程中,转引信息对原始信息的忠实度随着引用等次的增加而降低。

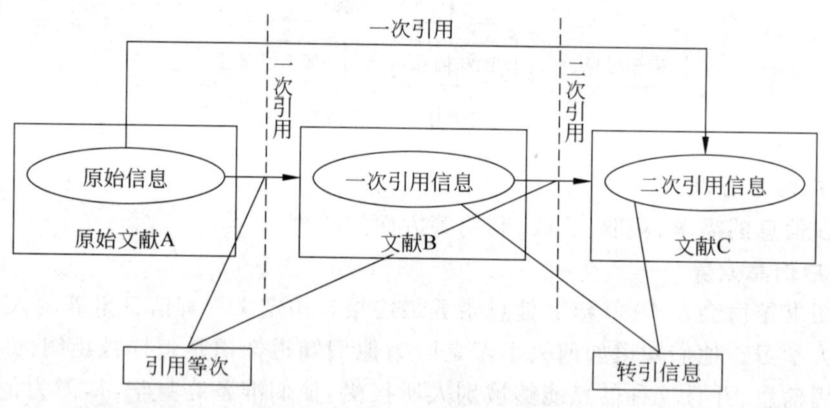

图 3-9 信息 *N* 次转引利用

注意问题:在利用信息进行商业决策或者科学研究时,利用转引信息并非一种明智的选择。特别在科学研究上应尽可能利用原始文献。因为,原始文献的信息质量远远高于转引信息的质量。

3.9 信息资源传递

3.9.1 信息资源传递的概念

信息资源的传递是信息资源价值得以实现的重要条件,它是指以信息提供者为起点,通过传输媒介或者载体，将信息资源传递给信息接收者的过程。

按香农的狭义信息论观点，信息资源传递由信源、信道、信宿三个要素组成。其中，信源（又称信息源）是指信息的发送源，客观世界中的人、机器以及其他物体都可以成为信源；信道是指传递信号的通道，在实际工作中一般是指信息传递的渠道和载体（如报刊、文件、电信等）；信宿是指信息的接收者，客观世界中的人、机器、动物等在一定条件下都可以成为信宿。

3.9.2 信息资源传递原则

就一般情况而言，信息资源传递时需要遵守以下原则。

(1) 快速原则。要求以最快的速度将信息资源从信源传递到信宿。只有遵守快速原则，才能最大限度地发挥信息资源的使用价值，否则信息资源就会失去其存在的意义。

(2) 低耗原则。要求以最低的费用将信息资源从信源传递到信宿。只有遵守低耗原则，才能保证信息资源使用的普及和推广，否则信息资源的使用者就会望而却步。

(3) 量大原则。要求信息资源传递的负载量要尽可能大。只有遵守量大原则，才能加快信息资源的传递速度。

(4) 质高原则。要求信息传递的质量要高，不能在传递过程中出现信息失真、畸变等现象。如果在信息传递过程中出现各种不正常情况，则不仅不能达到信息使用者的预期目的，而且容易将信息需求者的决策引向歧途。

(5) 保密原则。要求信息传递要做到保密，信息资源的传递者要根据信息资源内容的秘密程度以及保密的有关规定，选择恰当的传递方式，严格控制传递范围，采取必要的保密措施，以确保信息资源传递的安全。

3.9.3 信息资源传递工具

信息资源传递过程中需要选择合适的信息资源传递工具，以下列举的是常用的 10 种信息资源传递工具。

(1) 语言。语言是人类特有的信息资源传递工具，人们利用语音按照一定的规则可以表达意见、交流思想。

(2) 报纸杂志。通过报纸杂志的传送和阅读，就可以将大量的信息资源从信源传递到信宿。

(3) 图书。通过购买和阅读图书，人们可以从中获得大量有用的信息资源。

(4) 广播电视。广播是指利用无线电台或者有线电台对外发送大量信息资源的设施。电视是指利用无线电波传送物体运动影像的设施。

(5) 电报电话。电报是指利用电能传递文字、照片、图表的一种装置。电话是指利用电能使地处两地的人们之间能够相互交谈的设施。

(6) 计算机网络。计算机网络是指由计算机组成的通信网络，利用它可以从某一位置向另一位置传送大量的信息资源。

(7) 通信卫星。通信卫星是指专门用于在国际国内之间传递信息资源的人造卫星，所以它又被称为“太空中继站”。

(8) 激光通信。激光通信是指利用激光负载信息资源并传送到远方的一种通信工具,它具有通信量大、保密性强等优点。

(9) 光纤通信。光纤通信是指利用具有特殊光学性能的玻璃细丝导光的原理而实现的一种通信工具,它具有通信容量大、速度快、费用低等优点。

(10) 电传。电传是一种新型的信息资源传递工具,它是指利用光电效应,通过有线或者无线装置向远方传递文件、照片、图表、书信等真迹的一种装置。

3.9.4 信息资源传递方式

信息资源传递方式是指信息资源从信源传送到信宿时所采用的具体方式,信息资源传递方式的选择恰当与否,直接影响着信息资源传递的时效和质量。

1. 按信息资源的流向划分

(1) 单向传递。单向传递是指信息资源传递者直接将信息资源传递给单个信息资源接收者的一种方式。

(2) 多向传递。多向传递是指信息资源传递者直接将信息资源传递给多个信息资源接收者的一种方式。

(3) 相向传递。相向传递是指信息资源传递者和信息资源接收者之间相互传递信息资源的一种方式。

(4) 反馈传递。反馈传递是指信息资源传递者和信息资源接收者根据对方传递的需求向对方传递信息资源的一种方式。

2. 按信息资源的传递范围划分

(1) 内部传递。内部传递是指一个组织机构内部的上下级之间、平级之间、工作部门之间所进行的信息资源传递,它通常具有封闭性特点。

(2) 外部传递。外部传递是指一个组织机构和其他组织机构之间、组织机构与社会之间所进行的更为广泛复杂的信息资源传递,它通常具有开放性特点。

(3) 两人传递。两人传递是指两个人之间相互传递信息资源的一种传递方式,其优点是保密性相对较强,但接收范围过于狭小,不利于信息资源使用价值的快速实现。

3. 按信息资源的传递载体划分

(1) 语言传递。语言传递主要是指通过对话、座谈、会议、讲座、录音、技术交流和推广人员口授等形式传递信息资源的一种方式。

(2) 文字传递。文字传递主要是通过报纸、杂志、图书、黑板报、墙报、宣传橱窗等形式传递信息资源的一种方式。

(3) 直观传递。直观传递主要是指通过实物展览、现场观摩、商品展销等形式传递信息资源的一种方式,其优点是真实可靠。

(4) 交通工具传递。交通工具传递主要是指通过汽车、火车、飞机、轮船等交通运输工具传递文字形式的信息资源的一种方式。

(5) 电信传递。电信传递是指将信息资源转换成电信号,再通过有线或者无线电路传递到接收端并转换成信息资源的一种方式。

(6) 光传递。光传递是指通过光导纤维、激光等形式将信息资源传递出去的一种方式。它具有速度快、容量大等优点，已成为人类最主要的信息资源传递方式。

3.10 信息资源反馈

一般意义上的信息资源反馈是指施控系统将信息资源输出，输出的信息资源对受控系统作用的结果又返回施控系统，并对施控系统的信息资源再输出产生影响的一种过程。

3.10.1 信息资源反馈的特点和意义

1. 信息资源反馈的特点

(1) 滞后性。滞后性是信息资源反馈的基本特征，信息资源反馈贯穿于信息资源的采集、加工、检索、利用、传递等众多环节中，但它主要表现在上述环节之后的信息资源"再传递"和"再返送"上。

(2) 针对性。针对性是指针对特定决策所采取的主动采集和反映，具有较强的针对性。

(3) 时效性。时效性是指所反馈的信息资源的实际内容本身具有较强的时效性要求。如果某项决策实施以后，不能够及时反馈真实情况，则不仅使反馈的情况失去价值，而且对决策本身造成不良影响，甚至会导致决策的失败。因此，在信息资源反馈的整个过程中要始终强调时效性这一要求。

(4) 连续性。连续性是指对某项决策的实施情况要进行连续、有层次的反馈。连续反馈有助于领导认识的深化，使决策得到完善和发展，并使问题得到真正解决。

2. 信息资源反馈的意义

信息资源反馈在科学决策过程中起着十分重要的作用，领导者在进行民主决策时必须借助于信息资源反馈，将决策过程中存在的矛盾和问题消灭于萌芽状态之中。信息资源反馈的重要意义主要表现在以下三个方面。

(1) 有利于决策的正确实施，及时纠正实施过程中出现的偏差。由于人们的认识和理解水平不一样，所以任何决策在其实施过程中，都会与组织机构的总体目标之间存在着一定的偏差。有了信息资源反馈，就可以及时发现并纠正这些偏差，使决策得以顺利贯彻下去。

(2) 有利于进一步完善决策本身存在的缺陷。组织机构做出的决策或多或少会存在着一些不妥当的地方，有了信息资源反馈，就可以及时发现这些不妥当的地方，并使错误决策的实施能够及时停止。

(3) 有利于在总结经验教训的基础上制定新的决策。决策过程结束以后，利用信息资源反馈可将决策实施后的效果以及存在的问题及时反馈回来，以便总结经验教训，为做出新的科学决策奠定基础。

3.10.2 信息资源反馈的方式和方法

1. 信息资源反馈的主要方式

(1) 正反馈。信息资源管理过程中的正反馈是将决策实施的正面经验、好的做法、效果反馈给决策机构，决策机构分析研究后，总结推广成功经验，使决策得到更全面、更深入的贯彻。

(2) 负反馈。信息资源管理过程中的负反馈是将决策实施过程中出现的问题或造成的不良后果反馈给决策机构，决策机构分析研究后，修正或者改变决策的内容，使决策的贯彻更加稳妥和完善。

(3) 前馈。信息资源管理过程中的前馈是指在某项决策实施过程中，将预测中得到的将会导致偏差的信息资源返送给决策机构，使决策机构在出现偏差之前采取措施，从而防止偏差的产生和发展。

2. 信息资源反馈的常用方法

在领导决策过程中，要充分利用多种信息资源反馈方法，常用的反馈方法包括以下四种类型。

(1) 典型反馈法。典型反馈法是指通过某些典型组织机构的情况、某些典型事例、某些代表性人物的观点言行，将其贯彻落实领导决策的情况以及对决策的反映反馈给决策者。

(2) 综合反馈法。综合反馈法是指将不同地区、阶层和单位对某项决策的反映汇集在一起，通过分析归纳，找出其中内在联系，形成一套比较完整、系统的观点与材料，并加以集中反馈。

(3) 跟踪反馈法。跟踪反馈法是指在决策贯彻过程中，对特定主题内容进行全面跟踪，有计划、分步骤地组织连续反馈，形成反馈系列。跟踪反馈法具有较强的针对性和计划性，能够围绕决策实施主线，比较系统地反映基层工作的全部过程，便于决策机构随时掌握相关情况，控制工作进度，及时发现问题，实行分类领导。

(4) 组合反馈法。组合反馈法是指在某一时期将不同阶层、不同行业和单位对决策的反映，通过一组信息分别进行反馈。由于每一反馈信息着重突出一个方面、一类问题，故将所有反馈信息组合在一起，便可以构成一种完整的面貌。

3.10.3 信息资源反馈的原则和要求

1. 信息资源反馈的基本原则

(1) 准确原则。准确原则要求如实地反馈客观实际情况，不能夸大事实，谎报军情。科学决策只能建立在准确的信息资源反馈基础之上。

(2) 及时原则。及时原则要求最迅速、最灵敏地反馈各种相关信息资源，讲求信息资源的实效性。

(3) 全面原则。全面原则不仅要求反馈的信息资源有深度和广度，而且要求反馈的信息资源尽可能系统完整。只有全面系统地反馈各种信息资源，才能有利于领导正确决策。

2. 信息资源反馈的基本要求

要搞好信息资源反馈，还必须遵守以下基本要求。

(1) 合理控制信息资源反馈量。当某项决策实施以后，如果不对负反馈进行控制，则过量的负反馈会造成决策机构的错觉，动摇其贯彻决策的信心，助长消极情绪，甚至怀疑决策的正确性，影响决策的顺利实施；如果不对正反馈进行控制，则过量正反馈就会淹没负反馈，助长盲目乐观，使存在的问题和困难很难及时发现和解决，因此必须控制好决策实施过程中的反馈量。一般情况下，决策实施初期应适当加大负反馈量，以便帮助决策者及时发现问题；决策实施中期应注意加强正反馈量，以便帮助决策者及时发现并加以推广；决策实施后期应注意正负反馈的结合，以便总结经验教训，找出问题之所在，使决策得到完善和发展。

（2）做好二次反馈。二次反馈是指对上一次反馈所产生效果的反馈。在反馈过程中，经过一次反馈后，决策系统对反馈信息分析研究，制定出纠偏措施，纠偏措施实施之后的效果，如果需要再次反馈给决策系统，以便进一步采取措施，使实施效果与决策预期目标基本吻合。

（3）将集中分流结合起来。集中是指集中某类事物的各个方面，并反馈给决策系统，使领导能够掌握全局的情况。分流是指反馈信息根据内容的不同分别流向不同的方向。决策者在利用反馈方法时需要掌握好信息资源的流向，该分流时分流，该截流时截流，使信息资源反馈发挥出其应有的作用。

第4章 广义信息资源管理

信息资源管理包括两方面内容，一方面为信息管理技术，包括信息的收集、加工、存储、传递、使用以及信息系统建设等；另一方面为以信息为特定管理对象的信息管理过程的理论与方法研究。以"信息管理技术"为导向的信息收集、组织、加工和利用等内容的研究，对信息资源管理的发展发挥了重要作用。信息资源管理是管理学研究的一个新分支，遵循管理学的一般规律，也具有计划、组织、领导和控制等四大基本职能。另外，因为广义信息资源管理的管理对象特定，即信息生产者、信息和信息技术，所以信息资源管理的四大职能又有其特殊性和更具体的内容。

本章将管理学基本原理与信息资源和信息活动的特征结合起来，从信息资源管理的计划、组织、领导、控制等职能来构造广义信息资源管理的基本理论体系，并按这一体系来论述信息资源管理的基本问题和解决这些问题的基本理论和方法。

你可以从本章了解到：

1. 信息资源管理的目标和任务；
2. 信息资源管理的层次与方法；
3. 信息资源管理的职能体系；
4. 信息资源管理计划；
5. 信息资源管理组织；
6. 信息资源管理领导；
7. 信息资源管理控制。

4.1 信息资源管理的目标和任务

4.1.1 信息资源管理的目标

信息资源管理目标可分为总目标和分目标。总目标是信息资源管理要达到的最终目的和最根本的行动纲领，它是信息资源管理的管理主体系统与被管理的客体系统相互作用的最后结果。信息资源管理体系中子系统肩负的独立而具体的目标是信息资源管理的分目标。分目标为保证总目标的实现服务，并受到总目标的制约。每一个信息资源管理系统都既有总目标又有分目标，总目标与分目标之间以及各分目标之间相互联系、相互制约，共同形成统一的信息资源管理目标体系。

信息资源管理的总目标为：保证信息资源的开发利用在有领导、有组织的统一规划和管理下协调一致，有条不紊地进行，使各类信息资源以更高的效率和效能服务国家社会进步、经济发展、人民物质文化生活水平的提高。

为保证上述总目标的实现，可以进一步将其分解为一系列并行不悖且相互联系的分目标。这些分目标包括：

(1) 信息资源生产与开发分目标：根据社会经济的发展需要来合理组织、规划信息资源的生产与开发，确保相关潜在的信息资源能及时地、经济地转化为现实信息资源，供人们使用。

(2) 信息资源利用分目标：按照社会化、专业化和产业化原则，合理组织信息资源的流通和分配，确保信息资源能得到充分有效利用。

(3) 信息资源管理机制分目标：遵循社会信息的特征和规律，建立健全科学、合理的信息资源管理机制，完善信息资源开发利用保障体系。

4.1.2 信息资源管理的任务

1. 宏观层次信息资源管理的任务

具体来说，宏观层次信息资源管理的任务包括：

(1) 制定信息开发的战略、策略、规划、方针和政策，使信息资源的开发活动在国家统一指导和管理下有条不紊地进行，使信息资源的开发成果能很好地满足国民经济和社会发展的总体需要。

(2) 制定信息资源管理的法律、规章和条例，建立信息资源管理的监督和保障体系，使信息资源管理真正有法可依、有章可循，使开发出的信息资源可以得到充分、及时和有效的利用。

(3) 综合利用经济、法律和行政手段协调各部门、各地区和各企业之间的关系，明确各级信息资源开发利用机构的责、权、利界限，使信息资源的开发利用活动建立在平等互利的基础上，最大限度地实现资源共享。

(4) 加强国家信息基础设施和信息资源管理的网络建设，使信息资源的开发利用活动建立在较高的起点和良好的社会基础上。

2. 微观层次信息资源管理的任务

微观层次的信息资源管理是指在最基层的组织中对信息的管理活动，一般由各级政府部门、信息机构和企业对基层组织负责实施。其主要任务是认清组织内各级各类人员对信息的需求，合理组织和开发信息并向他们开放，实现信息的效用价值。具体来说，微观层次的信息资源管理任务包括：

(1) 调查和了解组织或机构内部各类人员的信息需求，制定一个满足不同需求的合理方案，以最大限度地满足不同人员的需求。

(2) 搞清楚组织或机构内外的信息来源和信息获取渠道，以便在需要时获取所需要的信息或向外输出信息。

(3) 选择适当的信息技术，建设组织或机构内部信息系统和网络，确定信息加工处理、存储、检索和传递方法，建立组织或机构内部的高效信息保障系统。

(4) 对信息资源管理的绩效进行评价，为改善信息资源管理提供依据。

4.1.3 信息资源管理的意义

随着计算机、全球通信和因特网等信息技术的飞速发展及广泛应用，科技、经济、文化和社会正在经历一场深刻的变化。20 世纪 90 年代以来,人类已经进入以“信息化”、“网络化”和“全球化”为主要特征的经济发展的新时期,信息已成为支撑社会经济发展的继物质和能量之后的又一重要资源,它正在改变社会资源的配置方式,改变人们的价值观念及工作与生活方式。随着“信息爆炸时代”的到来,学会把握信息资源和进行信息管理,对于当代管理者来说,就像把握企业财务管理、人力资源管理和物流管理等一样重要。因此,了解信息资源的相关知识,并且掌握信息资源管理的相关方法就显得格外重要。

在信息资源成为国民经济和社会发展的基础性和战略性资源的今天,大力加强信息资源管理具有重要意义。

1. 信息资源管理开辟了管理新天地

在当代,特别是在第二次世界大战以后,随着科学技术的不断进步、生产力的巨大发展以及生产全球化程度的日益提高,建立在科学基础上的管理已经形成了许多专门的领域,例如,按照行业的不同,有企业管理、科研管理、教育管理、行政管理、商业管理等;按照职能不同,又有人事管理、质量管理、营销管理、生产管理、风险管理等。信息管理是在迎来信息资源管理新时期后才加入管理这个大家庭中的。信息资源不仅是一种新的社会财富,可以替代或部分替代物质资源和能源资源在经济活动中发挥作用,而且是一种“超资源”型的资源,具有其他非信息资源所无法替代的独特作用。这些都预示着在物质资源和能源资源日益短缺的今天,随着信息资源管理活动的不断开展,管理世界中会开辟一片新的天地。

2. 加强信息资源管理是合理开发和有效利用信息资源的必要条件

合理开发信息资源的前提是能够有效地控制其使用,并保证其在成本最低时经济功能达到最强。对信息资源必须进行管理,否则就无从开发,更谈不上有效利用。实际上,信息资源的开发利用过程本质上就是信息资源管理过程,不论是开发还是利用,其中的每一个环节都要受到管理思想、管理行为的影响与制约。

3. 加强信息资源管理有利于保证信息资源开发利用机构的合法权益

信息资源管理的主要任务之一是制定并监督实施一系列有利于信息资源开发利用的法律、政策、规章和条例。这些对于保证信息资源开发利用机构的合法权益、取缔非法和不合理的信息资源开发利用活动、制止和打击利用信息资源进行的违法犯罪行为都有十分重要的意义。

4.2 信息资源管理的层次与方法

信息资源管理的层次性表现为因管理层次在管理目标、管理方式上的不同而产生的管理效果上的差异。大体上说,信息资源管理效果也可以分为宏观效果、中观效果和微观效果三个层次。在这三个层次的信息管理中,宏观管理和中观管理是微观管理的前提,微观管理是宏观管理和中观管理的基础。不同的管理层次包含不同的管理内容。

4.2.1 信息资源管理的层次

1. 宏观管理

宏观层次的信息资源管理是一种战略管理，主要研究信息管理的一般原理、方法，包括国民经济信息化管理，国家信息化战略管理，国家信息基础设施规划、建设与管理，全球信息化战略管理等。

一般由国家信息资源管理部门运用经济、法律和必要的行政手段加以实施。主要是在宏观层次上通过国家相关政策、法规、管理条例等来组织、协调信息资源的开发利用活动，使信息资源按照国家宏观调控的目标，在不影响国家的信息主权和信息安全的前提下得到最合理的开发和最有效的利用。宏观层次的信息资源管理是保证信息资源开发利用活动顺利进行，以及降低资源开发成本、提高资源利用率的最有效方式。

2. 中观管理

中观层次的信息资源管理主要研究信息产业管理、地区性信息管理、行业信息管理、信息市场管理和信息系统管理等。

中观层次的信息资源管理一般由各地区、各行业的信息资源管理部门来实施。通过制定地区或行业性政策法规和管理条例，组织、协调本地区、本行业内部的信息资源的开发利用活动，以及本地区、本行业与其他地区、其他行业间的信息资源交流关系，使本地区、本行业的信息资源开发利用活动在总体上与宏观层次的信息资源管理活动不发生冲突，同时更符合本地区、本行业的客观实际，并体现本地区、本行业的利益。

中观层次的信息资源管理是介于宏观和微观之间的一种管理层次，具有承上启下的功能。因此，该层次的信息资源管理原则上既要符合宏观层次的信息资源管理的需要，又要有利于指导、规划微观层次的信息资源管理活动，两者缺一不可。

3. 微观管理

微观层次的信息资源管理主要研究信息的生产、传播和利用，包括企业信息化管理、信息企业的运作与管理、非信息企业的信息管理等。

微观层次的信息资源管理是最基层的信息资源管理，一般由各级政府部门、信息机构和企业等基层组织负责实施。其主要任务是认清组织内部各级各类人员对信息资源的真正需求，合理组织、协调信息资源的开发利用。

4.2.2 信息资源管理的方法

信息资源管理的手段和方法多种多样，没有固定不变的模式。从性质来划分，信息资源管理的手段主要有技术手段、经济手段、法律手段和行政手段四大类。对这些手段进行科学、合理的选择与组合将形成不同的信息管理方法。信息资源管理的技术手段是指以计算机和通信技术为基础的现代信息系统和信息网络，以及与此相适应的信息加工方法，这是信息资源管理的主要手段和内容。随着信息技术的不断创新和发展，一些类型迥异的数据库和功能很强的信息系统相继研制成功，从而使信息资源的存取达到了传统手段无法实现的水平。在这样的背景下，数据库开始成为现代信息资源存在的主要方式，信息系统成为信息资源管理的基本手段，信息网络成为信息资源存储和流通的主要场所。因此，现代信息资源管理实质上是通过信息系统和信息网络来实现的，相应地，作为基本技术手段的信息系统和网络也成为现代信息资源管理特别关注的重要领域。

信息资源管理的经济手段是指利用各种经济杠杆的利益诱导作用，促使信息资源开发利用机构从经济利益上关心自己的活动，是一种组织和协调信息资源开发利用活动的间接手段。在信息资源管理活动中，运用经济手段有利于增强信息资源开发利用机构的微观经济活力，有利于发挥市场机制的作用。其主要特征是：体现了信息资源本身的特点及开发利用活动中所固有的规律，具有明显的诱导性和非强制性。在社会主义市场经济条件下，信息资源管理的经济手段主要是运用一系列经济杠杆来诱导、调节和控制信息资源的开发利用活动。经济杠杆是经济参数的一种，经济参数有三大类：第一类是由市场供求决定的，称为市场参数；第二类是由政府按政策规定的，称为政府参数；第三类是由政府和市场共同决定的，称为市场和政府参数。经济杠杆实际上是一些政府参数，如价格、税收、信贷、财政补贴、工资、利润等。经济杠杆虽然是由政府按政策人为规定的，但与市场参数一样，也正确反映了信息资源本身的特点及开发利用活动中所固有的规律，是有利于市场机制作用的发挥的。经济杠杆通常在市场参数不能有效发挥作用或者市场参数与国家控制目标相差较大的情况下作为一种补充形式。

信息资源管理的法律手段是指用以协调信息资源开发利用活动的各种有关的法律规范的总称。运用法律手段管理信息资源，就是各个层次的信息资源管理者依靠国家政权力量，通过经济立法和经济司法机构，运用经济法规来协调信息资源开发利用各机构之间及各环节之间错综复杂的经济关系，处理经济矛盾，解决经济纠纷，惩办经济犯罪，维护信息资源开发利用活动的正常秩序。

信息资源管理的行政手段是指凭借国家政权的权威，采取命令、指示等形式来直接控制和管理信息资源及其相关活动。行政手段是信息资源管理必要的辅助手段，其合理的运用有利于整顿经济秩序、加强组织、减少混乱，有助于更好地运用信息资源管理的技术手段、经济手段和法律手段。特别是在当前我国社会主义市场经济体制尚不完善的情况下，行政管理不仅十分重要，有时甚至是必不可少的，如属于行政管理失察、失职、失控、失灵的场合，都必须通过相应的行政手段来加以纠正，其他手段难以直接、迅速地奏效。但行政手段的设置和使用应当顺应信息资源本身的特点和信息资源开发利用的规律，任意夸大行政手段的职能，只能造成对信息资源开发利用活动的危害。

上述四种管理手段各有特点，各有不同的应用范围。技术手段是信息资源管理的基础，是信息资源管理最基本的手段。在现阶段，我国经济正向社会主义市场经济过渡，信息资源的开发利用活动正以前所未有的速度向产业化和市场化迈进，经济手段和法律的作用变得越来越重要，其运用不仅能使信息资源管理科学化，而且能有效地适应和促进社会主义市场经济的发展。但必要的行政手段仍然不可或缺，它具有直接、迅速、有效的特点，可以在一些比较特殊的信息资源管理场合显示出它的优越性。因此，我国现阶段信息资源管理的正确方法应当是：继续发展和完善技术手段，强化经济手段和法律手段，辅助必要的行政手段，并强调各种手段的协调配合。这是现阶段实现我国信息资源管理科学化的基本取向。

4.3 信息资源管理的职能体系

4.3.1 管理的职能体系

管理职能是管理过程中一般应有的几个过程和重要的几个方面。通常，管理职能体系包括计划职能、组织职能、领导职能和控制职能，如图 4-1 所示。

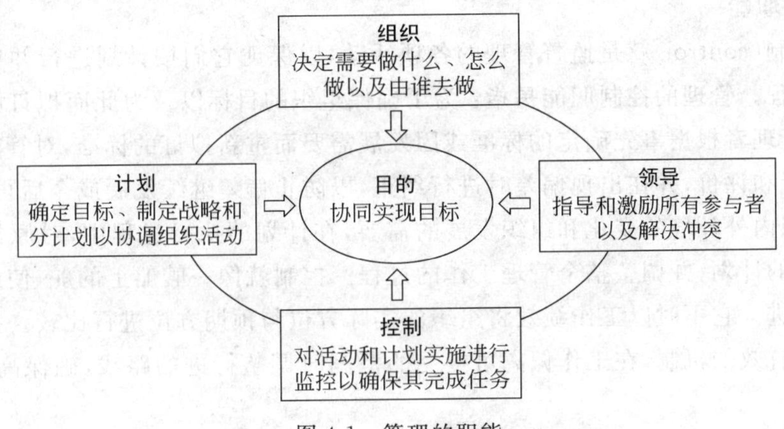

图 4-1 管理的职能

1. 计划职能

所谓管理的计划职能，就是在战略规划的指导下为组织及其下属机构确定具体工作目标，制订为达到目标的行动方案，并制订各种计划，使各项工作和活动都能围绕预定目标去开展，从而达到预期的效果。在政治、经济、技术和其他因素发生重大变化时，计划能够为组织提供适应环境变化的手段和措施，及时调整和适应。

2. 组织职能

组织职能是组织工作和组织实体的集合。组织实体是指具有确定目标、结构和协调活动机制的与一定社会环境相联系的社会系统，如学校、医院、企业等。组织工作是指为了达到一定的目的，以某种形式按任务对做事的人进行系统安排，并形成工作秩序。

3. 领导职能

领导职能简称为“领导”，是指领导者及其引导和激励人们去实现目标的过程。这个定义包含了下列 4 个方面的含义。

(1) 领导者是领导行为的发出者。

(2) 领导者要与组织中的“人们”发生联系，“人们”就是领导者的下属或称为被领导的对象，没有下属的领导者谈不上领导。

(3) 领导者与下属相互影响，但前者由于受组织赋予的权力及个人素质等因素影响，其影响力远大于后者，否则领导不能成功。

(4) 领导的目的是要实现组织目标。领导的本质是一种影响力。领导者通过这种影响力对组织的活动施加影响，并使组织成员追随或服从。正是由于下属的追随或服从，才使领导者在组织中的地位得以确定，领导过程得以实现。

领导可能建立在合法的、有报酬的、强制性权力基础上，更多的是建立在个人影响权、专长权和模范作用的基础上，强调直觉和情感。也就是说，领导者可以通过其影响力，使其下层追随和服从他，并以最大的努力去工作。具有职权的管理者如果没有下层的追随和服从，算不上真正意义上的领导者。因此，企业等组织应尽可能地选择领导者从事管理工作。

领导者具有指挥作用、协调作用和激励作用。

4. 控制职能

所谓控制(control)就是监督管理的各项活动，以保证它们按计划进行并纠正各种重要偏差的过程。管理的控制职能是指：为了确保组织的目标以及为此而拟订的计划能够实现，各级管理者根据事先确定的标准或因发展需要而重新拟订的标准，对管辖的工作进行衡量、测量和评价，并在出现偏差时进行纠正，以防止偏差继续发展或今后再度发生；或者，根据组织内外环境的变化和组织发展的需要，在计划的执行过程中，对原计划进行修订或制订新的计划，并调整整个管理工作的过程。控制就像一艘船上的舵，使组织朝着正确的方向前进。它不时以工作绩效将组织的实际方位与预期方位进行比较。控制为组织提供了一种有效的机制，在工作偏离可接受的范围时调整行进的路线，确保高效、高速地到达终点。

控制工作涉及组织的方方面面，是每个员工的职责，具有普遍性和全程性。无论哪一层次的主管人员，不仅要对自己的工作负责，而且都还必须对整个计划的实施和目标的实现负责。因为他们本人的工作是计划的一部分，他们下级的工作也是计划的一部分。因此各级主管人员都必须承担实施控制工作的责任。

计划、组织与领导是控制的基础，控制对计划、组织和领导有积极的影响，是计划、组织和领导实施效果的保证。

4.3.2 信息资源管理的职能体系

美国信息资源管理学家霍顿在20世纪80年代初就指出：信息资源与人力、物力和财力等自然资源一样，都是企业的重要资源，因此，应该像管理其他资源那样管理信息资源。

信息资源是组织的资源之一，因此是管理的对象之一。在对人财物的管理过程中处处有信息和信息流动存在，也就存在着相应的信息资源管理工作，而信息资源管理是对信息资源和信息活动进行管理，其管理过程也离不开对相关人财物的管理，所以信息资源管理是管理的子集，遵守管理的一般规律，就是说信息资源管理也具有计划、组织、领导和控制等基本职能。另外，由于信息、信息活动和信息资源有其自身的特点，所以信息管理的计划、组织、领导和控制等职能又具有一些特殊性和更具体的内容。

如图4-2所示，信息资源管理包括信息资源管理计划、信息资源管理组织、信息资源管理领导和信息资源管理控制等四大职能，它们彼此联系、相互牵制、协同作用构成一个完整的体系，共同目的是实现组织预定的信息资源管理目标。

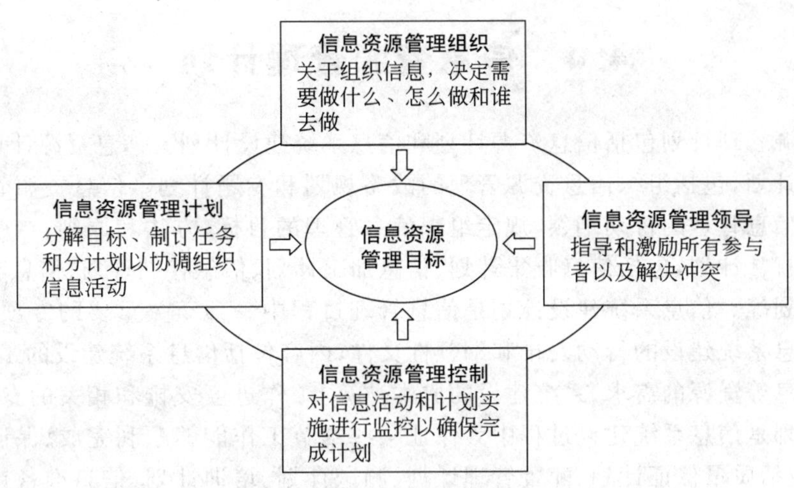

图 4-2　信息资源管理的职能体系

1. 信息资源管理计划

信息资源管理的计划职能是围绕信息的生命周期和信息活动的整个管理过程，通过调查研究，预测未来，根据信息战略规划所确定的信息管理目标，分解出子目标和阶段任务，并规定实现这些目标的途径和方法，制订出各种信息管理计划，从而把已定的总体目标转化为全体组织成员在一定时期内的信息行动指南，指引组织未来的信息行为。

2. 信息资源管理组织

要保障信息资源管理计划的顺利实施，需建立信息资源管理组织并规定其职能。信息资源管理组织不仅要承担信息系统组建、保障信息系统运行和对信息系统的维护更新，还要向信息资源使用者提供信息、技术支持和培训等。归纳起来，信息资源管理的组织职能包括信息系统研发与管理、信息系统运行维护与管理、信息资源管理与服务和信息管理组织的有效性提升等四个方面。

3. 信息资源管理领导

信息资源管理的领导职能指的是信息管理领导者(CIO)对组织内所有成员的信息行为进行指导或引导和施加影响，使成员能够自觉自愿地为实现组织的信息资源管理目标而工作的过程。其主要作用就是要使信息资源管理组织成员更有效、更协调地工作，发挥自己的潜力，从而实现信息资源管理的目标。信息资源管理的领导职能不是独立存在的，它贯穿于信息资源管理的全过程，贯穿于计划、组织和控制等职能之中。

4. 信息资源管理控制

信息资源管理的控制职能是指为了确保组织的信息资源管理目标能够顺利实现和信息资源管理计划的顺利实施，信息管理者根据信息资源管理计划中确定的标准，对信息工作进行衡量、测量和评价，并在出现偏差时进行纠正。纠正的主要目的是调整信息行为以防止偏差继续发展或今后再度发生，以及根据组织内外环境的变化和组织发展的需要，修改信息资源管理目标和信息资源管理计划，以实现纠偏。

4.4 信息资源管理计划

信息资源管理计划包括信息资源计划和信息系统建设计划。信息资源计划是信息资源管理的主计划,包括组织信息资源管理的战略规划和专题计划。信息资源管理的战略规划是组织信息管理的行动纲领,规定组织信息管理的目标、方法和原则;专题计划是指信息管理的日常计划,包括信息收集计划、信息加工计划、信息存储计划、信息利用计划和信息维护计划等。信息系统建设计划是信息管理过程中一项至关重要的专项计划,是指组织关于信息系统建设的行动安排和纲领性文件,内容包括信息系统建设的工作范围、对人财物和信息等资源的需求、系统建设的成本估算、工作进度安排和相关的专题计划等。这些专题计划是信息系统建设过程中为保证某些细节工作能够顺利完成、保证工作质量而制订的,包括质量保证计划、配置管理计划、测试计划、培训计划、信息准备计划和系统切换计划等。这里主要讨论信息资源管理计划,信息系统建设计划见第5章。

4.4.1 信息资源计划的概念

信息资源管理的目的是通过加强组织内外信息流的畅通和信息资源的有效利用来提高组织的效益和竞争力。为此,需制订信息资源计划。

所谓信息资源计划,就是指对组织活动中所需要的信息,从采集、处理、传输到使用和维护的全面计划。IRP是信息资源计划(information resource planning)的简称,是组织信息管理的主计划。要使组织的每个部门内部、部门之间、部门与外部单位、组织与外部环境的频繁、复杂的信息流畅通,充分发挥信息资源的作用,必须进行统一的、全面的信息资源计划。例如,汽车制造生产企业,无论是汽车设计、材料零配件采购、加工制造和总装,还是销售和客户服务等过程,无不充满着信息的产生、流通和运用,欲科学地进行管理,不可缺少计划。

4.4.2 信息资源计划的目的和意义

目前,有些企业(特别是大型集团企业)投以巨资建立起来的计算机网络、各种生产自动化控制系统和经营管理信息系统,由于缺乏计划,致使设计、生产和经营管理等方面信息不能快捷流通,信息难以高度共享,形成了许多“信息孤岛”,远没有发挥信息化投资的效益。对于这种严重的“数字鸿沟”问题,许多人熟视无睹;有的人开始关注了,但没有解决办法,或者解决问题的方法不当。

另外,一些企业准备引进和实施企业资源计划(ERP)、制造执行系统(MES)、客户关系管理(CRM)和供应关系管理(SRM)等管理软件,但见到或听到的是一些管理咨询无效、管理软件实施失败的案例。项目实施虽然也经过调研、考察、培训、研讨和评审,但由于系统性和全面性不够或方法不当,导致仍然没有形成明晰的思路。

要解决上述问题,需要引入信息资源计划。通过信息资源计划,可以梳理业务流程,搞清信息需求,建立企业信息标准和信息系统模型。用这些标准和模型来衡量现有的信息系统及各种应用,符合的就继承并加以整合,不符合的就进行改造优化或重新开发,从而积极稳步地推进企业信息化建设。

对于一个组织来说，对信息资源进行管理的目的是在正规的信息化需求分析基础上，建立组织信息资源管理的基础标准、信息系统功能模型、数据模型和体系结构模型，用以指导开发集成化、网络化的信息资源系统。

信息资源管理的意义在于全面进行信息资源建设需求分析，规范化表达运作层、管理层和决策层的信息需求，为有计划、有步骤地进行信息资源开发利用做好准备。

通过系统数据建模，理清现有信息资源的不一致、冗余和复杂接口等问题，建立适应新信息需求的规范化数据结构，为解决"信息孤岛"问题、改造和建立高档次的数据环境打下坚实基础。

在系统建模过程中要优化管理业务流程，以信息化支持管理创新，进一步提高管理工作效率和质量。

采用软件工具，建立计算机网络化的组织信息资源元数据库，用以指导全面的信息系统建设，并为长期的计算机辅助管理建立基础。

在信息资源计划实施过程中，培训业务人员，使之掌握信息资源开发利用的基本知识和技能，形成组织自己的信息资源建设和管理队伍。

4.4.3 信息资源计划工作内容

信息资源计划是在组织信息战略目标的基础上，为组织信息资源建设和管理制定的详细工作方案，以指导和规范化组织未来的信息资源建设和管理。围绕信息资源管理总体目标进行分解细化，其主要工作内容包括定义职能域、分析职能域业务、分析职能域数据、建立信息资源管理基础标准、建立信息系统功能模型、建立信息系统数据模型和建立信息系统体系结构模型（见图 4-3），以及制定一些保障信息资源管理与利用的专题计划等。

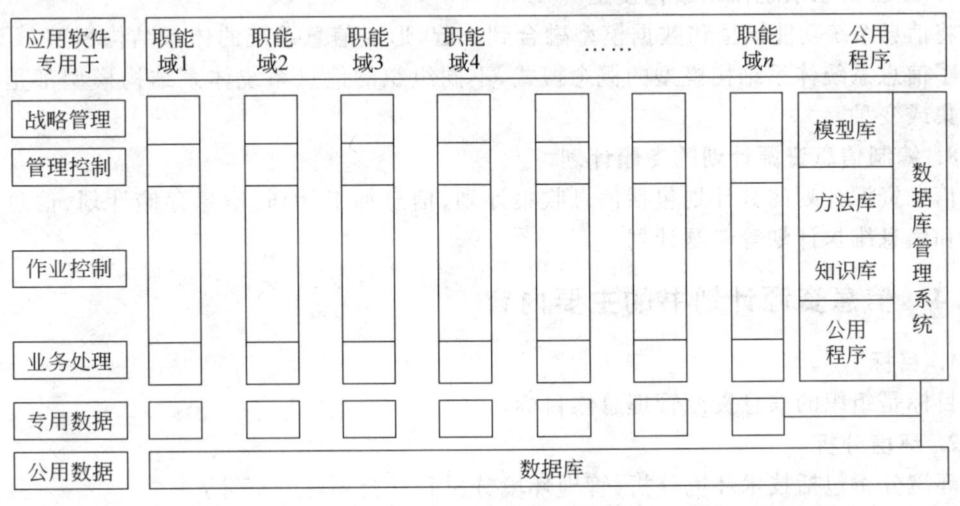

图 4-3 信息系统体系结构模型

1. 定义职能域

按信息工程方法论(IEM)中关于信息资源计划要面向全部职能域(职能域是指相关的管理功能组合)或主要职能域的原则,信息资源计划的职能域定义应以组织的主要业务过程为重点,覆盖组织的所有职能,而不是当前职能部门的翻版。

各职能域的具体划分和定义需经过认真研究和评审,最后由主管领导确定,并具体列出各职能域与当前职能部门的覆盖关系。

2. 分析各职能域的业务流程

分析定义各职能域所包含的业务过程,识别出各项业务过程所包含的业务活动,形成组织的管理业务模式,绘制业务流程图。

3. 分析各职能域的数据类

对每个职能域绘出一二级数据流程图(data flow diagram,DFD),从而搞清楚职能之间、职能域内部以及职能域与组织外部环境间的信息流;分析并规范化用户视图(即单证、报表、屏幕表单等);进行各职能域的数据存储与输入/输出数据流的量化分析。

4. 建立信息资源管理基础标准

包括数据元素标准、信息分类编码标准、用户视图标准、概念数据库标准和逻辑数据库标准。

5. 建立信息系统功能模型

基于需求分析和业务流程重组进行信息系统功能建模。信息系统功能模型由逻辑子系统、功能模块、程序模块组成,是系统功能结构的规范化表述。

6. 建立信息系统数据模型

信息系统数据模型由各子系统数据模型和全域数据模型组成。数据模型的核心部件是"基表"(base table),这是由数据元素按"第三范式(3NF)"组织的数据结构,是系统数据集成和信息共享的基础。

7. 建立信息系统体系结构模型

将信息系统功能模型和数据模型融合到一起,形成信息系统的体系结构模型。图 4-3 给出了信息系统体系结构模型的概念模式,不同组织的信息系统体系结构模型都是其一个子集或变种。

8. 编制信息资源计划的专题计划

信息资源计划的分计划包括信息收集计划、信息加工计划、信息存储计划、信息利用计划和信息维护计划等专题计划。

4.4.4 信息资源计划书的主要内容

1. 目标

目标是组织的信息资源管理总体目标。

2. 环境分析

环境分析包括技术环境分析、管理环境分析和社会环境分析等。

3. 业务和技术分析

(1) 全域分析

包括全域(系统)的业务模型、数据流程图、功能模型、数据模型、信息系统体系结构模型、信息分类编码一览表、数据元素集、基表一览表和用户视图一览表等。

(2) 职能域分析

职能域(子系统)分析包括各职能域的业务模型、数据流程图、功能模型、数据模型、数据流(输出与输入数据流量化分析)、数据存储(量化分析)、用户视图及组成等。

4. 资源需求

资源需求包括人、财、物和信息资源需求。

此外,信息资源计划书还包括组织与领导、跟踪与控制机制、预算和专题计划要点等内容。

4.4.5 专题计划

为保证组织信息资源计划的顺利完成,必须制订相应的信息资源管理的日常管理专题计划,可以按年度或月制订,用以控制和考核日常信息管理工作。从信息的生命周期来看,信息从产生到失效,经历了收集、加工、存储、利用和维护等阶段。因此在信息资源日常管理过程中可以通过信息收集计划、信息加工计划、信息存储计划、信息利用计划和信息维护计划等来落实信息资源计划。

1. 信息收集计划

按照信息资源主计划或战略规划提出的目标制订信息收集计划,旨在有计划有目的地集成信息、组织信息,丰富组织的信息资源库。信息收集计划是为了获得对组织决策有用的信息而预先安排的行动方案,一般可按年或季度制订,作为日常信息采集和搜集工作的行动纲领和评价标准。有时也会为了某个特定目的制订专项信息收集计划。

2. 信息加工计划

信息加工是对获取的信息采用适当的方法进行加工提炼以揭示新信息,这些新信息更加贴近组织决策目标,具有更高的价值,并且这些新信息也是信息资源的源泉。未经过加工的原始信息对组织决策的贡献是微弱的,信息只有经过加工,才能发掘其使用价值。同样的信息资源,采取不同的信息处理方法和管理控制,所获得的有用信息是不同的。所以在信息的日常管理过程中,必须围绕组织决策,制订信息加工计划,旨在有效地发现和挖掘对组织有用的信息。

3. 信息存储计划

无论是收集的原始信息,还是经过加工获得的信息,为了能够长期保存或为更多人有效便捷共享,都必须借助于特定的介质按照事先设计好的形式存储。另外,信息利用、信息加工、信息传输等都以信息存储为前提。没有信息的存储,就谈不上信息资源,信息资源的利用也就更无从谈起了。信息存储计划是关于信息组织、信息筛选、信息安全、信息备份与恢复、历史信息转储与信息存储介质规划和管理的计划。

4. 信息利用计划

信息的收集、加工和存储,甚至包括维护,其目的都是信息利用。信息利用计划是信息管理人员制订的,规定组织的所有管理人员按其权限享受信息,完成其工作任务。另外,虽然信息是取之不尽、用之不竭的资源,但是信息资源管理过程中需要的设备、介质、能源、技术和人等其他资源是有限的。因此,滥用信息不仅造成资源浪费,而且会产生严重的副作用，影响决策效果。所以对于信息利用，日常必须制订合理的计划，加以管理控制。

5. 信息维护计划

信息的生命期从信息产生被采集获得开始，到信息存储、加工、传输、利用，直至最后消亡。信息资源和其他资源不同，其他资源利用往往从一种形态转化为另一种形态，同时原形态自动消亡，而信息资源的加工和利用，往往是产生新信息，原信息并不自动消亡。这本是信息资源的优点，但同时也是缺点，因为最终会导致信息爆炸，耗费存储信息的其他资源，会影响信息资源的使用速度和效率，甚至导致信息根本无法利用。当然增加投资，会有所改观，但这种改观会随时间流逝、信息积累而显得苍白无力。

从信息的特征可以看出，信息会随时间变化和科学技术等的发展变得过时，部分变得无用，这些无用信息就不再是信息资源，而是信息垃圾。另外，由信息的定义可知，信息是对客观事物的运动状态和变化的描述，客观事物是运动的、变化的，因而描述其运动状态和变化的信息也是变化的，这也要求对信息进行维护。

信息维护计划是关于整理信息、修改信息、清理信息垃圾等工作的计划。

4.5 信息资源管理组织

4.5.1 信息资源管理组织的职责

随着信息技术的发展，以及在组织各项工作中的广泛应用，组织信息资源系统的规模日益增大，信息资源系统的组织管理亦日趋重要。信息资源管理组织成为组织中的重要部门，即信息管理部门。信息管埋部门不仅要承担组织的信息系统组建、信息系统运行保障和信息系统的维护更新，还要向信息资源使用者提供信息与技术支持以及培训等。综合起来，信息资源管理组织的职责包括信息系统研发与管理、信息系统运行维护与管理、信息资源管理与服务等三个方面。

1. 信息系统研发与管理

信息系统是随着组织的发展而逐步完善的，信息系统提供给组织的各项决策服务，是组织信息资源管理的主要工具和手段。信息系统的研发与管理是信息管理组织应具有的首要职能。信息管理组织要对组织的各项活动进行研究分析，确定组织信息系统的战略发展规划与工作计划。自主分析、设计、编制、测试和实施组织的信息系统以及对这些工作的管理；或者，与信息技术专业公司建立战略合作伙伴关系，将信息系统的开发外包给专业公司，此情况下，信息管理组织承担信息系统外包建设的监督、协调和管理工作。

具体来说，信息系统研发与管理的职责包括：①信息系统建设与发展战略规划；②信息系统分析；③信息系统设计；④信息系统实施；⑤信息系统开发管理。

2. 信息系统运行维护与管理

信息管理组织负责信息系统的安装、运行、维护、管理工作，保障信息系统正常运转。即负责设备、网络、软件和数据等的运行维护和管理。具体包括：①设备运行维护和管理；②网络运行维护和管理；③软件运行维护和管理；④数据运行维护和管理。

3. 信息资源管理与服务

信息管理组织既要负责收集组织的内部信息、与组织有关的外部信息，构筑和维护组织的信息资源，又要负责向组织内各用户提供信息和信息技术应用方面的咨询服务与帮助，协调和督促组织成员规范采集和合理利用信息资源。在硬件、软件和数据资源等方面对信息系统的使用者进行培训，为组织内各部门跨平台网络应用、计算机间数据交换和集中或分布式计算环境等提供培训和技术支持，使信息系统获得最大的成效。

4.5.2 信息资源管理组织的结构设计

随着组织信息活动的不断深入渗透及网络通信技术的不断发展和完善，组织的信息管理组织形式出现了多样化，不同组织根据其信息资源规模、投资成本和安全性等因素做出了不同的选择。信息管理机构(部门)能否在组织中发挥其重要作用，从某个角度讲取决于组织的重视程度。如果将信息管理部门设置为计算中心、信息中心、计算机室等机构，则将其视为技术部门，起不到管理和协调作用，这是不合适的；如果将它并入人事、财务或设备等部门管理，便达不到统管全局的目的，也是不行的；如果将其归口为科研或技术部门，则在技术占主导的开始阶段是可行的，而后阶段随着技术的普及和其他诸如管理类矛盾的突出，也会丧失其应有的作用。也就是说，信息管理部门不是组织内部技术、生产、销售、财务、人事等部门的附属机构，而应该是与它们并列的集技术与管理为一体的管理机构。即使把信息管理部门视为独立的管理机构，也不能把信息管理组织看作"计算中心"、网络中心的名词更换，而应该赋予它信息资源和信息活动管理的职能，给予相应的权力，让其参与决策。

大中型组织由于信息资源规模庞大，会在组织内建立信息系统，组建自己的信息技术和信息管理队伍，建立系统性的信息管理组织。部分中小型的组织选择信息资源托管模式，即将信息系统建在技术力量雄厚、装备优秀、安全可靠的信息技术服务公司，依赖于信息技术公司的人才和设备完成信息资源管理，这样组织内的信息管理部门就可以简化，主要承担组织和信息技术公司的协调管理和信息资源管理与服务工作。

1. 基本型的信息资源管理组织

依据信息管理组织的职责和组织结构设计理论，将职能部门化，可以设计出信息管理组织的基本结构，如图 4-4 所示，目前大多数企业都采用这种结构。

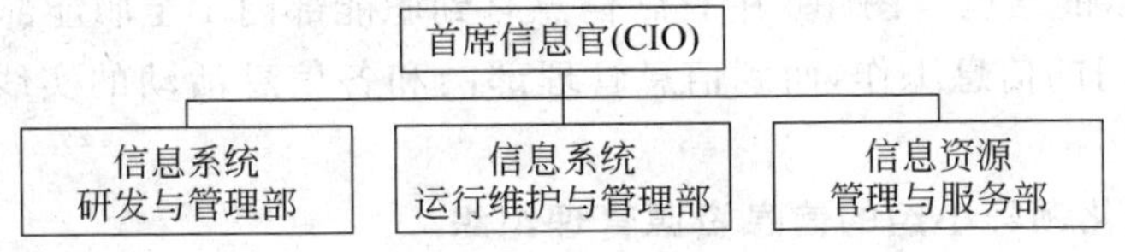

图 4-4　信息管理组织的基本结构

图 4-4 所示的结构是按信息管理部门的基本职责进行划分的，适合于中小型规模的组织或处于信息资源管理发展期的组织。CIO 是信息管理组织的负责人，其下属三个职能部门为信息系统研发与管理部、信息系统运行维护与管理部、信息资源管理与服务部。具有一定规模的组织，其信息管理组织可按该结构设置，其好处是各个部门的职责分工明

确，易于对信息部门进行管理与控制。当组织规模较小时可以将信息系统研发与管理部、信息系统运行维护与管理部合并为信息系统建设与管理部，甚至可以将三个分部合并为一个部门即信息管理部，更有甚者将信息管理部门设置在其他职能部门下（如财务部或办公室等），但此时信息管理部门失去了独立性，难以发挥信息管理的作用。

2. 矩阵式结构的信息资源管理组织

信息管理组织的结构形式受整个组织的结构形式的影响。信息管理组织的内部结构的确定，必须考虑协调好三方面的关系：必须处理好组织管理的灵活性、效率与向用户提供高质量服务之间的关系；处理好对现存系统的维护与因用户需求和外界环境变化所导致的对系统的更新之间的关系；处理好组织对信息管理组织责任与权力的设定和将信息资源的规划与组织的总体发展方向相协调的关系。矩阵结构（见图 4-5）较好地平衡了管理与用户两方面的需求，已被一些组织采用。

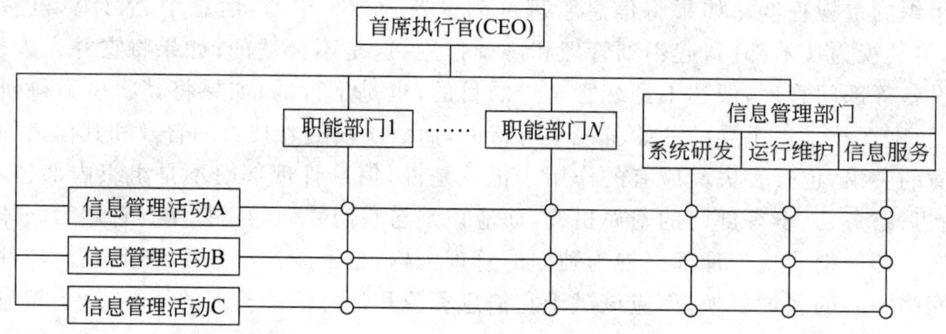

图 4-5　矩阵式的信息管理组织结构

图 4-5 所示的结构是将组织信息活动与信息管理部门和其他部门融合在一起，利用信息管理活动的相互渗透明确各部门的信息管理职责，强调各部门协调配合开展信息管理工作。此结构的思想是组织信息管理职责不仅是信息管理部门的职责，而且是组织所有部门的职责之一，只有团结一致才能完成组织的信息管理目标。它体现了信息管理工作中必须坚持的一把手原则，适合于大中型规模的组织或处于信息资源管理成熟期的组织。

随着组织 CIO 机制的发展和成熟，很多大型组织将图 4-5 所示的信息管理组织结构变革为图 4-6 所示的结构。图 4-6 中首席信息官到职能部门 1 至职能部门 N 之间的虚线表示分管这些部门的信息工作，而到信息管理部门和各信息活动的实线表示管理其所有工作。

3. 基于信息化领导小组的信息资源管理组织

有些组织在信息管理初期和发展期，建立信息化领导小组或信息管理指导委员会来分担 CEO 的信息管理决策职责。信息化领导小组是组织信息管理的决策结构，领导信息管理部门，信息管理部门是执行机构，信息化领导小组和信息管理部门结合构成组织的信息管理组织，如图 4-7 所示，承担组织的信息管理职责。组织信息化领导小组是由组织 CEO 与若干代表组织内各职能部门的高级管理者组成，负责确立组织信息资源管理的目标和优先级等，保证信息资源系统的功能可以满足组织的总体需求。

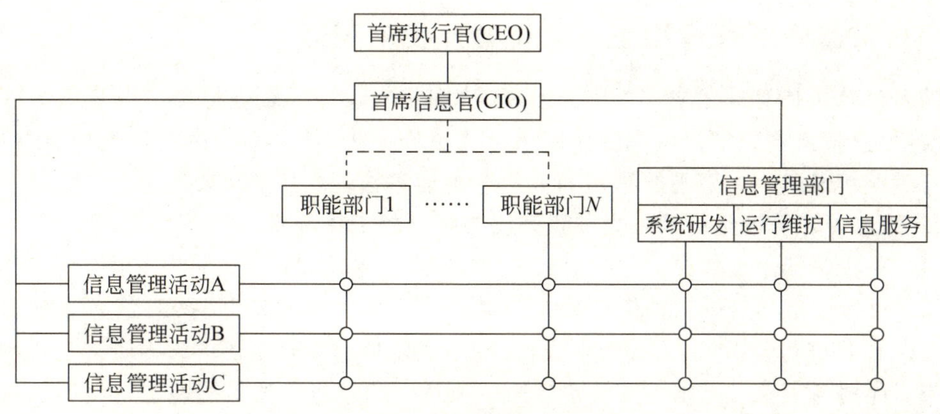

图 4-6　矩阵式信息管理组织的改进型结构

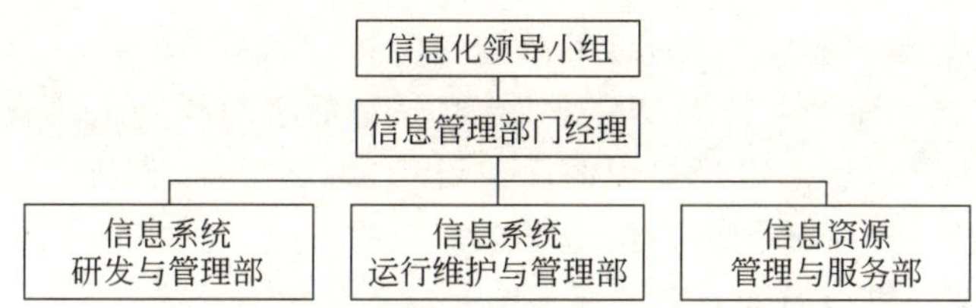

图 4-7　基于信息化领导小组的信息管理组织

信息化领导小组或信息管理指导委员会的主要职责如下：①指引组织信息管理的发展方向；②组织信息资源系统的规划与实施；③确定信息管理组织的结构和职责；④确定信息管理部门的主要管理人员，并明确其权力与责任；⑤明确信息管理部门的职能岗位与工作标准，确定相关的规章制度。

4. 面向信息资源托管的信息资源管理组织

广域网技术的发展和专业型信息资源托管服务公司的产生，尤其是云计算应用的日趋成熟，为中小型组织信息资源系统建设提供了新的途径。信息资源托管将会成为中小型组织信息资源系统建设的首选，这样一方面解决了中小型组织信息资源系统建设专业技术人才难留问题，另一方面也解决了中小型组织信息资源系统建设投资大、安全性差、资源平均利用率低、全天候管理困难和维护成本高等问题。

组织采取信息资源托管，其信息管理组织的职责就转变为与托管公司的协作、信息资源加工、信息资源利用及其服务等。图 4-8 给出了面向信息资源托管的信息管理组织的基本设想，更加完善的信息管理组织有待于进一步研究和实践验证。

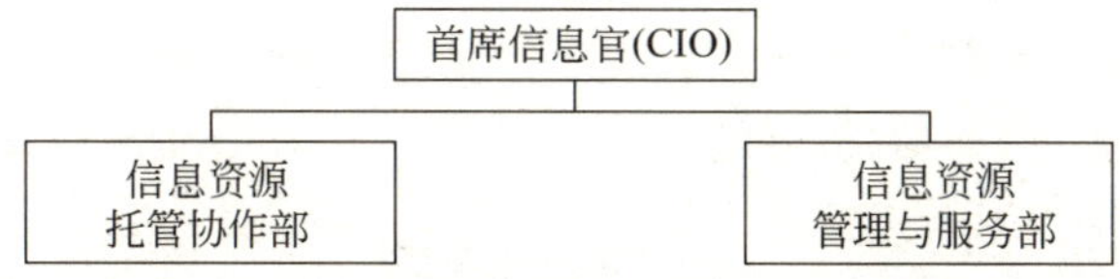

图 4-8　面向信息资源托管的信息管理组织

4.5.3 信息资源管理组织人力资源开发与管理

随着计算机信息技术应用的不断发展，特别是互联网为企业提供了电子商务等新机遇，使得信息资源在组织竞争中的作用比以往更加突出，信息系统的投资规模日益扩大，信息管理组织及其人力资源管理成为取得组织信息管理成功的重要问题。

1. 信息资源管理组织的人力资源开发与管理的工作程序

(1) 现状评估。现状评估包括对组织外部环境、组织内部条件和信息生产者的评估。

(2) 目标设定与规划。根据信息系统和信息资源发展战略目标，对信息管理部门的人力资源现状进行分析、对人员需求进行预测，确定信息管理组织的人力资源发展规划。

(3) 计划与实施。计划与实施包括岗位设计、编制确定、员工招聘、员工培训、协调劳动关系、完善激励与约束机制等。

(4) 考核与激励。对信息工作者和信息管理者进行考核，评估信息工作者的工作绩效与信息管理者的管理绩效，激励信息工作者和信息管理者。

(5) 评价与完善。每个实施周期完成后，对信息管理组织的人力资源配置方案进行总体绩效评价，进而改进信息管理组织的岗位设计、编制确定、人员上岗和激励与约束机制等方案，以提高下一个实施周期的信息管理组织的有效性。

2. 信息资源管理组织的人力资源开发与管理的原则

(1) 建设高效率的合作团队

信息系统建设和信息资源管理工作需要很多专业的人员一起协调工作，互相提供信息，为管理人员决策贡献自己的想法。良好的信息系统建设和信息资源管理部门需要充分发挥每一个员工的潜能。高效率的合作团队是信息管理组织的最佳选择。

(2) 重视人力资本，体现按知识分配

信息系统建设与信息资源管理需要具有高智力和知识水平的员工，智力与知识决定了信息产品的质量。而知识能力是员工自身通过多年的学习积累、投入大量的财力而形成的人力资本。这种资本投入到组织的工作中，为组织做出贡献，应该成为决定分配的重要因素。

(3) 实现自我管理，拓展活动的自由空间

对信息系统建设与信息资源管理来说，很多工作在计算机网络的平台上进行，互联网给员工提供了方便快捷的通信工具。应该授予员工更多的时间与空间支配权，来激励员工努力工作，提高其工作的创造性与效率。

(4) 吸取传统组织管理经验，处理好新型组织中的控制与安全问题

有 230 多年历史的巴林银行因为一位 27 岁的交易员的未授权的期货交易，致使其因 12 亿美元的损失而破产。该事件向人们展示了信息技术给组织带来的风险。新型组织在放权的同时，不能削弱组织对权力的监督与控制。传统的组织管理原则与经验是提供预防风险、加强权力控制的有效途径。

(5) 对信息管理部门内外的人员关于信息技术知识的要求要体现内外有别

利用信息管理部门内工作人员在信息技术应用方面的专业特长，充分发挥其示范和支持作用，不断影响和提升信息管理部门内外信息生产者的信息获取和利用能力，从而使

得信息管理部门内外的信息生产者取长补短、相互支持、相得益彰，充分发挥不同专业人才的作用。

3. 信息资源管理组织的岗位设计

信息管理组织的工作岗位需根据组织的规模、行业特点和自身发展的要求来确定。通常信息管理组织中的工作岗位可以分为 CIO、系统研发人员、运行维护人员、信息服务与技术支持人员等。图 4-9 提供了一种信息管理组织工作岗位的分布图。实际应用可以根据组织的实际情况采取一人多岗或多人一岗。

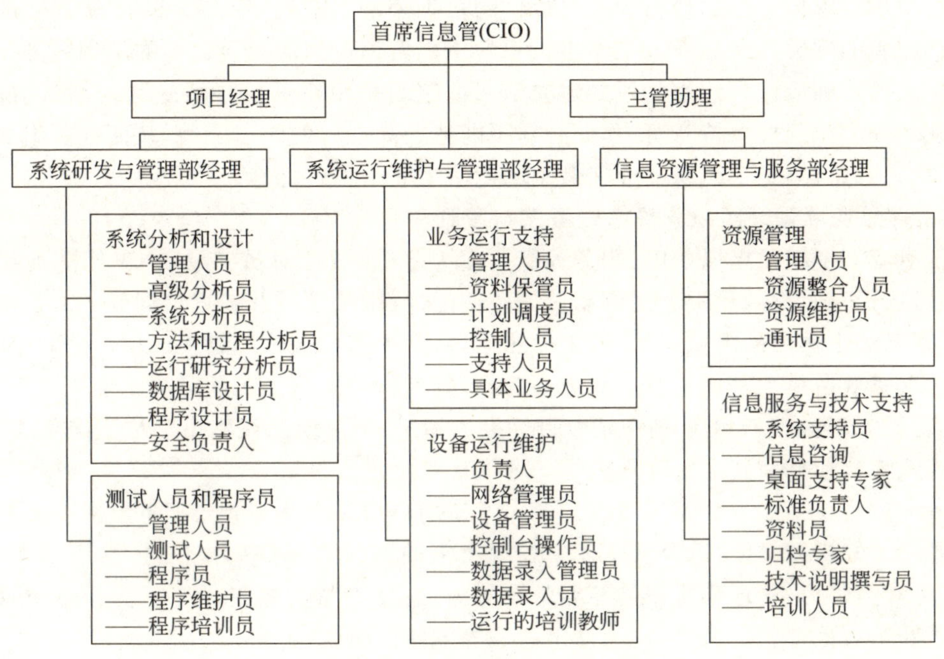

图 4-9　信息管理组织的工作岗位

4. 信息资源管理组织人员招聘与培训

(1) 招聘

信息管理组织的发展离不开相关专业人才的招聘与培养。信息管理组织要对人才培养做出长远规划与实施计划。选拔和招聘应基于对内部人力资源状况的充分分析，内部选拔和外部招聘相结合，特别要避免未充分利用组织内部人才，反而从外部招聘了具备同样知识和技能的人员，这样不仅会造成人才的积压和浪费，更为严重的是还会极大地挫伤内部员工的积极性。

招聘需要的专业人才可多渠道进行，可在报纸、杂志和各种媒体上做招聘广告，派员工到大学应届毕业生中寻找合适的人选，参加人才招聘会，请人员招聘代理机构帮助招聘等。招聘工作应由组织信息主管负责，根据岗位设计和岗位职责的需要，从面试的应聘者中选择思想品质好、专业知识扎实、有培养前途的人才。

(2) 培训

现代信息管理组织中的职员应能高效使用计算机网络平台进行信息收集、传输、加工处理。计算机及计算机网络的软件、硬件技术发展迅速,使得信息管理部门必须经常对信息管理组织的有关人员进行培训,培训与信息管理相关的硬件和软件的知识、技能和最新的发展动态信息。培训可以拓宽个人的职业发展空间,提高员工工作积极性与劳动生产率,加强职员之间的合作度,提高职员对组织的忠诚度,降低员工的流失率,吸引更多的求职者。

培训有多种形式,有条件的组织可自己组织岗位培训、技术业务培训、专题研讨班或者借助社会教育培训机构进行职员培训。无条件的组织可以利用信息系统软件和硬件设备采购中供应方以合理的价格为客户提供的培训服务,也可以利用大的计算机软硬件厂商为推广新的软硬件产品在大中城市设置的用户培训机构向社会提供的培训服务。

广义的培训应包含组织学习。建立学习型组织是组织适应环境变化、与时俱进的有力保证。一个组织要保持竞争力,就必须不断地提高现有的学习能力,从而提高组织的创新能力,只有这样,一个组织才能在激烈的竞争中立于不败之地。

5. 信息资源管理组织人员绩效考核与激励

信息管理组织可以以职能、职务等级制度为基础,通过对员工绩效、工作能力和工作积极性进行正确评价,积极利用调动、晋升、调配、特别奖励以及教育培训等人力资源管理手段,提高每个员工的素质、能力和工作热情,从而提高信息管理组织的整体绩效。

个人绩效由员工直接上级对其进行考核,其考核结果与员工薪酬和职位晋升等挂钩。考核依据一般包括:工作计划和绩效目标完成情况、部门组织说明书和员工岗位说明书、KPI 绩效考核标准和其他管理规定等。

考核内容包括能力和态度考核。能力考核的构成要素是指担当职务所需要的基本能力,即技术、知识和技能,以及从工作中表现出来的判断力、理解力、创造力、表现力、折中力、指导和监督力、管理和统率力等经验性能力;态度考核的要素由工作责任感、积极性、热情以及与其他部门的协作态度、遵纪守法等方面构成。

考核过程应注意加强沟通。考核者在考核期间,必须就工作成果(完成程度)、适应能力(知识、技能和经验的掌握程度)以及工作的进取精神(工作态度和工作积极性)等方面的内容与被考核者交换意见,以便相互认可。

考核者在考核结束后,须将考核结果按规定分类,上报考核者的主管领导批复,会知被考核者本人及其主管领导,以便激励被考核者自我完善。

4.6 信息资源管理领导

管理中的领导工作,就是管理者对组织成员或群体进行引导、施加影响、解决冲突,使组织更有效、更协调地实现组织目标。从信息管理的角度看,领导的过程也是采集信息(通过沟通等渠道)、加工信息(分析处理)、传播信息(通过引导、影响等方式)的过程。本节从领导者信息行为理论、信息沟通入手,探讨首席信息官(CIO)的地位、素质模型、知识与能力结构等知识以及 CIO 面临的机遇和挑战。

4.6.1 领导者信息行为理论

行为科学理论将心理学、社会学、人类学和经济学等学科的知识综合起来，主要研究人在自然环境、社会环境中的行为规律，其中包括个体行为、群体行为、领导行为和组织行为等。其研究目的是如何更好地发挥人的积极性和内在潜力，如何改善人际关系，提高领导的有效性，如何合理地组织生产与分工协作，以实现组织目标。行为科学理论的发展分为两个阶段，第一阶段主要是人际关系理论，第二阶段主要是领导效能理论和激励理论。

由于信息无处不在，无时不有，因此，可以说人类行为的本质是信息行为，行为是受动机支配的，而动机的产生是由于个体自身的需要和环境对个体的刺激而诱发的，当外界环境因素基本稳定时，个体的需要是行为动机产生的根本原因，动机导致心理紧张，从而激发信息行为，这就是领导者信息行为理论的基础。图 4-10 给出了信息需要、信息动机和信息行为之间的关系。

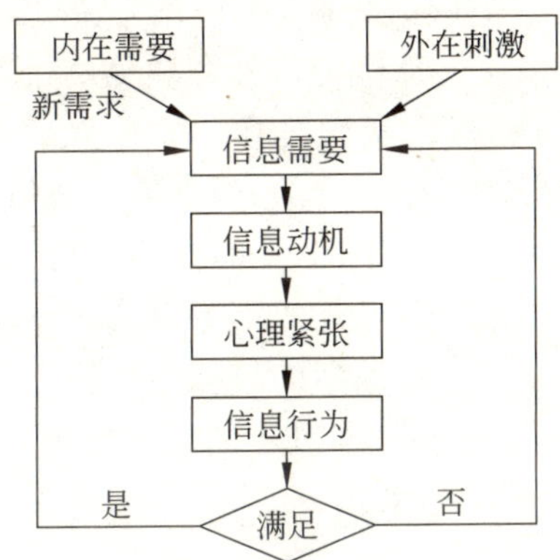

图 4-10 信息需要、信息动机和信息行为之间的关系

1. 信息需要

信息需要—信息动机—信息行为以需要为因，以行为为果。每一个领导者都是信息行为者，都应该懂得这种因果关系，从而提高信息管理水平。

在心理学中，需要是指人类个体自身或其在社会生活中所必需的事物在大脑中的反映。当个体感到自己缺少什么，感到有什么不足，希望得到什么，有求助之感的时候，便产生了“内在需要”这一心理现象。而信息需要则是指人们在从事各项具体实践活动时，为解决所遇到的实际问题而产生的对信息的不足感和求助感。

信息需要是一般需要的一种，具有一般需要的所有特征，同时还具有其自身的特征：信息需要的广泛性；信息需要的多样性；信息需要的社会性；信息需要的发展性；信息需要的层次性。

领导者在管理实践中，必然会遇到各种各样的问题，解决问题就有信息需要，这种需要是客观存在的，不以人的主观意志为转移。当管理者意识到了这种信息需要，并将其表达出来——求助他人或自己动手解决，我们称这种已表达的信息需要为现实信息需要；当管理者没有意识到信息需要或虽然意识到了但没有表达出来，我们称这种信息需要为潜在信息需要。另外还有一种信息需要，虽然它客观存在，但尚未被认识到，我们称之为未知信息需要。

领导者掌握信息需要的层次结构是十分重要的。因为在管理实践中，潜在信息需要和未知信息需要是经常存在的，如果管理者不能认识到这一问题，就不会产生相应的动机和行为，实际工作中的问题就得不到解决。例如，在日常工作中，我们对有些问题熟视无睹，根本没有想到如何去解决，就是因为没有意识到信息需要层次性的缘故。

2. 信息动机

在心理学中，动机是指激励和推动个体行动并维持其行动导向某一目标的心理过程。虽然人的行为并不总是有动机的，但是对于信息行为来说，它总是人类有意识的行动，总是具有目的性和持续性。或者说人的信息行为是有动机的，这一动机就是信息动机。

信息动机的形成是由于个体的内在信息需要和外在环境的刺激所导致的。个体有信息需要，是内因，个体所处的环境是外因，只有当外因和内因相一致时，外因才能通过内因起作用——引起信息动机产生。个体内在信息需要是客观存在的，每个人随时都会有很多信息需要，只不过这种需要在不同的时间、不同的地点等条件下表现出来的强度不一样，表现最强烈的那个需要决定其信息行为。外在环境是指个体所处的信息环境，而信息环境是指影响人类信息行为的所有因素的总和。具体包括信息资源、信息技术、信息政策、信息法规和信息伦理，以及自然的、社会的、经济的环境等。

信息动机形成后，可能会产生两种作用，一种是激励作用，信息动机可能会激发个体产生某种信息行为，并对个体的实际信息行为起推动和控制作用。另一种是指向作用，信息动机可以帮助个体朝着特定的方向、预期的目标进行信息行为。但是，信息动机和信息行为二者之间的关系并不是一一对应的。同一信息动机可能引发不同的信息行为，而同一种信息行为也可能来自不同的信息动机。

3. 信息行为

信息行为是人们满足自己信息需要的社会活动过程。主要表现为信息查询行为、信息选择行为和信息利用行为。

信息查询行为是指管理者查找、收集所需信息的活动。而查找路线往往是先查找自己已掌握的信息源，然后查找离自己最近的信息源，最后查找较远的信息源。经过多次查找后，将会形成一条或若干条适合自己的相对稳定的查找路线。

信息选择行为是指信息采集者从某一信息源中将符合自己需要的信息挑选出来的过程。信息选择的核心是相关性和适用性。即所选中的信息与管理者所需要的有关，是有用的。

信息利用行为是指信息管理者利用信息解决问题的过程，这个过程的核心是要"解决问题"，因此管理者要针对已提出的问题，利用已掌握的信息，构建总的解空间，并进一步对问题进行思考、分析、表述，使问题得到解释，使解决问题的信息激活，最后达到解决问题的目的。

4.6.2 信息沟通

信息沟通是指可解释的信息由发送人传递到接收人的过程。具体地说，它是人与人之间思想、感情、观念、态度的交流过程，是信息相互交换的过程。信息沟通是沟通双方的行为，一方传递，另一方接收，缺一不可；也是信息传递和理解的过程，如果对方未接收到信息，或者信息未被对方感知和理解，则信息沟通是不成功的；同时，信息沟通不像物品的交换那样，接收方“原样”接收，信息传递者往往将自己的思想、感情等附加于所传输信息之中。

美国著名的未来学家约翰·奈斯比特(John Naisbitt)指出：“未来的竞争是管理的竞争，竞争的焦点在于社会组织内部成员之间及其与外部组织的有效沟通上。”也就是说，信息沟通在管理中起着重要的作用。信息沟通是正确决策的前提和基础，是组织内部交换意见、统一思想、统一行动的工具，是上下级联系的纽带，是组织成员“参政议政”的手段，是组织与外部环境联系的桥梁。没有信息沟通，领导者就难以作出正确的决策，组织将失去凝聚力，良好的人际关系就难以建立，领导的职能就难以实现，组织成员的积极性得不到充分发挥，组织的对外形象也难以建立。信息沟通的过程如图 4-11 所示。

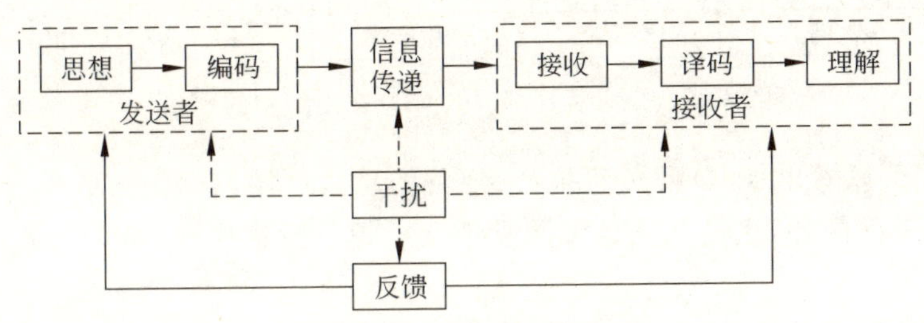

图 4-11　信息沟通过程

信息沟通方式包括书面沟通、口头沟通、非语言沟通和电子媒介沟通。书面沟通常常以文件、报告、统计报表、简报、会议纪要、备忘录、信件、合同书、规章制度等形式出现；口头沟通能迅速、充分地交换思想、感情及所掌握的情况，双方能够当面提问、回答问题，不易产生误解，有利于及时准确地解决问题；非语言沟通通常是以声音、光、体态、语调等方式进行信息沟通；电子媒介通常以电话、传真、电报、电子邮件、论坛、新闻、电子公告板、文件传输和微博等形式进行。

4.6.3　首席信息官

1. CIO 及其管理体制

(1) CIO 的产生

CIO 是 chief information officer 的缩写，中文通常译作“首席信息官”，也有译作“信息主管”、“首席信息经理”、“信息总监”的。CIO 是负责组织制定信息政策、标准，并对信息资源进行管理控制的高级行政官员。

CIO 最早出现于美国政府部门。1980 美国政府为了克服政府部门的官僚主义，节约办公经费，提高工作效率，出台了《文书工作削减法》；规定了“管理和预算办公室”应制定并实施联邦政府的信息政策，管理联邦政府的信息资源和信息活动；设立了 CIO。接着，美国政府要求各政府部门设立 CIO 这一职位。由于 CIO 有效地改善了美国政府部门对信息资源和信息活动的管理，导致许多美国公司相继效仿，管理者的领导队伍中，便出现了 CIO 的面孔。据统计，到 1988 年世界排名前 500 强的企业有 80%都实行了 CIO 管理体制。

我国引入CIO的概念在20世纪90年代初期。当时并没有出现CIO的生长环境，人们没有对CIO产生共鸣。随着信息技术的普及，企业信息化、政务信息化、商务信息化的发展，21世纪初我国开始重视CIO及其管理体制的引进和应用。

(2) CIO的地位

在我国，人们习惯于把CIO看作信息管理部门的领导者。图4-12给出了信息管理部门和CIO在组织中的地位。

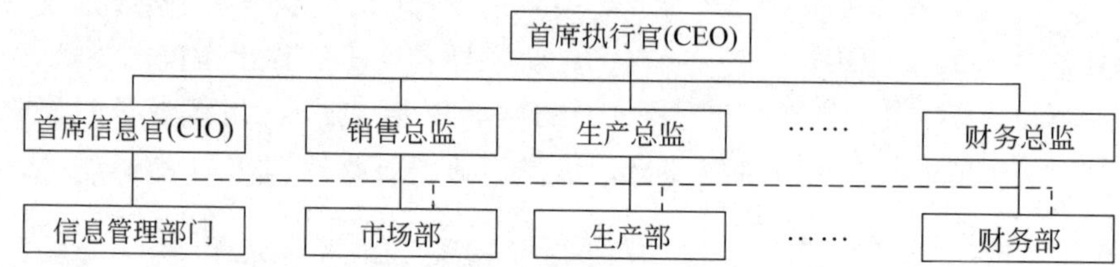

图4-12 信息管理部门及CIO在组织中的地位

由图4-12可以看出，CIO同负责生产、经营的总监一样，直属CEO领导；CIO除了直接管理信息管理部门外，还需从信息资源管理全组织一盘棋出发，协调和监督其他部门提供和使用信息等。

在组织信息化程度不高的时期，CIO的体制尚处于形成和发展阶段，此时可以在CEO的直接领导下，由CIO作副手，组建“信息化领导小组”之类的机构，暂时代管信息管理部门的工作，待观念、技术、管理等各方面工作成熟以后，再进行权力移交或逐步移交。

2. CIO的职责

CIO是组织中的最高信息管理者，直接对CEO负责，其主要职责如下。

(1) 参与高层管理决策

CIO体制的出现，反映了信息管理在管理中地位的提升，其管理事务从辅助决策上升到参与制定和执行决策。但是，CIO的本质还是“参政议政”，附属于CEO的地位不会改变。因此，CIO在参与高层管理决策时，要能够向最高决策层提供解决全局性问题的信息和建议。

(2) 负责组织制定信息政策和信息基础标准

组织的信息政策没有固定的模式，它必须紧紧围绕组织的战略目标，结合本领域及本地区的实际情况，及时制定、及时修改，使组织信息资源的管理策略与人财物管理策略保持高度一致。信息基础标准是组织信息管理的重要依据之一，必须统一制定和管理。该标准涉及元数据标准、信息分类标准、代码设计标准、数据库设计标准等。

(3) 负责组织开发和管理信息系统

对于已经建立计算机信息系统的组织，CIO必须负责领导信息系统的维护、设备维修和管理等工作，主要管理工作包括：配备人员、日常运行管理、安全管理、系统的二次开发与升级，对其他部门提供使用系统的技术支持等。对于未建立计算机信息系统的组织，CIO必须负责组织制定信息系统建设战略规划、决策外包开发还是自主开发信息系统、领导在组织内推广应用信息系统以及信息系统投运后的维护和管理等。

(4) 负责协调和监督各部门的信息工作

信息流产生于业务部门,并为业务部门服务。但是,由于业务部门提供和使用信息的出发点不一样,管理的水平也不一样等因素的影响,必然导致信息工作步调不一致,甚至产生矛盾。CIO 必须从整体出发,协调和监督各部门做好信息工作。

(5) 负责组织内外信息和未来预测信息的收集、提供和管理

对于信息资源的形成,组织进行了大量的投入。有投入就应有回报,这个回报就是要使组织的管理水平上一个台阶,能够使各层管理者及时、方便地掌握各种信息,从而有效地进行管理和决策,提升组织的社会效益和经济效益,使有形资产和无形资产同步增值。

(6) 信息管理部门的管理

信息管理部门是 CIO 直接管理的部门,该部门工作的成效直接关系到 CIO 工作的成效。

3. CIO 的素质模型

合格的 CIO 必须是管理与技术两方面都精通的复合型人才,且其组织管理能力比技术水平更重要。不懂计算机的人不能成为 CIO,只懂计算机的人也不能担任 CIO。理想的 CIO 应该熟悉领域业务,精通信息技术,善于管理。理想的 CIO 应该具备组织所涉及的领域专业知识、信息技术知识、管理知识和其他相关知识 4 位一体的知识结构。理想的 CIO 应该具备信息技术技能、管理技能和相关社会工作经验 3 位一体的能力结构。

厄尔教授通过对大量的调查资料加以分析,提出了 CIO 的素质模型,后来经不断完善和演变,形成了图 4-13 所示的 CIO 素质模型,其变化主要表现为:

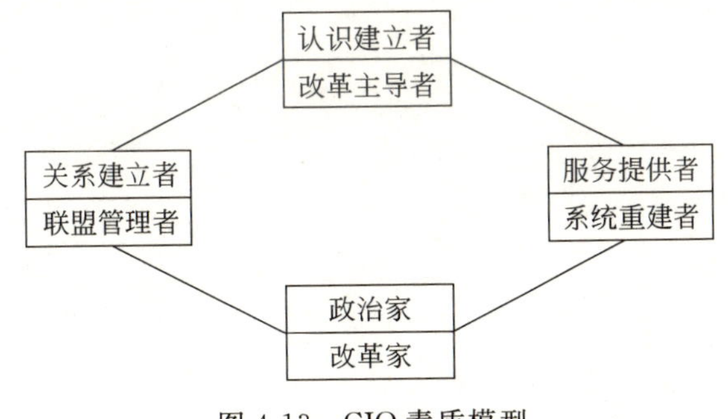

图 4-13 CIO 素质模型

(1) 改革主导者

有的 CIO 曾经承担的工作范围非常广泛,责任也非常重大。例如,企业业务流程的重新设计和业务改革工作。实践告诉人们,CIO 对业务流程有独到的见解,对技术引进有很好的设想,拥有大型项目的管理经验。如果将他们任命为业务改革总监或人力资源、战略规划、供应管理和运作等方面的领导者,他们一定能较好地胜任工作。

(2) 系统重建者

成功的组织一直在通过建设新的、全球的或组织范围内的基础设施而使组织不断向前推进。这不仅包括网络和新的平台,而且也包括通用信息系统,换言之,IT 部门一直在忙碌地进行重建。CIO 没有必要将太多的精力和时间花在复杂的技术细节上,而必须确保新的工程能够满足当前的和预期的业务需要,必须紧跟形势,注意技术发展动向,注意

什么时候引入什么组织、引进什么人，并及时向 CEO 提出建议。或者说，CIO 是企业的“技术瞭望塔”。

(3) 改革家

20 世纪 90 年代，信息管理部门经历了规模缩小、资源外包、质量控制和新系统开发等变化。或者说，席卷全球的商业改革之风同样冲击信息管理部门的功能，首当其冲的是集成技术，比如多媒体技术、Internet 技术等，这都对技能、方法和组织提出了新的要求。因此，前沿企业的 CIO 们已经变成了改革家。他们必须领导自己的部门进行改革，并对一些重大问题做出回答，这种问题至少有两个：①什么是核心业务，哪些非核心业务可以进行资源外包？②如何管理一个信息活动尚不稳定的“新模式”，特别是在旧的业务方式仍然支撑着大部分业务量的时候。

(4) 联盟管理者

由于 IT 的迅猛发展，IT 商家也在不断地增加，CIO 必须判断，哪些商家可以作为联盟，而不是供应商，特别是它们能提供资源外包服务；由于用户逐步成熟，他们精通 PC 和系统开发技术，希望自己开发系统，CIO 必须清楚，他们会带来新技术，会创新，但他们会花费大量资金，且不大喜欢标准，不遵守你的“清规戒律”。因此，CIO 及其管理部门必须与这些利益相关者建立联盟，也包括同级的经理和上级领导。必须区分轻重缓急，决定哪些是交易伙伴，哪些是战略伙伴——必须提供一套信息管理规划，将他们捆在一起。简要地说，CIO 已变成了战略联盟的管理者。

4. CIO 的知识结构

CIO 特有的素质要求决定了 CIO 应具备广博的知识，其结构如图 4-14 所示。

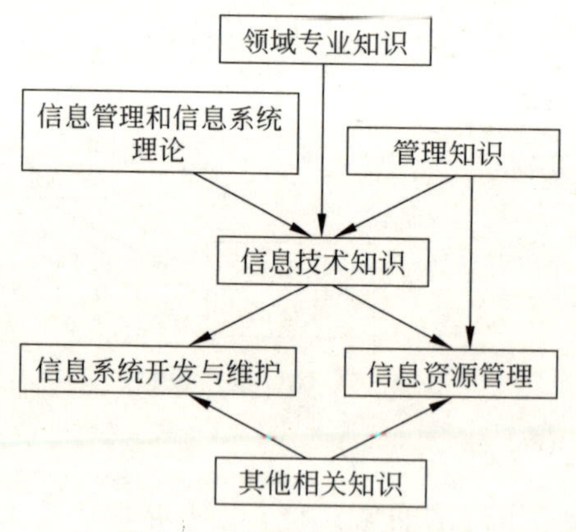

图 4-14 CIO 的知识结构

CIO 的知识结构主要包括以下 4 个方面。

(1) 管理知识。应懂得管理的基本原理、方法，掌握本行业、本单位、本部门的特殊管理方法和规律；应了解传统的管理方法，掌握现代管理方法；应懂得对人、财、物和信息的管理，掌握充分利用信息进行管理的方法等。

(2) 领域专业知识。CIO 必须熟悉所在组织涉及的领域专业知识。不懂领域专业知识，就难以理解其业务流程，把握其要领，领导实现的信息系统就难以满足组织的需要，信息资源管理也就会偏离组织的目标。

(3) 信息技术知识。CIO必须精通信息管理和信息系统理论,能够把握信息采集、信息组织、信息检索和信息利用等信息技术和手段,熟悉信息系统开发过程和信息资源管理方法。

(4) 其他相关知识。指除管理知识、专业知识、信息技术知识以外的工作中经常需要用到的知识,包括政治、经济、法律、财政与金融、统计学、运筹学、社会学等知识。

5. CIO的能力结构

能力是知识和智慧的综合体现,它来源于学习、实践和经历,表现为技能和经验。图4-15给出了CIO的能力结构。

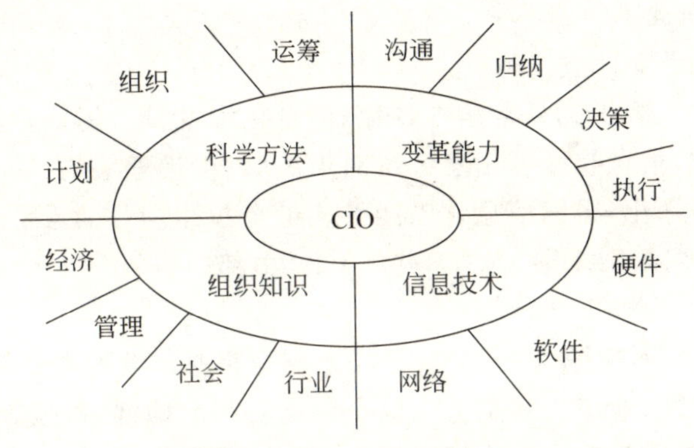

图 4-15 CIO的能力结构

CIO的能力结构可概括为以下几方面。

(1) 组织指挥能力。善于把人、财、物和信息组织起来,能够运用组织的力量,使组织中的成员、部门对于信息管理工作步调一致、配合默契。

(2) 决策能力。决策是各种能力的综合表现。要使决策正确,就必须进行细致周密的调查,并对调查的内容进行仔细分析与判断,必要时可以集中集体的智慧。

(3) 社会交往能力。指善于处理组织内外关系的能力。善于与人交往,倾听正反两方面的意见,理解人,关心人,习惯于替他人着想,不把自己的意志强加于人。

(4) 创新能力。善于总结经验,吸取教训,不教条,不守旧,对新生事物敏感,富有想象力;善于提出新设想、新方案,敢于标新立异,不断以新的目标鞭策自己,激励下层。

(5) 应变能力。在复杂多变的环境中,能够透过现象看本质,抓住主要矛盾,运用逻辑思维,有效地进行归纳、判断,找出解决问题的办法。

4.6.4 CIO面临的机遇与挑战

1. CIO变化的主要趋势

随着政府、企业和事业单位信息资源管理的深度和广度加大,以及供应链管理、客户关系管理、电子商务、虚拟企业等新型管理模式出现,导致CIO成为组织重要的领导角色,呈现下列变化趋势。

(1) CIO角色正由技术规划和实施向战略规划转变。

(2) 在制定战略规划时,CIO 的声音将变得更为重要。

(3) 对组织而言,CIO 角色的转变是一项重要的人力资源挑战,这将意味重新认识与 CIO 功能有关的技能集,包括组织用 CIO 的方式,CIO 与高层管理人员的关系,绩效期望和评价过程,以及绩效激励和报酬等。

(4) CIO 的理想品质应为,既有技术/工程方面的品格,又有金融、营销和战略规划方面的背景。

(5) CIO 越来越涉及内部和外部的客户支持。

(6) CIO 的激励趋于来自新的、更刺激和更富挑战性的工作,而不是收入和报酬,这种趋势在美国尤为明显,因为美国 CIO 的收入和报酬已经是很高的了。

2. CIO 发展的机遇

(1) 组织信息化程度日益提高

信息技术已经融入组织的日常运作,组织信息化程度日益提高,越来越多的业务开展需要信息技术的支撑,信息技术与信息系统对组织形态、治理结构、管理体制、运作流程和商业模式的影响日益深化,组织信息化内涵已从信息技术应用逐步走向信息资源管理和信息战略管理,这就要求组织设立 CIO,并使 CIO 由部门主管升入组织的领导层,参与组织决策。

(2) 随着企业变革不断深入,公司治理问题成为企业经营的首要问题

解决公司治理问题,最核心的是公司信息的真实与准确性,以及处理与传递的效率问题,而信息技术在实现透明管理和体现监控力度上正发挥着非常重要的作用。信息系统是几乎每个业务流程的关键组成部分,信息技术已经转变为公司治理的支撑。伴随着信息技术在公司作用的改变,CIO 也就深受青睐,拥有了更广阔的舞台。CIO 可以通过有效的信息技术控制手段帮助企业规避许多潜在的经营风险,给企业所有者制定正确的战略规划提供技术支持。CIO 应该更多关注整个公司层面的大管理,把视野从单纯的信息技术应用管理扩展到整个组织的架构,国外已经有观点指出,未来的 CIO 将会类似于企业的组织架构师。

(3) 企业竞争模式从单个企业竞争演变为供应链竞争

20 世纪 80 年代以来,企业内部和外部环境都发生了很大的变化,如企业专业化程度的提高和分工水平的上升,以及由此带来的企业间依存度的增加。几乎每一个企业都是某个供应链上的一个环节,都具有供应商和客户的双重身份。市场竞争已经从单个企业之间的竞争演变为不同供应链之间的竞争。供应链的目标就是要从系统的角度出发,对具有密切联系的不同环节统筹管理,全面地提高整条供应链的运营效率特别是连接处的效率,形成共赢的合作关系以降低总体运营成本,提高总体竞争能力。供应链内企业的信息共享和知识分享是实现该目标的主要手段,这就要求企业的信息管理必须由企业内部转为供应链协同管理,从而拓宽了 CIO 的职责和管理范围。

(4) CIO 群体角色的转变将组织的 CIO 战略推向高潮

在中国的信息化进程中,一个新的群体开始扮演政府和企业信息化变革急先锋的角色,他们就是 CIO。例如,“中国杰出 CIO 圆桌会议”于 2004 年 3 月 27 日在北京中国人民大会堂顺利召开。本次会议汇聚了中国 CIO 群体中最为优秀的代表。会议由国家信息

产业部支持，国务院国有资产监督管理委员会研究中心、全国信息主管研究与培训中心共同主办。会议探讨了CIO的成长发展，明晰其在管理变革中的角色，共商中国信息化发展大计。正如主办方的一位负责人所言："通过这样一次精彩的思想交流碰撞，对提升政府和企事业单位的信息化应用水平，引领企业管理变革、推进企业管理创新，开创中国信息化建设的新局面起到了积极的作用。CIO群体在国家信息化战略实施中的作用将得到扩大。"

(5) 政府对CIO的重视由宣传走向行动

2004年10月，首批20位上海市高级信息技术主管(SIO)接过了由市人事厅和市信息委共同颁发的职业资格证书，这意味着中国首批持证上岗的CIO诞生了。这20名高级信息主管，有来自市防汛信息中心、城市交通中心等的政府重要职能部门，也有来自宝钢集团、港务集团等大型企业的信息部门主管。

为了提升国内政府信息主管的综合素质，打造政府信息化复合型人才，中国信息协会信息主管分会联合"壹政网"，面向政府部门和军队的信息主管，于2004年7月在北京举办了首届国家政府信息主管高级培训班，并由中国信息协会信息主管分会颁发了国内唯一的具有政府权威的《政府信息化主管(CIO)高级证书》。

目前，随着信息化、工业化深度融合，智能制造、互联网和大数据分析、工业4.0、工业云、工业互联网等热点涌现，CIO再度成为关注热点。

3. CIO面临的挑战

CIO的变化趋势为CIO带来了新的发展机遇，也对CIO提出了挑战性的新要求。例如：

(1) 信息管理部门职能从局部的战术运作向整体的战略规划转变。

(2) 重新界定CIO培训内容和背景要求，除了技术方面的知识，还要包括经营和金融方面的经历和经验，CIO应是具有合理知识结构的复合型人才。

(3) 重新界定CIO的理想技能集。

(4) 改进CIO和组织中高层决策者间的沟通。

(5) 确认信息资源管理的价值被高层管理充分理解。

(6) 探讨为什么当前CIO实际作用发挥程度与信息化对组织成功重要性程度不匹配。

(7) 成功地推进CIO角色的进化。

(8) 学会怎样利用和改变信息资源管理职能以最大化组织的竞争力和成长性。

(9) 云计算和大数据出现了，CIO何去何从？

4.7 信息资源管理控制

计划是龙头，组织是保障，领导指方向，控制出效果。信息资源管理控制就是对信息管理计划制定的方案在实施过程中加以监控、统计分析实施效果，发挥组织和领导的作用，使得信息战略规划中规定的信息管理目标得以顺利实现，或调整信息管理目标使组织信息管理的效益达到最大化。因此，组织要建立信息管理控制系统，制定和贯彻信息管理控制制度。

4.7.1 信息资源管理控制系统

1. 信息资源管理控制系统的相关概念

战略组织的贯彻依赖与其一致的管理控制系统，其基本结构如图 4-16 所示。组织中的控制活动是通过组织的控制系统来完成的，控制系统主要包括：①控制的目标，即进行控制活动的目标取向，也是进行控制活动的依据，来源于计划；②控制的主体，即各级管理者及其所属的各职能部门；③控制的对象，是组织的整个活动；④控制的方法和手段，即为达到有效的控制所采用的各种科学方法和手段。

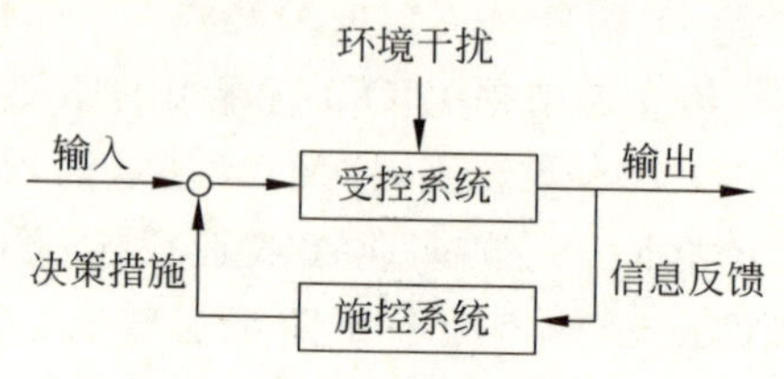

图 4-16 管理控制系统的结构

企业管理系统就是一个控制系统，这个系统是由决策领导层及计划编制者组成的施控主体，以及分厂或车间生产者组成的受控客体组成。计划部门根据领导决策层确定的经营目标，经过分解将指标下达到各个生产单位，即施控主体作用于受控客体，这就是控制作用。各个分厂、车间生产的产品是否按质、按量、按期完成了计划，在市场上销售状况如何，顾客有何反映，情况有何变化，这些信息需要反馈到计划部门，同计划目标进行对比，找出偏差加以调整或纠正，即受控客体反作用于施控主体，这就是反馈作用。同时，系统存在于环境之中，它与环境相互作用、相互制约。

(1) 信息资源管理控制

信息资源管理控制是指为了确保组织的信息管理目标以及为此而制定的信息管理计划能够顺利实现，信息管理者根据事先确定的标准或因发展需要而重新调整的标准，对信息管理工作进行衡量、测量和评价，并在出现偏差时进行纠正，以防止偏差继续发展或今后再度发生；或者，根据组织内外环境的变化和组织发展的需要，在信息管理计划的执行过程中，对原计划进行修订或制订新的计划，并调整信息管理工作的部署。也就是说，信息管理控制工作一般分为两类：一类是纠正实际工作，减小实际工作结果与原计划及标准的偏差，保证计划的顺利实施；另一类是调整组织已经确定的目标及计划，使之适应组织内外环境的变化，从而纠正实际工作结果与目标和计划的偏差。

(2) 信息资源管理控制系统

信息资源管理控制系统就是对组织信息进行收集、分类、存储、加工处理、检索、传递、输出和销毁等，以及对组织信息技术和信息生产者的信息职能进行管理的管理信息系统，是信息管理控制的重要工具。组织利用信息管理控制系统可以有效地管理组织的信息资源，缩短信息从产生到利用的时间，提高信息处理的准确性和时效性，提高信息管理工作效率和效用。

2. 信息资源管理控制系统的功能

一个较为完善的信息管理控制系统，应具备四项基本职能。第一，确定信息的需求，即按照组织工作要求正确确定需要信息的类型和类别，以及需要的时间和数量；第二，按照信息的需求，对信息进行收集、加工等处理；第三，向信息用户提供信息服务；第四，对信息进行系统管理。在这四项基本职能中，前一职能工作的完成是后一职能发挥的基础。

从组织狭义信息资源管理过程（见图 3-1）可以看出，信息资源管理包括信息需求分析、信息源分析、信息资源采集、信息资源组织、信息资源检索、信息资源开发、信息资源利用、信息资源传递和信息资源反馈等职能，以及对组织信息技术和信息生产者的信息职能进行管理控制，因此，组织的信息资源管理控制系统应包括以下子系统。

(1) 信息需求管理子系统

信息需求是引发信息行为的原动力。信息需求管理的目标是为信息用户寻找合适的信息源。不同管理层次的信息用户，其信息需求的特征不同。例如专业技术人员的信息需求表现为偏爱原始数据、专业性；管理人员的信息需求则侧重于计划、管理控制、关键问题分析、领导和礼仪活动、直接监督、业务控制和人事管理等。

(2) 信息资源采集子系统

信息资源采集子系统是指人们为了搜集、处理、储存和提供信息服务而建立的人工或计算机系统。其功能包括信息源获取、信息源评价、信息收集等。

(3) 信息资源组织子系统

信息资源组织是利用一定的规则、方法和技术，对信息的外部特征和内容特征进行揭示和描述，并按给定的参数和序列公式排列，使信息从无序集合转换为有序集合，将信息转为信息资源或将潜在的信息资源转为显性的信息资源的过程。其功能包括：信息选择、信息描述与揭示、信息加工、信息序化和信息存储。

(4) 信息资源检索子系统

信息资源检索是指从大量相关信息中利用人机系统等各种方法加以有序识别与组织，以便及时找出用户所需信息的过程。信息资源组织和检索子系统结构如图 3-5 所示。

(5) 信息资源开发子系统

信息资源开发子系统包括信息的生产、表示、搜集、整序、组织、存储、检索、重组、转化、传播、评价、应用等功能。该子系统与其他子系统有功能交叉。

(6) 信息资源利用子系统

信息资源利用行为就是人类有目的性地、有选择性地、能动地利用信息资源以满足个人或组织需要的行为，是信息资源管理的目的。其过程和功能如图 3-6 所示。

(7) 信息资源传递子系统

信息资源传递是以信息提供者或储存的信息资源（如数据库、网站等）为起点，通过传输媒介或者载体，将信息资源传递给信息接收者或信息用户的过程。功能包括信息查询、信息发布、文件传输和 E-mail 等。

(8) 信息资源反馈子系统

信息资源反馈是指施控系统将信息资源输出，输出的信息资源对受控系统作用的结果又返回施控系统，并对施控系统的信息资源再次输出产生影响的这样一种过程。主要目的是提高信息资源的质量和可利用程度，功能包括检测、评价、维护、吸收、补全等。

(9) 信息用户与权限管理子系统

该子系统的目的是限制系统的访问用户和信息用户的访问权限，以保证信息资源利用产生好的效果。功能包括用户定义、角色划分、权限设置、权限管理等。

(10) 信息管理监控子系统

该子系统的目的是保证信息系统有序、高效运行，提高信息资源采全率、采准率、及时率、查全率、查准率、利用率等，降低费用率和劳动耗费率。功能包括信息系统运行日志管理、信息资源评价指标统计、信息管理流程控制、信息系统使用监督、信息系统使用评比和奖惩、信息系统使用计划和指令下达等。

4.7.2 信息资源管理控制制度

1. 信息资源管理控制制度的概念

所谓信息资源管理控制制度是指以职责分工为基础对组织内部各种业务活动的信息进行制约和协调的一种管理制度。目的是确保组织的信息资源的准确可靠和及时性，贯彻信息管理方针和计划，提高信息管理效率和效用。

理解该概念应注意以下几点：①信息管理控制的主体。信息管理控制的主体是信息管理者(CIO或信息管理部门经理)。②信息管理控制的客体。信息管理控制的客体是指其控制的对象，即组织内各种业务活动和组织外相关活动所产生和需要的信息资源。③信息管理控制的目标。信息管理控制的主要目标是：确保组织的信息资源的准确性、可靠性和及时性，保证组织内管理部门方针政策和指令的贯彻执行，促进组织经营管理规范化和效率的提高。④信息管理控制的本质。从系统论的观点看，信息管理控制即是组织的整个管理系统的一个子系统。因此，本质上讲，信息管理控制制度是组织管理制度的一部分。

信息管理控制制度在管理中的作用主要表现为：①保证组织目标的顺利实现；②保证组织内各项业务活动高效而有序地进行；③有利于提高组织管埋的规范性和效率；④保证和提高组织的管理信息质量；⑤有利于提高信息工作效率。

2. 信息资源管理控制制度的内容

组织信息资源的特征决定了组织信息管理控制制度内容的丰富性，涉及组织管理的很多方面。组织的信息管理控制制度可以根据组织的实际情况部分自成一体，部分融于组织的其他管理制度之中。综合起来，这些内容应主要包括：

(1) 信息责任制度

根据“组织机构职责和权限必须明确界定”和“不相容职务必须分离”的原则，应建立具有预防控制功能的信息责任制度。组织的所有部门和员工都是组织的信息管理控制系统的用户，不同用户对该系统职责和权限不同，因此为保障系统的稳定有序运行，必须规定信息用户的权限、责任、激励和处罚措施，即建立完善的信息责任制度，它是组织信息资源管理的首要制度。

建立信息责任制度必须注意：①从横向看，组织内部各个部门或分支机构，都应根据其信息活动的内容和性质，明确界定各自的信息职责和权限。②从纵向看，组织内部从高层管理领导到每个员工都应明确其信息活动的职责范围，形成责权利相结合的信息管理机制。③从系统层次看，各分支机构的上下级之间应形成一种层次化或网络化的信息责权制约机制。④对不相容职务由不同职能部门或人员分工处理。

(2) 信息统计控制制度

组织为了及时准确地对信息资源进行收集、加工、整理、存储和利用,就必须要建立健全信息统计控制制度。这样就能保证组织活动过程中涉及的信息资源按照规定的程序进行采集、统计、分类和加工整理,从而减少不必要和无关的信息对决策的干扰。

① 信息及时性统计

统计指标包括：信息采集时差和信息利用时差。

信息采集时差。如果用 T_1 表示信息采集时差,t_1 表示信息发生的时间,t_2 表示信息进入信息系统的时间,则

$$T_1 = t_2 - t_1$$

信息利用时差。如果用 T_2 表示信息利用时差,t_3 表示信息被利用的时间,则

$$T_2 = t_3 - t_2$$

理论上希望信息采集时差和信息利用时差都趋于 0。

② 信息利用度统计

统计指标包括：信息利用次数和信息利用率。信息利用次数用某信息年被访问人次表示。信息利用总次数指所有信息的信息利用次数之和。信息利用率为年被利用信息量与信息系统信息总量的比值。

③ 信息采集效果统计

统计指标包括：采准率、采全率、及时率、费用率、劳动耗费率等。详见 3.4.2 节。

④ 信息检索效果统计

统计指标包括：查准率、查全率等。详见 3.6.6 节。

(3) 信息质量控制制度

信息质量控制制度是指为了保证反映组织业务活动信息的真实、可靠所采用的方法和措施。信息失真往往是导致决策失误的主要原因。因此,任何组织都需要建立健全相应的信息质量控制制度来确保组织系统的高效有序运转。可以从信息反馈、信息跟踪、信息检查、信息筛选、信息审核、信息控制等方面来建立信息质量控制制度。

(4) 信息管理流程控制制度

为保证组织信息管理目标的实现,信息管理者为组织内部各种信息活动设计的预定运行程序,形成的动态控制机制称为信息管理流程控制制度。信息管理流程控制制度的核心,就是将组织内部的各类信息活动划分为若干行动步骤,分别交由不同的职能部门或人员来处理。它特别强调,任何一项信息活动都应按授权、核准、执行、记录、复核等进行分工排序形成流程,不同部门或人员按流程规定的顺序和职责处理。它与信息责任制度相结合,形成动静交融的高功效信息控制系统。

(5) 信息系统开发控制制度

信息系统开发生命周期包括系统规划、系统分析、系统设计和系统实施,对于规模较大的组织,其开发具有周期长、涉及面广、技术难度大、应用软件功能多、文档资料多等特点,因此可以采取项目管理办法,建立完善的信息系统项目开发控制制度,严格按照信息系统建设计划规定的任务加以管理。信息系统开发控制制度包括进度控制、变更控制、人力资源管理、文档管理、程序设计、系统测试、系统切换、信息准备等方面的制度。

(6) 信息系统使用监控与评价制度

建立信息系统使用监控与评价制度的目的是保证信息系统使用管理的合法性。开发一个好的信息系统固然重要,但使用比开发更重要,只有达到良好使用的信息系统才能发挥组织信息资源管理的作用。组织可以通过建立信息系统维护、信息系统使用情况统计、信息流程监控、信息安全监控、统计结果公开发布、使用情况纳入员工考核体系等方面的制度来保证信息系统的正常使用。

(7) 信息系统日志管理制度

信息系统日志记录信息系统使用情况的基本数据,是组织的重要信息资源,因此必须制定管理制度保障其准确性、安全性和可靠性。

第 5 章

信息系统管理

信息系统是组织数字化信息资源管理的工具，也是信息资源的载体。其主要任务是最大限度利用现代计算机及网络通信技术加强信息管理。通过信息系统可以对组织拥有的人力、物力、财力、设备、技术等资源进行掌控，采集正确的数据，加工处理并编制成各种信息资料，及时提供给管理人员，以便进行正确的决策，促进组织提高管理水平和经济效益。

从广义上理解，信息系统的管理涉及信息系统的整个生命周期，包括信息系统从无到有或系统更新升级的开发管理、系统在投入使用以后的运行管理和系统使用一段时间以后的评估审计等。从狭义上来说，信息系统管理是信息系统生命周期中的重要一环，直接关系到信息系统建设能否成功和有效，关系到信息系统的稳定运行和作用的发挥，以及自身的升级换代。本章主要介绍信息系统建设过程管理、信息系统建设项目管理、信息系统质量管理。

你可以从本章了解到：

1. 信息系统的概念及其建设过程；
2. 信息系统建设过程中的文档管理，信息系统的运行维护管理及审计、评价；
3. 信息系统建设项目的计划、进度、变更、人员的管理；
4. 信息系统质量管理，包括支撑环境、应用软件、数据的质量管理。

5.1 信息系统概述

5.1.1 信息系统的内涵

信息系统(information system，IS)是由相关人员、反映企业活动的各种数据资源以及信息加工所需要的软件、硬件组成的，其目的是收集、加工、存储、传输和有效利用信息资源，实现组织中各项活动的管理、调节和控制，以提高生产效率。

从信息处理的过程来看，一个信息系统模型大致包括以下五个要素：信息或数据输入、数据处理/信息处理、输出、过程控制和结果反馈。

需要注意的是，五要素信息系统模型并不涉及计算机等现代技术，甚至可以是纯人工的。但是，现代通信与计算机技术的发展，使信息系统的处理能力得到很大的提高。今天，各种信息系统都已经离不开现代的通信与计算机技术了，所以现代信息系统一般是指人、机共存的系统。以计算机为基础的信息系统可以定义为利用计算机、网络、数据库等现代信息技术，结合管理理论与方法，处理组织中的数据、业务、管理和决策等问题，并为组织目标服务的综合系统。

信息系统的理论基础是系统论、信息论和控制论。系统论研究的是系统内部各部分之间有机结合形成的整体，它体现的是各部分之间的相互作用和相互影响。同时，信息系统与环境密切相关，而人是信息系统中不可或缺的重要因素。信息系统是一个高度综合的系统，人既是信息的提供者，又是信息的使用者，同时也是信息系统的重要组成部分。从事信息系统的专业人员必需具有技术和管理的综合素质。

5.1.2 信息系统的特征

信息系统对组织内外部的信息实施收集、整理、变换、存储、传输等加工处理，其处理的对象是信息，处理的结果也是信息。信息系统具有信息性、多样性、集成性、发展性和社会性等特征。

(1) 信息系统具有信息性。信息性是信息系统区别于其他系统的显著特性。信息是信息系统的主要构成要素，对信息进行加工处理是信息系统的主要功能，它也可以产生对外部系统有用的信息。而且，与环境构成一个有机的信息网络也是信息系统的目的。信息系统中也存在物质要素和物质活动，物质要素是存储信息和加工信息必需的部分，物质活动是伴随信息活动必要的活动。

(2) 信息系统具有多样性。从信息系统服务的应用领域上，信息系统可以分为不同应用类型的信息系统，如企业管理信息系统、地理信息系统、医院信息系统、政务信息系统等。从功能上又可以把信息系统分为作业信息系统、管理信息系统、决策支持系统等。信息系统的规模也具有多样性，大到国家经济信息系统、区域和行业信息系统等，小到工资管理系统、超市收银系统、税率计算系统等。

(3) 信息系统具有集成性。信息系统是以集成的方式构成，其中包括信息系统的集成和平台的集成。系统集成是指信息系统由多个子系统集成而成。例如，某汽车生产企业的信息系统就集成了生产、计划、新技术开发、供应、销售、人力资源、财务、统计查询、高层查询等多个子系统。各个相对独立的子系统也可以集成为更大的信息系统。平台集成是信息系统开发的一件很重要的工作，它是指在不同的软硬件平台上，构成逻辑和界面一致的、统一的信息系统运行平台。

(4) 信息系统具有发展性。信息技术不断发展，信息不断丰富，信息用户不断进化，这些导致信息系统处于不断变化发展之中。

(5) 信息系统具有社会性。因为人是信息系统的构成要素之一，所以信息系统具有社会性。即信息系统不仅是技术系统，更是一个社会系统。

5.1.3 信息系统的开发方法

1. 结构化生命周期开发方法

结构化生命周期法是20世纪70年代提出来的。由于生命周期法较好地对开发过程进行了定义，大大地改善了开发过程，它仍然是最常用的一种方法。生命周期法理论认为，任何一个系统都有它的生存期。所谓系统的生存期是指从信息系统项目的提出，经历分析、设计、研制、运行和维护，直至退出的整个时期。

从宏观上讲，任意一个信息系统的生命周期都可以大致分为系统规划、系统分析、系统设计、系统实施、系统运行和维护等五个阶段。

2. 原型法

原型法是20世纪80年代中期为了快速开发系统而推出的一种开发模式，旨在改进生命周期法存在的不足，缩短开发周期，减少开发风险。原型法的基本思想为：开发者在短时期内定义用户的基本需求，利用高级软件工具和可视化的开发环境，快速建立一个初步满足用户需求的目标系统的原型。用户和开发人员在试用原型的过程中，不断对原型进行修改和评价，逐步确定各种需求的细节，适应需求的变化，从而最终提高新系统的质量。

3. 面向对象的开发方法

面向对象的开发方法起源于面向对象的程序设计（object oriented programming，OOP）。在20世纪80年代中后期，随着面向对象程序设计语言的推出和不断成熟，面向对象的概念和技术也越来越多地为人们所理解和接受，面向对象的开发方法发展成包括面向对象的系统分析（OOA）、面向对象的系统设计（OOD）和面向对象的程序设计（OOP）的方法体系。

面向对象的基本思想为：任何现实世界的实体都可模拟为一个对象，每一对象都有自身的状态和行为。对象的状态由一组属性值来刻画，行为则由一组方法来刻画。每一个对象都定义了一组方法，它们实际上可视为允许作用于该对象上的各种操作。复杂的对象可由相对比较简单的对象以某种方法组成，一组结构相同、行为相同的对象构成一个对象类。对象按"类"、"子类"与"超类"的概念构成一种层次关系（或树状结构）。在这种层次结构中，上一层对象所具有的一些属性可被下一层对象所继承，从而避免了开发工作中的冗余性。面向对象法以对象的观点来分析现实世界中的问题，从普通人认识世界的观点出发，把事物归类、综合，提取共性并加以描述，就是要将客观世界抽象地看成是若干相互联系的对象（对象类），然后根据对象和方法的特性研制出一套软件工具，使其能够映射为计算机软件系统结构模型和进程，从而实现信息系统的开发工作。在面向对象的方法中，对象作为描述信息实体的统一概念，把数据和对数据的操作融为一体，通过方法、消息、类、集成、封装和实例化等机制构造软件系统，并为软件重用提供强有力的支持。

4. 计算机辅助开发方法

随着计算机技术日新月异的发展，信息系统的软件开发工具也随之发生深刻的变化，许许多多的信息系统开发工具正在建立，其目标是实现信息系统软件生命周期各环节的自动化。使用这些工具，系统开发人员就能在个人机或工作站上以对话的形式进行系统的开发工作。这种新技术就是计算机辅助软件工程（computer aided software engineering，CASE）。这是一种先进的软件开发技术，这种新技术的出现有望解决长期以来软件生产率低的难题。所谓CASE，是指在软件工程活动中，软件工程师和管理员按照软件工程的方法和原则，借助于计算机及其软件工具的帮助，开发、维护、管理软件产品的过程。

严格地讲，CASE只是一种开发环境而不是一种开发方法。CASE方法的基本思想可以概括为：结合信息系统开发的各种具体方法，在完成对目标系统的规划和详细调查以后，如果整个信息系统开发过程的每一步都相对独立，且在一定程度上彼此形成对应的关系，则整个系统开发就可以应用专门的软件开发工具和集成开发环境来实现。

5.1.4 信息系统的建设过程

从信息系统的结构化生命周期开发方法可以看出，信息系统建设过程一般包括系统规划、系统分析、系统设计、系统实施和系统运维（运行与维护）五个环节，其中不同的建设环节分别由不同的人员负责，并对整个系统起不同的作用，具体建设过程如图 5-1 所示。

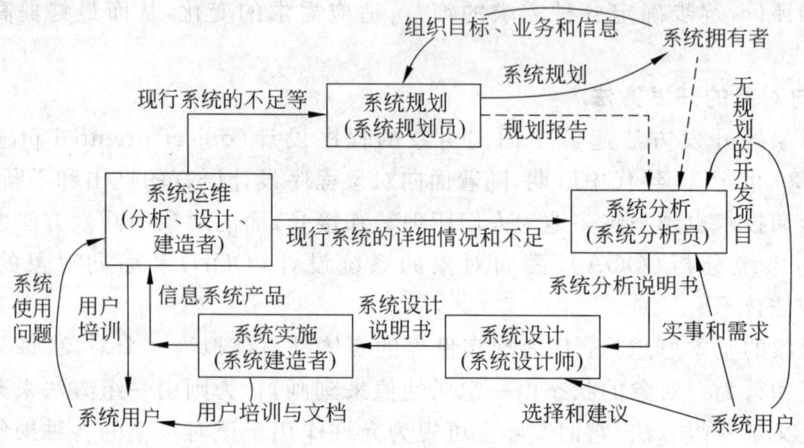

图 5-1 信息系统的建设过程示意图

1. 系统规划

系统规划的任务是对组织的环境、战略、目标、现行系统的状况进行初步调查，根据组织目标和发展战略，确定信息系统的发展战略，对建设新系统的需求作出分析和预测，同时考虑建设新系统所受的各种约束，研究建设新系统的必要性和可能性。根据需要与可能，给出拟建系统的顺序安排以及备选方案。对这些方案进行可行性分析，写出可行性分析报告。可行性分析报告审议通过后，将新系统建设方案及其实施计划编写成信息系统规划报告和系统开发计划书。

2. 系统分析

系统分析的任务是根据系统开发计划书所确定的范围，对现行系统进行详细调查，描述现行系统的业务流程，指出现行系统的局限性和不足之处，确定新系统的基本目标和逻辑功能要求，即提出新系统的逻辑模型。系统分析的工作成果是系统分析说明书。

3. 系统设计

系统设计的任务是根据系统分析说明书中规定的功能要求，考虑实际条件，具体设计实现逻辑模型的技术方案，也即设计新系统的物理模型。该阶段的技术文档是系统设计说明书（分为概要设计说明书和详细设计说明书）。

4. 系统实施

系统实施是将设计的系统物理模型付诸实施的阶段。这一阶段的任务包括程序的编写和调试、人员培训、数据文件转换、计算机等设备的购置安装与调试，计算机网络施工、系统调试与转换等。这个阶段的特点是常常几个相互联系、互相制约的任务需同时展开，必须精心安排、合理组织。

5. 系统运维

系统投入运行后，需要经常进行维护和评价，记录系统运行的情况，根据一定的规则对系统进行必要的修改，评价系统的工作质量和经济效益。对于不能修改或难以修改的问题记录在案，定期整理成新需求建议书，为下一周期的系统规划做好准备。要保证信息系统的安全和稳定运行，必须建立和健全信息系统运行制度，有效利用运行日志等手段对运行的信息系统施行监督、管理和控制。同样，对于用计算机实现的各项管理活动也需要类似的一套管理制度，来确定不同用户的操作权限、时间和工作安排以及对问题的处理措施等。

5.2 信息系统建设过程管理

5.2.1 信息系统建设过程管理概述

信息系统建设过程包括系统规划、系统分析、系统设计、系统实施、系统运维五个阶段，其管控环节如图 5-2 所示。其中系统运维时间跨度较长，涉及的技术和人群相对稳定，其管理相对简单。系统分析、系统设计和系统实施合在一起被称为系统开发，系统规划和系统开发为期较短，任务明确，管理控制复杂，是信息系统建设成败的关键，因此可以引入项目管理加以管理。

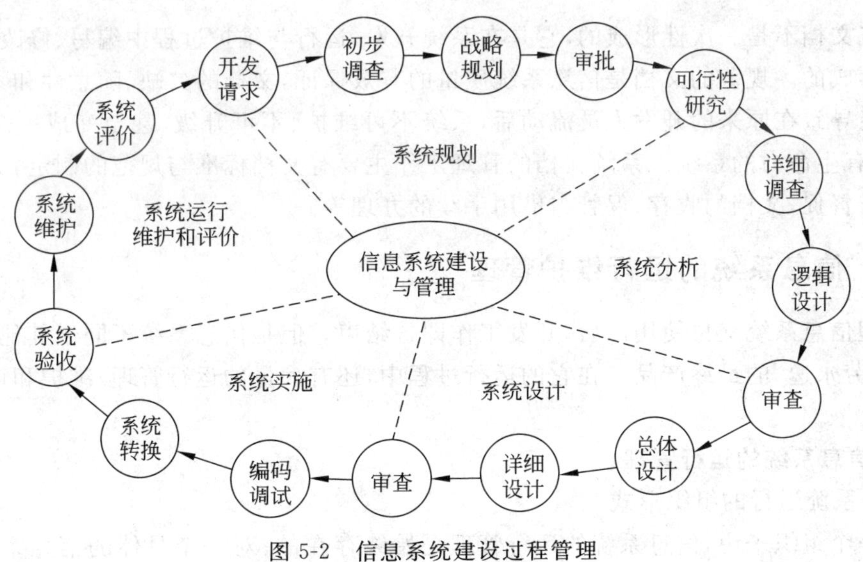

图 5-2 信息系统建设过程管理

5.2.2 信息系统建设中的文档管理

文档是记录信息系统开发思路、过程、方法及运行状态的书面形式的文字资料。信息系统的文档是描述系统从无到有整个发展与演变过程及各个状态的文字资料，它是系统维护人员的指南，也是开发人员与用户的交流工具。信息系统应用软件实际上是由程序和与此相对应的文档两大部分组成的。系统开发需要编写文档，系统维护更需要文档来支持。信息系统文档分为技术文档、管理文档和记录文档。表5-1列出了这些文档的内容以及产生阶段。

表5-1 系统开发过程中的主要文档

文档类别	文档内容	产生阶段
技术文档	系统总体规划报告	系统规划
	系统分析说明书	系统分析
	系统概要设计说明书、详细设计说明书、系统测试计划	系统设计
	系统使用说明书、系统测试报告、系统维护手册	系统实施
管理文档	系统开发计划、系统开发合同书、系统总体规划评审意见	系统规划
	系统分析审批意见	系统分析
	系统实施计划、系统设计审核报告	系统设计
	系统试运行报告、系统维护计划	系统实施
	系统运行报告、系统开发总结报告、系统评价报告、系统维护报告	系统运维
记录文档	会议记录、调查记录	各阶段
	系统运行情况记录、系统日常维护记录、系统适应性维护记录	系统运维

系统文档不是一次性形成的,它是在系统开发、运行与维护过程中编写、修改、完善与积累而形成的。规范的文档是信息系统质量的有效保证,文档的欠缺、随意性和不规范都极有可能导致在原来的开发人员流动后,系统不可维护、不可升级,甚至变成一个没有扩展性、没有生命力的系统。系统文档的管理工作主要有文档标准与规范的制定,文档编写的指导与督促,文档的收存、保管与借用手续的办理等。

5.2.3 信息系统的运行维护管理

管理信息系统交付使用以后,开发工作即告结束。但是信息系统不同于其他产品,它不是"一劳永逸"的最终产品。在它的运行过程中,还有大量的运行管理、维护和评价的工作要做。

1. 信息系统的运行管理

(1) 系统运行的组织形式

对一个组织来说,信息系统的运行管理是始终存在的;对一个具体的信息系统来说,运行管理从投运开始,一直延续到被更好的新系统替代为止。运行管理的目的是使信息系统在其生命周期内保持良好的可运行状态,保证其功能的良好发挥。企业不仅要采用合适的组织形式,还要建立相应的运行组织,明确组织中应包括各类人员及其各自职责与任务。

就组织形式而言,目前信息系统在企业中的主要有分散式、集中式和集中-分散式三种方式。第一种方式的信息系统在企业中的地位较低,计算机系统被分散在各职能部门,各部门各自负责本部门的信息处理业务,信息管理部门为企业的某个业务部门所有。这种方式一般和实际结合较好，但对数据的综合处理能力和支持决策能力较差，容易造成信息孤岛。采用这种组织方式需要进行统一规划，这样有利于系统的标准化和规范化，降低各子系统在数据通信上的困难。第二种方式是将所有的计算机系统都集中在信息中心统一管理，信息中心与其他职能部门是平行的关系，各职能部门是信息中心的服务对象。这种集中管理的组织形式充分强调了信息中心在企业中的重要作用，信息资源可为全企业共享，有利于信息共享和支持决策。最后一种方式是在计算机网络基础上，先在企业设置信息中心，再在各职能部门建立相应的子系统，各子系统与信息中心联网。这种方式实际是前两种方式的结合，它吸收了集中与分散管理的优点，又弥补了它们的不足，所以是一种较为理想的方式，但运用这种方式一定要加强信息资源管理，否则容易造成分散化。

(2) 日常运行管理

信息系统投入使用后，要做好数据收录、例行信息处理及信息服务、临时信息服务、系统运行情况记录等日常运行管理工作。

系统运行情况的记录应事先制定尽可能详细的规章制度，具体工作主要由使用人员完成。系统运行情况无论是自动记录还是人工记录，都应作为基本的系统文档长期保管，以供系统维护时参考。

2. 信息系统的维护管理

交付使用的信息系统有“样品即产品”的特点。一方面，精心设计、精心实施、经过调试的系统，也难免有不尽如人意的地方，或者有的地方效率还可以提高，或者使用不够方便，甚至还有错误。这些问题只有在实践中才能暴露。另一方面，随着管理环境的变化，也会对信息系统提出新的要求，信息系统只有适应这些要求才能生存下去。因此，系统维护是系统生存的重要条件。

系统维护包括纠错性维护、适应性维护、完善性维护、预防性维护等多种形式。对隐含的错误进行确定和修改的过程，称为纠错性维护。据统计，纠错性维护约占整个维护工作的五分之一。为了适应不断变化的外部环境而对系统进行相应的修改，称为适应性维护。为了满足用户所提出的增加新功能或修改已有功能以完善其性能的需求，而对系统做出的修改称为完善性维护。完善性维护占整个维护工作的50%。为了提高软件的可维护性和可靠性而对软件进行的修改称为预防性维护，预防性维护所占的比例很小。

(1) 信息系统维护的内容

信息系统维护包括以下几个方面的工作。

① 程序的维护。在系统维护阶段，会有一部分程序需要改动。根据运行记录，发现程序的错误，这时需要改正；或者随着用户对系统的熟悉，用户有更高的要求，部分程序需要改进；或者环境发生变化，部分程序需要修改。

② 数据文件的维护。业务发生了变化，从而需要建立新文件，或者对现有文件的结构进行修改。

③ 代码的维护。随着环境的变化，旧的代码不能适应新的要求，必须进行改造，制定新的代码或修改旧的代码体系。代码维护的困难主要是新代码的贯彻，因此各个部门要有专人负责代码管理。

④ 机器、设备的维护。包括机器、设备的日常维护与管理。一旦发生小故障，要有专

人进行修理，保证系统的正常运行。

(2) 信息系统维护的管理

系统的修改，往往会“牵一发而动全身”。程序、文件、代码的局部修改，都可能影响系统的其他部分。因此，系统的修改必须通过一定的批准手续。通常对系统的修改应执行以下步骤。

① 提出修改要求。操作人员或业务领导用书面形式向主管人员提出对某项工作的修改要求。这种修改要求不能直接向程序员提出。

② 领导批准。系统主管人员进行一定调查后，根据系统的情况和工作人员的情况，考虑这种修改是否必要、是否可行，做出是否修改、何时修复的答复。

③ 分配任务。系统主管人员若认为要进行修改，则向有关的维护人员下达任务，说明修改的内容、要求、期限。

④ 验收成果。系统主管人员对修改部分进行验收。验收通过后，将修改的部分嵌入系统，取代旧的部分。

⑤ 记录修改情况。登记所做的修改，作为新的版本通报用户和操作人员，指明新的功能和修改的地方。某些重大的修改，可以看作一个小的开发项目，按系统开发的步骤进行。

(3) 信息系统维护的组织管理程序(见图 5-3)

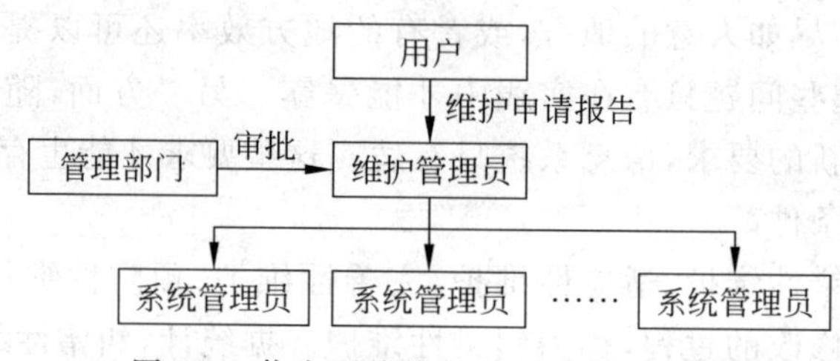

图 5-3 信息系统维护的组织管理程序

(4) 信息系统维护的工作程序(见图 5-4)

5.2.4 信息系统的审计

1. 信息系统审计定义

系统审计是发现、纠正错误的措施。管理信息系统的审计不能局限于一些业务报表的审查，而应该诊断整个系统的薄弱环节。通过审计，保证建立和使用合理的监控系统，检查资源使用是否合理，审查信息系统及其生产各项报表的完整性、可靠性、准确性和有效性。

由于信息系统审计(information system audit，ISA)仍处于不断发展变化之中，目前还没有一个公认的定义。下面分别介绍三种比较有代表性的定义。

日本通产省情报处理开发协会信息系统审计委员会的定义(1985 年)为：“信息系统审计是由独立于审计对象的信息系统审计师，站在客观的立场上，对以计算机为核心的信息系统进行综合的检查、评价，向有关人员提出问题与劝告，追求系统的有效利用和故障排除，使系统更加健全。”该定义比较偏重于技术角度，没有强调企业经营风险与计算机技

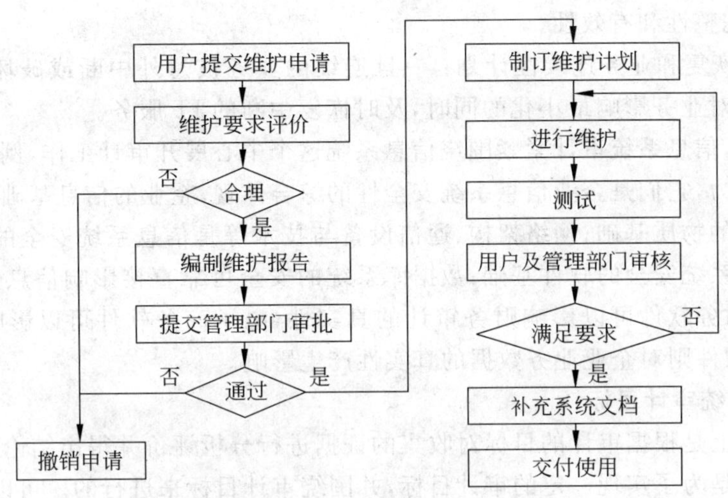

图 5-4　信息系统维护的工作程序

术之间的关系。1996 年，该委员会将信息系统审计重新定义为："为了信息系统的安全、可靠与有效，由独立于审计对象的信息系统审计师，以第三方的客观立场对以计算机为核心的信息系统进行综合的检查与评价，向信息系统审计对象的最高领导层，提出问题与建议的一连串的活动。"该定义中强调了独立性问题。

信息系统审计领域的著名专家威伯(Ron Weber)教授的定义(1999 年)是："信息系统审计是收集并评估证据，以判断一个计算机系统(信息系统)是否有效做到保护资产、维护数据完整、完成组织目标，同时最经济地使用资源。"显然，该定义既体现了信息系统的外部审计的鉴证目标，即对被审计单位的信息系统保护资产安全及数据完整的鉴证，又体现了内部审计的管理目标，即被审计信息系统保护资产安全、数据完整性以及信息系统的有效性目标。

对信息系统审计影响最大的国际组织——国际信息系统审计和控制协会(ISACA)的定义如下："信息系统审计是一个获取并评价证据，以判断计算机系统是否能够保证资产的安全、数据的完整以及有效率地利用组织的资源并有效地实现组织目标的过程。"该定义比威伯的定义更详细一些。

同时，国际信息系统审计和控制协会还提出了信息系统审计的主要内容包括：

(1) 信息系统审计程序：依据信息系统审计标准、准则和最佳实务等提供信息系统审计服务，以帮助组织确保其信息技术和运营系统得到保护并受控。

(2) IT 治理(信息技术治理)：确保组织拥有适当的结构、政策、工作职责、运营管理机制和监督实务，以达到公司治理中对 IT 方面的要求。

(3) 系统和基础建设生命周期管理：系统的开发、采购、测试、实施(交付)、维护和配置使用，确保实现组织的目标。

(4) IT 服务的交付与支持：IT 服务管理实务可确保提供所要求的等级、类别的服务，来满足组织的目标。

(5) 信息资产的保护：通过适当的安全体系(如安全政策、标准和控制)，保证信息资产的机密性、完整性和有效性。

（6）灾难恢复和业务连续性计划：一旦连续的业务被意外中断或破坏，灾难恢复计划在确保灾难对业务影响最小化的同时，及时恢复中断的 IT 服务。

综上所述，信息系统审计紧紧围绕信息系统这个中心展开审计工作，例如企业的持续能力和容灾能力，它们是企业信息系统安全性的综合体现；企业的信息基础设施则是企业信息系统安全的物质基础；网络架构、通信设备与技术等是信息系统安全的结构基础；操作系统是信息系统安全的软件基础；数据库系统的安全可靠直接影响信息系统中数据的安全与真实；财务软件可以影响财务审计的真实性，电子商务软件可以影响交易的真实性，其他应用软件则对企业业务数据的真实性产生影响。

2. 信息系统审计目标

审计本质上是根据审计的目标对收集的证据进行分析评价并得出结论的过程。一切的审计活动都是为了实现一定的审计目标，并围绕审计目标来进行的。可以说，审计目标是审计工作的“纲”，它贯穿审计活动的一切方面和审计过程的始终。为此，清楚地认识和理解所要达到的审计目标，是有效开展审计工作的一个首要条件。信息系统审计的目标由一组目标构成：真实性、完整性、合法性、安全性、可靠性、保密性、可用性、效果性、效率性等。

（1）真实性

真实性是指信息系统中的数据要如实地反映企业的实际生产经营活动。通过一系列技术手段可以确保数据的真实性，如数字签名、时间戳、不可否认协议、不可修改存储装置等。这种真实性的破坏可能来自企业高层的舞弊行为，例如通过财务软件故意作假账，通过电子商务系统虚构交易等，达到虚增或虚减利润的目的；也可能来自企业的中层和基层员工的舞弊行为，例如通过非法访问或修改信息等手段，达到非法牟利目的等；也可能来自企业外部，如黑客入侵所引发的企业虚假信息发布等。

（2）完整性

完整性是指信息系统中的数据不被偶然或蓄意地删除、修改、伪造、乱序、重放、插入等破坏和丢失的特性。在信息系统中，数据与元数据是存放在不同地方的，数据的逻辑地址与物理地址也不一样，因此设备故障、误码、人为攻击、计算机病毒等都会破坏数据完整性。在信息系统中，数据完整性是数据真实性的基础。

（3）合法性

合法性是指信息系统在购买、使用、开发、维护过程中，以及信息系统里的数据在生产、加工、修改、转移、删除等处理中都必须符合相关法律、法规、准则、行规以及企业内部的规定等。

（4）安全性

安全性是指信息系统在遭受各种人为因素破坏的情况下仍然能正常运行的概率。威胁信息系统安全性的因素可能来自信息系统和企业外部，也可能来自企业和信息系统的内部。外部因素如黑客入侵、病毒攻击、线路侦听、木马、非法用户访问等，内部因素包括授权用户的越权访问、修改、删除等操作。

(5) 可靠性

可靠性是指信息系统在遭受非人为因素破坏或误操作情况下仍然能正常运行的概率。威胁信息系统可靠性的因素包括自然灾害对硬件和环境的破坏、误操作对软件和硬件的破坏,以及设备故障、软件故障等。可靠性与安全性不同,可靠性所指的破坏因素是非人为的,安全性所指的破坏因素是人为的。

(6) 保密性

保密性是指防止信息系统中数据泄露给非授权用户的特性。常用的保密技术包括防侦听、信息加密、物理隔离等措施。保密性与安全性不同,保密性是指信息系统中信息的外泄,安全性是指对信息系统的入侵。

(7) 可用性

可用性也是信息系统安全性的一个重要指标,是指信息可被授权实体访问并按需求使用的特性,即信息系统在提供服务时允许被使用的属性,或者是信息系统在部分受损或需要降级使用时,仍能为用户提供有效服务的属性。信息系统最基本的功能是提供服务,而用户的需求是信息系统的可用性。可用性还体现在身份识别与确认、远程控制、数据跟踪等方面。由于数据的访问与数据存储介质、显示介质、软件版本等有关,无法访问的数据也无真实安全可言,因此可用性还体现在数据访问方面。

(8) 效果性

效果性是指信息系统在企业管理应用中产生的效果,即信息系统的应用使生产、管理、产品、服务、财务、人力管理等方面的改善和提升。例如减少了产生时间,提高了资金周转率,降低了库存,增加了服务质量,扩大了产品种类等。

(9) 效率性

效率性是指信息系统的应用对提高企业的劳动生产率所做的贡献,如提升了工作效率、降低了人均成本等。

3. 信息系统审计方法

一种是狭义的审计方法,即认为审计方法是审计人员为取得充分有效的审计证据而采取的一切技术手段;另一种是广义的审计方法,即认为审计方法不应只是用来收集审计证据的技术,而应将整个审计过程中所运用的各种方式、方法、手段、技术都包括在审计方法的范畴之内。本书采用第二种观点,即审计方法是指审计人员为了行使审计职能、完成审计任务、达到审计目标所采取的方式、手段和技术的总称。审计方法贯穿于整个审计工作过程,而不只存于某一审计阶段或某几个环节。随着信息系统审计实践的丰富与信息系统审计理论的发展,信息系统审计除了运用传统审计的方法外,还大量借鉴了计算机学科的一些方法为我所用,如软件测试方法、电子取证方法等。

审计的基本方法有以下几种。

(1) 调查表法

审计过程中要进行大量调查。调查表由审计机构根据系统特点制定。

(2) 间接审计

间接审计是把系统作为一个黑盒子,通过调查系统的输入、输出来达到审计目的。审计员选些输入数据,测试其相应输出,如果结果吻合,精度有效,就认为工作情况合理。

(3) 直接审计

直接审计强调测试信息系统本身，而不完全是输出结果。审计员既要测试计算机操作和程序的处理是否合理，又要测试计算机内部处理是否准确。

直接审计的关键是设计一系列测试数据组，与正常业务数据一样由计算机处理。测试数据应有针对性，不向系统加进附加信息。测试数据由审计员保留，测试数据文件应放在专门的工作文件上，对数据库的记录进行增、删、改应在复制的副本上进行。

(4) 应用程序的审计审查

为了对程序逻辑进一步了解，发现问题，应审查程序。审计员要熟悉编程和各种报告的标准，要查阅程序说明书和源程序。检查程序逻辑时，首先注意 OPEN、CLOSE 语句，明确其用意。其次检查 IF、PERFORM、GO、TO 语句和 ACCEPT、CALL 一类语句。

4. 信息系统审计过程

信息系统审计由接受审计委托、评估审计风险、制订审计计划、收集审计证据、出具审计报告、后续工作等 6 个阶段组成，如图 5-5 所示。

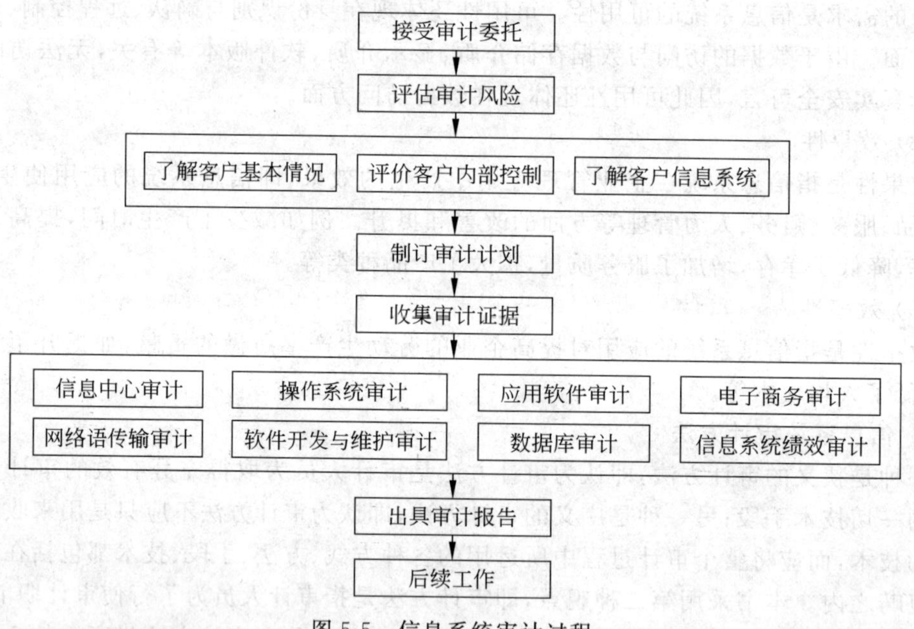

图 5-5 信息系统审计过程

(1) 接受审计委托阶段

如果信息系统审计师接受了信息系统审计业务的委托，则与委托人签订委托书，据此确认审计业务的委托与受托关系，明确委托的目的、审计范围及双方责任与义务等事项，最终形成书面合约。审计业务委托书一旦签订便具有了法定的约束力。

签订委托书时应当注意：信息系统审计职能或信息系统审计任务的目的、责任、授权方和义务应在委托书中予以正确记录。

委托书应在组织内的适当层次得到同意和通过。

(2) 评估审计风险阶段

信息系统审计师接受委托任务后，在了解被审计单位的基本情况、信息系统的现状以及内部控制情况的基础上，进行审计风险评估。一般采取现场了解、问卷调查、询问等方法。

(3) 制订审计计划阶段

信息系统的审计计划阶段是指从接受审计任务开始，到制订出审计实施方案、发出审计通知书为止的过程。

(4) 收集审计证据阶段

收集审计证据是执行信息系统审计工作的主要部分。信息系统审计师可以运用检查、复核、观察、查询、函证、白盒测试、黑盒测试、计算机取证等方法以获取审计证据。审计证据必须具备充分性、适当性和可信性。信息系统审计师应评估其审计期间所获得证据的充分性、适当性和可信性。如果觉得其所掌握的证据不足以达到以上标准，信息系统审计师应该获取更多的审计证据。

(5) 出具审计报告阶段

信息系统审计师应当对获取的审计证据进行分析和评价，以形成相应的审计结论。出具审计报告阶段是实质性审计工作的结束，包括整理、评价收集到的审计证据；编写审计报告；向被审计单位发出审计结论和建议等。

(6) 后续工作阶段

在报告审计发现和建议后，信息系统审计师必须获取和评估相关信息，对管理层是否已及时采取恰当的措施做出结论。如果管理层针对审计报告建议而提出的措施已经交换意见或提供给信息系统审计师，则应该把这些作为“管理层的反馈意见”写进最终的审计报告中。

5.2.5 信息系统评价

信息系统投入使用一段时间以后，需要对系统进行全面的评价。根据使用者的反映和运行情况的记录，评价系统是否达到了设计要求，指出系统改进和扩充的方向。系统评价的结果应写成系统评价报告。信息系统的评价内容包括总体水平、系统性能、经济效益等方面。系统的总体水平可以从信息系统的规模与先进性、系统功能的范围与层次、信息资源开发与利用的范围与深度、系统的质量、系统的安全与保密性、系统文档的完备性等方面进行考察。

由于信息系统处于不断的变化中，所以评价工作不是一项一次性的工作。系统评价应该定期进行，或每当系统有较大改进后进行。第一次评价应该在系统开发完成并投入运行一段时间，进入相对稳定状态后进行。第一次评价的结论一般作为系统验收最主要的依据。

信息系统的主要目的是给组织中不同层次的人员提供恰如其分、有效的信息，因此对管理工作的信息需求满足程度是信息系统评价的基本准则；技术水平的评价是信息系统评价中的另外一个重要因素。信息系统的技术水平和管理效益两者构成了系统的技术经济综合评价体系。

1. 技术水平评价体系

系统技术水平的评价可以根据系统预期目标，从系统的功能和性能等方面进行评价。

(1) 功能评价：根据用户提出的功能目标，检查系统功能的完成情况。除了检查系统的基本功能之外，还要重点检查系统的应变能力，即为满足企业长期战略目标，系统应该具备的柔性、应变能力和可扩展性。

(2) 性能评价：指系统在满足用户功能需求的前提下，系统的性能如何。系统性能具体包括系统的可靠性、适应性、效率、正确性、精确度、保密性、系统的可扩充性。系统的可靠性是指处于千变万化的社会环境中的信息系统面临着许多不确定的随机因素。信息系统应该具备从这些随机因素中去伪存真，发现反映事物本质的信息能力。

(3) 安全保密评价：安全性能始终是信息系统评价的重点之一。安全评价包括系统总体安全性、网络安全性、应用程序安全性和数据安全性。安全性具体要考虑窃取、病毒、恶意攻击等主要由外部破坏所引起的安全问题。另外还要考虑由系统自身的缺陷引起的安全问题，例如，由于突然断电所引发的数据丢失，由于操作不当而导致的数据混乱等。一个安全措施得当的系统应该考虑由所有细节引发的安全问题。

(4) 系统服务支持评价：不管信息系统应用软件的来源是什么，信息系统的维护始终是困扰系统正常运行的关键问题。系统服务支持具体包括合同执行、维护服务质量和信誉、合作精神、提供资料和文件情况等方面。

2. 管理效益评价体系

信息系统的效益评价主要是衡量系统对用户的影响，即信息系统的开发和运行给用户带来了多大的利益。评价信息系统的总体效益是十分困难的，因为信息系统的效益具有整体综合性、形式多样性和时间滞后性等特点，效益既有直接效益，又有间接效益，既可表现为经济效益，又可表现为社会效益。信息系统的直接效益主要是指组织管理活动中通过信息系统的开发利用所产生的直接收益，例如，组织的工作效率、劳动生产率的提高，对各种资源利用率的提高，产品产量的提高、质量的改善和成本的降低，以及对各级组织管理者的决策支持等。间接效益包括信息系统建立后对组织管理各方面的广泛影响，例如，信息系统对组织的经营发展战略和组织内部管理运行机制的影响，管理效果的优化，对组织管理模式和管理决策方法所产生的触动和改进，管理劳动性质的变化等。经济效益主要是指可以用经济指标定量核算的效益，而社会效益则涉及各种难以定量说明的益处。迄今为止，信息系统的效益评价主要是对其直接的经济效益进行评价。

评价信息系统直接经济效益的主要指标是年利润增长额和投资效果系数(或投资回收期)。利润是一项综合性的指标，它既反映了产量的增长，又反映了质量的提高和消耗的降低。实施信息系统后利润增加的计算公式为：

$$P = (A_2 - A_1) \div A_1 \times P_1 + (C_1 - C_2) \div 1\,000 \times A_2$$

其中，A_1、A_2 为实施信息系统前、后产品销售总额(千元)；C_1、C_2 为实施信息系统前、后每千元产品的费用(元)；P_1 为实施信息系统前产品销售的利润总额(千元)。

3. 系统评价报告

信息系统评价结束后应形成正式书面文件——系统评价报告。系统评价报告既是对新系统开发工作的评定和总结，也是今后进行系统维护工作的依据。评价报告的编写必须客观、细致。系统评价报告通常由引言(例如系统名称、功能等摘要，系统开发者、用户等背景信息，设计任务书，合同、文件资料等参考资料)、主体内容(性能指标评价、经济指标评价、系统管理水平评价)、参评单位和主要参评人、评价方法、时间等内容组成。

5.3 信息系统建设项目管理

5.3.1 信息系统建设项目的管理流程

信息系统建设项目的管理流程主要分为三个步骤：立项管理、项目实施管理和验收。项目立项是项目实施之前必不可少的程序，一般要经过必要性研究、可行性研究、评估论证等几个环节。立项管理包括以下几个方面的内容：需求调研、编写项目建议书、招投标管理。综合起来，信息系统建设项目的管理流程包括需求调研、编写项目建议书、招投标管理、项目实施管理和评价与验收。

1. 需求调研

为了进行必要性和可行性研究，就需要对信息系统的需求进行调查研究。需求调研是指对要解决的问题进行分析，弄清楚项目发起人及项目其他干系人的需求，待开发的信息系统要解决的问题及解决问题的方案，主要是确定待开发系统要做什么。需求调研要理清目标系统的综合要求，同时提出实现这些需求的条件以及应达到的标准。

需求调研如何开展呢？众所周知，组织要进行信息系统建设，必须要分析在管理与决策方面的信息需求。一般来讲，组织信息化包含四个方面的内容，分别是作业层的信息化、管理层的信息化、战略决策层的信息化和协作商务层的信息化。作业层的信息化包括：设计信息化，如计算机辅助设计等；生产信息化，如柔性制造系统等；作业监控信息化，如计算机辅助测试等；办公信息化，如 OA(办公自动化)等。管理层的信息化主要指覆盖组织各方面的管理信息系统，如 ERP(企业资源计划)等。战略决策层的信息化主要围绕支持组织赢得或保持竞争优势的长期战略规划展开，如决策支持系统、战略信息系统、专家系统等。协作商务层的信息化包括：电子数据交换、电子商务、供应关系管理、客户关系管理等。

组织的信息化需求有上述四个层次，从理论上来说，信息化应该由里而外，自下而上，只有这样数据才取自源头，真实有效。但实际上，组织的发展是不平衡的，出现的问题在各个层次上的分布也是不均匀的。所以，组织在进行信息化规划时，对信息化的建设应该作出先后安排，最好先解决组织的瓶颈问题，也就是说将组织的关键需求作为信息系统建设的突破口。因此，作为信息系统的开发人员，可以通过文献阅读、实地考察、发放调查问卷等方法来获得信息系统的需求。

2. 编写项目建议书

在信息系统项目的需求已经确定，对组织的基本情况又有所了解的情况下，系统建设人员就可以开始对项目进行必要性和可行性分析。信息系统建设必要性和可行性分析的目的，就是在项目建设之前，对项目的背景、意义、目标、开发内容、投资效益以及项目的社会效益等多方面进行全面的评价，对项目的技术、经济和管理可行性进行研究，编写项目建议书。

如果领导和管理人员没有紧迫感,没有认识到信息化对组织竞争力的支持,这个单位的信息系统也就很难开展起来。信息系统建设项目的必要性主要围绕信息系统对组织发展战略、管理和核心业务的支持来加以描述。

信息系统建设项目的可行性主要从技术、经济和管理与社会三个方面来分析。

技术可行性研究主要分析能否利用现有的或可能拥有的技术能力和人力资源等方面的条件来实现或满足信息系统项目的目标、功能、性能和其他要求,能否在规定的期限内完成整个信息系统项目的建设。这些都需要根据现有的技术水平进行认真的考虑。这里所说的现有技术水平,是指社会上已经比较普遍地使用了的技术,不包括尚在实验室里的新技术,对于组织文化体现为风险厌恶型的单位或者说相对保守的单位,那些还没有成为主流技术的产品也要尽量少考虑。

经济可行性研究包括对项目所需费用的预算和对项目收益的估算,它是从项目投资者的角度进行资本预算,评价项目的盈利能力。在估算的过程中,常见的问题是高估效益、低估成本,这也会使信息系统的真正盈利能力与实际有偏差。

管理与社会可行性研究是指组织的经营战略、管理思想和方法、业务流程是否与要建设的信息系统相匹配,也包括组织的人员是否认识到信息系统对组织发展的重要作用、他们是否愿意接受信息系统和他们的基本信息素质以及组织所处的社会环境等。因此,除了技术因素与经济因素之外,还有许多组织内部条件和社会环境因素对项目的开展起着制约作用。在分析信息系统建设项目的可行性时,还需要分析组织的内部条件和各种社会因素,才能确定项目是否可行。

项目建议书应该能够说明信息系统建设的目标和意义与信息系统的实现在技术、经济和管理条件方面的可行性,评述为了合理地达到建设目标而可能选择的各种方案,说明并论证所选定的方案。只有在项目建议书得到同行专家的认同、组织领导批准之后,项目才可以进行实施。

一个完整的项目建议书应该包括以下几个方面的内容。

(1) 引言

该部分的内容包括以下几个方面:介绍相关的项目背景;阐述组织的经营概况,包括组织现有的行业性质、质量保证体系、股东与股权、主营业务、经营目标、行业地位、客户类型、计算机总数等;列出本文档中用到的专门术语定义和外文首字母词组的原词组;列出所引用的参考资料。

(2) 对现有信息系统的分析

现有信息系统是指当前实际使用的信息系统,可能是计算机信息系统或人工信息系统。分析现有信息系统的目的是找出现有系统存在的问题,为论证建设新系统或更新现有系统的必要性奠定基础。

(3) 项目目标及意义

该部分内容就是项目建设的必要性分析。明确给出该项目的目标及实现目标的考核标准,阐述建设该项目对于组织生存与发展的重要意义。

(4) 新系统的需求和要求

说明要建设系统在功能、性能、输入、输出、处理流程和数据流程、安全和保密等方面的要求；说明对该信息系统建设中给出的条件、假定和所受到的限制；要建设的系统该如何评价，对信息系统进行评价时所使用的主要尺度等。

(5) 建议的新系统方案

该部分内容说明要建设系统的目标和要求将如何被满足。该部分内容包括：项目建设内容、建设的思路和技术方案，技术方面的可行性分析。

(6) 可选择的其他系统方案

简要说明曾考虑过的每一种可选择的系统方案，包括需开发的和可以从国内外直接购买的。当没有可供选择的系统方案时，应该在文中说明。

(7) 投资及效益分析

该部分内容包括：项目投资规模、收益、投资/收益比、投资回收周期、敏感性分析等，即经济可行性分析。

(8) 管理与社会方面的可行性

本部分用来说明组织内部的管理条件和社会各影响因素方面的可行性分析结果，包括法律方面的可行性和使用方面的可行性等。

(9) 结论

根据前面的研究结果，对项目在需求、技术、经济、管理和社会因素上进行全面的评价，对建设方案进行总结，提出结论性意见和建议。结论可以是以下几种：必要，可以立即开始进行；必要，需要推迟到某些条件落实之后才能开始进行；必要，需要对开发目标进行某些修改以后才能开始进行；必要，但不可能进行；不必要进行。

3. 招投标管理

如果信息系统的建设采用外包或者外购的方式，就需要对信息系统建设项目进行招标和投标。“招标”是买方的工作，是为了选择适合建设方的供应商、方案和产品；“投标”是卖方的工作，是供应商根据建设方的要求向建设方展示其方案、产品和服务等，旨在赢得建设方的信任并成为项目承建者。因此招投标管理是信息系统建设项目的重要环节，它直接关系到合作伙伴的选择，甚至项目的成败。

4. 项目实施管理

项目实施管理是对项目整个实施过程的管理，它包括支撑环境建设管理、应用软件采购或开发管理、测试管理、切换管理和运行管理。

(1) 支撑环境建设管理

支撑环境建设主要包括采购招标、网络施工、系统软件选择以及支撑环境集成调试。其管理方案可以应用工程项目管理思路来制定。

(2) 应用软件采购或开发管理

信息系统应用软件可以通过采购集成和定制开发等方法完成。当市场上有适合建设方的成熟应用软件产品，一般选择采购集成，否则选择定制开发。

对于采购集成，应用软件可以根据功能需求从多家供应商处采购，然后开发接口进行应用软件集成，最后再与支撑环境集成。要想集成一个无缝、高效、实用的系统，其管理的重要性不言而喻。此情形，开发管理主要侧重于选择软件供应商、软件产品、服务，接口开发和集成等关键环节。

对于定制开发又有多种方式，可根据建设方的资源情况、技术力量、外部环境等因素选择，不论采用哪种方式，都需要建设单位领导和业务人员参加。信息系统应用软件开发方式主要有：委托开发，从用户的角度讲，这种开发方法其管理最简单(因为管理由开发方承担)，开发系统的技术水平较高，但是此方法的开发费用较高，往往用户需求开发方难以准确把握，需要开发单位长期维护；自主开发，该方法的好处是可以得到适合本单位的满意系统，便于维护且开发费用较少，但是建设单位承担的管理任务复杂，专业性不高，开发周期较长，需要足够的技术力量，系统优化不够，维护工作的持续性面临挑战，这种方法适用于拥有较强信息技术队伍的企业；联合开发，适合建设单位有一定的技术人员，但可能对信息系统的开发方法不太熟悉，系统优化能力较弱，希望通过信息系统开发完善和提高自己的技术队伍，便于后期维护工作的开展，但是在合作的工程中，如何协调双方的工作和利益及保障良好的沟通是项目成功与否的关键问题。

因此，信息系统应用软件开发具备一般项目的特点，有一定的任务范围和质量要求，有时间和进度要求及资源经费的限制，因此可以引入项目管理的思想和方法对信息系统的开发进行管理。但因建设方式不同，开发或采购管理的内容、重点都不同，完成的主体和任务分担也不同。

(3) 测试管理

信息系统测试是整个信息系统建设过程中非常重要的阶段。它是保证系统质量和可靠性的关键步骤，是对系统开发过程中的系统分析、系统设计和实施等各阶段的检查，也是对缝合后的系统与支撑环境的融合的完整检查。测试内容包括软件可靠性、准确性、安全性等，软件功能对用户需求的满足性，软件系统集成与软硬系统集成的可靠性和操作方便性等，整个系统的抗突发事件能力。虽然在开发过程中，采用了许多保证信息系统质量和可靠性的方法，但难免会产生很多错误。

目前，测试软件有三种手段：正确性证明、静态检查和动态检查。程序正确性证明是软件测试的最可靠的方法，但因其难度大和工作量重，近期内还难以用于大型信息系统软件。静态检查是人工评审软件文档或程序，发现其中的错误，测试强调要有非开发人员参加。动态检查就是通过控制程序运行，从多种角度观察程序运行时的行为，发现其中的错误。

测试管理可根据建设方式不同，选择测试手段，然后制定管理控制方案，对测试任务、内容、文档及其涉及的人、财、物和事件进行管理。

(4) 切换管理

信息系统切换就是用新系统替换老系统，切换工作主要包括信息准备、人员培训、组织机构的改造和调整、系统安装调试、系统控制权全部移交用户单位以及有关资料的建档和移交等。系统转换的方式有四种：直接转换、平行运行、试运行方式和逐步转换。这些方式也可混合使用，主要视系统建设单位的具体情况和信息系统的特点来确定。切换管理方案需根据切换方式和内容，应用项目管理方法来制定。

（5）运行管理

信息系统的日常运行管理是为了保证系统能够长期有效地运转而进行的活动。一旦信息系统开始交付使用，其主要任务就是对信息进行管理和维护。运行管理工作就是对信息系统的运行进行实时监控、记录运行状态、进行必要的修改和功能扩展，使信息系统真正符合管理决策的要求，为高层管理者服务。

信息系统的运行管理工作是研制工作的后续。只有做好了信息系统的运行管理工作，信息系统才能够按照预期的目标实现其各部分的功能。

5. 评价与验收

信息系统项目在投入使用一段时间后，需要对系统进行全面的评价和验收，根据使用者的反映和运行情况的记录，评价系统是否达到了设计要求，指出系统改进和扩展的方向。系统评价的结果是系统评价报告。

信息系统项目的评价包括以下内容：系统实际实现的功能和设计的差距，使用者付出的时间和资金是否在控制的范围内，系统资源的利用率；系统的响应时间和用户友好性；系统的使用效果，系统提供信息的及时性、准确性和完整性以及用户对系统所提供信息的满意程度；系统的性能、可靠性和可扩充性；系统的社会经济效益。

5.3.2 信息系统建设项目的计划管理

1. 信息系统建设项目计划编制步骤

编写一个完整的信息系统建设项目计划，主要分为以下几个步骤。

（1）确定目标。

（2）分解任务：应用工作分解结构图。

（3）建立逻辑关系图：表述各项任务的逻辑关系。

（4）为任务分配时间。

（5）确定项目组成员可支配的时间。

（6）为任务分配资源并进行平衡。

（7）确定管理支持性任务。

（8）重复以上过程直到完成。

（9）汇总计划。

2. 信息系统建设项目计划编制工具

（1）WBS

WBS(Work Breakdown Structure，工作分解结构)是将项目任务按其内在结构或者实施过程的顺序逐步进行分解而形成的结构示意图。为了说明 WBS 如何应用，以某公司 CRM(customer relationship management，客户关系管理)信息系统项目建设为例，依照上述规则编制的 WBS 图如图 5-6 所示，其责任预算 WBS 编码表如表 5-2 所示。

（2）线形责任表

将某公司 CRM 项目建设的工作分解结构图、责任预算 WBS 编码表与项目组织机构图相对照，明确任务分配，落实责任，形成线形责任表 LRC，如表 5-3 所示，其中 P 表示负责人(主要责任人)，S 表示参与者(次要责任人)。

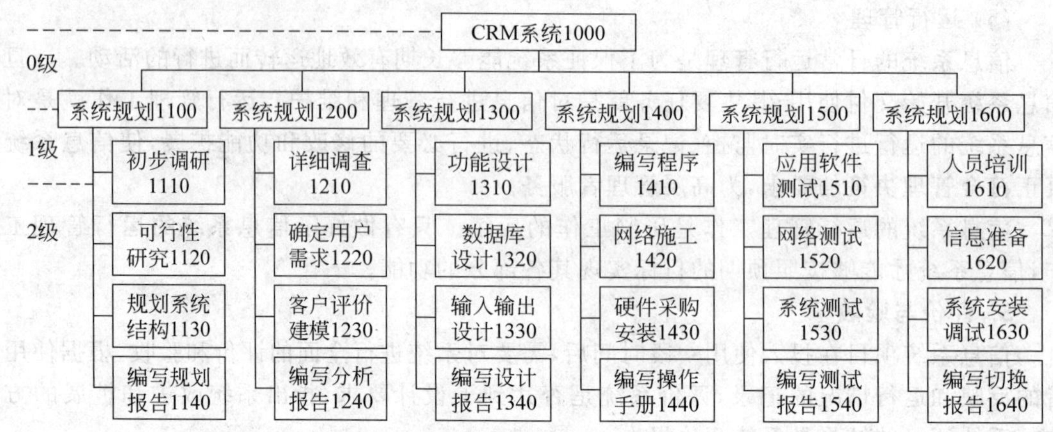

图 5-6 某公司 CRM 项目建设的 WBS 图

表 5-2 某公司 CRM 项目建设的责任预算 WBS 编码表

WBS 编码	预算/万元	责任者	WBS 编码	预算/万元	责任者	WBS 编码	预算/万元	责任者
1000	23.8	王诚						
1100	1.7	王诚	1300	2.5	明鸣	1500	1.8	戴瑛
1110	0.4	王诚	1310	0.5	明鸣	1510	1.0	戴瑛
1120	0.3	李翼	1320	0.8	薛玉	1520	0.2	李彭
1130	0.7	李明	1330	0.6	殷民	1530	0.2	杨影
1140	0.3	薛玉	1340	0.6	袁梦	1540	0.4	李季
1200	3.9	周飞	1400	12.4	娄广	1600	1.5	娄广
1210	1.0	周飞	1410	1.5	娄广	1610	0.3	娄广
1220	0.5	赵龙	1420	2.4	薛玉	1620	0.6	薛玉
1230	2.0	钟军	1430	8.0	吴勇	1630	0.2	杨影
1240	0.4	周飞	1440	0.5	李翼	1640	0.4	李翼

表 5-3 某公司 CRM 项目建设的线形责任表

责任者 / WBS	王诚	李翼	李明	周飞	赵龙	钟军	明鸣	薛玉	殷民	袁梦	娄广	吴勇	戴瑛	李彭	杨影	李季
1000CRM 系统	P			S			S				S		S			
1100 系统规划	P	S	S					S								
1110 初步调研	P			S				S			S					
1120 可行性研究	S	P						S								
1130 规划系统结构	S		P					S								
1140 编写规划报告	S							P								

续表

责任者 WBS	王诚	李翼	李明	周飞	赵龙	钟军	明鸣	薛玉	殷民	袁梦	娄广	吴勇	戴瑛	李彭	杨影	李季
1200 系统分析				P	S	S										
1210 详细调查			S	P			S				S					
1220 确定用户需求				S	P											
1230 客户评价建模						P	S									
1240 编写分析报告				P	S	S										
1300 系统设计							P	S	S	S						
1310 功能设计					S		P									
1320 数据库设计							S	P								
1330 输入输出设计	S	S		S			S		P							
1340 编写设计报告							S			P	S					
1400 系统实现		S						S			P	S				
1410 编写程序								S			P	S	S			
1420 网络施工							S	P			S					
1430 硬件采购安装								S			S	P				
1440 编写操作手册		P									S					
1500 系统测试													P	S	S	S
1510 应用软件测试							S	S	S				P			
1520 网络测试								S				S		P		
1530 系统测试				S				S			S	S			P	
1540 编写测试报告													S	S	S	P
1600 系统切换		S						S			P				S	
1610 人员培训		S									P	S				
1620 信息准备								P			S	S				
1630 系统安装调试											S	S			P	
1640 编写切换报告		P		S							S					

(3) 项目行动计划表

为了实现项目目标，将某公司 CRM 项目建设有关的一系列活动或者任务进行细分，并按内在的层次关系将所需的资源、前项任务、持续时间等，加以描述形成项目行动计划表，如表 5-4 所示。

表 5-4 某公司 CRM 项目建设的项目行动计划表

活　动	代号	小　活　动	活动持续时间	负责人	紧前活动
系统规划	A	1. 初步调研	01 月 04 日—01 月 17 日	王诚	
	B	2. 可行性研究	01 月 04 日—01 月 24 日	李翼	
	C	3. 规划系统结构	01 月 25 日—01 月 31 日	李明	A,B
	D	4. 编写规划报告	02 月 01 日—02 月 07 日	薛玉	A,B,C
系统分析	E	5. 详细调查	02 月 08 日—03 月 14 日	周飞	D
	F	6. 确定用户需求	02 月 08 日—03 月 28 日	赵龙	D
	G	7. 客户评价建模	02 月 22 日—03 月 28 日	钟军	F
	H	8. 编写分析报告	03 月 29 日—04 月 18 日	周飞	E,F,G
系统设计	I	9. 功能设计	04 月 19 日—05 月 02 日	明鸣	H
	J	10. 数据库设计	04 月 26 日—05 月 16 日	薛玉	H
	K	11. 输入输出设计	05 月 17 日—05 月 30 日	殷民	I,J
	L	12. 编写设计报告	05 月 31 日—06 月 27 日	袁梦	I,J,K
系统实现	M	13. 编写程序	06 月 28 日—08 月 22 日	娄广	L
	N	14. 网络施工	07 月 26 日—08 月 22 日	薛玉	L
	O	15. 硬件采购安装	08 月 23 日—09 月 26 日	吴勇	L
	P	16. 编写操作手册	09 月 20 日—10 月 10 日	李翼	M,N,O
系统测试	Q	17. 应用软件测试	10 月 11 日—10 月 24 日	戴瑛	P
	R	18. 网络测试	10 月 11 日—10 月 24 日	李彭	P
	S	19. 系统测试	10 月 25 日—11 月 07 日	杨影	Q,R
	T	20. 编写测试报告	11 月 08 日—11 月 14 日	李季	Q,R,S
系统切换	U	21. 人员培训	11 月 15 日—11 月 28 日	娄广	T
	V	22. 信息准备	06 月 14 日—12 月 12 日	薛玉	L
	W	23. 系统安装调试	11 月 15 日—12 月 12 日	杨影	P,T,V
	X	24. 编写切换报告	12 月 13 日—12 月 19 日	李翼	U,V,W

5.3.3 信息系统建设项目的进度管理

信息系统建设项目管理的首要任务是制订一个科学合理的项目计划，以确定项目的范围、进度和费用安排。在给定的时间内完成项目是项目的重要约束条件，能否按进度交付也是衡量项目是否成功的重要标志之一。进度管理是计划顺利实施的保障，良好的进度控制有利于项目按时按质完成，合理控制费用，协调资源有效利用。

在实际的工作中，各种各样的原因都会导致进度失控，因此对项目的进度进行有效控制是项目管理的重要内容。项目进度控制的主要依据是项目计划书和项目进展报告。

1. 信息系统建设项目进度计划

项目进度计划是进行项目进度控制的基准和依据，由项目负责人带领项目团队集体制作完成。项目进度计划是在 WBS、线性责任表、项目行动计划表的基础上对项目、活动做出的一系列时间安排计划，并借助于图表来描述，常用的项目进度计划表示方法有以下几种。

(1) 关键日期表法：列出关键活动和进行的日期。

(2) 甘特图法：线条图或横道图。以横线来表示每项活动的起止时间。甘特图法示例如表 5-5 所示。

(3) 网络计划技术：关键路线法 CPM 和计划评审法 PERT。

表 5-5　某公司 CRM 项目建设的项目进度计划表

活　动	负责人	时间(周)									
		0—5	6—10	11—15	16—20	21—25	26—30	31—35	36—40	41—45	46—50
系统规划	王诚	■									
系统分析	周飞		■	■							
系统设计	明鸣				■	■					
系统实现	娄广						■	■	■		
系统测试	戴瑛									■	
系统切换	娄广										■

2. 信息系统建设项目进度的变更管理

(1) 信息系统建设项目变更管理过程

项目进度计划是项目管理人员对项目的阶段成果完成情况进行监控的依据，如果因为某种原因导致项目各活动完成时间发生变动，项目负责人应该提前申请并做好计划的变更，以利于项目后期顺利开展。在信息系统项目建设过程中，往往会因为多种原因导致项目的活动早于或晚于计划进度，或者已经发生的阶段成本低于或高于计划成本，这就需要对项目计划进行变更。信息系统项目进度控制与变更管理过程如图 5-7 所示。

在信息系统项目执行过程中需要变更调整时，一般从以下三个方面着手：①对近期内即将发生的活动加强控制，积极挽回时间和成本，以期做到早控制早主动；②对工期估计较长或预算较大的活动进一步研究，以期减少这些活动的时间和成本消耗；③进一步细化可细分的未来活动，加强细化活动的并行或知识重用，以期有效压缩时间和费用。

(2) 信息系统建设项目执行偏差测算

为了便于发现偏差，各项目进度计划表示方法中给出了相应办法，例如甘特图法可以用另外一种颜色来表示实际行动的进度；关键路线法可以用网络图按照最短周期、最小成本或最小资源消耗等寻找关键路径进行控制。直观的方法便于定性管理，但有时容易被管理者忽视，下面引入累计预算成本、累计实际成本和累计盈余量等三个定量指标来监控项目的进度和成本，以发现项目进度控制中的偏差，启发定性管理。

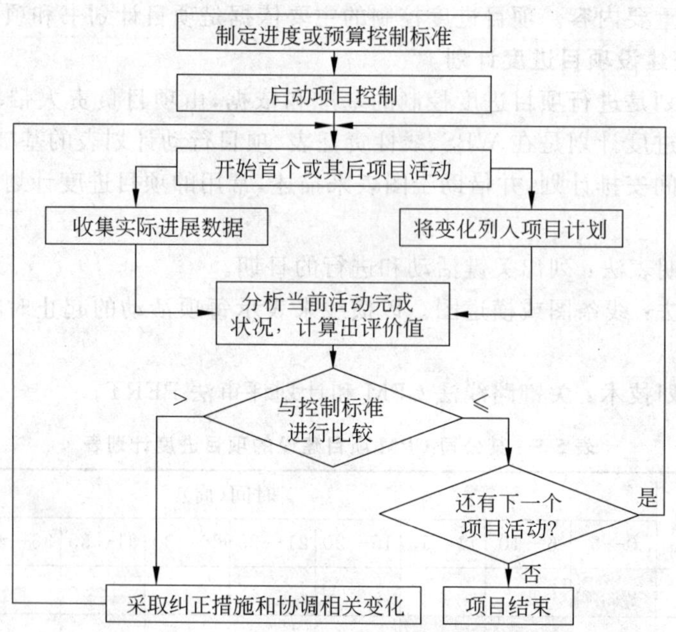

图 5-7 信息系统建设项目控制与变更管理过程

累计预算成本(cumulative budged cost,CBC)是指从项目启动到当前活动之间的所有活动预算成本之和。累计实际成本(cumulative actual cost,CAC)是指从项目启动到当前活动之间的所有活动实际发生的成本之和。累计盈余量(cumulative earned value,CEV),是指从项目启动到当前活动之间的所有活动实际产生的总盈余量,而盈余量=完工比例×该活动总的分摊预算,是用来衡量实际工作价值的。这里仍以前述的某公司CRM项目建设为例来说明这些定量指标的计算和应用,详细数据如表5-6～表5-10所示。

表 5-6 某公司 CRM 项目建设的每期分摊预算成本与累计预算成本表 单位:万元

活　动	时间(周)										分活动小计
	0—5	6—10	11—15	16—20	21—25	26—30	31—35	36—40	41—45	46—50	
系统规划	1.7										1.7
系统分析		2.4	1.5								3.9
系统设计				1.5	1.0						2.5
系统实现						2.6	7.5	2.3			12.4
系统测试									1.8		1.8
系统切换										1.5	1.5
分期小计	1.7	2.4	1.5	1.5	1.0	2.6	7.5	2.3	1.8	1.5	23.8
CBC	1.7	4.1	5.6	7.1	8.1	10.7	18.2	20.5	22.3	23.8	

表 5-7　某公司 CRM 项目建设的每期实际成本与累计实际成本表　　单位：万元

活　动	时间(周)										分活动小计
	0—5	6—10	11—15	16—20	21—25	26—30	31—35	36—40	41—45	46—50	
系统规划	1.5	0.4									1.9
系统分析		2.2	1.4	0.6							4.2
系统设计				1.0	1.2	0.2					2.4
系统实现					0.3	2.6	6.5	2.3			11.7
系统测试								0.5	1.2	0.2	1.9
系统切换									0.5	1.2	1.7
分期小计	1.5	2.6	1.4	1.6	1.5	2.8	6.5	2.8	1.7	1.4	23.8
CAC	1.5	4.1	5.5	7.1	8.6	11.4	17.9	20.7	22.4	23.8	

表 5-8　某公司 CRM 项目建设的每期完工比例表　　单位：%

活　动	时间(周)										分活动小计
	0—5	6—10	11—15	16—20	21—25	26—30	31—35	36—40	41—45	46—50	
系统规划	80	100	100	100	100	100	100	100	100	100	1.9
系统分析		65	80	100	100	100	100	100	100	100	4.2
系统设计				50	90	100	100	100	100	100	2.4
系统实现					20	60	80	100	100	100	11.7
系统测试								30	90	100	1.9
系统切换									30	100	1.9

表 5-9　某公司 CRM 项目建设的每期累计盈余量表　　单位：万元

活　动	时间(周)										分活动小计
	0—5	6—10	11—15	16—20	21—25	26—30	31—35	36—40	41—45	46—50	
系统规划	1.36	1.70	1.70	1.70	1.70	1.70	1.70	1.70	1.70	1.70	1.70
系统分析		2.54	3.12	3.90	3.90	3.90	3.90	3.90	3.90	3.90	3.90
系统设计				1.25	2.25	2.50	2.50	2.50	2.50	2.50	2.50
系统实现					2.48	7.44	9.92	12.40	12.40	12.40	12.40
系统测试								0.54	1.62	1.80	1.80
系统切换									0.45	1.50	1.50
CEV	1.36	4.24	4.82	6.85	10.33	15.54	18.02	21.04	22.57	23.80	

表 5-10 某公司 CRM 项目建设的三指标比较表 单位：万元

活 动	时间(周)										分活动小计
	0—5	6—10	11—15	16—20	21—25	26—30	31—35	36—40	41—45	46—50	
CBC	1.7	4.1	5.6	7.1	8.1	10.7	18.2	20.5	22.3	23.8	
CAC	1.5	4.1	5.5	7.1	8.6	11.4	17.9	20.7	22.4	23.8	
CEV	1.36	4.24	4.82	6.85	10.33	15.54	18.02	21.04	22.57	23.80	
项目控制评价	C	A	C	C	B	B	A	B	B	B	

在表 5-10 中除了三指标值外，还包括项目控制评价，评价分为 A、B、C、D 四档，是三指标值比较得出的结论。当 CAC≤CBC 且 CEV≥CAC 时，评价为 A 档，即成本和进度得到良好控制；当 CAC＞CBC 但 CEV≥CAC 评价为 B 档时，即成本虽大但进度快；当 CAC≤CBC 但 CEV＜CAC 时，评价为 C 档，即成本虽小但工期拖延；当 CAC＞CBC 且 CEV＜CAC 时，评价为 D 档，即成本加大且工期拖延。

此外，还可以引入成本绩效指数(CPI)和成本差异(CV)等指标来度量实际成本与产生盈余量差异程度。CPI＝CEV/CAC，例如 $CPI_{26-30}=1.36$；CV＝CEV－CAC，例如 $CV_{26-30}=4.14$ 万元。CPI 越接近 1，表示差异越小；CV 绝对值越大表示差异越大，CV 为正值表示盈余大，CV 为负值表示盈余小。

(3) 信息系统建设项目变更控制方法

根据上述评价，当评价结果为 C 或 D 时，就需要对信息系统建设项目进行计划变更，从而保证项目顺利实施。要保证项目目标按期完成，可以通过加大投入来缩短工期，最常用的变更控制方法就是时间-成本平衡法。时间-成本平衡法是以最低的成本增加来缩短项目工期的方法，它主要基于 5 个假设。

假设 1：每项活动都有两组工期和成本估计。这两组工期和成本是正常时间和应急时间、正常成本与应急成本。正常时间指在正常条件下完成某项活动所需的估计时间，应急时间指完成某项活动所需的最短估计时间。正常成本指在正常时间内完成某项活动所需的预计成本，应急成本指在应急时间内完成某项活动所需的预计成本。记活动(i,j)的正常时间为 $T_{N(i,j)}$、应急时间为 $T_{C(i,j)}$、正常成本为 $C_{N(i,j)}$、应急成本为 $C_{C(i,j)}$。

假设 2：项目成本的增加与活动进展的加快密切相关。通过投入更多的资源即增加成本(例如增派更多的人员或换上高技术人员、延长员工工作时间、使用更多的设备、支付加急费用等)，可以使某活动的工期从正常时间减至应急时间。

假设 3：应急时间是确保活动按质量完成的时间下限。即当到达某项活动的应急时间时无论对该项活动投入多少额外的资源，也不可能在比应急时间更短的时间内完成该项活动。

假设 4：如果需要将活动的预计工期从正常时间缩至应急时间，则必须有足够的资源保证。

假设 5：在活动的正常时间点和应急时间点之间，时间和成本之间呈线性比例关系。如果将每项活动的预计工期从正常时间缩至应急时间，则各项活动都有自己的单位时间

加急成本。如果将活动(i,j)的单位时间加急成本记为$C_{T(i,j)}$，则

$$C_{T(i,j)}=\frac{C_{C(i,j)}-C_{N(i,j)}}{T_{N(i,j)}-T_{C(i,j)}}$$

例如，图5-8是一个项目的网络图，表5-11列出了其各项活动的时间、成本和单位时间加急成本。

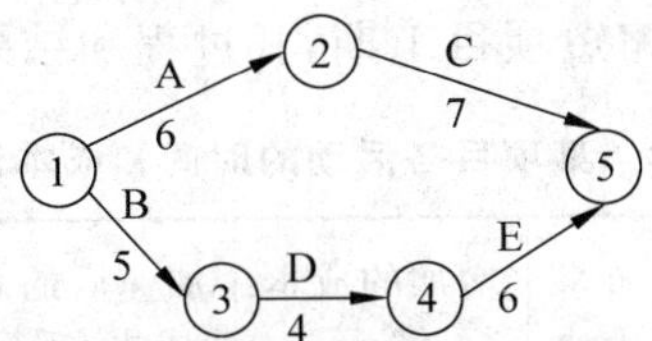

图5-8　某项目的网络图

表5-11　某项目各活动的时间和成本计划表

活动(i,j)	活动代号	$T_{N(i,j)}$	$T_{C(i,j)}$	$C_{N(i,j)}$	$C_{C(i,j)}$	$C_{T(i,j)}$
(1,2)	A	6	4	30	50	10
(1,3)	B	5	4	20	24	4
(2,5)	C	7	5	25	39	7
(3,4)	D	4	3	15	20	5
(4,5)	E	6	4	30	42	6

注：时间、成本、单位时间加急成本的单位分别为周、千元、千元/周。

该例中，从开始到完成有两条路线，即Ⅰ：①→②→⑤和Ⅱ：①→③→④→⑤。如果按正常时间估计，则路线Ⅰ需要13周，路线Ⅱ需要15周，因此路线Ⅱ是关键路径，表明该项目的正常完成时间是15周，其总成本是所有活动的正常成本之和为120千元。如果按应急时间估计，则路线Ⅰ需要9周，路线Ⅱ需要11周，即项目的应急完成时间为11周，其总成本是所有活动的应急成本之和为175千元。

一般情况下，项目经理关注的是关键路线的工期，因为加速非关键路线上的活动的进展不能缩短项目的完成时间，只会增加成本。时间-成本平衡法的目标就是通过压缩那些使总成本增加最少的活动的工期，来追求缩短整个项目的完成工期。因此，在每次平衡一个时间段时，尽量选择关键路线上那些有最低单位时间加急成本的活动。

如果想将项目工期从15周降至14周，关键路线是Ⅱ。在路线Ⅱ中，加速活动B的单位时间加急成本为4千元/周，比活动D和E低，且活动B尚未达到应急时间存在优化空间，因此如果将活动B加速1周，则项目的总工期缩短1周，总成本增加4千元，达到124千元。

如果再将项目工期从14周降至13周，关键路线仍是Ⅱ。在路线Ⅱ中，尽管加速活动B的单位时间加急成本为4千元/周，比活动D和E低，但活动B已达到应急时间无优化空间，此时只能选择相对单位时间加急成本为5千元/周的活动D，因此如果将活动D加速1周，则项目的总工期缩短1周，总成本增加5千元，达到129千元。

如果再将项目工期从13周降至12周，这时路线Ⅰ和路线Ⅱ的工期都是13周，两条

路线都是关键路线，要使项目工期缩短1周，两条路线都必须加速1周。根据前述的规则，在路线Ⅰ中，选择活动C，加速1周成本增加7千元；在路线Ⅱ中，选择活动E，加速1周成本增加6千元，如此则项目的总工期从13周降至12周，总成本增加13千元，达到142千元。

如此类推，直至项目工期降至11周，达到极限即起始关键路线Ⅱ的应急工期，其后继续加速，只能增加成本，而不能缩短项目工期，其过程和结果如表5-12所示。

表5-12 某项目各活动的时间和成本计划表

项目总工期(周)		加速前的关键路线	被加速的活动	增加的成本/千元	加速后的总成本/千元	说明
加速前	加速后					
15		Ⅱ			120	正常估计
15	14	Ⅱ	B	4	124	活动B已到应急时间
14	13	Ⅱ	D	5	129	活动B、D已到应急时间
13	12	Ⅰ、Ⅱ	C、E	13	142	
12	11	Ⅰ、Ⅱ	C、E	13	155	活动B、C、D、E已到应急时间
11	11	Ⅰ、Ⅱ	A	10	165	只增加成本
11	11	Ⅰ、Ⅱ	A	10	175	所有活动已到应急时间

5.3.4 信息系统建设项目的成本管理

信息系统建设项目的成本是指为实现项目目标所耗用资源的成本综合。信息系统建设项目成本由直接成本和间接成本构成，间接成本包括管理成本，是指为了组织管理和控制项目所发生的成本。

影响项目成本的因素非常多，在不同环节各因素的影响也不尽相同，其中起主要作用的是质量、进度和范围，它们对成本的影响不但突出而且关联性强。质量的好坏与成本的大小成正比关系，质量要求越高，完成项目需要耗费的资源就越多，项目的持续时间也越长，成本就越高。进度对于成本的影响和质量对成本的影响相似。进度越快，成本会越高。因为较快的进度通常是以加班、高价进料和提高工资等为代价。一般来说，每个项目都存在一个最佳进度，其成本最低，但是实际上这个最佳进度很难把握。项目范围界定了完成项目的工作内容，它同时也界定了成本发生的范围和数额，项目成本随着项目范围的扩大而增加。

信息系统建设项目成本管理是在整个信息系统项目的开发和实施过程中，为确保项目在批准的预算条件下尽可能按质按期完成，而对所需的各个过程进行管理和控制。项目成本管理包括成本估算、成本预算和成本控制三个方面：成本估算是对完成项目所需资源的总体估算和计划，是项目计划中的一个重要环节；成本预算是将估算的总成本分配到项目的各个活动，建立成本基准计划以衡量项目绩效；成本控制是指控制项目预算的变更，保证各项活动在各自的预算范围内进行。

1. 成本估算

成本估算是项目决策、资金筹集和评标定标的依据，是承包商报价的基础，是项目进度计划编制、项目资源安排和绩效考评的依据。

信息系统软件项目成本估算工作内容主要包括：

(1) 根据待开发信息系统软件的特征及以往相近项目的基础数据进行软件规模测算。

(2) 根据信息系统软件的成本构成结合同类项目的数据分析，进行软件成本测算。

(3) 根据对待开发信息系统软件的风险分析，测算风险控制和规避成本。这是因为信息系统软件开发存在一些不确定性。

除信息系统软件项目的直接成本外，项目成本估算还需要考虑间接成本，因为管理成本弹性过大，对项目总成本的影响也较大。影响管理成本的因素包括：需求的不确定性、计划的不落实性、规模和工作量的不确定性、人员属性、外部环境属性等。

在进行成本估算时，不但要坚持资产评估操作程序中规定的各项原则，还应该坚持真实性、预见性、透明性、适应性、可操作性和规定性的原则。估算过程如图 5-9 所示。

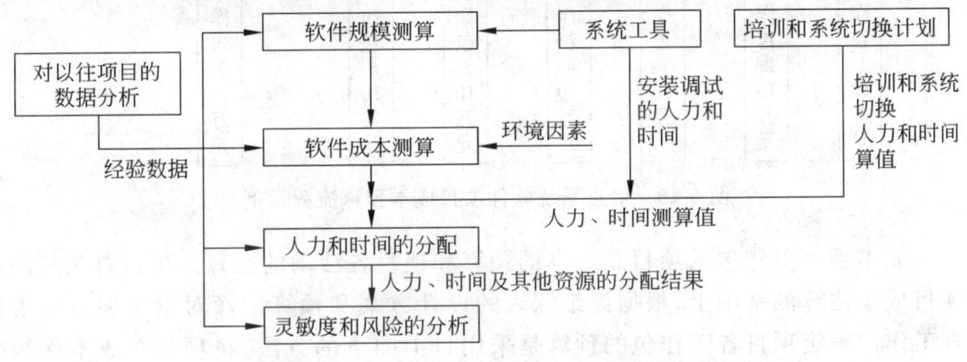

图 5-9 信息系统软件项目成本估算过程

信息系统项目成本估算的方法：

(1) 类比估算：是一种在成本估算精确程度要求不高的情况下使用的方法，也叫专家判断法。将以前的相似项目的成本作为当前项目成本估算的依据。该方法简便易行，但准性差。

(2) 自顶向下估算：该方法根据项目中上层管理人员的经验判断。这种方法使得对项目总体成本的估算相对比较容易，同时还能避免某些任务被过分重视、某些重要的任务被忽视。但是当下层人员发现问题时，信息不能高效顺畅地由下层传到上层，使得估算的操作出现困难。

(3) 自底向上估算：该方法先估算单个活动成本，然后从下往上汇总成总体项目成本。项目所需成本由直接参与项目建设的人员估算出来，他们更了解每个子项目所需要的资源。但是一般情况下，下层的工作人员为了规避风险，会夸大自己负责的活动的成本，这样就会导致估算成本高于实际成本。因此，对于传统的项目，自底向上的估算比较少见。

(4) 折中估算：一般来说，在实际应用中，管理层的估算要比项目执行人低。因为管理层不了解工作细节，低估了工作中可能遇到的困难和问题，而且为了适应市场或上层管理者的需求，他们也习惯低估成本。但是项目执行人更倾向于高估成本。因此只有经过坦诚的沟通和协商，对管理层和项目执行人的估算进行折中，使得估算成本与双方估计的成本更接近。项目成本估算中的这种协商非常重要，只有这样才能避免项目成本估算偏离实际成本太远。

2. 成本预算

信息系统软件项目成本预算是进行成本控制的基础，它负责为项目活动分配预算，确定成本定额和项目总预算，规定项目不可预见费用的划分与使用规则等。图 5-10 给出了信息系统软件项目成本预算流程示例。

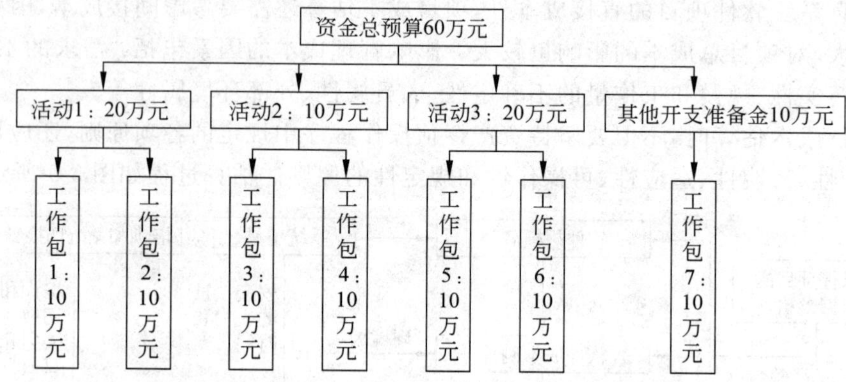

图 5-10 信息系统软件项目成本预算流程示例

项目成本预算工作包括项目总成本的预算和项目各活动的预算。项目总预算的确定是在项目成本估算的基础上，根据详细深入的设计方案和预算定额对整个项目成本作再次估算工作。确定项目各工作包的预算是采用自上向下的方法，将项目总成本逐级分摊到项目的各个活动，然后再根据各个活动的工作包构成，将活动的成本分摊到各个工作包。

3. 成本控制

信息系统建设项目成本控制需要与项目进度控制结合起来才能有效地进行。成本控制是对信息系统建设项目实施过程中所消耗的成本费用使用情况进行监督、管理和控制，发现实际成本和成本计划的偏差，分析偏差产生的原因，阻止不正确、不合理和未经批准的成本变更，获取项目变更的各种信息。进行成本控制必须依据成本基准、进展报告、变更请求和成本管理计划来进行。

由于信息系统建设项目的特殊性，使项目成本完全按照项目预算进行几乎是不可能的。信息系统建设项目的需求不确定，采用的技术较先进，因此技术风险较大，开发人员的积极性和工作效率不像其他行业的项目那样可以准确地预测等都有可能加大项目成本控制的难度和风险。

信息系统建设项目成本控制主要实现以下目标。

(1) 提高项目的管理水平，对各项目要素进行优化配置。

(2) 帮助项目团队发现更为有效的项目建设方法，对各项目要素进行优化组合，降低项目成本。

（3）帮助项目管理人员进行经济核算，提高经济效益。

5.3.5 信息系统建设项目的人力资源管理

人力资源管理是信息系统建设项目管理的重要组成部分。信息系统建设项目的人力资源管理是指对参与项目的所有人员和最有效地使用这些人员的所有过程的管理。参与项目的人员即项目的利益相关者，包括赞助人、顾客、合伙人、供应商/分包商和项目团队成员等。

1. 信息系统建设项目团队的组建

项目团队组建过程包括两步：首先选取合适的人员组成团队；然后建设团队以发挥个人和团队的整体积极性。

信息系统建设项目团队组建成败的关键因素是项目经理的选择，他在项目管理中起决定性的作用。在实际工作中，我们可以通过以下三种方式找到合适的经理人选：企业高层领导委派、企业和用户协商选择和竞争上岗。项目经理应该具有丰富的项目管理经验，专业技能熟练且具有较强的领导能力。

项目成员对项目的进展也起着重要的作用，项目成员的选择一般是采用招聘的形式。IT 行业是智力密集型产业，因此人才在 IT 企业中占据了重要的地位。信息系统建设项目团队的成员应该具有扎实的专业基础知识、良好的沟通和团队合作能力、认真严谨的工作态度。

根据企业实际环境和项目建设需要的不同，项目团队内部可以有以下多种不同的组织结构。

（1）垂直式团队：垂直方式按照模块组织团队，将整个信息系统的功能分为若干不同的模块，每个个人或小组负责其中某个模块从分析、设计到实施等所有的工作。这种模式可以有效地避免不同小组之间的工作交接、协调障碍等问题，同时团队成员可以锻炼自己更全面的技能。但是这种模式不利于专家型人才的培养，不同小组的技术水平参差不齐，会带来系统不同模块开发效果的差异。如果使用这种模式组建团队，应该特别注意标准的建设，使得各个项目成员遵从共同的标准体系与准则工作，避免不同模块在分析、设计和实施等方面的差异。

（2）水平式团队：一般来说，水平式团队同时负责多个信息系统的建设任务，每个成员或小组负责系统开发过程中某一方面的工作，如系统分析、数据库设计等。在水平组织模式下，成员固定完成某种特定任务，能迅速提高项目成员在该方面的工作和能力，保证工作高质量地完成。但是，在水平团队模式下，项目成员不熟悉其他工作小组的工作内容和工作重要性，各个小组之间难以有效地协调和沟通。

（3）混合式团队：在团队的组织过程中，同时运用水平和竖直模式，就构成了混合式团队。在这种模式下，部分成员负责单个系统模块的开发过程，部分成员支持并处理多个模块中的特定部分。

2. 信息系统建设项目团队的管理

（1）项目团队建设

项目团队建立以后不可能马上就能有效发挥其管理能力，中间需要有一个熟悉、适应和磨合的过程。即使一个团队中的每个成员都很优秀，但是如果他们各自为政，缺乏合作精神，团队的目标也很难实现。而对于人占主导地位的信息系统建设项目更是如此。项目负责人可以通过举办一些合适的培训和项目团队建设活动来提高团队成员间的沟通和合作，加强团队成员之间的了解和信任。

培训包括所有可以增进项目成员能力的活动。培训的形式可以灵活多样，包括正式培训和非正式培训。

进行团队建设常用的方法包括挑战体能训练、心理偏好指标等工具。军事基本训练和新兵训练营都是挑战体能训练的不同方式。心理偏好指标常用的是梅厄-布雷格类型指示器(MBTI)和维尔森(Wilson)学习社会。

(2) 项目团队的激励、授权与考核

在 IT 行业，人员频繁、快速地流动是一个普遍的问题。但是在信息系统项目的建设过程中，人员的非正常流动会对项目的进度产生很大的影响，从而造成很大的损失。

信息系统建设项目团队成员的性格各不相同，造成人员流动的因素多种多样，项目经理应该针对不同的情况采取相应的方式激励团队成员，减少人员的非正常流动。项目经理应该能够识别项目团队成员的行为动机，从而找到提高成员工作积极性的途径。

马斯洛的需求层次理论将人的需要分为五个层次：生理需要、安全需要、感情的需要、尊重的需要和自我实现的需要。只有在低层次的需要得到满足以后才会产生高层次的需要，人的需要取决于他已经得到的和尚未得到的，那些未满足的需要才能影响人的行为，满足这些需要才能对人产生激励作用。

奥尔德弗的 ERG 理论认为人共存在三种核心的需要：生存的需要、相互关系的需要和成长发展的需要。ERG 理论认为多种需要可以同时作为激励因素而起作用，并且在满足较高层次需要的企图受挫时，会导致人们向低层次需要回归。因此，项目经理应该根据项目团队成员需要结构的变化对管理措施进行相应的调整，并制定不同的管理策略。

赫茨伯格的双因素理论认为影响人行为的因素可以分为两类：激励因素和保健因素。其中激励因素包括工作富有成就感，得到社会认可，工作本身的挑战性和发展前途，这类因素的改善在很大程度上能激励员工，使之产生满足感；保健因素包括组织的政策与行政管理、技术管理、工资福利、工作条件、安全设施与人际关系等。它们是保持员工达到合理满意水平所必需的因素，但对员工不构成激励。因此，作为信息系统建设项目经理，应该注意哪些是保健因素，哪些是激励因素，保持保健因素的稳定，同时采用激励因素来提高员工工作的满意度，减少员工的非正常流失。

在信息系统项目的建设过程中，激励必须与责任授权相联系，才可以保证任务的有效完成。团队授权就是授予团队个人或小组一定的权限，在一定的人力、资源和时间范围内完成相应的职能，使得其在完成所分配的任务时具有足够的权限保障。

项目经理及相关负责人应该公平、合理、有效地授权，并建立起有效的监督、考核和奖罚机制对授权进行控制，增强团队成员彼此之间的合作和协同能力。

项目的绩效考核主要从个人和项目团队两个层面来进行。对个人的考核主要包括能力、行为和绩效。团队的考核与个人不同，它强调的是团队作为一个整体，对所承担任务的完成情况，能否带来总体大于部分之和的效果。在团队考核中，常用的一种方法是平衡计分卡，它围绕企业的远景与战略，通过财务、客户、企业内部业务和学习与成长四个方面指标的衡量来综合评价团体的绩效。

3. 信息系统建设项目团队的沟通管理

项目团队沟通管理是指在项目建设期内建立人和信息之间的联系，保证及时恰当地收集、处理和使用信息。信息系统建设项目的特征决定了信息系统项目的沟通管理具有一些与众不同的特点：在信息系统的分析与设计过程中，需求调研是系统开发的根本，信息系统项目本身的复杂度和耦合度决定了项目成员之间沟通的难度，沟通的效率随着团队规模的扩大而降低。在信息系统项目的实施过程中，沟通管理主要涉及项目日常进展信息、绩效报告、管理计划变更和项目相关文档等。

5.4 信息系统质量管理

5.4.1 信息系统质量概念

信息系统的质量是一个相对的概念。毫无疑问，任何企业都希望所建的信息系统是高起点的、高质量的，能够满足企业管理和系统运行维护等各个方面的需要。因此，在系统开发过程中，对系统开发工作的质量进行控制是十分必要的，也是信息系统建设能否取得成功的一个关键因素。

企业信息系统的质量好坏，存在一些基本的评价要素，应该将这些要素落实到系统建设的整个过程之中，在每一个环节上进行严格的把关。信息系统的质量由以下三部分决定：信息支撑环境的质量、信息系统应用软件的质量、信息系统中数据的质量。

5.4.2 信息系统支撑环境的质量

信息系统支撑环境建设主要包括采购招标、网络施工、系统软件选择以及支撑环境集成调试。其质量管理方案可以应用工程项目管理质量控制思路来制定。

信息系统的硬件资源是指信息系统所涉及的包括计算机主机、外围设备、网络通信设备、网络线路、备品配件及各种消耗性材料在内的所有有形物质的总和。信息系统的设备购置计划是从系统总体规划和系统分析阶段提出，在系统的设计方案中确定的。在系统实施阶段，要按照设备型号、数量清单并结合机房设置等需要进行与信息系统有关的设备购置。

计算机系统设备购置不但包括计算机硬件系统设备及相关的外围设备，而且还包括系统软件。网络环境的建立应根据所开发的系统对计算机网络环境的要求，选择合适的网络操作系统产品。信息系统所涉及的系统软件(操作系统、数据库管理系统)、通用软件和专用软件等构成了信息系统的软件资源。信息系统应用软件可以通过采购集成和定制开发等方法完成。当市场上有适合建设方的成熟应用软件产品，一般选择采购集成，否则选择定制开发。

高质量的信息系统支撑环境是信息系统正常运行的前提，因此必须严格遵守采购招标流程、监督网络施工进度及质量、选用高水平的系统软件并最终将信息系统支撑环境调试到合格的水平。

5.4.3 信息系统应用软件的质量

1. 软件质量概念

(1) 什么是软件质量

1994年,国际标准化组织公布的国际标准 ISO 8402 将软件质量定义为:“反映实体满足明确的和隐含的需求的能力的特性的总和。”软件质量不是一个绝对的而是相对的概念,在讨论软件的质量之前,需要事先设定一些质量特性及其组合,以此为评价标准,在软件开发与维护的过程中对软件的功能、性能以及文档化进行评价。如果软件产品满足这些质量特性及其组合,则这个软件产品质量就是高的。这个定义说明了质量是软件自身的特性。

质量不是单独以软件产品为中心,它与客户和产品都有密切联系。产品包括利益和服务,而客户是软件产品的出资者,并且是软件产品的服务对象。因此,软件质量的好坏会随着用户满意度和环境改变而改变。本文给出如下定义:软件质量是指软件产品的特性可以满足用户的功能、性能需求的能力。

(2) 软件质量指标

软件质量的评价是通过一系列的指标进行的,软件质量主要特性指标见表 5-13 和表 5-14。

表 5-13 软件质量的主要指标

指 标	含 义
功能性	软件所实现的功能达到其设计规范和满足用户需求的程度
有效性	用软件实现的某种功能所需的计算机资源(包括时间)的有效程度
可靠性	在满足一定条件的应用环境中,软件能够正常维持其工作的能力
安全性	为了防止意外或人为的破坏,软件应具备的自身保护能力
易用性	用户在学习、操作和理解某个软件过程中所做努力的程度
可维护性	当环境改变或软件出故障时,使其恢复正常运行所做努力的程度
可扩充性	在功能改变或扩充的情况下,软件能够正常运行的能力
可移植性	使软件从现有运行平台向另一运行平台过渡的容易程度
重用性	整个软件或者其中一部分能作为软件包而被再利用的程度

表 5-14 软件质量指标细分

一级指标	二 级 指 标
功能性	可追踪性、完备性、一致性
有效性	可操作性、简单性、健壮性、可防护性
可靠性	通信有效性、处理有效性、设备有效性

续表

一级指标	二级指标
安全性	保密性、可防护性、健壮性、数据安全性
易用性	培训性、简单性、清晰性、自描述性、可见性
可维护性	一致性、简单性、模块性、结构性、清晰性、可见性、自描述性、文档完备性
可扩充性	简单性、模块性、结构性、一致性、公用性
可移植性	清晰性、自描述性、系统无关性、可扩充性、通用性
重用性	通用性、模块性、结构性、系统无关性、公用性

每一类的评价指标都包含多个二级指标，二级指标是对一级指标的细分和完善，对于软件质量的评价更加详尽，更能反映出软件质量的真实情况。

现代软件质量管理内容包括质量保证与质量认证等两方面。下面从质量保证和质量认证两个方面对软件质量管理的内容进行介绍。

2. 软件质量保证

(1) 软件质量保证概念

什么是质量保证？ISO/IEC 12207—1995 指出：软件质量保证过程(software quality assurance，SQA)是恰当保证为项目生存周期中的软件产品和过程符合规定需求和已制订计划提供足够保证的过程。软件项目质量保证是一个系统性的活动，为软件产品的可用性提供保证。它提供满足项目相关标准的措施，贯穿整个项目实施的全过程。

(2) 软件质量保证目标

软件开发是由多个阶段组成的，每一个阶段的偏差都可能会导致最终结果的改变，软件质量保证需要及时发现这些偏差并纠正，使软件的开发过程和结果与预期相符合。软件质量保证的总体目标如下。

① 软件质量保证工作应系统并有计划地进行。

② 客观地检查软件产品和工作是否遵循适当的标准和流程。

③ 保证软件开发过程中各部分的有效沟通。

④ 保证工作成果的版本和输出物的正确性，以及保证项目组成员适时、正确地获取恰当的版本，并保证成果的分发范围的适宜性。

⑤ 确保项目中的不合格问题能够被记录，并得到有效解决。

⑥ 确保项目过程的可追溯性。

在软件开发过程中，必经的需求分析、设计、实现、测试、发布和维护这 5 个阶段中对软件质量保证目标有更进一步的要求：

① 需求阶段的质量保证。需求阶段的工作可以细分为六个部分：需求获取、需求分析、需求传递、需求建模、需求确认和需求管理。在需求阶段，保证软件项目的质量必须做好：准确获取需求、精确分析需求、建立合适模型、严格评审需求、控制需求变更。

② 设计阶段的质量保证。软件设计是一个从概念到实体逐步细化的过程，包括架构设计、概要设计、详细设计等。在软件设计阶段，对质量的要求主要有：设计结果的稳定

性、设计的合理性、模块间的低耦合和高聚合、可追溯性和可测试性。在设计阶段，保证软件项目的质量必须做好：进行设计评审、复用设计模式。

③ 实现阶段的质量保证。代码编写的质量最终决定软件产品的质量。在编码实现阶段，保证软件项目的质量必须做好：代码统一风格、制定编程规范并保证严格遵守、将代码的静态分析审查和动态测试相结合。

④ 测试阶段的质量保证。测试阶段要尽可能多地发现软件项目中存在的错误。在此阶段，必须严格控制测试计划、测试用例的质量以及测试结果的评估，并对测试工作进行有效的组织和管理。

⑤ 发布和维护的质量保证。这个阶段的工作是和客户紧密相关的，因此该阶段工作的质量也直接影响着客户对项目整体质量的体验和感知。在工作中，必须建立有效的软件发布策略和流程，制定有效的客户需求变更流程，建立合理的技术支撑体系，同时还必须与客户进行有效的交流和沟通。

3. 软件质量认证

软件的质量认证主要是通过软件能力成熟度模型(capability maturity model for software, CMM)进行的。CMM认证是由专业组织——美国卡耐基梅隆大学的软件工程研究所(SEI)开发的，是目前国际上最流行、最实用的软件生产过程标准和软件成熟度等级认证标准。

软件能力成熟度模型是对组织软件过程能力的描述。CMM的核心是把软件开发视为一个过程，并根据这一原则对软件开发和维护进行过程监控和研究，以使其更加科学化、标准化，使企业能够更好地实现商业目标。它侧重于软件过程开发的管理及软件工程能力的改进与评估，因此CMM被用作评价软件承包商能力并帮助组织改善软件过程质量，是目前国际上最流行、最实用的一种软件生产过程标准，已成为当今企业从事规模软件生产不可缺少的一项内容。

CMM除了用于软件过程评估外，还向软件组织提供了指导其进行软件过程管理和软件过程改进的框架。软件过程改进的基本原则是采用过去项目中的成功经验，因此理解、记录和重用部分软件过程是软件过程改进研究的一个重要方向。

CMM吸取了质量工程的主要原理，形成了5级模型，提出了由第一级(低级)向第五级(高级)逐级发展的模式。模型的等级从低到高，可以预计企业的开发风险越来越低，开发能力越来越高。模型的每个等级由不同的过程方面(process area)构成，每个过程方面又由各种目标构成，每个目标由各种特定惯例和通用惯例支持。

CMM的级别划分如下：CMM1——初始级；CMM2——可重复级，有7个过程方面；CMM3——已定义级，有11个过程方面；CMM4——定量管理级，有2个过程方面；CMM5——持续优化级，有2个过程方面。

一级为初始级，过程无序，进度、预算、功能、质量不可预测，企业一般不具备稳定的软件开发与维护的环境。常常在遇到问题的时候，就放弃原定的计划而只专注于编程与测试。即软件过程是未加定义的随意过程，项目的执行是随意甚至混乱的，它主要是经验和个人行为。

二级为可重复级，在这一级，建立了管理软件项目的政策以及为贯彻执行这些政策而制定的措施。基于以往的项目经验来计划与管理新的项目。达到此级别的企业过程已制度化,有纪律,可重复。该级的焦点集中在软件管理过程上,管理过程包括需求管理、项目管理、质量管理、配置管理和子合同管理等 5 个方面,其中项目管理分为计划过程和跟踪与监控过程。通过实施这些过程,从管理角度可以看到一个按计划执行且阶段可控的软件开发过程。

三级为已定义级,即过程实现标准化。在这一级,有关软件工程与管理工程的一个特定的、面对整个企业的软件开发与维护过程的文件被制定出来。同时,这些过程被集成到一个协调的整体。这就是软件企业的标准软件过程,主要是指仔细观察、整体协调、软件生产工程化、集成软件管理、训练规划、组织过程确定、组织过程中心点。

四级为定量管理级,实现量化管理,企业对产品与过程建立起定量的质量目标,所有过程需建立相应的度量方式,所有产品的质量需有明确的度量指标,量化控制使软件开发真正变成一种工业生产活动。作为企业的度量方案,要对所有项目的重要过程活动进行生产率和质量的度量。软件产品因此具有可预期的高质量。达到该级的企业已实现过程定量化。

五级为优化级,在这个等级,整个企业将会把重点放在对过程进行不断的优化。企业主动找出过程的弱点与长处,以达到预防缺陷的目标。同时,分析有关过程的有效性的资料,作出对新技术的成本与收益的分析,提出对过程进行修改的建议。达到该级的企业过程可自发地不断改进,防止同类缺陷二次出现。该级的目标是达到一个持续改进的境界,可根据过程执行的反馈信息来改善下一步的执行过程,即优化执行步骤。

从第二级起,每一级包含了不同的关键过程方面(key process area,KPA),每个 KPA 都有明确的实施目标,并按公共属性类别定义相应的关键实施活动。

企业实施 CMM 的步骤如下:提升思想认识,了解必要性和迫切性;确定合理的目标;进行 CMM 培训和咨询工作;成立工作组;制定和完善软件过程;内部评审;初期评估;正式评估;根据评估的结果改进软件过程。

CMM 的精髓是持续改进,以超前的视野预测项目实施过程中可能会遇到的问题,并借助先期规范应用各种手段进行预期调整。

4. 软件质量模型

模型是所研究的系统、过程、事物或概念的一种表达形式。软件质量属性是多方面的,一个软件的质量往往涉及许多不同的质量属性,不同类型的软件所关注的质量属性也不尽相同。因此,为了更好地理解、预测和评价软件和信息系统的质量,人们建立了各种质量模型,在软件生命周期的不同阶段对软件质量进行评测。

目前,软件质量模型和软件质量模型的构建方法是软件质量模型研究的两个主要方向。前者通过建立各种通用的模型对软件和信息系统进行描述,从而预测、度量和评估软件的质量。后者主要介绍建立软件质量模型的方法,构建出质量属性之间的相互关系,并分析质量属性等。

(1) 通用软件质量模型

软件质量模型分为两类:层次模型和关系模型。比较著名的层次模型包括 McCall 模型、Boehm 模型和 ISO 9126 质量模型;比较著名的关系模型有 Perry 模型。这些质量模型用来描述软件或者信息系统，从而可以对软件质量进行预测、度量以及评估，最终在软件开发的整个生命周期实施有效的质量保证措施，确保这些软件质量特性得以满足。

① McCall 模型

McCall 模型是最早的质量模型之一，属于层次模型的类型，如图 5-11 所示。

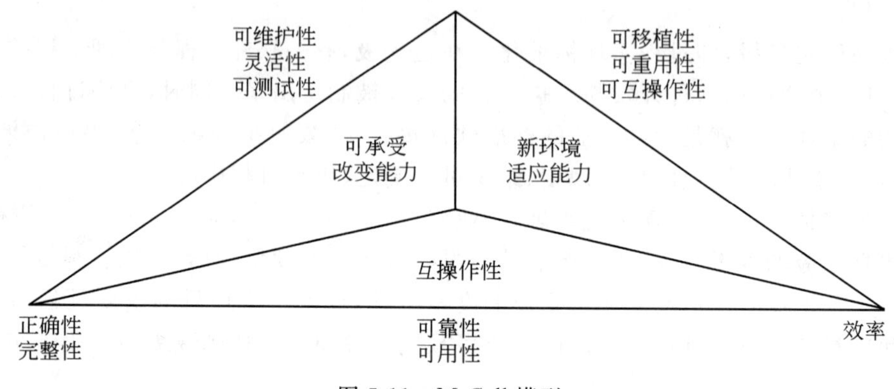

图 5-11 McCall 模型

J. A. McCall 等人又进一步将软件质量分解到能够度量的程度，提出 FCM 模型。该模型指出影响软件质量的几个最主要的因素，分为软件质量要素(factor)、衡量标准(criteria)和度量标准(metrics)三个层次。这几个因素又是由一些比较低层的如模块化、数据通用性等标准决定的，实际的度量是针对这些标准而言的。该模型描述了因素和它们所依赖的标准之间的一致性，具体内容如表 5-15 所示。他们对软件质量因素进行了研究，认为软件质量是正确性、可靠性、效率等构成的函数，而正确件、可靠性、效率等被称为软件质量因素或软件质量特征，它表现了系统可见的行为特征。每一因素又由一些准则来衡量，而准则是与软件产品和设计相关的质量特性的属性。例如，正确性由可跟踪性、完全性、相容性来判断，每一准则又由一些定量化指标来计算，指标是捕获质量准则属性的度量标准。McCall 认为软件质量可从两个层次去分析，其上层是外部观察的特性，下层是软件内在的特性。McCall 定义了 11 个软件外部质量特性，称为软件的质量要素，它们是正确性、可靠性、效率、完整性、可使用性、可维护性、可测试性、灵活性、可移植性、重复使用性和连接性。同时，还定义了 22 个软件的内部质量特征，称为软件的质量属性，它们是完备性、一致性、准确性、容错性、简单性、模块性、通用性、可扩充性、工具性、自描述性、执行效率、存储效率、存取控制、存取审查、可操作性、培训性、通信性、软件系统独立性、机器独立性、通信通用性、数据通用性和简明性。软件的内部质量属性通过外部的质量要素反映出来。然而，实践证明以这种方式获得的结果会有一些问题。例如，本质上并不相同的一些问题有可能会被当成同样的问题来对待，导致通过模型获得的反馈也基本相同。这就使得指标的制定及其定量的结果变得难以评价。

② Boehm 模型

勃姆(Barry W. Boehm)通过将软件质量要素分层定义，在《软件风险管理》(*Software Risk Management*)一书中首次提出了软件质量度量的层次模型。Boehm 模型是由 Boehm 等人在 1978 年提出来的分层方案的质量模型，将软件的质量特性定义成

表 5-15 McCall 模型内容表

层 级	名 称	内 容
第一层	质量要素：描述和评价软件质量的一组属性	功能性、可靠性、易用性、效率性、可维护性、可移植性等质量特性，以及将质量特性细化产生的副特性
第二层	衡量标准：衡量标准的组合，反映某一软件质量要素	精确性、稳健性、安全性、通信有效性、处理有效性、设备有效性、可操作性、培训性、完备性、一致性、可追踪性、可见性、硬件系统无关性、软件系统无关性、可扩充性、公用性、模块性、清晰性、自描述性、简单性、结构性、文件完备性等
第三层	量度标准：可由各使用单位自定义	根据软件的需求分析、概要设计、详细设计、编码、测试、确认、维护与使用等阶段，针对每一个阶段制定问卷表，以此实现软件开发过程的质量度量

分层模型，如图 5-12 所示。在表达质量特征的层次性上它与 McCall 模型是非常类似的。不过，它是基于更为广泛的一系列质量特征，它将这些特征最终合并成 19 个标准。Boehm 提出的模型的成功之处在于它包含硬件性能的特征，这在 McCall 模型中是没有的。

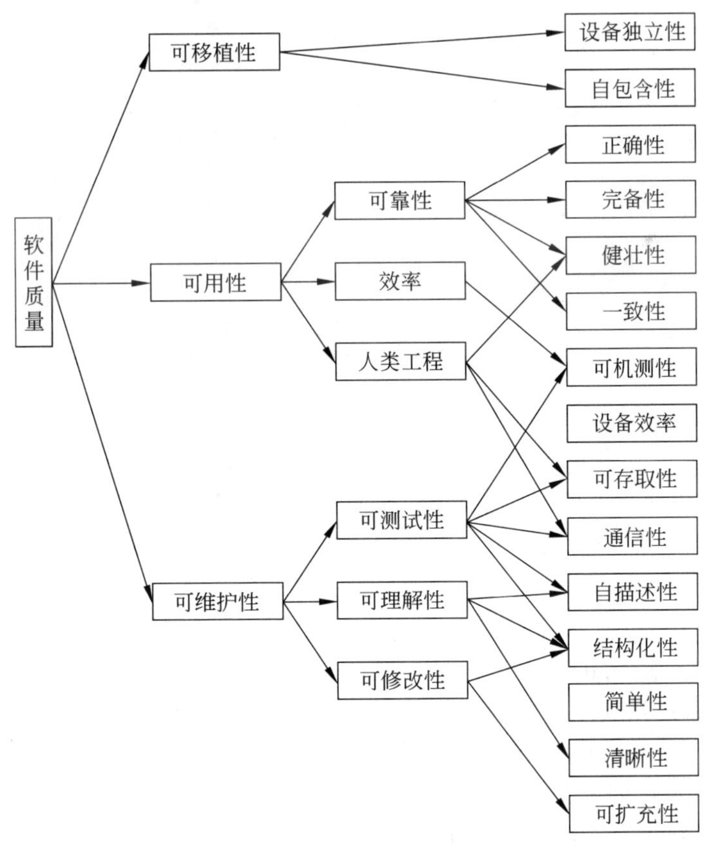

图 5-12 Boehm 模型

③ ISO 9126 模型

ISO 9126 模型是另一个著名的质量模型，如图 5-13 所示。按照 ISO/IEC 9126—1—2001，该软件质量模型可以分为内部质量和外部质量模型、使用质量模型，而质量模型中又将内部质量和外部质量分成 6 个质量特性，这 6 个质量特性还可以再继续分成更多的子特征。这些子特征在软件作为计算机系统的一部分时会明显地表现出来，并且会成为内在的软件属性的结果。而另一部分则指定了使用中的质量属性，它们是与针对 6 个软件产品质量属性的用户效果联合在一起的，下面给出软件的 6 个质量特征。

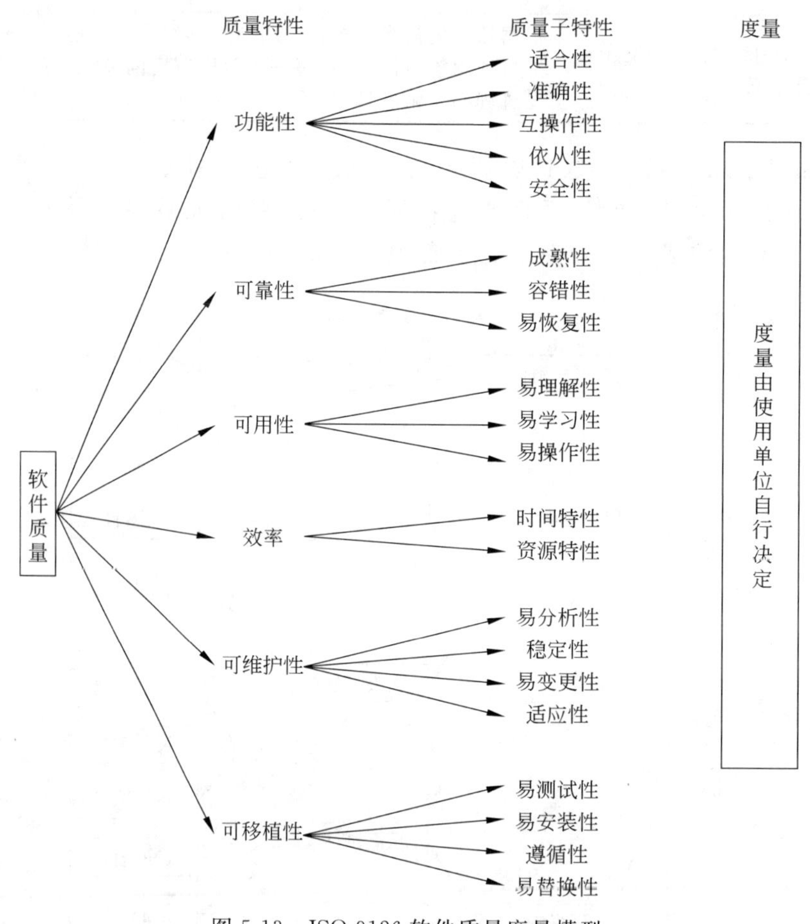

图 5-13 ISO 9126 软件质量度量模型

- 功能性（functionality）：软件是否满足了客户功能要求。
- 可靠性（reliability）：软件是否能够一直在一个稳定的状态上满足可用性。
- 可用性（usability）：衡量用户能够使用软件需要多大的努力。
- 效率（efficiency）：衡量软件正常运行需要耗费多少时间和物理资源。
- 可维护性（maintainability）：衡量对已经完成的软件进行调整需要多大的努力。
- 可移植性（portability）：衡量软件是否能够方便地部署到不同的运行环境中。

④ Perry 模型

Perry 模型使用一张二维的表格来表达各个质量属性以及它们之间的关系。但是，对于软件质量属性之间一些更为复杂的、用二维表格无法直接表达的关系，比如质量属性之间的动态可变的相互制约关系或者两个以上的质量属性之间的制约关系，这些模型也不能很好地表达。

(2) 质量模型构造方法

通用软件质量模型的构造需要多年的软件开发与维护经验作基础，再由于它们的一些弱点，人们提出了研究软件质量模型的新思路。这就是提供一种系统的构造方法，用来为不同的软件或不同类型的软件构造可测试、可评估和可重定义的质量模型，以评估和度量软件系统的开发质量，并对软件系统的开发过程提供一定的支持和帮助。Dromey 提出了一种通用的质量模型及系统开发质量模型的过程，该模型由 3 个主要的元素组成：影响质量的产品属性、一系列高级的质量属性和连接它们的一种方法。构建该种质量模型包括以下 5 个步骤：

① 确定产品的一系列高级质量属性。

② 确定产品组件。

③ 对每个组件的最重要的、切实的、质量相关的属性进行确认和分类。

④ 为连接产品属性和质量属性提供系列的规则。

⑤ 对模型进行评价，指出它的弱点，进行重定义或者废弃重新建立模型。

人们可以通过由以上 5 个步骤组成的过程来针对具体软件产品的质量模型进行初始化和重定义。并且，Dromey 针对软件的需求定义、设计和实现这些软件开发中关键的产品论证了该方法的应用。Bansiya 和 Davis 应用该方法建立了一个面向对象设计的层次质量模型。在这个模型中使用了一套面向对象的设计规则评价类与对象结构化、行为化的设计属性以及它们之间的关系。该模型使用经验性的信息将一些设计属性如封装性、模块性和一些高级的质量属性如重用性、复杂性联系起来，并且将这些关系根据它们的影响力和重要性划分了等级。最后，还根据经验和专家意见验证了针对几个面向对象的大型商业应用系统建立的模型。虽然 Dromey 认识到软件质量模型需要通过质量相关属性和软件产品组件来构造，但应用这种方法仅能够建立统一的质量模型。应用领域的特殊性、软件设计和实现的特殊性依然没有被考虑进来，并且这种方法只能应用于软件开发完成之后。因此，对软件开发本身并不能提供太多的帮助。后来，有的学者提出了一种基于软件的体系结构设计来系统地获得质量模型的方法。该方法以软件体系结构设计为研究对象，构造软件系统的质量模型，据此分析软件产品及软件开发过程中后续阶段(如开发与运行过程)可能存在的质量隐患，并提供相应的指导意见。该方法可以使得软件开发者尽早地发现质量问题，从而更好地指导软件的设计与维护，提高软件和信息系统的质量，加速软件开发进程。并且，由于同一领域的诸多应用往往采用相似的体系结构，这样就使得质量模型可以获得充分的重用。另外，该方法生成的质量模型采取有向图的形式来表达，图中包括系统的组件信息、组件之间的连接以及组件之间存在连接的原因。这比现有的一些质量模型和质量建模方法能够提供一些更为内在和具体的信息。因此，它能够对我们的软件开发活动提供更大的帮助。不过，在该方法中如何有效地确定系统的组件，更好地分析出组件发生错误的原因以及错误现象之间的联系还需要进一步的研究。

5.4.4 信息系统中数据的质量

随着信息处理技术的不断发展,各行各业已建立了很多计算机信息系统,积累了大量的数据。为了使数据能够有效地支持组织的日常运作和决策,要求数据可靠无误,能够准确地反映现实世界的状况。数据是信息的载体,好的数据质量是各种数据分析如OLAP(联机分析处理)、数据挖掘等能够得到有意义结果的基本条件。人们常常抱怨"数据丰富,信息贫乏",其中一个原因是缺乏有效的数据分析技术,而另一个重要原因则是数据质量不高,如数据残缺不全、数据不一致、数据重复等,导致数据不能有效地被利用。数据质量管理如同产品质量管理一样贯穿于数据生命周期的各个阶段,从数据进入信息系统的那一刻,数据质量的管理就开始了。

1. 数据的输入质量

数据输入质量即是数据本身的质量,对于数据本身的质量评估和监控是解决数据质量问题的一个源头性问题。

(1) 数据的输入质量评估

数据质量应该用以下两个组件来描述:质量定量元素和质量非定量元素。

① 数据质量定量元素

完整性:特征、特征属性及特征关系存在或不存在。

逻辑一致性:数据结构(包括概念的、逻辑的或物理的数据结构)、属性及它们之间的相互关系符合逻辑规则的程度。

位置精度:特征的位置精度。

时间精度:时间属性及特征之间的时间关系的精度。

专题精度:定量属性的精度、非定量属性的正确性、特征分类的正确性及特征之间相互关系的正确性。

② 数据质量非定量元素

目的:描述数据集的创建原因和其预定的使用目的。

用途:描述使用过该数据集的应用。数据生产者或其他数据使用者用"用途"来描述数据集的使用情况。

数据志:数据志描述数据集的历史,即数据集从搜集、获取、汇编到现状的整个生命周期。数据志包含两部分:描述数据集起源的源信息;描述数据集生命周期中的事件或转换的处理步骤或历史信息(包括连续性或周期性地维护数据集的处理过程)。

(2) 数据输入质量提高技术

数据输入质量提高技术主要涉及实例和模式两个层面。数据清洗(data cleansing)主要研究如何检测并消除数据中的错误和不一致,以提高数据质量,它主要关注于数据实例层面的问题,集中在重复对象检测、缺失数据处理、异常数据检测、逻辑错误检测、不一致数据处理等,下面分别论述。

① 重复对象检测

现实世界中的实体在不同的数据源中常常有多种表达,在数据集成的时候经常要判断不同数据源中的表达是否代表现实世界中的同一实体,这是数据清洗研究的一个重要方面。这类问题的解决主要是采用数据库和人工智能的方法。目前的研究主要集中在两个方面,一方面是关系数据库数据的重复记录检测,另一方面是XML(可扩展标记语言)重复元素检测。

重复记录检测。语法上相同或相似的不同记录可能代表现实世界中的同一实体,因此结构化数据的相似重复记录检测是数据清洗研究中的重要问题。相似重复记录识别主要有以下几类方法：排序&合并的方法、建索引的方法、机器学习的方法、根据上下文信息识别、基于特定领域知识的方法、根据数据特征的方法。

重复XML元素检测。XML数据作为具有代表性的半结构化数据,已成为网上数据传输和交换的标准。当多个不同数据源以XML格式来描述现实世界的实体时,格式和内容不尽相同的元素可能代表现实世界中的同一实体。常用的方法是将具有相似结构的XML元素进行合并,有三类启发式聚类算法可以用来实现相似重复元素的合并：全部比较聚类、选择比较聚类、M树聚类方法。

② 缺失数据处理

实际的数据集中经常会存在缺失数据(missing data),常常会对分析结果产生很大的影响。如何尽可能合理地将缺失数据补全是一个重要的问题。缺失数据处理的研究主要分布在统计领域和数据库领域。在统计领域关于缺失值处理的研究由来已久,主要分成单一填补法和多重填补法。其中单一填补法是指对缺失值构造单一替代值来填补,常见的方法有取平均值或中间数填补法、回归填补法、最大期望填补法、hot deck填补法等。其中hot deck填补法也叫就近补齐,是指采用与有缺失的观测最“相似”的那条观测的相应变量值作为填充值。但单值填充方法常常不能反映原有数据集的不确定性,会造成较大的偏差。多重填补法是指用多个值来填充,然后用针对完整数据集的方法对它们进行分析得出综合的结果。比较常见的有趋势得分法等。这类方法的优点在于通过模拟缺失数据的分布,可以较好地保持变量间的关系,其缺点在于计算复杂。

③ 异常数据检测

数据异常一般是由两种原因造成的,一种是由数据固有变异性造成的,另外一种则是由于度量或执行错误导致的,在数据清洗时这两者都应予以关注。在数据清洗领域对异常数据的自动化发现主要采用数据审计的方法来解决,也称为数据质量挖掘(data quality mining, DQM),其基本步骤仅两步,第一步是数据概化(data profiling),即采用数理统计的方法对数据分布进行概化(profiling)描述,以自动化地获得数据的总体分布特征,以此作为进一步分析的基础。第二步针对某一特定的数据质量问题进行挖掘以发现异常。Data Gliches首先将数据根据距离划分成层(layer),然后对每个层统计数据特征,根据定义的距离计算层中的各个数据点与中心的距离远近来判断可能的异常。采用数据审计的方法发现异常数据的效果,在很大程度上依赖于数据挖掘算法能否准确分辨异常和非异常数据,为此可采用决策树算法来产生模拟数据,用来检测和验证特定的数据挖掘算法发现偏差数据的能力。传统的数据挖掘方法在异常数据检测方面积累了大量方法,如基于统计模型的、基于距离的、基于偏离的等。但在数据清洗领域,由于数据常常是不干净的,在特定的挖掘算法执行前的数据概化(data profiling)常常是非常重要的,这有助于探测型挖掘的进行,更有利于有针对性地发现异常数据。

④ 逻辑错误检测

实际的信息系统都是面向某一个应用领域的，对于一个具体的应用如何采用自动化的方法来解决数据中不符合业务逻辑的错误是一个有实际应用价值的问题。这类问题是数据编辑修正所研究的主要内容，其思路是根据应用依赖的领域知识建立规则体系来自动处理。1976年，Fellegi等提出了一个严格的形式化的数学模型(Fellegi-Holt模型)，后来几乎所有成功的数据审计系统都在不同程度上采用了这一模型。其基本思想是希望对记录的各个变量做最少的改动以满足所有的编辑规则的要求。主要思路是：对于具体的应用根据领域知识定义显式约束规则(explicit rules)，然后根据一定的数学方法求出规则的整个闭集，对于每条记录，自动判断其是否违反规则约束。这种方法的优点在于：数学基础严密，规则自动生成，发展相对成熟。它在审计、统计领域已被广泛地成功应用。根据这一思想，一些统计系统SPEER和DISCRETE等相继出现。

⑤ 不一致数据处理

多个数据源的数据集成清洗的时候，几个独立维护的数据源经常提供相互重叠的数据内容，会出现不一致的数据，如何从若干不一致的数据结果中获得理想的数据答案是数据清洗中经常面临的问题。目前常用的方法有排序、融合和根据规则的方式。DIRECT系统中将数据间的不一致划分成上下文独立的冲突(context independent conflicts)和上下文依赖的冲突(context dependent conflicts)两种。上下文依赖的冲突是指不同数据源的数据由于不同系统或应用间固有的数据设计和表达因素造成的，这种数据冲突须用数据转换规则来解决。上下文独立的冲突是指由于一些外部的随机造成的不一致，这类问题的解决一般需要人工干预和特定的方法。DIRECT提出对于上下文依赖的冲突可以采用机器学习的方法学习转换规则来解决不一致的问题。对每个数据值从不同性能参数，即特征(feature)来评估，整体的评估值是各个特征评估值的线性组合，然后根据这个评估值确定哪个值为唯一正确的。Standford大学的Trio系统提出了一种完备的处理遗留(lineage)和不一致数据的扩展关系模型，对不一致数据的处理从数据模型的角度给出了一条新的思路。

2. 数据的过程质量

(1) 数据的使用质量

数据的使用质量是指数据被正确地使用。再正确的数据，如果被错误地使用，就不可能得出正确的结论。

(2) 数据的存储质量

数据的存储质量指数据被安全地存储在适当的介质上。所谓安全是指采用了适当的方案和技术来抵制干扰因素，使数据免受破坏。备份是我们常使用的技术，如异地备份和双机备份等，所谓存储在适当的介质上是指当需要数据的时候能及时方便地取出。

(3) 数据的传输质量

数据的传输质量是指数据在传输过程中的效率和正确性。在现代信息社会中，数据在异地之间的传输越来越多，保证传输过程中的高效率和正确性非常重要。

(4) 数据的输出质量

数据的输出质量包括数据输出的正确性、准确性和及时性，也包括数据的揭示度和展现形式的质量，即用户能否快速领会。

第6章

信息资源开发与利用方法

信息资源与物质资源、能源资源一起构成国民经济和社会发展的三大战略资源；与物质资源和能源资源不同，信息资源是无限的、可再生的、可共享的；其开发利用会大大减少物质和能源的消耗，减少污染。人类和地球所在的宇宙在其存在的无限时间和无限空间内，生成了海量的物质、能量和信息。人类在其存在的有限时间和有限空间内，消耗了大量的物质和资源，也生产了大量的信息。

信息资源本身具有不确定性和难计量性，经济行为者又存在对信息资源效用的认识、发掘和接受能力的局限性。因此，在现实经济活动中，某一经济行为者通常不可能仅在一次利用中就完全地体验到信息资源的全部效用，在市场机制的驱动下，"溢出"的效用完全可以让其他经济行为者享用，从而提升信息资源开发利用的效率。此外，从宏观上来看，信息资源是社会的财富，为了减少浪费，充分实现稀缺的信息资源的全部效用，并以此产生尽可能多的社会福利，社会也有积极鼓励信息资源开发利用的愿望。

信息资源开发利用有利于充分发掘信息资源的效用，它既是国民经济和社会信息化建设的基础，也是信息资源管理的目标和原动力。但是信息资源的开发利用是一个非常复杂的问题，往往需要借助于一定的方法和工具手段。本章将选取信息资源开发与利用中的一些常见方法进行重点介绍。

你可以从本章了解到：

1. 信息资源开发与利用中的管理统计方法；
2. 信息资源开发与利用中的数据挖掘与人工智能方法；
3. 大数据环境下的信息资源开发与利用方法。

6.1 管理统计方法

6.1.1 聚类分析

1. 聚类分析概述

聚类是将数据分类到不同的类或者簇这样的一个过程，所以同一个簇中的对象有很大的相似性，而不同簇间的对象有很大的相异性。

聚类分析的基本思想是在样品之间定义距离，在变量之间定义相似系数，距离或者相似系数代表样品或者变量之间的相似程度。按照相似程度的大小，将样品（或变量）逐一归类，关系密切的类聚集到一个小的分类单位，然后逐步扩大，使得关系疏远的聚合到一个大的分类单位，直到所有的样品（或变量）都聚集完毕，形成一个表示亲疏关系的聚类图，依次按照某些要求对样品（或变量）进行分类。

(1) 两类之间的距离

开始时每个对象自成一类，然后每次将最相似的两类合并，合并后重新计算新类与其他类的距离或者相似程度。常用的类间距离计算的方法包括：最短距离法、最长距离法、重心法、类平均法等。

设有两个样品类 G_1 和 G_2，它们之间的距离用 $D(G_1, G_2)$ 表示；d_{ij} 是样品 i 和样品 j 之间的距离。

① 最短距离法

$$D(G_1, G_2) = \min\{d_{ij} \mid i \in G_1, j \in G_2\}$$

它等于类 G_1 与 G_2 类中最邻近的两个样品的距离。

② 最长距离法

$$D(G_1, G_2) = \max\{d_{ij} \mid i \in G_1, j \in G_2\}$$

它等于类 G_1 与 G_2 类中最远的两个样品的距离。

③ 重心法

$$D(G_1, G_2) = d(\bar{i}, \bar{j})$$

其中 $\bar{i}, \bar{j}$ 分别为 G_1 和 G_2 的重心，$\bar{i} = \frac{1}{n}\sum_{k=1}^{n} i$。

④ 类平均法

$$D(G_1, G_2) = \frac{1}{n_1 n_2}\sum\sum d_{ij}$$

其中，n_1, n_2 分别为 G_1, G_2 中样品的个数。

(2) 变量相似性度量

在聚类分析中不仅需要将样品分类，有时也需要将指标分类，在指标之间也可以定义距离，常用的是相似系数；用 C_{ij} 表示指标 i 和指标 j 之间的相似系数。C_{ij} 的绝对值越接近于 1，表示指标 i 和指标 j 之间的关系越密切；C_{ij} 的绝对值越接近于 0，表示指标 i 和指标 j 的关系越疏远。常用的相似系数有：

① 相关系数。用 x_{ij} 表示第 i 个样品的第 j 个指标的对应值。相关系数常用 r_{ij} 表示，为了和其他相似系数记号统一，这里记它为 $C_{ij}(1)$。

$$C_{ij}(1) = \frac{\sum_{k=1}^{n}(x_{ki} - x_i)(x_{kj} - \overline{x_j})}{\sqrt{\sum_{k=1}^{n}(x_{ki} - \overline{x_i})^2 \sum_{k=1}^{n}(x_{kj} - \overline{x_j})^2}}$$

在对变量进行聚类分析时，利用相关系数矩阵 $(C_{ij})_{n\times n}$ 是最多的。

② 夹角余弦。指标向量 $(\boldsymbol{x}_{1i}, \boldsymbol{x}_{2i}, \cdots, \boldsymbol{x}_{ni})$ 和 $(\boldsymbol{x}_{1j}, \boldsymbol{x}_{2i}, \cdots, \boldsymbol{x}_{ni})$ 之间的夹角余弦是：

$$C_{ij}(2) = \frac{\sum_{k=1}^{n} x_{ki} x_{kj}}{\sqrt{\sum_{k=1}^{n} x_{ki}^2 \sum_{k=1}^{n} x_{kj}^2}}$$

这是解析几何中两个向量夹角余弦的概念在 n 维空间的推广。

2. 聚类方法

(1) 系统聚类法

系统聚类法是较为常见的一种聚类分析方法,它包含图 6-1 所示的六个步骤。

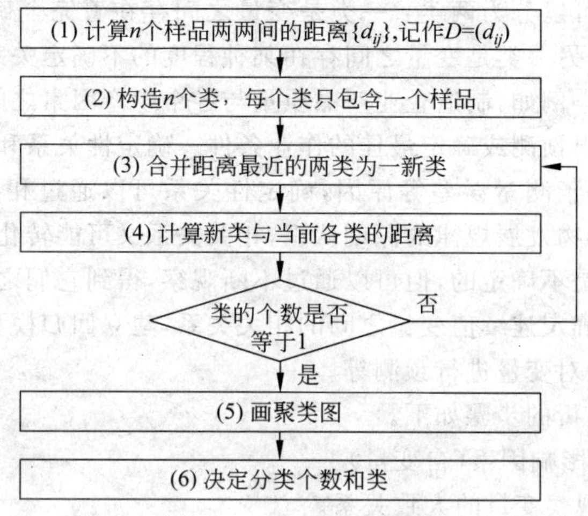

图 6-1　系统聚类法的过程

实际应用中人们主要根据研究的目的,从实用的角度出发,选择合适的分类数。Demir-men 曾提出了根据树状结构图来分类的准则。

准则 1: 任何类都必须在邻近各类中是突出的,即各类重心之间距离必须大。

准则 2: 各类所包含的元素都不要过分地多。

准则 3: 分类的数目应该符合使用的目的。

准则 4: 若采用几种不同的聚类方法处理,则在各自的聚类图上应发现相同的类。

(2) *K*-均值聚类法

非谱系聚类法是把样品(而不是变量)聚集成 *K* 个类的集合。类的个数 *K* 可以预先给定,或者在聚类过程中确定。因为在计算机计算过程中无须确定距离(或者相似系数矩阵),也无须存储数据,所以,非谱系方法可应用于比系统聚类法大得多的数据组。

这里我们讨论一种更特殊的非谱系过程,即 *K*-均值法。这种聚类方法的思想是把每个样品聚集到其最近形心(均值)类中去。这个过程由下列 3 步所组成。

① 把样品粗略分成 *K* 个初始类。

② 进行修改,逐个分派样品到其最近均值的类中去(欧氏距离)。重新计算接受新样品的类和失去样品的类形心(均值)。

③ 重复第②步,直到各类无元素进出。

若不在一开始就粗略地把样品分到 *K* 个预先指定的类(第①步),那我们也可以指定 *K* 个最初形心,然后进行第②步。

样品的最终聚类在某种程度上依赖于最初的划分,或者形心的选择。为了检验聚类的稳定性,可用一个新的初始分类重新检验整个聚类算法,如最终分类与原来一样,则不必再行计算;否则,须另行考虑聚类算法。

6.1.2 回归分析

回归分析是一种基本的统计分析方法，常用于分析变量之间的关系。在现实应用中，变量之间的关系一般可以分为两类：一类是变量之间存在着完全确定的关系，即一个变量能被其他变量确定；另一类是变量之间存在某种程度的不确定关系，统计学把这种不确定关系称为相关关系。例如，制造企业产品质量与各个生产因素之间存在一定的关系，可以分析这些关系以做出预测或确定最佳的作业条件。确定性关系和相关关系之间没有严格的界限。一方面，由于测量误差等原因，确定性关系可以通过相关关系表现。另一方面，通过对事物内部事物发展规律的深刻认识，相关关系又可能转化为确定性关系。两个变量之间的相关关系是不确定的，但可以通过不断观察，得到它们之间的统计规律。回归分析的主要内容包括确定连续值变量之间的相关关系，建立回归模型，检验变量之间的相关程度，应用回归模型对变量进行预测等。

一般来说，回归分析的步骤如下。

① 确定因变量和影响因素(自变量)。

② 绘制散点图，观察变量的大致关系。

③ 求回归系数，并建立回归模型。

④ 检验回归模型。

⑤ 进行预测。

而按照自变量和因变量之间的关系类型，回归分析可分为线性回归分析和非线性回归分析。根据回归分析涉及的自变量个数，可以把回归分析分为一元回归分析和多元回归分析。下面重点介绍多元回归分析方法。

1. 多元线性回归模型

在实际问题中，如果与因变量 Y 有关联性的自变量不止一个，假设有 p 个。此时无法借助图形来确定模型，这里仅讨论一种简单又普遍的模型——多元线性回归模型。

设变量 Y 与变量 $X_1,X_2,\cdots,X_p$ 之间有线性关系

$$Y=b_0+b_1X_1+\cdots+b_pX_p+\varepsilon,\quad \varepsilon\sim N(0,\sigma^2)$$

其中，$b_0,b_1,\cdots,b_p(p\geqslant 2)$和 σ^2 为未知参数。

若$(x_{i1},x_{i2},\cdots,x_{ip},y_i)$，$(i=1,2,\cdots,n)$是$(X_1,X_2,\cdots,X_p,Y)$的一组 $n(n>p+1)$ 次独立观测值，则多元线性回归模型可以表示为

$$y_i=b_0+b_1x_{i1}+\cdots+b_px_{ip}+\varepsilon_i,\quad \varepsilon_i\sim N(0,\sigma^2),\quad i=1,2,\cdots,n$$

其中，各 ε_i 相互独立。

以下用矩阵的形式来描述多元线性回归模型。

记

$$\boldsymbol{X}=\begin{bmatrix}1 & x_{11} & \cdots & x_{1p}\\ 1 & x_{21} & \cdots & x_{2p}\\ & & \vdots & \\ 1 & x_{n1} & \cdots & x_{np}\end{bmatrix}\quad \boldsymbol{Y}=\begin{bmatrix}y_1\\ y_2\\ \vdots\\ y_n\end{bmatrix}\quad \boldsymbol{b}=\begin{bmatrix}b_0\\ b_1\\ \vdots\\ b_p\end{bmatrix}\quad \boldsymbol{\varepsilon}=\begin{bmatrix}\varepsilon_1\\ \varepsilon_2\\ \vdots\\ e_n\end{bmatrix}$$

则多元线性回归模型可以表示为：$\boldsymbol{Y}=\boldsymbol{Xb}+\boldsymbol{\varepsilon}$。

其中，$\boldsymbol{Y}$ 为由因变量(响应变量)构成的 n 维向量，$\boldsymbol{X}$ 为 $n\times(p+1)$ 的矩阵，$\boldsymbol{b}$ 为 $p+1$ 维向量，$\boldsymbol{\varepsilon}$ 为 n 维误差向量，且 $\boldsymbol{\varepsilon}\sim N(0,\sigma^2\boldsymbol{I}_n)$，$\boldsymbol{I}_n$ 是 n 阶单位矩阵。

2. 回归参数的估计

与一元线性回归模型类似，求参数 b 的估计 $\hat{b}$ 就是最小二乘问题

$$\boldsymbol{Q}(b)=\sum_{i=1}^{n}\boldsymbol{\varepsilon}^2=(\boldsymbol{Y}-\boldsymbol{Xb})^{\mathrm{T}}(\boldsymbol{Y}-\boldsymbol{Xb})$$

的最小值 $\hat{b}$。

可以证明 b 的最小二乘估计为：

$$\hat{b}=(\boldsymbol{X}^{\mathrm{T}}\boldsymbol{X})^{-1}\boldsymbol{X}^{\mathrm{T}}\boldsymbol{Y}$$

从而得经验回归方程为：

$$\hat{Y}=\boldsymbol{X}\hat{b}=\hat{b}_0+\hat{b}_1\boldsymbol{X}_1+\cdots+\hat{b}_p\boldsymbol{X}_p$$

称 $\hat{\boldsymbol{\varepsilon}}=\boldsymbol{Y}-\boldsymbol{X}\hat{\boldsymbol{b}}$ 为残差向量。取 $\hat{\sigma}^2=\dfrac{\hat{\varepsilon}^{\mathrm{T}}\hat{\varepsilon}}{n-p-1}$ 为 σ^2 的估计，也称为 σ^2 的最小二乘估计。

可以证明：

① $\hat{\sigma}^2$ 是 σ^2 的无偏估计。

② 协方差矩阵为 $\mathrm{Var}(b)=\hat{\sigma}^2(\boldsymbol{X}^{\mathrm{T}}\boldsymbol{X})^{-1}$。

b 的各分量的标准差为 $\sqrt{\mathrm{Var}(b_i)}=\hat{b}\sqrt{c_{ii}}, i=1,2,\cdots,p$。其中 c_{ii} 为 $C=(\boldsymbol{X}^{\mathrm{T}}\boldsymbol{X})^{-1}$ 对角线上的第 i 个元素。

3. 回归方程的显著性检验

由于多元线性回归中无法借助图形帮助判断 $E(Y)$ 是否随 $X_1,X_2,\cdots,X_p$ 作线性变化，因此显著性检验就显得尤为重要。检验有两种，一种是回归系数的显著性检验，主要是检验某个变量 X_i 的系数是否为 0；另一种是回归方程的显著性检验，简单地说，就是检验该数组是否可以用于线性方程作回归。

(1) 回归系数的显著性检验

$$H_{i0}: b_i=0,\quad H_{i1}: b_i=0,\quad i=1,2,\cdots,p$$

当 H_{i0} 成立时，可以证明统计量

$$T_i=\frac{b_i}{\hat{\sigma}\sqrt{c_{ii}}}\sim t(n-p-1),\quad i=1,2,\cdots,p$$

给定显著性水平 α，检验的拒绝域为 $W=\{|T_i|\geqslant t_{\alpha/2}(n-p-1)\}$

(2) 回归方程的显著性检验

$$H_0: b_1=b_2=\cdots=b_p=0,\quad H_1: b_1,b_2,\cdots,b_p=0\text{ 不全为 }0$$

可以证明，当 H_0 成立时，统计量

$$F=\frac{\mathrm{SS}_R/p}{\mathrm{SS}_E/(n-p-1)}\sim F(p,n-p-1)$$

其中，$\mathrm{SS}_R=\sum_{i=1}^{n}(\hat{y}_i-\bar{y})^2$，$\mathrm{SS}_E=\sum_{i=1}^{n}(y_i-\hat{y}_i)^2$，$\bar{y}=\dfrac{1}{n}\sum_{i=1}^{n}y_i$，$\hat{y}_i=\hat{b}_0+\hat{b}_1x_{i1}+\cdots+\hat{b}_px_{ip}$

一般 SS_R 称为回归平方和，SS_E 称为残差平方和。给定显著性水平 α，检验的拒绝域为 $W=\{F>F_{\alpha/2}(p,n-p-1)\}$。与一元回归模型类似，在软件中，通常用 p 值来判断是否拒绝原假设。

相关系数的平方定义为 $R^2=\dfrac{SS_R}{SS_T}$，用它来衡量 Y 与 $X_1,X_2,\cdots,X_p$ 之间相关关系的密切程度，其中 $SS_T=SS_R+SS_E=\sum_{i=1}^{n}(y_i-\bar{y})^2$ 称为总体离差平方和。

4. 预测

当多元线性回归方程经过检验通过后，并且每一个系数都是显著时，可用此方程作预测。

给定 $\boldsymbol{X}=x_0=(x_{01},x_{02},\cdots,x_{0p})^{\mathrm{T}}$，将其代入回归方程得到 $y_0=b_0+b_1x_{01}+\cdots+b_px_{0p}+\varepsilon_0$ 的估计为

$$\hat{y}_0=\hat{b}_0+\hat{b}_1x_{01}+\cdots+\hat{b}_px_{0p}$$

现在考虑在置信水平为 $1-\alpha$ 下，y_0 的预测区间。

可以证明，在置信水平为 $1-\alpha$ 下，y_0 的预测区间为

$$\hat{y}_0-t_{\frac{\alpha}{2}}(n-p-1)\cdot\hat{\sigma}\sqrt{1+\tilde{x}_0^{\mathrm{T}}(\boldsymbol{X}^{\mathrm{T}}\boldsymbol{X})^{-1}\tilde{x}_0},$$

$$\hat{y}_0+t_{\frac{\alpha}{2}}(n-p-1)\cdot\hat{\sigma}\sqrt{1+\tilde{x}_0^{\mathrm{T}}(\boldsymbol{X}^{\mathrm{T}}\boldsymbol{X})^{-1}\tilde{x}_0}$$

其中，$\boldsymbol{X}$ 为设计矩阵，$\tilde{x}_0=(1,x_{01},x_{02},\cdots,x_{0p})^{\mathrm{T}}$。

6.1.3 方差分析

在实际问题中，影响一个结果的因素有很多，人们总是希望通过各种试验来观察各种因素对试验结果的影响。例如，不同的生产厂家、不同的原材料、不同的操作规程以及不同的技术指标对产品的质量、性能都会有影响。然而，不同因素的影响大小可能不等。

方差分析是研究一种或多种因素的变化对试验结果的观测值是否有影响，从而找出较优的试验条件或生产条件的一种常用的统计方法。

人们在试验中所考察到的数量指标，如产量、性能等，称为观测值。影响观测值的条件称为因素。因素的不同状态称为水平。在一个试验中，可以得出一系列不同的观测值。引起观测值不同的原因是多方面的，有的是由处理方式或条件不同引起的，这些称为因素效应(或处理效应、条件变异)；有的是试验过程中偶然性因素的干扰或观测误差所导致的，这些称为试验误差。

方差分析的主要工作是将测量数据的总变异按照变异原因的不同分解为因素效应和试验误差，并对其作出数量分析，比较各种原因在总变异中所占的重要程度，作出统计推断的依据，由此确定进一步的工作方向。

1. 单因素方差分析

以下将通过一个例子说明单因素方差分析的基本思想。

例 6.1 用 4 种不同的材料 A_1,A_2,A_3,A_4 生产出来的元件，测得其使用寿命如表 6-1

所示，那么 4 种不同配方下元件的使用寿命是否有显著差异呢？

表 6-1　元件寿命数据

A_1	1 600	1 610	1 650	1 680	1 700	1 700	1 780	
A_2	1 500	1 640	1 400	1 700	1 750			
A_3	1 640	1 550	1 600	1 620	1 640	1 600	1 740	1 800
A_4	1 510	1 520	1 530	1 570	1 640	1 600		

在表 6-1 中，材料的配方是影响元件使用寿命的因素，4 种不同配方表明因素处于 4 种状态，为 4 种水平，这样的试验称为单因素 4 水平试验。根据表 6-1 中的数据可知，不仅不同配方的材料生产出来的元件使用寿命不同，而且同一配方下的元件的使用寿命也不一样。分析数据波动的原因主要来自以下两个方面。

① 在同样的配方下做若干次寿命试验，试验条件大体相同，因此数据的波动是由于其他随机因素的干扰所引起的。设想在同一配方下的元件的使用寿命应该有一个理论上的均值，而实测寿命数据与均值的偏离即为随机误差，此误差服从正态分布。

② 在不同配方下，使用寿命有不同的均值，它导致不同组的元件间寿命数据的不同。

对于一般情况下，设试验只有一个因素 A 在变化，其他因素都不变。A 有 r 个水平 $A_1,A_2,\cdots,A_r$，在水平 A_i 下进行 n_i 次独立观测，设 x_{ij} 表示在因素 A 的第 i 个水平下的第 j 次试验的结果，得到试验指标列在表 6-2 中。

表 6-2　试 验 指 标

A_1	$x_{11}\ x_{12}\cdots x_{1n_1}$	总体 $N(\mu_1,\sigma^2)$
A_2	$x_{21}\ x_{22}\cdots x_{2n_2}$	总体 $N(\mu_2,\sigma^2)$
…	… … …	…
A_r	$x_{r1}\ x_{r2}\cdots x_{rn_r}$	总体 $N(\mu_r,\sigma^2)$

（1）数学模型

把水平 A_i 下的试验结果 $x_{i1},x_{i2},\cdots,x_{in_i}$ 看成来自第 i 个正态总体 $X_i\sim N(\mu_i,\sigma^2)$ 的样本的观测值，其中 μ_i,σ^2 均未知，并且每个总体 X_i 都相互独立。考虑线性模型

$$x_{ij}=\mu_i+\varepsilon_{ij},\quad i=1,2,\cdots,r,j=1,2,\cdots,n_i \tag{6-1}$$

其中，$\varepsilon_{ij}^{-}N(0,\sigma^2)$ 相互独立，μ_i 为第 i 个总体的均值，ε_{ij} 为相应的试验误差。

比较因素 A 的 r 个水平的差异归结为比较这 r 个总体均值，即检验假设

$$H_0:\mu_1=\mu_2=\cdots=\mu_r,\quad H_1:\mu_1,\mu_2,\cdots,\mu_r\ 不全相等 \tag{6-2}$$

记 $\mu=\frac{1}{n}\sum_{i=1}^{r}n_i\mu_i,n=\sum_{i=1}^{r}n_i,\alpha_i=\mu_i-\mu$，其中 μ 表示总和的均值，α_i 为水平 A_i 对指标的效应，不难验证 $\sum_{i=1}^{r}n_i\alpha_i=0$。

式(6-1)可以等价地写成

$$\begin{cases} x_{ij} = \mu_i + \varepsilon_{ij}, \quad i = 1,2,\cdots,r, \quad j = 1,2,\cdots,n_i \\ \varepsilon_{ij} \sim N(0,\sigma^2) \text{ 且相互独立} \\ \sum_{i=1}^{r} n_i \alpha_i = 0 \end{cases} \tag{6-3}$$

称模型式(6-3)为单因素方差分析数学模型，它是一个线性模型。

(2) 方差分析

式(6-2)等价于

$$H_0: \alpha_1 = \alpha_2 = \cdots = \alpha_r = 0, \quad H_1: \alpha_1, \alpha_2, \cdots, \alpha_r \text{ 不全为零} \tag{6-4}$$

如果 H_0 被拒绝，则说明因素 A 各水平的效应之间有显著的差异；否则，差异不明显。

以下导出 H_0 的检验统计量。方差分析法是建立在平方和分解和自由度分解的基础上的，考虑统计量

$$S_T = \sum_{i=1}^{r}\sum_{j=1}^{n_i}(x_{ij} - \bar{x})^2, \quad \bar{x} = \frac{1}{n}\sum_{i=1}^{r}\sum_{j=1}^{n_i}$$

称 S_T 为总离差平方和(或称总变差)，它是所有数据 x_{ij} 与总平均值 $\bar{x}$ 的差的平方和，它描绘了所有数据的离散程度。可以证明如下平方和分解公式：

$$S_T = S_E + S_A, \tag{6-5}$$

其中

$$S_E = \sum_{i=1}^{r}\sum_{j=1}^{n_i}(x_{ij} - \bar{x}_L)^2, \quad \bar{x}_L = \frac{1}{n_i}\sum_{j=1}^{n_i} x_{ij}$$

$$S_A = \sum_{i=1}^{r}\sum_{j=1}^{n_i}(\bar{x}_L - \bar{x})^2 = \sum_{i=1}^{r} n_i(\bar{x}_L - \bar{x})^2$$

S_E 表示随机误差的影响。这是因为对于固定的 i 来讲，观测值 $x_{i1}, x_{i2}, \cdots, x_{in_i}$ 是来自同一个正态总体 $N(\mu_i, \sigma^2)$ 的样本。因此，它们之间的差异是由随机误差所导致的。而 $\sum_{j=1}^{n_i}(x_{ij} - \bar{x}_L)^2$ 是这 n_i 个数据的变动平方和，正是它们的差异大小的度量。将 r 组这样的变动平方和相加，就得到了 S_E，通常称 S_E 为误差平方和或组内平方和。

S_A 表示在水平 A_i 下样本均值与总体均值之间的差异之和，它反映了 r 个总体均值之间的差异。因为 x_L 是第 i 个总体的样本均值，它是 μ_i 的估计，因此 r 个总体均值 μ_1，$\mu_2, \cdots, \mu_r$ 之间的差异越大，这些样本均值 $\bar{x}_1, \bar{x}_2, \cdots, \bar{x}_r$ 之间的差异越大。平方和 $\sum_{i=1}^{r}\sum_{j=1}^{n_j}(\bar{x}_L - \bar{x})^2$ 正是这种差异大小的度量，这里 n_i 反映了第 i 个总体的样本大小在平方和 S_A 中的作用。称 S_A 为因素 A 的效应平方和或组间平方和。

式(6-5)表明，总平方和 S_T 可按其来源分解成两部分，一部分是误差平方和 S_E，它是由随机误差引起的；另一部分是因素 A 的效应平方和 S_A，它是由因素 A 各水平的差异引起的。

由模型假设式(6-1)，经过统计分析得到 $E(S_E) = (n-r)\sigma^2$，即 $\frac{S_E}{n-r}$ 是 σ^2 的一个无偏

估计，且

$$\frac{S_E}{\sigma^2}\chi^2(n-r)$$

如果假设 H_0 成立，则有 $E(S_A)=(r-1)\sigma^2$，即 $\frac{S_A}{r-1}$ 也是 σ^2 的一个无偏估计，且 $\frac{S_A^-}{\sigma^2}\chi^2(r-1)$，并且 S_E 和 S_A 独立。因此，当假设 H_0 成立时，有

$$F=\frac{S_A(r-1)}{S_E/(n-4)}\sim F(r-1,n-r) \tag{6-6}$$

于是 F 可以作为 H_0 的检验统计量。对于给定的显著性水平 α，用 $F_\alpha(r-1,n-r)$ 表示 F 分布的上 α 分位点。若 $F>F_\alpha(r-1,n-r)$，则拒绝原假设，认为因素 A 的 r 个水平有显著差异。可以通过计算 p 值的方法来决定是接受还是拒绝 H_α。其中 p 值为 $P\{F(r-1,n-r)>F\}$，它表示的是服从自由度为 $(r-1,n-r)$ 的 F 分布的随机变量取值大于 F 的概率。显然，p 值小于 α 等价于 $F>F_\alpha(r-1,n-r)$，表示在显著性水平 α 下的小概率事件发生了，这意味着应该拒绝原假设 H_0。当 p 值大于 α，则不能拒绝原假设，所以应该接受原假设 H_0。

通常将计算结果列成表 6-3 的形式，称为方法分析表。

表 6-3 单因素方法分析表

方差来源	自由度	平方和	均　值	F 比	P 值
因素 A	$r-1$	S_A	$MS_A=\frac{S_A}{r-1}$	$F=\frac{MS_A}{MS_E}$	p
误差	$n-r$	S_E	$MS_E=\frac{S_E}{n-r}$		
总和	$n-1$	S_T			

2. 双因素方差分析

在许多实际问题中，需要考虑影响试验数据的因素多于一个的情形。例如，在化学试验中，几种原料的用量、反映时间、温度的控制等都有可能影响试验结果，这就构成了多因素试验问题。

例 6.2 在一个农业试验中，考虑 4 种不同的种子品种 A_1,A_2,A_3,A_4，三种不同的施肥方法 B_1,B_2,B_3，得到产量数据见表 6-4。请分析种子与施肥对产量有无显著影响。

表 6-4 农业试验数据

品种	B_1	B_2	B_3
A_1	325	292	316
A_2	317	310	318
A_3	310	320	318
A_4	330	330	365

这是一个双因素试验，因素 A（种子）有 4 个水平，因素 B（施肥）有三个水平。通过下面的双因素方差分析来回答以上问题。

设有 A,B 两个因素,因素 A 有 r 个水平 $A_1,A_2,\cdots,A_r$,因素 B 有 s 个水平 B_1,$B_2,\cdots,B_s$。

在因素 A,B 的每一个水平组合 (A_i,B_j) 下进行一次独立试验得到观测值 x_{ij} $(i=1,2,\cdots,r,j=1,2,\cdots,s)$。把观测数据列表,见表 6-5。

表 6-5 无重复试验的双因素方差分析数据

	B_1	B_2	…	B_s
A_1	x_{11}	x_{12}	…	x_{1s}
A_2	x_{21}	x_{22}	…	x_{2s}
…	…	…	…	…
A_r	x_{r1}	x_{r2}	…	x_{rs}

假定 $x_{ij}\sim N(\mu_{ij},\sigma^2)(i=1,2,\cdots,r,\ j=1,2,\cdots,s)$ 且各 x_{ij} 相互独立。不考虑两因素的交互作用,因此模型可以归结为

$$\begin{cases} x_{ij}=\mu+\alpha_i+\beta_j+\varepsilon_{ij} \quad i=1,2,\cdots,r, \quad j=1,2,\cdots,s \\ \varepsilon_{ij}\sim N(0,\sigma^2)\ \text{且各}\ \varepsilon_{ij}\ \text{相互独立} \\ \sum_{i=1}^{r}\alpha_i=0, \quad \sum_{i=1}^{s}\beta_j=0 \end{cases} \tag{6-7}$$

其中,$\mu=\frac{1}{rs}\sum_{i=1}^{r}\sum_{j=1}^{s}\mu_{ij}$ 为总平均,α_i 为因素 A 第 i 个水平的效应,β_j 为因素 B 第 j 个水平的效应。

在线性模型式(6-7)下,方差分析的主要任务是:系统分析因素 A 和因素 B 对试验指标影响的大小。因此,在给定显著性水平 α 下,提出以下统计假设:

对于因素 A,"因素 A 对试验指标影响不显著"等价于

$$H_{01}:\alpha_1=\alpha_2=\cdots=\alpha_r=0$$

对于因素 B,"因素 B 对试验指标影响不显著"等价于

$$H_{02}:\beta_1=\beta_2=\cdots=\beta_r=0$$

双因素方差分析与单因素方差分析的原理基本相同,也是基于平方和分解公式

$$S_T-S_E+S_A+S_B$$

其中

$$S_T=\sum_{i=1}^{r}\sum_{j=1}^{s}(x_{ij}-\bar{x})^2, \quad \bar{x}=\frac{1}{rs}\sum_{i=1}^{r}\sum_{j=1}^{s}x_{ij},$$

$$S_A=s\sum_{i=1}^{r}(\bar{x}_L-\bar{x})^2, \quad \bar{x}_L=\frac{1}{s}\sum_{j=1}^{s}x_{ij}, \quad i=1,2,\cdots,r$$

$$S_B=r\sum_{j=1}^{s}(x_1-x)^2, \quad x_1=\frac{1}{r}\sum_{i=1}^{r}x_{ij}, \quad j=1,2,\cdots,s$$

$$S_E=\sum_{i=1}^{r}\sum_{j=1}^{s}(x_{ij}-\bar{x}_L-\bar{x}_j+\bar{x})^2$$

S_T 为总离差平方和，S_E 为误差平方和，S_A 为由因素 A 的不同水平所引起的离差平方和(称为因素 A 的平方和)。类似地，S_B 称为因素 B 的平方和。可以证明，当 H_{01} 成立时，

$$\frac{S_A}{\sigma^2}\sim\chi^2(r-1)\text{且与 } S_E \text{ 相互独立，而}\frac{S_E}{\sigma^2}\sim\chi^2[(r-1)(s-1)]$$

于是当 H_{01} 成立时，$F_A=\dfrac{S_A/(r-1)}{S_E/[(r-1)(s-1)]}\sim F[r-1,(r-1)(s-1)]$

类似地，当 H_{02} 成立时，$F_B=\dfrac{S_B/(r-1)}{S_E/[(r-1)(s-1)]}\sim F[s-1,(r-1)(s-1)]$

分别以 F_A 和 F_B 作为 H_{01} 和 H_{02} 的检验统计量，把计算结果列成方差分析表，见表 6-6。

表 6-6 双因素方差分析表

方差来源	自由度	平方和	均　方	F 比	p 值
因素 A	$r-1$	S_A	$MS_A=\dfrac{S_A}{r-1}$	$F=\dfrac{MS_A}{MS_E}$	p_A
因素 B	$s-1$	S_B	$MS_B=\dfrac{S_B}{s-1}$	$F=\dfrac{MS_B}{MS_E}$	p_B
误差	$(r-1)(s-1)$	S_E	$MS_E=\dfrac{S_E}{(r-1)(s-1)}$		
总和	$rs-1$	S_T			

6.2 数据挖掘与商务智能方法

6.2.1 概述

商务智能(business intelligence，BI)是指将存储于各种信息系统中的数据转换成有用信息的技术。它允许用户查询和分析数据库可以得出影响商业活动的关键因素，最终帮助用户做出更好、更合理的决策。其中的报告、在线分析处理和数据挖掘等工具可以从不同的层面帮助企业、政府部门或其他各类组织实现这个目标。

从数据分析的角度看，商务智能是为了解决商业活动或组织管理中遇到的各种问题，利用各种信息系统进行的高质量和有价值信息的收集、分析、处理过程，其基本功能包括个性化的信息分析、预测、辅助决策。

商务智能是在计算机软硬件、网络、通信、决策等多种技术成熟的基础上出现的，用于处理海量数据的一项技术。它需要从多源数据资源(数据库、数据仓库、Web 等)中发现规律，而这将主要依赖数据挖掘技术来实现。因为数据挖掘就是要从大量的数据中挖掘出隐含的、未知的、可能感兴趣的、对决策有价值的知识和规则。这些规则蕴含了数据库中一组对象之间的特定关系，揭示出一些有用的信息，为经营决策、市场策划、金融预测等企业经营管理活动与决策过程提供依据。

商务智能在发展过程中经历了一些重要的里程碑：

1951 年,美国的 Univac 大型计算机利用磁带和打孔卡来存储数据(该计算机在 1952 年被用于预测美国总统选举)。

1985 年,美国宝洁公司设计并开始利用类似商务智能的信息体。

1989 年,美国加特纳公司的分析师霍华锵·德莱斯纳(Howard Dresner)首次创造了“商务智能”(business intelligence)这一名词。

1991 年,世界数据仓库之父比尔·恩门出版了《建立数据仓库》一书。

1993 年,发明了关系数据库的美国人埃德加·考德等发表了一篇名为《为分析用户提供 OLAP》的论文,文章指出了多维概念模型的重要性,为企业的数据收集、管理、处理和表达提供了一种多维的解决办法。

1996 年,美国的加特纳公司提出了信息民主的概念,认为普遍享用的商务智能是“使企业在竞争市场中保持领先地位的关键所在。正确的商务决策是以准确和及时的信息为基础的,而不是靠直觉。数据分析、报告及查询工具可帮助组织用户成功穿越数据海洋,并从中得到有价值的综合信息”。

1997 年,IDC 公司提出了分析型应用软件(analytical applications)的概念,分析型 CRM 等概念随之而出。

数据挖掘(data mining,DM)是从大量的、不完全的、有噪声的、模糊的、随机的实际应用数据中,提取隐含在其中的、人们事先不知道的但又是潜在有用的信息和知识的过程。这个定义包括以下几层含义。

(1) 数据源必须是真实的,通常是大量的和含噪声的。

(2) 发现的是用户感兴趣的知识;发现的知识要可接受、可理解、可运用。

(3) 并不要求发现放之四海皆准的知识,仅支持特定问题。

近十年来,人们利用信息技术生产和搜集数据的能力大幅度提高,成千上万个数据库被用于商业管理、政府办公、科学研究和工程开发等,并且这一势头仍将继续发展下去。于是,一个新的挑战被提了出来:在这个被称为信息爆炸的时代,信息过量几乎成为人人需要面对的问题。如何才能不被信息的汪洋大海所淹没,及时从中发现有用的知识,提高信息利用率呢?要想使数据真正成为一个公司的资源,只有充分利用它为公司自身的业务决策和发展战略服务才行,否则大量的数据可能成为垃圾,甚至成为包袱。因此,面对人们被数据淹没却饥饿于知识的挑战,数据挖掘技术应运而生,并得以蓬勃发展,越来越显示出其强大的生命力。

数据挖掘技术是人们长期对数据库技术进行研究和开发的结果。起初各种商业数据是存储在计算机的数据库中的,然后发展到可对数据库进行查询和访问,进而发展到对数据库的即时遍历。数据挖掘使数据库技术进入了一个更高级的阶段,它不仅能对过去的数据进行查询和遍历,并且能够找出数据之间的潜在联系,从而促进有用信息的产生。现在数据挖掘技术在商业应用中已经可以马上投入使用,因为对这种技术进行支持的三种基础技术(海量数据搜集、强大的多处理器计算机、数据挖掘算法)已经发展成熟。

数据挖掘的核心模块技术历经了数十年的发展,其中包括数理统计、人工智能和机器学习。今天,这些成熟的技术加上高性能的关系数据库引擎以及广泛的数据集成,让数据挖掘技术在当前的数据仓库环境中进入了实用的阶段。

1. 商业数据分析与现代信息资源管理

商业数据分析是现代信息资源管理重要的趋势和方向，其核心是利用数据挖掘和商务智能技术和方法对商业和管理数据进行分析，挖掘出对产品设计、市场营销、客户关系管理、企业战略、市场预测等有帮助的决策信息。

商务智能利用数据仓库、数据挖掘技术对客户数据进行系统的存储和管理，并通过各种数据统计分析工具对客户数据进行分析，提供各种分析报告，如客户价值评价、客户满意度评价、服务质量评价、营销效果评价、未来市场需求等，为组织的各种经营管理活动提供决策信息。

现代信息管理的发展趋势之一是从信息的载体形式管理向内容的知识管理深化。长期以来，信息管理部门工作主要是对信息的载体进行管理，以提供信息的外在特征服务为主。随着信息资源的增多，人们对信息的利用要求已经不再满足一般文献的检索和原件的获取，而且还要对信息内容进行深入的分析，因为仅一般的查询和检索不能帮助用户获得结论性的认识，而且信息资源不能得到充分的利用。

近二十年来，数据库技术得到了迅速的发展，许多领域都建立大量的数据库，并通过网络形式提供有关的服务。数据库大量的数据中隐藏着许多有价值的信息，是不可多得的知识信息源，而目前的数据库系统一般只限于一些基本的数据查询操作，通过数据库管理系统只能对数据“粗加工”，不能从这些数据中归纳出隐含的带有结论性的知识，使得这些有用知识不为人知，无法利用。这实际上是对信息资源的一种浪费。因此，对数据的进一步加工和内容分析显得越来越重要。数据挖掘和知识发现是数据库技术的深层次的应用，它能从大量数据中抽取出具有一定规律的知识，深层次的开发可以进一步提高信息资源的使用价值，充分利用信息资源，提高使用效益。数据挖掘和知识发现为决策分析带来了新的途径，能更好地解决日益复杂多变的决策环境问题，进一步提高了决策的准确性和可靠性。对信息资源进行数据挖掘和知识发现是现代信息资源管理的需要，可以更为全面地获取更有价值的信息，有助于人们认识有关的规律，将信息资源转化为生产力，提高组织竞争能力。

2. 数据挖掘与商务智能常用方法与技术

商业智能的技术体系主要由数据仓库(data warehouse，DW)、联机分析处理(OLAP)以及数据挖掘(data mining，DM)三部分组成。

数据仓库是商业智能的基础，许多基本报表可以由此生成，但它更大的用处是作为进一步分析的数据源。所谓数据仓库(DW)就是面向主题的、集成的、稳定的、不同时间的数据集合，用以支持经营管理中的决策制定过程。多维分析和数据挖掘是最常听到的例子，数据仓库能供给它们所需要的、整齐一致的数据。

在线分析处理(OLAP)技术则帮助分析人员、管理人员从多种角度把从原始数据中转化出来、能够真正为用户所理解的并真实反映数据维特性的信息，进行快速、一致、交互地访问，从而获得对数据的更深入了解的一类软件技术。

数据挖掘(DM)是一种决策支持过程，它主要基于AI、机器学习、统计学等技术，高度自动化地分析企业原有的数据，做出归纳性的推理，从中挖掘出潜在的模式，预测客户的行为，帮助企业的决策者调整市场策略，减少风险，做出正确的决策。

利用数据挖掘进行数据分析常用的方法主要有案例推理、关联规则、分类、特征分析、变化和偏差分析、Web 页挖掘等，它们分别从不同的角度对数据进行挖掘。

(1) 案例推理。即 CBR(case-based reasoning)，是一种类比推理方法，是通过借鉴那些解决旧问题的方法来尝试解决新问题，也就是利用寻找相似案例的推理法，找到解决旧问题的方法，并将之用于解决新的问题。

(2) 关联规则。关联规则是描述数据库中数据项之间所存在的关系的规则，即根据一个事务中某些项的出现可导出另一些项在同一事务中也出现，即隐藏在数据间的关联或相互关系。在客户关系管理中，通过对企业的客户数据库里的大量数据进行挖掘，可以从大量的记录中发现有趣的关联关系，找出影响市场营销效果的关键因素，为产品定位、定价与定制客户群，客户需求、细分与保持，市场营销与推销，营销风险评估和诈骗预测等决策支持提供参考依据。

(3) 分类。分类是找出数据库中一组数据对象的共同特点并按照分类模式将其划分为不同的类，其目的是通过分类模型，将数据库中的数据项映射到某个给定的类别。它可以应用到客户的分类、客户的属性和特征分析、客户满意度分析、客户的购买趋势预测等，如一个汽车零售商将客户按照对汽车的喜好划分成不同的类，这样营销人员就可以将新型汽车的广告手册直接邮寄到有这种喜好的客户手中，从而大大增加了商业机会。

(4) 特征分析。特征分析是从数据库中的一组数据中提取出关于这些数据的特征式，这些特征式表达了该数据集的总体特征。如营销人员通过对客户流失因素的特征提取，可以得到导致客户流失的一系列原因和主要特征，利用这些特征可以有效地预防客户的流失。

(5) 变化和偏差分析。偏差包括很大一类潜在有趣的知识，如分类中的反常实例、模式的例外、观察结果对期望的偏差等，其目的是寻找观察结果与参照量之间有意义的差别。在企业危机管理及其预警中，管理者更感兴趣的是那些意外规则。意外规则的挖掘可以应用到各种异常信息的发现、分析、识别、评价和预警等方面。

(6) Web 页挖掘。随着 Internet 的迅速发展及 Web 的普及，使得 Web 上的信息量无比丰富，通过对 Web 的挖掘，可以利用 Web 的海量数据进行分析，收集政治、经济、政策、科技、金融、各种市场、竞争对手、供求信息、客户等有关的信息，集中精力分析和处理那些对企业有重大或潜在重大影响的外部环境信息和内部经营信息，并根据分析结果找出企业管理过程中出现的各种问题和可能引起危机的先兆，对这些信息进行分析和处理，以便识别、分析、评价和管理危机。

下面重点介绍案例推理、关联分析和分类的方法。

6.2.2 案例推理

1. CBR 技术的发展与协同案例推理

案例推理(case-based reasoning，CBR)最原始的想法是由美国耶鲁大学罗杰·沙克(Roger Schank)在 1977 年提出的。

在 CBR 理论的研究方面，研究主题主要集中在案例表示、案例库组织与维护、案例索引、案例检索、案例库性能评价、案例的修正方法、案例推理与人工神经网络、多 Agent 等其他方法的集成等。20世纪八九十年代很多CBR成果都集中在案例表示和描述上。

国内CBR的研究起始于20世纪90年代初。如今CBR技术已经造就了许许多多的实用系统。在应用开发方面,案例推理技术在规划设计、法律、医学、决策支持及电子商务等领域都得到了成功应用。较早的案例式推理系统有CYRUS(1980)、IPP(1980)、MEDIATOR(1985)、JUDGE(1986)、CHEF(1986)、CLAVIER(1988)等系统。20世纪90年代末,CBR应用延伸到多个服务领域,如Compaq SMART系统就是利用案例推理技术为Compaq客户服务提供自动化管理支持的一个典型应用。

随着信息化的快速推进,数据资源分散和难以利用的问题日益凸显出来。如何整合不同区域、不同组织和不同系统中的信息资源,实现信息共享和协同分析利用成为新时期信息管理的重要课题。在这样的背景下,案例推理技术也必将发生深刻变革,协同案例推理(collaborative case-based reasoning,CCBR)的概念呼之欲出。所谓协同案例推理,就是基于特定的标准(如HL7),将分散于不同机构的案例库资源组织和整合起来,通过有效的案例知识获取方法实现多案例库的协同推理、协同知识发现、结果集结和目标方案的智能化生成。云计算、物联网和智能交互技术的发展为协同案例推理方法(CCBR)的实践和应用提供了重要的技术支持。CCBR为分散异构信息资源的快速、有效挖掘和知识获取提供了新工具。

2. CBR的技术思想

CBR是基于历史经验或知识的推理方法,知识以案例的形式存放在案例库中,案例库就是知识库。该方法具有几个明显的优势:一是它通过案例检索获取知识,并对于获取的历史知识进行重用,而不是从头进行问题推导,从而较大幅度提高了问题求解的效率。二是它可以更为有效地利用过去的成功经验或者失败教训来指导问题求解。CBR中的案例库汇聚了众多而不是个别专家的经验和知识,知识的积累极为丰富。通过对历史案例检索,挖掘蕴含于历史案例库中的丰富经验知识,可以避免从个别专家那里获取不完全、不确定的信息。三是它是一种柔性信息处理技术,对应用领域没有特殊的要求,只要目标问题与源问题具有相似性,目标问题可以从案例库中得到搜索结果,CBR就可以获得较好的应用。因此,CBR适用于那些知识难以获取同时又已积累了丰富历史案例的复杂领域,如医疗诊断、设备故障诊断、法律咨询、案件辅助判决、汽车产品设计、企业经营决策、天气预测、软件工程、灾害重建等广阔领域。

案例的知识结构必须反映出整个知识系统的体系结构。虽然目前知识表示方法很多,如产生式、语义网框架、面向对象的方法等,但是这些方法对于CBR这种类比学习系统却有一定局限性。一些心理学研究人员在记忆理论的基础上,提出了情景记忆、语义记忆、联想记忆和动态记忆理论等记忆模型。通常,就整个领域而言,总结出一个通用的因果模型比较困难,但对一个具体的案例而言,归纳出局部的因果模型却相对容易。因此,基于案例推理适用于领域定理难以表示成规则形式,而易表示成案例形式且已积累了丰富案例的领域。案例库和推理机是CBR中两个极其重要的组成部分,系统以案例作为智能系统中知识表达的基本单元,并构造智能系统中的知识库——案例库和推理机。由于计算机的记忆特性,故用CBR可以方便、快捷地得到求解问题的方法或提示。同时,CBR在决策问题求解上提供了一种实现决策过程的现实环境和决策技术,是决策者认知心理的决策过程的一个合理描述，因为人类在遇到新问题时，不仅仅是简单地照搬经验，也不一定需要最优解，更多数情况下是需要满意解、可行性提示或启发信息。

案例表示是 CBR 中的知识表示的核心，其主要任务是确定适当的案例特征属性，包括领域专有名词的定义以及用于问题求解的代表性案例的收集和案例库的构建。简单地说，案例就是能推导出特定结果的一系列特征属性的集合。例如对于乳腺癌案例，其特征属性包括患者症状、体征、肿块大小、形状、硬度、基本诊断情况等特征信息。就最复杂的形式而言，案例就是形成问题求解结构的子案例的关联集合，问题的每一组成部分对整个问题来说可以认为是一个案例。以一种适当的形式将知识在计算机中表示出来是使机器具有智能的前提和基础，案例表示是 CBR 研究的基础。就决策案例而言，其内容一般有三个主要组成部分：问题描述、解决方案和结果。问题描述和解决方案是必不可少的部分，所有的 CBR 系统都有这两个部分，而结果部分在有的系统中可以没有。由于案例包括了对问题的描述及其求解的情况，因此案例的表示至少应该包含这两个方面，即表示为一个有序对：(问题描述，解描述)。如果有对于解的描述，即解的效果情况，就形成了三元组：(问题描述，解描述，效果描述)，其中的每个元组都可以是一个集合。

3. CBR 的应用研究

作为一种重要的人工智能技术，案例推理可以为决策的多个过程提供信息服务和决策支持，包括知识组织(knowledge organization)、知识获取(knowledge acquisition)、自动修正(automotive revision)、知识重用(knowledge reuse)等。它的一个重要优点是它可以存储专家知识，以及提供知识获取方法进行问题快速求解(fast problem-solving)。它还可以避免神经网络(ANNs)和决策树(decision tree)所遇到的过拟合问题(over fitting)。

当前，案例推理具体的应用领域和解决的主要问题见表 6-7。同时，CBR 通过与遗传算法(genetic algorithm)、神经网络(ANNs)等方法融合，应用于更广泛的研究领域，解决实际问题，如表 6-8 所示。

表 6-7 CBR 的应用领域和解决的主要问题

应用领域(Area of Applications)	解决的问题(Issue of Solving)
医疗、卫生和健康科学(Medicine, Health Care and Health Science)	intensive care units, grouping diagnoses in general practice, medical diagnosis, electronic medical records, temporal courses
工程和设计领域(Engineering & Design)	such as steel bridge engineering, automotive engine electronic control unit calibration, geometric design, design assistance
分类与预测(Classification & Prediction)	corporate rating, customer classification for direct marketing, business failure prediction, business acquisition, production scheduling, financial distress prediction
成本和效果评估(Cost& Effort Evaluation)	software cost evaluation, software effort estimation, the reduction of information acquisition cost

续表

应用领域(Area of Applications)	解决的问题(Issue of Solving)
推荐系统(Recommendation)	diet recommendation
机器人(Robot Soccer)	coordinated action selection in robot soccer
建模管理(Model Management)	model management
技术优化(Technologies Optimization)	Tabu Search, data warehousing, optimization agents
组织行为科学、法律等(Organizational Behavior Science, Law)	portfolio selection, construction negotiation, judgment, social learning

表 6-8 CBR 与其他方法的融合和应用

应用领域	解决的主要方法	融合的方法
诊断、智能医疗环境	计算机辅助诊断(computer aided diagnosis)、诊断系统(diagnostic system)、病理订购(pathology ordering)、智能医疗环境(intelligent medical environment)	+GA;+ANN +Data Mining + RPTW-NN
设计(design)	数据库模式设计(database schema design)	+ES
分类和预测(classification & prediction)	批发商的返回书预测(wholesaler's returning book forecasting)、热带气旋预报(tropical cyclone forecasting)、金融活动预测(predicting financial activity)	+GA +FZT
选择和分配(selection & allocation)	供应商的选择和订单分配(vendor selection and order allocation)	+ FZT+MPM
购物(shopping)	环境感知的比较购物(context-aware comparative shopping)	+Agent
图像识别(image recognition)	面部表情识别(facial expression recognition)	+FST

注:GA 表示遗传算法(genetic algorithm);ANN 表示人工神经网络(artificial neural networks);DM 表示数据挖掘(data mining);RPTW-NN 表示 RPTW 神经网络;FST 表示模糊集理论(fuzzy set theory);MPM 表示数学规划建模(mathematical programming model)。

此外,许多 CBR 系统已经被开发出来,其中一些获得了成功应用,如 Case-DeSC、CFDS 等。此外,也有很多关于成功应用的 CBR 系统的报告,如波音飞机制造公司的 CFM 56-3 engines。该系统主要用于波音 737 客机(Boeing 737)故障诊断和排除。CFM 56-3 engines 使用归纳(induction)和案例推理等数据挖掘技术挖掘(exploit)存储在案例库中的故障描述。

4. CBR 的技术优势

CBR 是基于历史经验和知识的智能推理技术。它基于这样的思想:人类在解决新问题时,往往在大脑中搜索过去发生的类似情况,借鉴类似事件的处理方法来完成对当前问题的解决。这种过去的类似情况及其处理方案在 CBR 中就被称为案例(case)。历史案例可以用来评价新的问题及新问题的求解方案,并且对可能的错误进行预防。例如肿瘤医生在对新的肿瘤就诊患者就行临床诊疗时,往往根据患者的基本信息、症状、体征、临床检查信息在大脑里搜索过去曾经遇到的类似情况的患者,回忆当初那个病例诊断结果如何,如何治疗等,通过借鉴历史癌症案例形成对肿瘤的恶性或良性的初步诊断。CBR 的概念也就是基于这样的想法而产生的。

一般来说,案例推理可以分为几个方面的工作:一是进行问题的描述(presentation);二是找出最类似的案例(retrieval)。不过,即使挑选出最类似的 case 也不可能完全相同,所以还要依照案例的解决方案再作调整(adaptation)。最后将调整出的结果通过使用者或大环境来证实(validation/test),如果适当,则被证实的结果将会被增加到案例库中(feedback)。显然,案例推理较接近现实中人类决策的过程,而且案例库构建较一般的知识库构建快速,案例检索速度一般也很快。作为一种基于知识的推理方法,CBR 具有显著的特点:

(1) 知识获取较为容易。由于 CBR 以案例的形式使用知识,而案例是知识的完全表达,CBR 系统无须分解和泛化案例经验以形成规则。

(2) 求解过程相对简化,求解效率较高。由于 CBR 重用过去的解决方案或求解方法,对于类似的问题,不需要从头推理,求解效率较高。

(3) 增量式学习。随着案例库中新案例数量的增加,案例系统的推理能力可以得到增强,求解范围扩大,而且通过适应性修改也可以形成与旧案例处理不同的创新解答,完成案例推理系统的增量式学习。

(4) 解的质量较高。CBR 的求解基于现实世界的历史经验和知识,案例库中的所有案例都是真实发生过的成功或失败的解答,与规则链求解相比,解的质量得到了提高。

(5) 知识库维护较为简便。CBR 机制为用户进行知识维护提供了很大的方便,可以不需要专家的干预将新案例充实到案例库中,完成案例学习。

(6) 推理结果易于被用户接受。CBR 中检索的结果是历史案例,形式和内容都易于理解,而且是真实发生过的,用户接受起来较为容易。

5. 基于 CBR 的信息资源管理案例

近年来,CBR 在教育领域应用研究也开始引起广泛关注,其研究领域涉及学校的教学、管理等各个领域。可以说,CBR 在学校的应用能够为学校核心竞争力的提高助一臂之力。那么,能否将 CBR 应用到学校的心理危机干预中,实现高校心理危机知识的共享、提高学生和教师的心理危机干预能力,从而最终促进高校学生的健康发展呢?

(1) 建立数据库

应用案例的推理方法,我们要构建大学生心理危机知识管理系统提供理论和数据支持。那么就要了解清楚大学生心理危机相关问题,包括大学生心理健康问题的原因、表现形式以及大学生心理危机干预措施等。同时也需要掌握足够的有关大学生心理问题的真实案例。大学生心理素质方面存在的种种问题一方面与他们自身所处的心理发展阶段有关,同时也与他们所处的社会环境分不开。各种生理因素、心理因素、社会因素交织在一起,极易造成大学生心理发展中的失衡状态。心理素质低劣的人自然不能适应高速度、高科技、高竞争的环境,心理负荷沉重便容易导致各种心理疾病。客观方面,大学时期的学习、生活、人际关系都发生了很大变化。主观方面,新生物质生活的依赖性与精神生活的独立意识发生着矛盾;日益增强的自主自立意识以及主观愿望上的自主自立与客观条件上的可能性及能力之间发生着矛盾。另外，在此我们应该收集以往有关大学生心理健康的各种案例，来作为强大的数据库支持。

（2）必要性分析

需要分析 CBR 在大学生心理危机干预中应用的必要性：大学生的心理压力越来越大，随之带来的心理问题也日趋严重。每年的心理健康活动月，班级、支部的各种心理方面的活动，心理委员的定期排查等，这些有效的措施，都可以让我们尽早发现身边存在心理问题的同学。但是如果有一个更加强大的数据库的支持，有专业的心理人士来分析以往的大学生心理问题，在我们发现问题时候，可以有借鉴地处理，而不是置之不管，甚至盲目处理。这些错误的措施很可能会导致大学生心理问题更加严重，甚至造成更坏的后果。所以，如果将基于案例的推理法应用到大学生心理问题上，无疑是一个不错的选择。可利用之前建立的强大的数据库，在及早发现问题时，查阅数据库中的 case，然后进行分析，及时有效地做出相应的处理。如果此项系统已经很完善的话，在今后大学生心理工作中，会开拓出更有效的发现问题、处理问题的机制。这样才能使大学生心理问题越来越少。

（3）构建系统以及实现

系统应该依托于心理危机的预防性干预，借助基于案例的推理技术进行实现。它以心理危机知识的学习和教育为主，一方面为学生和教师提供了基于案例库的学习和反思；另一方面教师借助案例的检索、案例的修改、案例的评论、案例的发表、案例的积累等模块，实现了危机决策的提供。只有建立正确、有效、强大的数据库才能为构建系统做出保证。只有后期教师的不断学习、分析、总结才能有更有效地处理问题。在系统的构建中，应当有不同的处理模块和机制，以便系统可以高效地工作。大致包括专家子模块、教师子模块、学生子模块、管理员子模块等。同时，要有完备的心理危机案例推理模块、案例评价模块、案例修改模块以及案例上传模块等。只有各个模块的完备和全面，才能让此系统充分发挥作用。

（4）系统应用设想

该 CBR 系统应用的前提是已经有了一套高效的案例库，以及有了专业的心理专家、教师。则所有班级的心理委员都可以学习到发现问题的方法以及途径等。假设某心理委员发现自己班级有位同学最近情绪低迷，有了很反常的行为，则及时汇报给心理老师。心理老师通过谈话、心理干预等方式，深入了解此位同学目前的状况。从而在数据库中寻找相似案例，进而参考以前案例的处理方式，以及备注信息、案例评价等，针对此同学进行正确的心理疏导，并在平时的生活和学习中给予更多的帮助和支持。有了科学的处理干预的方法，此同学的心理问题会得到最大限度的解决，从而避免该同学心理问题的恶化，甚至更加悲剧的后果。

6.2.3 分类挖掘

分类挖掘的任务就是确定对象属于哪个预定义的目标类。分类问题是一个普遍存在的问题，有许多不同的应用。例如，根据电子邮件的标题和内容检查出垃圾邮件，根据核磁共振扫描的结果区分肿瘤是恶性的还是良性的。

本节将介绍分类的基本概念，解决分类问题的一般方法及分类的常用方法。最后将介绍如何运用 Weka 工具来进行分类挖掘。

1. 分类问题

分类任务的输入数据是记录的集合。每条记录也称实例或样例，用元组(x,y)表示，其中 x 是属性的集合，而 y 是一个特殊的属性，指出样例的类标号（也称为分类属性或目标属性）。表 6-9 列出一个样本数据集，用来将脊椎动物分为以下几类：哺乳类、鸟类、鱼类、爬行类和两栖类。属性集指明脊椎动物的性质，如体温、表皮覆盖、繁殖后代的方式、飞行的能力和在水中生存的能力等。尽管表中的属性主要是离散的，但是属性集也可以包含连续特征。另一方面，类标号却必须是离散属性，这正是区别分类与回归的关键特征。回归是一种预测建模任务，其中目标属性 y 是连续的。

表 6-9 脊椎动物的数据集

名字	体温	表皮覆盖	胎生	水生动物	飞行动物	有腿	冬眠	类标号
人类	恒温	毛发	是	否	否	是	否	哺乳类
蟒蛇	冷血	鳞片	否	否	否	否	是	爬行类
鲑鱼	冷血	鳞片	否	是	否	否	否	鱼类
鲸	恒温	毛发	是	是	否	否	否	哺乳类
青蛙	冷血	无	否	半	否	是	是	两栖类
巨蜥	冷血	鳞片	否	否	否	是	否	爬行类
鸽子	恒温	羽毛	否	否	是	是	否	鸟类
猫	恒温	软毛	是	否	否	是	否	哺乳类
豹纹鲨	冷血	鳞片	是	是	否	否	否	鱼类
海龟	冷血	鳞片	否	半	否	是	否	爬行类
企鹅	恒温	羽毛	否	半	否	是	否	鸟类
豪猪	恒温	刚毛	是	否	否	是	是	哺乳类
鳗	冷血	鳞片	否	是	否	否	否	鱼类
蝾螈	冷血	无	否	半	否	是	是	两栖类

定义分类(classification)分类任务就是通过学习得到一个目标函数(target function) f，把每个属性集 x 映射到一个预先定义的类标号 y。

目标函数也称分类模型(classification model)。分类模型可以用于以下目的。

描述性建模分类模型可以作为解释性的工具，用于区分不同类中的对象。例如，对于生物学家或者其他人，一个描述性模型有助于概括表 6-9 中的数据，并说明哪些特征决定一种脊椎动物是哺乳类、爬行类、鸟类、鱼类或者两栖类。

预测性建模分类模型还可以用于预测未知记录的类标号。如图 6-2 所示，分类模型可以看作是一个黑箱，当给定未知记录的属性集上的值时，它自动地赋予未知样本类标号。例如，假设有一种叫作毒蜥的生物，其特征如下：

名字	体温	表皮覆盖	胎生	水生动物	飞行动物	有腿	冬眠	类标号
毒蜥	冷血	鳞片	否	否	否	是	是	?

可以使用根据表 6-9 中的数据集建立的分类模型来确定该生物所属的类，如图 6-2 所示。

图 6-2　分类器的任务是根据输入属性集 x 确定类标号 y

分类技术非常适合预测或描述二元或标称类型的数据集，对于序数分类（例如，把人分类为高收入、中等收入或低收入组），分类技术不太有效，因为分类技术不考虑隐含在目标类中的序关系。其他形式的联系，如子类与超类的关系（例如，人类和猿都是灵长类动物，而灵长类是哺乳类的子类）也被忽略。本节余下的部分只考虑二元的或标称类型的类标号。

2. 解决分类问题的一般方法

分类技术（或分类法）是一种根据输入数据集建立分类模型的系统方法。分类法的例子包括决策树分类法、基于规则的分类法、神经网络、支持向量机和贝叶斯分类法。这些技术都使用一种学习算法（learning algorithm）确定分类模型，该模型能够很好地拟合输入数据中类标号和属性集之间的联系。学习算法得到的模型不仅要很好地拟合输入数据，还要能够正确地预测未知样本的类标号。因此，训练算法的主要目标就是建立具有很好的泛化能力模型，即建立能够准确地预测未知样本类标号的模型。

在进行分类挖掘之前，必须首先准备好挖掘数据。一般需要对数据进行以下预处理，以帮助提高分类或预测的准确性、效率和可扩展性。

数据清洗：这一数据预处理步骤，主要帮助除去数据中的噪声，并妥善解决遗失数据（missing data ）问题，尽管大多数分类算法都包含一些处理噪声和遗失数据的方法，但这一预处理步骤可以帮助有效减少学习过程可能出现相互矛盾情况的问题。

相关分析：由于数据集中的许多属性与挖掘任务本身可能是无关的，例如，记录银行贷款申请（单）时填写的星期数（属性），就可能与申请成功与否描述无关；此外有些属性也可能是冗余的。因此需要对数据进行相关分析，以帮助在学习阶段就消除无关或冗余属性。在机器学习中，这一相关分析步骤被称为属性选择（feature selection），包含与挖掘任务无关的属性可能会减缓甚至误导整个学习过程。在理想情况下，相关分析所花费时间加上对消减后属性（子）集进行归纳学习所花费时间之和，应小于从初始属性集进行学习所花费的时间，从而达到帮助改善分类效率和可扩展性的目的。

数据转换：利用概念层次树，数据能够被泛化到更高的层次。概念层次树对连续数值的转换非常有效。例如，街道这样的属性也可以被泛化到更高的抽象层次，如泛化到城市。由于泛化操作压缩了原来的数据集，从而可以帮助有效减少学习过程所涉及的输入/输出操作。此外初始数据可能还需要规格化，特别是在利用距离计算方法进行各种学习方法时，如在基于示例学习方法中，规格化处理是不可或缺的重要处理操作。

在完成数据的预处理之后就可以运用不同的分类方法来进行分类挖掘，图 6-3 展示了解决分类问题的一般方法。首先，需要一个训练集(training set)，它由类标号已知的记录组成。使用训练集建立分类模型，该模型随后将运用于检验集(test set)，检验集由类标号未知的记录组成。

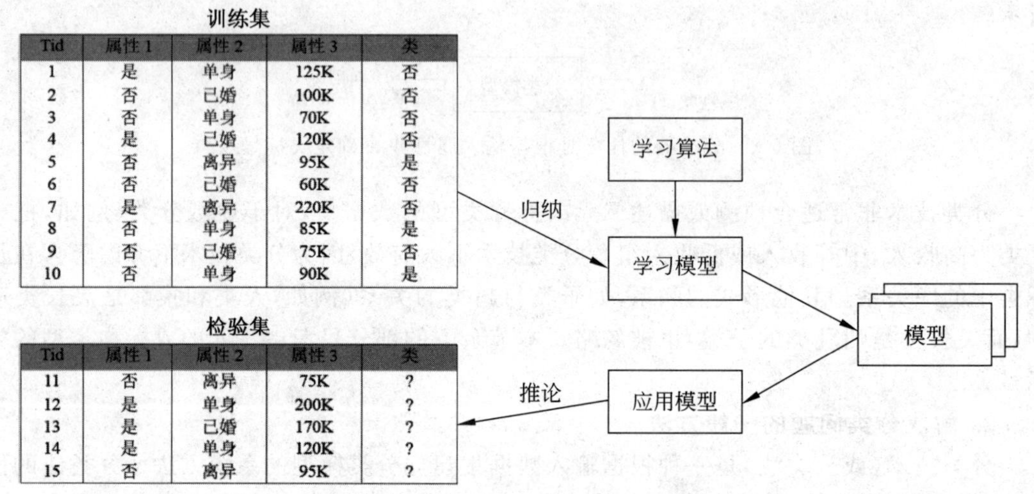

训练集

Tid	属性 1	属性 2	属性 3	类
1	是	单身	125K	否
2	否	已婚	100K	否
3	否	单身	70K	否
4	是	已婚	120K	否
5	否	离异	95K	是
6	否	已婚	60K	否
7	是	离异	220K	否
8	否	单身	85K	是
9	否	已婚	75K	否
10	否	单身	90K	是

检验集

Tid	属性 1	属性 2	属性 3	类
11	否	离异	75K	?
12	是	单身	200K	?
13	是	已婚	170K	?
14	是	单身	120K	?
15	否	离异	95K	?

图 6-3 建立分类模型的一般方法

分类模型的性能根据模型正确和错误预测的检验记录计数进行评估，这些计数存放在称作混淆矩阵(confusion matrix)的表格中。表 6-10 描述了二元分类问题的混淆矩阵。表中每个表项 f_{ij} 表示实际类标号为 i 但被预测为类 j 的记录数，例如，f_{01} 代表原本属于类 0 但被误分为类 1 的记录数。按照混淆矩阵中的表项，被分类模型正确预测的样本总数是($f_{11}+f_{00}$)，而被错误预测的样本总数是($f_{10}+f_{01}$)。

表 6-10 二元分类问题的混淆矩阵

		预测的类	
		类=1	类=0
实际的类	类=1	f_{11}	f_{10}
	类=0	f_{01}	f_{00}

虽然混淆矩阵提供衡量分类模型性能的信息，但是用一个数汇总这些信息更便于比较不同模型的性能。为实现这一目的，可以使用性能度量，如准确率，其定义如下：

$$准确率=\frac{正确预测数}{预测总数}=\frac{f_{11}+f_{00}}{f_{11}+f_{10}+f_{01}+f_{00}}$$

同样，分类模型的性能可以用错误率来表示，其定义如下：

$$错误率=\frac{错误预测数}{预测总数}=\frac{f_{10}+f_{01}}{f_{11}+f_{10}+f_{01}+f_{00}}$$

大多数分类算法都在寻求这样一些模型，当把它们应用于检验集时具有最高的准确率，或者等价地，具有最低的错误率。

而对于不同的分类方法，可以根据以下几条标准进行比较。

(1) 预测准确率，它描述(学习所获)模型能够正确预测未知对象类别或(类别)数值的能力。

(2) 速度，它描述在构造和使用模型时的计算效率。

(3) 健壮性，它描述在数据带有噪声和有数据遗失的情况下，(学习所获)模型仍能进行正确预测的能力。

(4) 可扩展性，它描述对处理大量数据并构造相应学习模型所需要的能力。

(5) 易理解性，它描述学习所获模型表示的可理解程度。

3. 常见分类方法

下面将介绍几种常见的分类方法，说明各种方法的基本原理。

(1) 决策树分类法

所谓决策树就是一个类似流程图的树型结构，其中树的每个内部结点代表对一个属性(取值)的测试，其分支就代表测试的每个结果；而树的每个叶结点就代表一个类别。树的最高层结点就是根结点。如图 6-4 所示，就是一个决策树示意描述，该决策树描述了一个购买电脑的分类模型，利用它可以对一个学生是否会在本商场购买电脑进行分类预测。决策树的中间结点通常用矩形表示，而叶子结点常用椭圆表示。

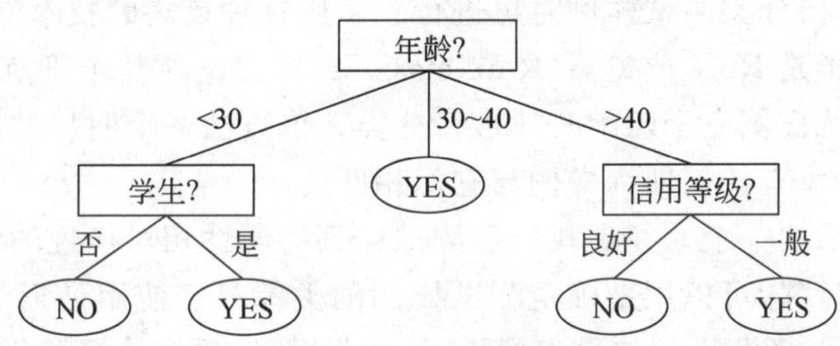

图 6-4　决策树示意描述

为了对未知数据对象进行分类识别，可以根据决策树的结构对数据集中的属性值进行测试，从决策树的根结点到叶结点的一条路径就形成了对相应对象的类别预测。决策树可以很容易转换为分类规则。

基本决策树算法就是一个贪心算法，它采用自上而下、分而治之的递归方式来构造一个决策树。决策树分类算法包括 ID3、C4.5、CART 以及 CHAID 等，ID3 算法是分类分析中的鼻祖级算法，它以信息论中的信息增益为核心思想来建立分类树模型。

ID3 的基本学习策略说明如下。

① 决策树开始时，作为一个单个结点(根结点)包含所有的训练样本集。

② 若一个结点的样本均为同一类别，则该结点就成为叶结点并标记为该类别。

③ 否则该算法将采用信息熵方法(称为信息增益)作为启发知识来帮助选择合适的(分支)属性，以便将样本集划分为若干子集。这个属性就成为相应结点的“测试”属性。在 ID3 算法中，所有属性均为符号值，即离散值。因此若有取连续值的属性，就必须首先将其离散化。

④ 一个测试属性的每一个值均对应一个将要被创建的分支，同时也对应着一个被划

分的子集。

⑤ 算法递归使用上述各处理过程；针对所获得的每个划分均又获得一个决策（子）树。一个属性一旦在某个结点出现，那么它就不能再出现在该结点之后所产生的子树结点。

ID3 算法使用信息增益方法来帮助确定生成每个结点时所应采用的合适属性，这样就可以选择具有最高信息增益（熵减少的程度最大）的属性作为当前结点的测试属性，以便使对之后所划分获得的训练样本子集进行分类所需要信息最小，也就是说，利用该属性进行当前（结点所含）样本集合划分，将会使得所产生的各样本子集中的"不同类别混合程度"降为最低。然而使用信息增益作为属性选择指标的缺点是：它偏向于选择取值较多的自变量作为测试属性，针对这个问题，C4.5 算法引入信息增益比率作为属性选择指标来协助解决。信息增益比率即在原有信息增益的基础上除以自变量取值数目。

对于其他算法这里不做详细介绍，读者可以自行了解。

(2) 最近邻分类器

图 6-6 中显示的分类框架包括两个步骤：①归纳步，由训练数据建立分类模型；②演绎步，把模型应用于测试样例。决策树分类器是积极学习方法的例子，因为如果训练数据可用，它们就开始学习从输入属性到类标号的映射模型。与之相反的策略是推迟对训练数据的建模，直到需要分类测试样例时再进行。采用这种策略的技术称为消极学习方法。消极学习的一个例子是 Rote 分类器（Rote classifier），它记住整个训练数据，仅当测试实例的属性和某个训练样例完全匹配时才进行分类。该方法一个明显的缺点是有些测试记录不能被分类，因为没有任何训练样例与它们相匹配。

使该方法更灵活的一个途径是找出和测试样例的属性相对接近的所有训练样例。这些训练样例称为最近邻，可以用来确定测试样例的类标号。使用最近邻确定类标号的合理性用下面的谚语最能说明："如果走像鸭子，叫像鸭子，看起来还像鸭子，那么它很可能就是一只鸭子。"最近邻分类器把每个样例看作 d 维空间上的一个数据点，其中 d 是属性个数。给定一个测试样例，我们使用任意一种邻近性度量，如余弦相似性、Jaccard 系数等，计算该测试样例与训练集中其他数据点的邻近度。给定样例 z 的 k-最近邻是指和 z 距离最近的 k 个数据点。

图 6-5 给出了位于圆圈中心的数据点的 1-最近邻、2-最近邻和 3-最近邻。该数据点根据其近邻的类标号进行分类。如果数据点的近邻中含有多个类标号，则将该数据点指派到其最近邻的多数类。在图 6-5(a)中，数据点的 1-最近邻是一个负例，因此该点被指派到负类。如果最近邻是三个，如图 6-5(c)所示，其中包括两个正例和一个负例，根据多数表决方案，该点被指派到正类。在最近邻中正例和负例个数相同的情况下（见图 6-5(b)），可随机选择一个类标号来分类该点。

前面的讨论中强调了选择合适的 k 值的重要性。如果 k 太小，则最近邻分类器容易受到由于训练数据中的噪声而产生的过分拟合的影响；相反，如果 k 太大，最近邻分类器可能会误分类测试样例，因为最近邻列表中可能包含远离其近邻的数据点（见图 6-6）。

最近邻分类器的特点总结如下。

① 最近邻分类属于一类更广泛的技术，这种技术称为基于实例的学习，它使用具体

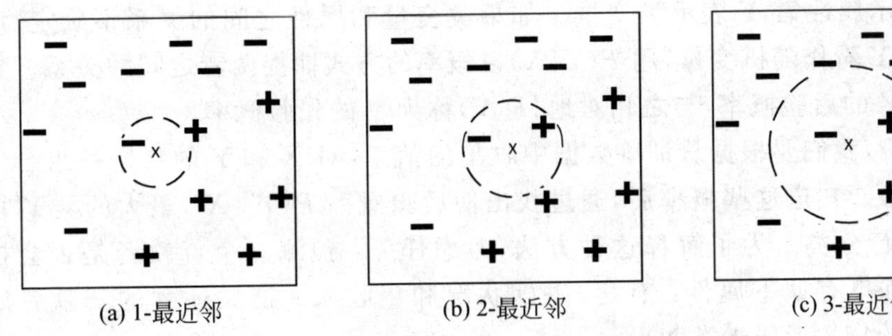

图 6-5　一个实例的 1-最近邻、2-最近邻和 3-最近邻

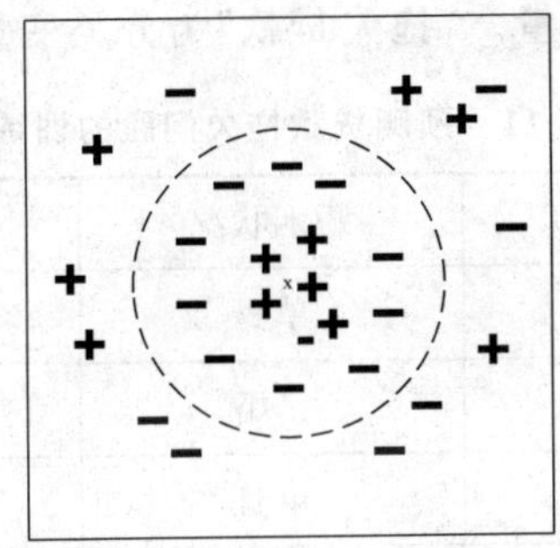

图 6-6　k 较大时的 k-最近邻分类

的训练实例进行预测，而不必维护源自数据的抽象（或模型）。基于实例的学习算法需要邻近性度量来确定实例间的相似性或距离，还需要分类函数根据测试实例与其他实例的邻近性返回测试实例的预测类标号。

② 像最近邻分类器这样的消极学习方法不需要建立模型，然而，分类测试样例的开销很大，因为需要逐个计算测试样例和训练样例之间的相似度。相反，积极学习方法通常花费大量计算资源来建立模型，模型一旦建立，分类测试样例就会非常快。

③ 最近邻分类器基于局部信息进行预测，而决策树和基于规则的分类器则试图找到一个拟合整个输入空间的全局模型。正是因为这样的局部分类决策，最近邻分类器（k 很小时）对噪声非常敏感。

④ 最近邻分类器可以生成任意形状的决策边界，这样的决策边界与决策树和基于规则的分类器通常所局限的直线决策边界相比，能提供更加灵活的模型表示。最近邻分类器的决策边界还有很高的可变性，因为它们依赖于训练样例的组合。增加最近邻的数目可以降低这种可变性。

⑤ 除非采用适当的邻近性度量和数据预处理，否则最近邻分类器可能做出错误的预测。例如，我们想根据身高（以米为单位）和体重（以千克为单位）等属性来对一群人分类。属性高度的可变性很小，从 1.5 米到 1.85 米，而体重范围则可能是从 40 千克到 110 千克。如果不考虑属性值的单位，那么邻近性度量可能就会被人的体重差异所左右。

(3) 贝叶斯分类法

在描述贝叶斯定理怎样应用于分类之前，我们先从统计学的角度对分类问题加以形

式化。设 X 表示属性集，Y 表示类变量。如果类变量和属性之间的关系不确定，那么我们可以把 X 和 Y 看作随机变量，用 $P(Y|X)$ 以概率的方式捕捉两者之间的关系。这个条件概率又称为 Y 的后验概率，与之相对地，$P(Y)$ 称为 Y 的先验概率。

在训练阶段，我们要根据从训练数据中收集的信息，对 X 和 Y 的每一种组合学习后验概率 $P(Y|X)$。知道这些概率后，通过找出使后验概率 $P(Y'|X')$ 最大的类 Y' 可以对测试记录 X' 进行分类。为了解释这种方法，考虑任务：预测一个贷款者是否会拖欠还款。图中的训练集有如下属性：有房、婚姻状况和年收入。拖欠还款的贷款者属于类 Yes，还清贷款的贷款者属于类 No。

表 6-11 中，"有房"这个属性为二元逻辑变量，"婚姻状况"为分类变量，"年收入"为连续变量；上述三个变量作为自变量。"拖欠贷款"为分类变量，作为因变量。

表 6-11　预测贷款拖欠问题的训练集

Tid	有房	婚姻状况	年收入/千元	拖欠贷款
1	是	单身	125	否
2	否	已婚	100	否
3	否	单身	70	否
4	是	已婚	120	否
5	否	离异	95	是
6	否	已婚	60	否
7	是	离异	220	否
8	否	单身	85	是
9	否	已婚	75	否
10	否	单身	90	是

假设给定一测试记录有如下属性集：$X=$(有房＝否，婚姻状况＝已婚，年收入＝120 千元)。要分类该记录，我们需要利用训练数据中的可用信息计算后验概率 $P(\text{Yes}|X)$ 和 $P(\text{No}|X)$。如果 $P(\text{Yes}|X)>P(\text{No}|X)$，那么记录分类为 Yes，反之，分类为 No。

准确估计类标号和属性值的每一种可能组合的后验概率非常困难，因为即便属性数目不是很大，仍然需要很大的训练集。此时，贝叶斯定理很有用，因为它允许我们用先验概率 $P(Y)$、类条件概率 $P(X|Y)$ 和证据 $P(X)$ 来表示后验概率：

$$P(Y \mid X)=\frac{P(X \mid Y)P(Y)}{P(X)}$$

在比较不同 Y 值的后验概率时，分母 $P(X)$ 总是常数，因此可以忽略。先验概率 $P(Y)$ 可以通过计算训练集中属于每个类的训练记录所占的比例很容易地估计。对类条件概率 $P(X|Y)$ 的估计，我们介绍朴素贝叶斯分类器的实现。

给定类标号 y，朴素贝叶斯分类器在估计类条件概率时假设属性之间条件独立。条件独立假设可形式化地表述如下：

$$P(X \mid Y = y) = \prod_{i=1}^{d} P(X_i \mid Y = y)$$

其中每个属性集 $X=\{X_1,X_2,\cdots,X_d\}$包含 d 个属性。

有了条件独立假设，就不必计算 X 的每一个组合的类条件概率，只需对给定的 Y 计算每一个 X_i 的条件概率。后一种方法更实用，因为它不需要很大的训练集就能获得较好的概率估计。

分类测试记录时，朴素贝叶斯分类器对每个类 Y 计算后验概率：

$$P(Y \mid X) = \frac{P(Y)\prod_{i=1}^{d} P(X_i \mid Y)}{P(X)}$$

由于对于所有的 Y，$P(X)$是固定的，因此只要找出使分子 $P(Y)\prod_{i=1}^{d} P(X_i|Y)$最大的类就足够了。上文中的分类问题就可以通过这个思路解决，比较 $P(\text{Yes}|X)$和 $P(\text{No}|X)$的大小只需分别计算 $P(\text{Yes})$和 $P(X_i|\text{Yes})$以及 $P(\text{No})$和 $P(X_i|\text{No})$。

(4) 人工神经网络

人工神经网络(Artificial Neural Network，ANN)的研究是由试图模拟生物神经系统而激发的。人类的大脑主要由称为神经元的神经细胞组成，神经元通过叫作轴突的纤维丝连在一起。当神经元受到刺激时，神经脉冲通过轴突从一个神经元传到另一个神经元。一个神经元通过树突连接到其他神经元的轴突，树突是神经元细胞体的延伸物。树突和轴突的连接点叫作神经键。神经学家发现人的大脑通过在同一个脉冲反复刺激下改变神经元之间的神经键连接强度来进行学习。类似于人脑的结构，ANN 由一组相互连接的结点和有向链构成。所谓人工神经网络，就是使用一套函数模型模拟这些相互连接的神经元。

神经元是神经网络的基本单元，其结构如图 6-7 所示，主要分为权重系数、加法器、激活函数 3 个部分。

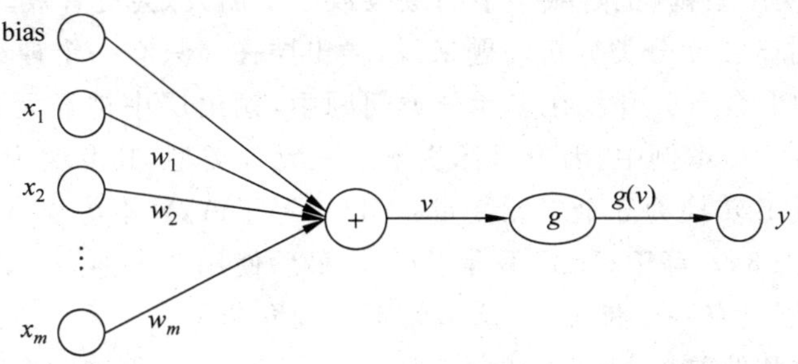

图 6-7 神经元结构

下面是针对上面 3 个部分的说明。

① 带有权重系数 w_j 的突触，连接到输入值 x_j，其中 $j=1,2,\cdots,m$。

② 加法器将所有的输入作加权，并与一个偏差 bias 求和，记为 v。公式如下：

$$v = \text{bias} + \sum_{j=1}^{m} w_j x_j$$

可以把偏差 bias 看作是输入 x_0 和权重恒为 1 的系数 w_0 之积，即 bias= $x_0 \times w_0$。此时上式便可改为：

$$v = \sum_{j=0}^{m} w_j x_j$$

③ 激活函数 g(也称为压缩函数)，并把 $g(v)$ 作为神经元中的输出，该函数必须是单调函数，常见的激活函数有跃阶函数(也称为阈值型函数)和 Logistic 函数。

人工神经网络可分为输入层、隐藏层和输出层 3 个部分。假设要使用 3 个自变量对 1 个三元分类变量(取值为 A、B、C)进行两层神经网络分析，并把隐藏层中的神经元数设计为 2，如图 6-8 所示，那么这 3 个层面实现的形式如下。

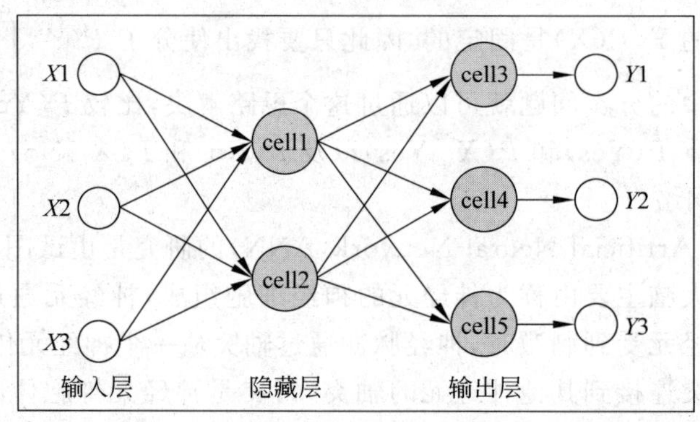

图 6-8　神经网络示意图

① 输入层：连接神经网络的所有输入变量，它并未做任何数据处理，只负责把每个输入变量与隐藏层中的神经元连接起来。

② 隐藏层：图包含两个神经元，并把隐藏层中神经元的输出作为每个输出层中神经元的输入，一般来说两层网络(即一个隐藏层、一个输出层)就已经很充分了。但有时三层、四层或五层的网络结构(把隐藏层中的层级数逐步加大)会更有效。

③ 输出层：对于二元分类分析问题来说，输出层往往只有一个神经元，输出结果为 0 还是 1 由输出值的取舍点分开。在多元分类问题中，输出层中神经元数的最大值为目标变量的取值分类数。在本例中，因为目标变量是三元分类型，其取值为 A、B、C，所以可以把原来的目标变量 Y 转换为 3 个二元变量：$Y1$(Y 等于 A，Y 不等于 A)和 $Y2$(Y 等于 B，Y 不等于 B)，以及 $Y3$(Y 等于 C，Y 不等于 C)。最后使用 3 个神经元输出变量 $Y1$-3。对于回归分析，输出层只有一个神经元，这里就不详细介绍了。

由于加权系数和偏差量 bias 的初始选择不一定会最优，而这两个参数又会影响神经网络的性能，所以需要通过不断调整来改进神经网络的性能。

反向传播算法是神经网络中的经典算法，其基本原理如下。

① 设置神经网络的基本结构和初始参数，这里主要是设置：隐藏层的层数和内部的神经元数目，隐藏层和输出层内所有神经元的加权系数和偏差量，所有神经元使用的激活

函数。

② 把样本 1 中的自变量数据通过输入层正向输入至初始网络模型 ANN_{init} 中，并计算神经网络的输出 y_{out}（正向传播）。

③ 计算样本 1 中目标变量与 y_{out} 的误差，并通过输出层反向输入初始网络模型中。通过计算误差的传播来调整各个神经元中的加权系数和偏差量的取值（反向传播），最后得到由样本 1 修正后的神经网络模型 ANN_1。

④ 重复上面两个步骤，逐次使用训练集中的样本数据修正神经网络模型中的参数，最后根据停止学习条件，停止模型的修改过程，并完成算法的建立。注意，训练集数据可以被重复学习，不必由于所有训练集均被遍历而停止学习。

4. 案例

下面将介绍如何运用 Weka 软件进行分类挖掘。Weka 的全称是怀卡托智能分析环境（Waikato environment for knowledge analysis），是一款免费的、非商业化的、基于 Java 环境下开源的机器学习（machine learning）以及数据挖掘（data minining）软件。

思考如下问题："一个客户 X 有多大的可能性会购买最新的 BMW M5 呢?"根据分类问题的一般解决方法，我们的解决思路如下：创建一个分类树（一个决策树），并借此挖掘数据就可以确定这个人购买一辆新的 M5 的可能性有多大。这个树上的结点可以是年龄、收入水平、目前拥有的车的数量、婚姻状况、有无孩子、房主还是租户。对这个决策树使用此人的这些属性就可以确定他购买 M5 的可能性。

(1) 数据准备

为了将数据加载到 Weka 软件，我们必须将数据放入一个我们能够理解的格式。Weka 建议的加载数据的格式是 Attribute-Relation File Format (ARFF)，我们可以在其中定义所加载数据的类型，然后再提供数据本身。在这个文件内，我们定义了每列以及每列所含内容。上述问题所用到的数据集围绕的是我们虚构的 BMW 经销店。这个经销店正在启动一个推销计划，试图向其老客户推销两年延保。我们通过分类算法分析哪些用户会购买延保。这个经销店过去曾做过类似的计划并从过去的销售中收集了 4 500 个数据点。数据集中包含以下属性：

收入水平 [0＝￥0－￥30k，1＝￥31k－￥40k，2＝￥41k－￥60k，3＝￥61k－￥75k，4＝￥76k－￥100k，5＝￥101k－￥150k，6＝￥151k－￥500k，7＝￥501k＋]

第一辆 BMW 购买的年/月

最近的 BMW 购买的年/月

是否过去曾响应过延保计划

Weka 中 ARFF 格式的数据如下所示，可以通过 UltraEdit 文本编辑器来查看数据文件：

```
@attribute IncomeBracket {0,1,2,3,4,5,6,7}
@attribute FirstPurchase numeric
@attribute LastPurchase numeric
@attribute responded {1,0}
@data
```

```
4,200210,200601,0
5,200301,200601,1
6,200411,200601,0
5,199609,200603,0
6,200310,200512,1
...
```

(2) Weka 分类

启动 Weka 软件，然后选择 Explorer。将会出现 Explorer 界面，其中 Preprocess 选项卡被选中。单击 Open File 按钮载入 ARFF 数据文件，如图 6-9 所示。然后选择 Classify 选项卡，从中选择 lazy，然后选择 IBk（IB 代表的是 Instance-Based，而 k 则允许我们指定要使用的近邻的数据点的数量），如图 6-10 所示。至此，我们可以在 Weka 内创建模型了。请确保 Use training set 单选按钮被选中以便我们使用刚刚加载的这个数据集来创建模型。单击 Start 按钮并让 Weka 运行，模型输出如图 6-11 所示。

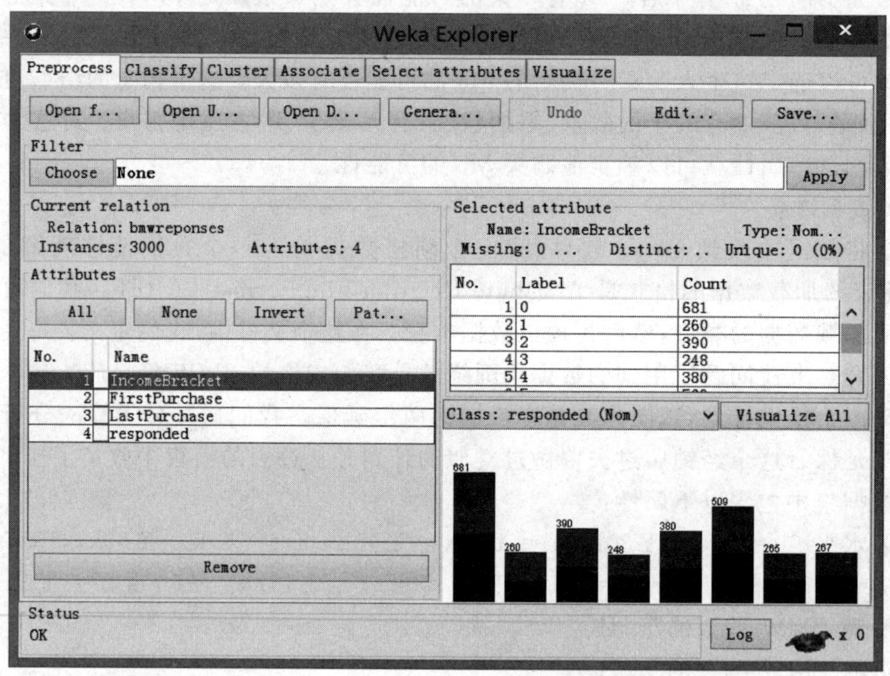

图 6-9 Weka 中的 BMW 分类数据

(3) 结果分析

上述这些数字是什么意思？我们怎么才能知道这是一个好的模型？这里应该关注的重要数字是“Correctly Classified Instances”（88.77%）与“Incorrectly Classified Instances”（11.23%）旁边的这些数字。其他的重要数字还有“ROC Area”列第一行的这个数字（0.972）；后面会详细解释这个数字。最后，在“Confusion Matrix”中，显示了假正和假负的数量。在这个矩阵中，假正数为 76，假负数为 261。在本例中一个假正数意味着

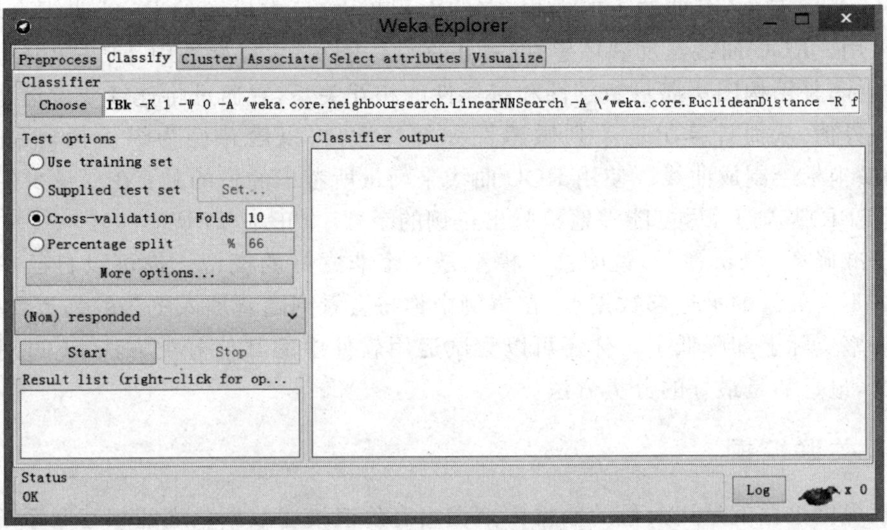

图 6-10 Weka 最近邻算法

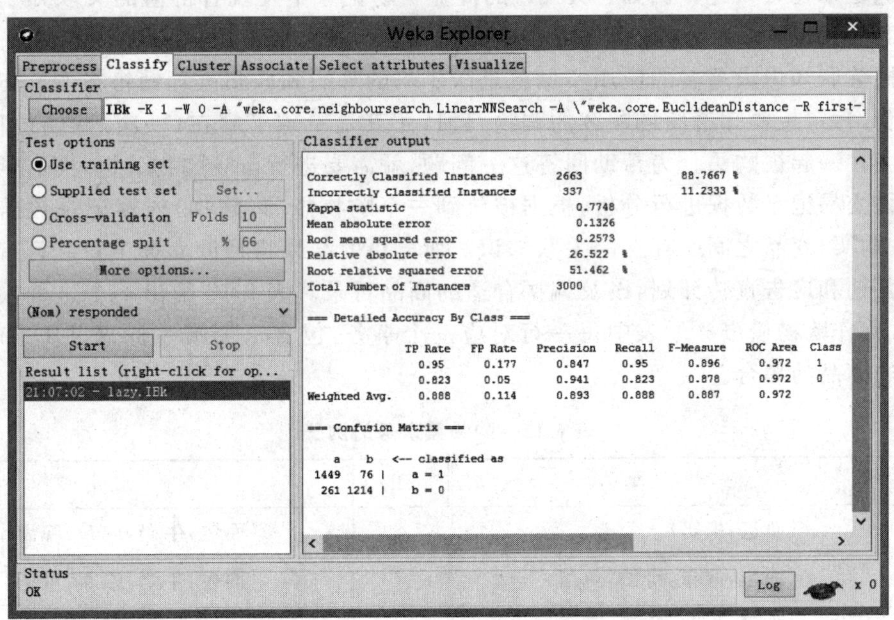

图 6-11 Weka 最近邻模型的输出

我们的模型预测该客户会购买延保而实际上却未购买，而一个假负数则意味着我们的模型预测客户不会购买延保而实际却购买了。

Confusion Matrix 即我们在分类方法评估时提到的混淆矩阵，它记录了模型正确和错误预测的检验记录计数；Correctly Classified Instances 和 Incorrectly Classified Instances 即我们在上文中提及的准确率和错误率，用来评估分类方法性能，准确率越高，分类方法的性能越好。

ROC Area 是 ROC 曲线下的面积，它的面积越大，分类模型的 ROC 曲线表现越好，模型越可用。ROC 曲线是反映敏感性（真正率 TP Rate）和特异性（1-FP Rate）连续变量的综合指标，是用构图法揭示敏感性和特异性的相互关系，它通过将连续变量设定出多个不同的临界值，从而计算出一系列敏感性和特异性，再以敏感性为纵坐标、假正率（FP Rate）为横坐标绘制成曲线。使用 ROC 曲线来衡量所考虑的目的是：在尽量少的"误诊"（假正率 FPR）基础上，尽可能多地检验出正例的个数（真正率 TPR）。

由于准确率为 88.77%，说明这个模型是一个非常好的模型。你可以自己在这个模型中尝试不同数量的最近邻数据点，在本例中你将会看到随着加入更多的邻近数据点，模型的准确率实际上却降低了。你还可以尝试运用软件中的其他分类方法，不过对于本例中的数据，最近邻是最好的分类方法。

6.2.4 关联挖掘

关联规则挖掘就是从大量的数据中挖掘出有价值描述数据项之间相互联系的有关知识。随着收集和存储在数据库中的数据规模越来越大，人们对从这些数据中挖掘相应的关联知识越来越有兴趣。例如：从大量的商业交易记录中发现有价值的关联知识就可帮助进行商品目录的设计、交叉营销或帮助进行其他有关的商业决策。

挖掘关联知识最著名的应用实例就是沃尔玛的啤酒和尿布推荐销售案例。作为一个商场主管，肯定想要知道商场顾客的购物习惯；尤其是希望了解在（一次）购物过程中，哪些商品会在一起被购买。为帮助回答这一问题，就需要进行市场购物分析，即对顾客在商场的购物交易记录数据进行分析，根据被放到一个购物袋的（购物）内容记录数据而发现不同（被购买）商品之间所存在的关联知识。所分析的结果将帮助商场主管制订有针对性的市场营销和广告宣传计划，以及编撰合适的商品目录。表 6-12 给出一个这种数据的例子，通常称作购物篮事务。表中每一行对应一个事务，包含一个唯一标识 TID 和给定顾客购买的商品的集合。

表 6-12 购物篮事务的例子

TID	项 集	TID	项 集
1	{面包，牛奶}	4	{面包，牛奶，尿布，啤酒}
2	{面包，尿布，啤酒，鸡蛋}	5	{面包，牛奶，尿布，可乐}
3	{牛奶，尿布，啤酒，可乐}		

如何从交易记录数据库或关系数据库的大量数据中挖掘出关联规则知识呢？什么样的关联规则才是最有意义的呢？如何才能帮助挖掘过程尽快发现有价值的关联知识呢？本节就将深入讨论这些问题及其相应的解决方法。

1. 关联挖掘原理

挖掘关联规则（知识）就是从给定的数据集中搜索数据项（items）之间所存在的有价值联系。本节将介绍一个引例帮助读者了解如何进行关联规则挖掘。

如果将商场销售的所有商品设为一个集合，那么每个商品（item）均为一个二元的分类变量(取值为真/假),用以描述相应商品是否被某顾客(某一个顾客在某一次)购买。因此每个顾客的购物袋就可以用一个布尔向量来表示。分析相应布尔向量就可获得哪些商品是被一起购买(关联)的,从而了解用户的购物模式。表 6-13 是上文购物篮事务的二元 0/1 表示。

表 6-13 购物篮数据的二元 0/1 表示

TID	面包	牛奶	尿布	啤酒	鸡蛋	可乐
1	1	1	0	0	0	0
2	1	0	1	1	1	0
3	0	1	1	1	0	1
4	1	1	1	1	0	0
5	1	1	1	0	0	1

(1) 项集和支持度计数

令 $I=\{i_1, i_2, \cdots, i_d\}$ 是购物篮数据中所有项的集合,而 $T=\{t_1, t_2, \cdots, t_N\}$ 是所有事务的集合。每个事务 t_i 包含的项集都是 I 的子集。在关联分析中,包含 0 个或多个项的集合被称为项集。如果一个项集包含 k 个项,则称它为 k-项集。例如,{啤酒,尿布,牛奶}是一个 3-项集。空集是指不包含任何项的项集。

事务的宽度定义为事务中出现项的个数。如果项集 X 是事务 t_j 的子集,则称事务 t_j 包括项集 X。例如,在表 6-13 中第二个事务包括项集{面包,尿布}但不包括项集{面包,牛奶}。项集的一个重要性质是它的支持度计数,即包含特定项集的事务个数。数学上,项集 X 的支持度计数 $\sigma(X)$ 可以表示为: $\sigma(X)=|\{t_i | X\subseteq t_i, t_i\in T\}|$

其中,符号 $|\cdot|$ 表示集合中元素的个数。在表 6-13 显示的数据集中,项集{啤酒,尿布,牛奶}的支持度计数为 2,因为只有 2 个事务同时包含这 3 个项。

(2) 置信度

由表 6-13 可以观察到,顾客在购买商品啤酒时 100%也会购买商品尿布,于是可以说"啤酒和尿布的关联性很大",可使用置信度(confidence)来衡量。如果把项集{啤酒}记为 X,项集{尿布}记为 Y,则{啤酒}⇒{尿布}的信任度等于项集{啤酒,尿布}的支持度计数除以项集{啤酒}的支持度计数:

$$\text{confidence}(\{啤酒\}\Rightarrow\{尿布\}) = \text{confidence}(X\Rightarrow Y) = \sigma(X\cup Y)/\sigma(X) = 3/3 = 100\%$$

(3) 支持度

如果在集合中,尿布和啤酒虽常被同时购买,但如果在整个集合中购买尿布和啤酒的情况却较少,则由信任度得到的任何结论均不可靠,这时可以使用支持度(support)来衡量同时购买啤酒和尿布的概率。{啤酒}⇒{尿布}的支持度等于项集{啤酒,尿布}的支持度计数除以集合总数:

$$\text{support}(\{啤酒\}\Rightarrow\{尿布\}) = \text{support}(X\Rightarrow Y) = \sigma(X\cup Y)/N = 3/5 = 60\%$$

(4) 提升度

从表 6-13 可计算出尿布自身的支持度是 support(尿布) $=\sigma(\{尿布\})/N=4/5=$

80%，即不做任何推荐时，用户购买尿布的概率是 80%。而由 confidence({啤酒}⇒{尿布})=100%可知，如果用户购买了商品啤酒后再为其推荐商品尿布，则用户购买尿布的概率为 100%。可见购买尿布的概率提高了 100%/80%=1.25。我们把这两次概率的比值称为提升度(lift)，用于衡量关联规则是否可用：

$$\text{lift}(\{啤酒\}\Rightarrow\{尿布\}) = \text{lift}(X\Rightarrow Y) = \text{confidence}(X\Rightarrow Y)/\text{support}(Y) = 100\%/80\% = 1.25$$

如果提升度大于 1，则表示推荐(关联)商品的购买概率比未推荐前有所提高，即该条关联规则有用。反之表示推荐商品的购买概率还不如推荐前的概率，即该条关联规则无用。

综上所述，如果一个顾客购买了商品啤酒，则有 100%(置信度)的可能性也会购买商品尿布。而这种情况(即购买了商品尿布，也购买了商品啤酒)发生的可能性是 60%(支持度)。通过商品啤酒而为用户推荐尿布的购买概率是单纯购买尿布概率的 1.25 倍(提升度)。

(5) 关联分析

如果设置取值范围为[0%，100%]的最小支持度阈值 min_sup 和最小置信度阈值 min_confid，则关联分析的实质就是在集合(itemset)中找到符合以下条件的关联规则 $item_i \Rightarrow item_j$，并依据提升度 lift 找出其中可用的(lift>1)关联规则。满足最小支持阈值的项集就称为频繁项集，满足最小支持度阈值和最小置信度阈值的关联规则就称为强规则。

$$\text{support}(item_i\Rightarrow item_j) > \text{min\_sup} \text{ 且 } \text{confidence}(item_i\Rightarrow item_j) > \text{min\_confid}$$

挖掘关联规则主要包含以下三个步骤。

① 发现所有的频繁项集，根据定义，这些项集的频度至少应等于(预先设置的)最小支持频度 min_sup。

② 根据所获得的频繁项集，产生相应的强关联规则。根据定义这些规则必须满足最小置信度阈值 min_confid。

③ 在这些强关联规则中找出可用的关联规则。根据定义这些规则的提升度应该大于 1。

2. Apriori 算法

在关联规则挖掘中，由 Rakesh Agrawal 在 1994 年提出的 Apriori 算法是最为基础有效的算法之一。Apriori 算法就是根据有关频繁项集特性的先验知识(prior knowledge)而命名的。

(1) 频繁项集产生

格结构常常被用来枚举所有可能的项集。一般来说，一个包含 k 个项的数据集可能产生 2^k-1 个频繁项集，不包括空集在内。由于在许多实际应用中 k 的值可能非常大，需要探查的项集搜索空间可能是指数规模的。

发现频繁项集的一种原始方法是确定格结构中每个候选项集的支持度计数。为了完成这一任务，必须将每个候选项集与每个事务进行比较。如果候选项集包含在事务中，则候选项集的支持度计数增加。例如，由于项集{面包，牛奶}出现在事务 1,4 和 5 中，其支持度计数将增加 3 次。这种方法的开销可能非常大,因为它需要进行 $O(NMw)$ 次比较,其中 N 是事务数,$M=2^k-1$ 是候选项集数,而 w 是事务的最大宽度。

有几种方法可以降低产生频繁项集的计算复杂度。

① 减少候选项集的数目(M)。先验(apriori)原理,是一种不用计算支持度值而删除某些候选项集的有效方法。

② 减少比较次数。替代将每个候选项集与每个事务相匹配,可以使用更高级的数据结构,或者存储候选项集或者压缩数据集,来减少比较次数。

Apriori 算法的频繁项集产生依赖下面的先验原理。

先验原理:如果一个项集是频繁的,则它的所有子集一定也是频繁的。

相反,如果一个项集是非频繁的,则它的所有超集也一定是非频繁的。一旦发现一个项集是非频繁的,则整个包含该项集超集的子图可以被立即剪枝。这种基于支持度度量修剪指数搜索空间的策略称为基于支持度的剪枝。这种剪枝策略依赖于支持度度量的一个关键性质,即一个项集的支持度绝不会超过它的子集的支持度。这个性质也称支持度度量的反单调性。

Apriori 算法是第一个关联规则挖掘算法,它开创性地使用基于支持度的剪枝技术,系统地控制候选项集指数增长。对于表 6-13 中所示的事务,图 6-12 给出 Apriori 算法频繁项集产生部分的一个高层实例。假定支持度阈值是 60%,相当于最小支持度计数为 3。

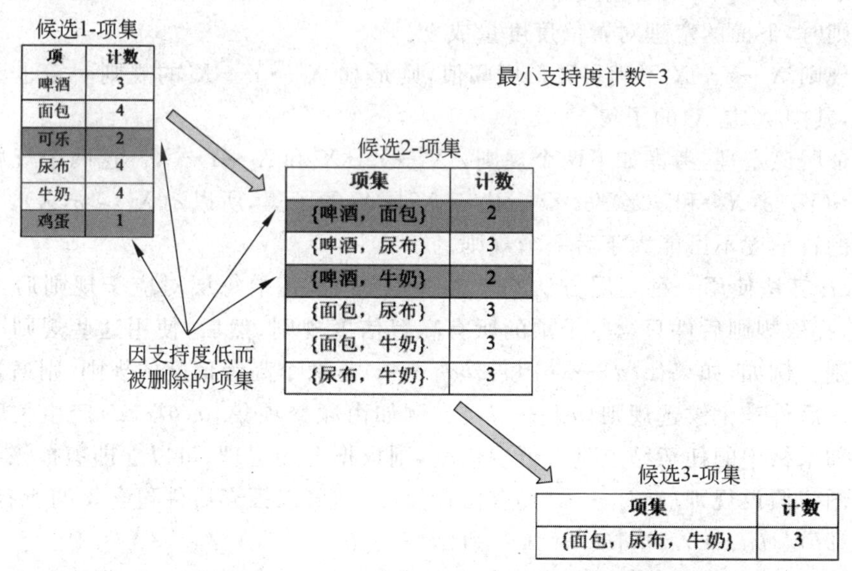

图 6-12　使用 Apriori 算法产生频繁项集的例子

通过计算产生的候选项集数目,可以看出先验剪枝策略的有效性。枚举所有项集(到 3-项集)的蛮力策略将产生 $C_6^1+C_6^2+C_6^3=6+15+20=41$ 个候选;而使用先验原理,将减少为 $C_6^1+C_4^2+1=6+6+1=13$ 个候选。甚至在这个简单的例子中,候选项集的数目也降低了 68%。

Apriori 算法的频繁项集产生的部分有两个重要的特点:第一,它是一个逐层算法,即从频繁 1-项集到最长的频繁项集,它每次遍历项集格中的一层;第二,它使用产生-测试策略来发现频繁项集。在每次迭代之后,新的候选项集都由前一次迭代发现的频繁项集产生,然后对每个候选的支持度进行计数,并与最小支持度阈值进行比较。该算法需要的总迭代次数是 $k_{max}+1$,其中 k_{max} 是频繁项集的最大长度。

(2) 规则产生

下面介绍如何有效地从给定的频繁项集中提取关联规则。忽略那些前件或后件为空的规则($\varnothing \to Y$ 或 $Y \to \varnothing$),每个频繁 k-项集能够产生多达 2^k-2 个关联规则。关联规则可以这样提取:将项集 Y 划分成两个非空的子集 X 和 $Y-X$,使得 $X \to Y-X$ 满足置信度阈值。注意:这样的规则必然已经满足支持度阈值,因为它们是由频繁项集产生的。

设 $X=\{1,2,3\}$ 是频繁项集。可以由 X 产生 6 个候选关联规则:$\{1,2\} \to \{3\}$,$\{1,3\} \to \{2\}$,$\{2,3\} \to \{1\}$,$\{1\} \to \{2,3\}$,$\{2\} \to \{1,3\}$ 和 $\{3\} \to \{2,1\}$。由于它们的支持度都等于 X 的支持度,这些规则一定满足支持度阈值。

计算关联规则的置信度并不需要再次扫描事务数据集。考虑规则 $\{1,2\} \to \{3\}$,它是由频繁项集 $X=\{1,2,3\}$ 产生的。该规则的置信度为 $\sigma(\{1,2,3\})/\sigma(\{1,2\})$。因为 $\{1,2,3\}$ 是频繁的,支持度的反单调性确保项集 $\{1,2\}$ 一定也是频繁的。由于这两个项集的支持度计数已经在频繁项集产生时得到,因此不必再扫描整个数据集。

不像支持度度量,置信度不具有任何单调性。例如:规则 $X \to Y$ 的置信度可能大于、小于或等于规则 $X \to Y$ 的置信度,其中 $X \subseteq X$ 且 $Y \subseteq Y$。尽管如此,当比较由频繁项集 Y 产生的规则时,下面的定理对置信度度量成立。

如果规则 $X \to Y-X$ 不满足置信度阈值,则形如 $X' \to Y-X'$ 的规则一定也不满足置信度阈值,其中 X' 是 X 的子集。

为了证明该定理,考虑如下两个规则:$X' \to Y-X'$ 和 $X \to Y-X$。这两个规则的置信度分别为 $\sigma(Y)/\sigma(X')$ 和 $\sigma(Y)/\sigma(X)$。由于 X' 是 X 的子集,所以 $\sigma(X') \geqslant \sigma(X)$。因此,前一个规则的置信度不可能大于后一个规则。

Apriori 算法使用一种逐层方法来产生关联规则,其中每层对应于规则后件中的项数。初始,提取规则后件只含一个项的所有高置信度规则,然后,使用这些规则来产生新的候选规则。例如,如果 $\{acd\} \to \{b\}$ 和 $\{abd\} \to \{c\}$ 是两个高置信度的规则,则通过合并这两个规则的后件产生候选规则 $\{ad\} \to \{bc\}$。例如由频繁项集 $\{a,b,c,d\}$ 产生关联规则的格结构。如果格中的任意结点具有低置信度,则根据上述定理,可以立即剪掉该结点生成的整个子图。假设规则 $\{bcd\} \to \{a\}$ 具有低置信度,则可以丢弃后件包含 a 的所有规则,包括 $\{cd\} \to \{ab\}$,$\{bd\} \to \{ac\}$,$\{bc\} \to \{ad\}$ 和 $\{d\} \to \{abc\}$。

至此,通过 Apriori 算法就可以产生关联规则,然后我们可以运用提升度来判定得到的强规则是否有用。

6.3 大数据环境下的信息资源开发与利用

6.3.1 基于云计算的大数据处理

根据 IDC(International Data Corporation,互联网数据公司)作出的估测,数据一直

都在以每年50%的速度增长，也就是说每两年就增长一倍(大数据摩尔定律)，这意味着人类在最近两年产生的数据量相当于之前产生的全部数据量，预计到2020年，全球将总共拥有35亿GB的数据量，相较于2010年，数据量将增长近三十倍。这不是简单的数据增多的问题，而是全新的问题。举例来说，在当今全球范围内的工业设备、汽车、电子仪表和装运箱中，都有着无数的数字传感器，这些传感器能测量和交流位置、运动、振动、温度和湿度等数据，甚至还能测量空气中的化学变化。将这些交流传感器与计算智能连接起来，就是目前"物联网"(Internet of things)或"工业互联网"(industrial Internet)。在信息获取的问题上取得进步是促进"大数据"趋势发展的重要原因。

所谓大数据，就是一个体量特别大，数据类别特别大的数据集，并且这样的数据集无法用传统数据库工具对其内容进行抓取、管理和处理。大数据首先是指数据体量(volumes)大，指代大型数据集，一般在10TB规模左右，但在实际应用中，很多企业用户把多个数据集放在一起，已经形成了PB级的数据量；其次是指数据类别(variety)大，数据来自多种数据源，数据种类和格式日渐丰富，已冲破了以前所限定的结构化数据范畴，囊括了半结构化和非结构化数据。IBM将大数据归纳为三个标准，即3V：类型(variety)、数量(volume)和速度(velocity)。其中类型指数据中有结构化、半结构化和非结构化等多种数据形式；数量指收集和分析的数据量非常大；速度指数据处理速度要足够快。大数据的"大"还意味着价值大。大数据孕育了巨大的市场机会，庞大的数据就是一个信息金矿，随着商业分析技术的进步，其财富价值将很快被我们发现，而且越来越容易。

大数据本身是一个现象而不是一种技术，伴随着大数据的采集、传输、处理和应用的相关技术就是大数据处理技术，是系列使用非传统的工具来对大量的结构化、半结构化和非结构化数据进行处理，从而获得分析和预测结果的一系列数据处理技术。

大数据时代的超大数据体量和占相当比例的半结构化和非结构化数据的存在，已经超越了传统数据库的管理能力，大数据技术将是IT领域新一代的技术与架构，它将帮助人们存储管理好大数据并从大体量、高复杂的数据中提取价值，相关的技术、产品将不断涌现，将有可能给IT行业开拓一个新的黄金时代。大数据本质也是数据，其关键的技术依然逃不脱大数据存储和管理以及大数据分析(包括数据挖掘和智能分析)。

围绕大数据，一批新兴的数据挖掘、数据存储、数据处理与分析技术将不断涌现，让我们处理海量数据更加容易、更加便宜和迅速，成为企业业务经营的好助手，甚至可以改变许多行业的经营方式。

大数据的商业模式与架构——云计算及其分布式结构是重要途径。大数据处理技术正在改变目前计算机的运行模式，正在改变着这个世界：它能处理几乎各种类型的海量数据，无论是微博、文章、电子邮件、文档、音频、视频，还是其他形态的数据；它工作的速度非常快速——实际上几乎实时；它具有普及性，因为它所用的都是最普通低成本的硬件，而云计算将计算任务分布在大量计算机构成的资源池上，使用户能够按需获取计算力、存储空间和信息服务。云计算及其技术给了人们廉价获取巨量计算和存储的能力，云计算分布式架构能够很好地支持大数据存储和处理需求。这样的低成本硬件+低成本软件+低成本运维，更加经济和实用，使得大数据处理和利用成为可能。

大数据的存储和管理——云数据库的必然。很多人把NoSQL叫作云数据库，因为其处理数据的模式完全是分布于各种低成本服务器和存储磁盘，因此它可以帮助网页和各种交互性应用快速处理过程中的海量数据。它采用分布式技术结合了一系列技术，可以对海量数据进行实时分析，满足了大数据环境下一部分业务需求。以老年人健康评估为例，大数据环境下，可以将分散于多个城市、不同医疗机构的病历资源按照 HL7 卫生标准协议框架组织起来，形成基于云计算的健康评估案例库系统，通过数据挖掘和知识发现方法，进行多案例库知识推理，挖掘对老年人健康评估有用的决策信息，为健康评估等级的划分、健康促进方案的形成提供决策支持。

从技术上看，大数据与云计算的关系就像一枚硬币的正反面一样密不可分。大数据必然无法用单台的计算机进行处理，必须采用分布式架构。它的特色在于对海量数据进行分布式数据挖掘(SaaS)，但它必须依托云计算的分布式处理、分布式数据库(PaaS)和云存储、虚拟化技术(IaaS)。大数据着眼于"数据"，关注实际业务，提供数据采集分析挖掘，看重的是信息积淀，即数据存储能力。云计算着眼于"计算"，关注 IT 解决方案，提供 IT 基础架构，看重的是计算能力，即数据处理能力。云计算关键技术中的海量数据存储技术、海量数据管理技术、MapReduce 编程模型等，都是大数据技术的基础。没有大数据的信息积淀，则云计算的计算能力再强大，也难以找到用武之地；没有云计算的处理能力，则大数据的信息积淀再丰富，也终究只是镜花水月。大数据利用云计算的强大计算能力，可以更加迅速地处理数据、挖掘信息，提供更加及时的服务；云计算通过大数据的业务需求，为云计算找到更多更好的应用；二者通过数据挖掘技术联系到一起，相辅相成。大数据将进一步提升云计算的应用和发展。

6.3.2 商业大数据分析

随着云时代的来临，大数据(big data)吸引了越来越多的关注。大数据通常用来形容一个公司创造的大量非结构化和半结构化数据，这些数据在下载到关系型数据库用于分析时会花费过多时间和金钱。大数据分析常和云计算联系到一起，因为实时的大型数据集分析需要像 MapReduce 一样的框架来向数十、数百或甚至数千的电脑分配工作。

大数据是指无法在一定时间内用常规软件工具对其内容进行抓取、管理和处理的数据集合。大数据技术，是指从各种各样类型的数据中，快速获得有价值信息的能力。适用于大数据的技术，包括大规模并行处理(MPP)数据库、数据挖掘电网、分布式文件系统、分布式数据库、云计算平台、互联网和可扩展的存储系统。

大数据分析相比于传统的数据仓库应用，具有数据量大、查询分析复杂等特点。《计算机学报》刊登的"架构大数据：挑战、现状与展望"一文列举了大数据分析平台需要具备的几个重要特性，对当前的主流实现平台——并行数据库、MapReduce 及基于两者的混合架构进行了分析归纳，指出了各自的优势及不足，同时也对各个方向的研究现状及作者在大数据分析方面的努力进行了介绍，对未来研究做了展望。

大数据的 4 个"V"，或者说特点有四个层面：第一，数据体量巨大。从 TB 级别，跃升到 PB 级别。第二，数据类型繁多。如前文提到的网络日志、视频、图片、地理位置信息等。第三，价值密度低，商业价值高。以视频为例，连续不间断监控过程中，可能有用的数据仅仅有一两秒。第四，处理速度快。1 秒定律。最后这一点也是和传统的数据挖掘技术有着本质的不同。业界将其归纳为 4 个“V”——Volume(大量)、Velocity(高速)、Variety(多样)、Value(价值)。

从某种程度上说,大数据是数据分析的前沿技术。简言之,从各种各样类型的数据中,快速获得有价值信息的能力,就是大数据技术。

众所周知,大数据已经不简简单单是数据大的事实了,而最重要的现实是对大数据进行分析,只有通过分析才能获取很多智能的、深入的、有价值的信息。那么越来越多的应用涉及大数据,而这些大数据的属性,包括数量、速度、多样性等都呈现了大数据不断增长的复杂性,所以大数据的分析方法在大数据领域显得尤为重要,可以说是决定最终信息是否有价值的决定性因素。大数据分析普遍存在的方法理论主要有以下五个层面。

① 可视化分析。大数据分析的使用者有大数据分析专家,同时还有普通用户,但是他们二者对于大数据分析最基本的要求就是可视化分析,因为可视化分析能够直观地呈现大数据特点,同时能够非常容易被读者所接受,就如同看图说话一样简单明了。

② 数据挖掘算法。大数据分析的理论核心就是数据挖掘算法,各种数据挖掘的算法基于不同的数据类型和格式才能更加科学地呈现出数据本身具备的特点,也正是因为这些被全世界统计学家所公认的各种统计方法(可以称为真理)才能深入数据内部,挖掘出公认的价值。大数据环境对各种数据挖掘方法提出了许多新的挑战。以基于多案例库协同推理的老年人健康评估为例,如何从大规模多源异构复杂数据中快速准确地分析出所需决策和预测信息是算法设计过程中必须考虑和解决的问题。在这种大数据环境下,可以将模糊数学、案例推理、规则推理、自适应遗传算法等多种方法融合起来,提高案例知识获取的准确性和速度。

③ 预测性分析。大数据分析最重要的应用领域之一就是预测性分析,从大数据中挖掘出特点,通过科学地建立模型,之后便可以通过模型代入新的数据,从而预测未来的情况。

④ 语义引擎。非结构化数据的多元化给数据分析带来新的挑战,我们需要一套工具系统地去分析,提炼数据。语义引擎需要设计到有足够的人工智能以足以从数据中主动地提取信息。

⑤ 数据质量和数据管理。大数据分析离不开数据质量和数据管理,高质量的数据和有效的数据管理,无论是在学术研究还是在商业应用领域,都能够保证分析结果的真实和有价值。

随着大数据应用的爆发性增长,它已经衍生出了自己独特的架构,而且也直接推动了存储、网络以及计算技术的发展。毕竟处理大数据这种特殊的需求是一项新的挑战。硬件的发展最终还是由软件需求推动的,就这个例子来说,我们很明显地看到大数据分析应用需求正在影响着数据存储基础设施的发展。

从另一方面看,这一变化对存储厂商和其他 IT 基础设施厂商未尝不是一个机会。随着结构化数据和非结构化数据量的持续增长,以及分析数据来源的多样化,此前存储系统的设计已经无法满足大数据应用的需要。存储厂商已经意识到这一点,它们开始修改基于块和文件的存储系统的架构设计以适应这些新的要求。在这里,我们会讨论那些与大数据存储基础设施相关的属性,看看它们如何迎接大数据的挑战。

(1) 容量问题

这里所说的"大容量"通常可达到PB级的数据规模,因此,海量数据存储系统也一定要有相应等级的扩展能力。与此同时,存储系统的扩展一定要简便,可以通过增加模块或磁盘柜来增加容量,甚至不需要停机。基于这样的需求,客户现在越来越青睐Scale-out架构的存储。Scale-out集群结构的特点是每个节点除了具有一定的存储容量之外,内部还具备数据处理能力以及互联设备,与传统存储系统的烟囱式架构完全不同,Scale-out架构可以实现无缝平滑的扩展,避免存储孤岛。

"大数据"应用除了数据规模巨大之外,还意味着拥有庞大的文件数量。因此如何管理文件系统层累积的元数据是一个难题,处理不当的话会影响到系统的扩展能力和性能,而传统的NAS(网络附属存储)系统就存在这一瓶颈。所幸的是,基于对象的存储架构就不存在这个问题,它可以在一个系统中管理十亿级别的文件数量,而且还不会像传统存储一样遭遇元数据管理的困扰。基于对象的存储系统还具有广域扩展能力,可以在多个不同的地点部署并组成一个跨区域的大型存储基础架构。

(2) 延迟问题

"大数据"应用还存在实时性的问题。特别是涉及与网上交易或者金融类相关的应用。例如,网络成衣销售行业的在线广告推广服务需要实时对客户的浏览记录进行分析,并准确进行广告投放。这就要求存储系统在必须能够支持上述特性同时保持较高的响应速度,因为响应延迟的结果是系统会推送"过期"的广告内容给客户。这种场景下,Scale-out架构的存储系统就可以发挥出优势,因为它的每一个节点都具有处理和互联组件,在增加容量的同时处理能力也可以同步增长。而基于对象的存储系统则能够支持并发的数据流,从而进一步提高数据吞吐量。

有很多"大数据"应用环境需要较高的IOPS(每秒进行读写操作的次数)性能,比如HPC(手持电脑)高性能计算。此外,服务器虚拟化的普及也导致了对高IOPS的需求。为了迎接这些挑战,各种模式的固态存储设备应运而生,小到简单的在服务器内部做高速缓存,大到全固态介质的可扩展存储系统等都在蓬勃发展。

(3) 并发访问

一旦企业认识到大数据分析应用的潜在价值,它们就会将更多的数据集纳入系统进行比较,同时让更多的人分享并使用这些数据。为了创造更多的商业价值,企业往往会综合分析那些来自不同平台下的多种数据对象。包括全局文件系统在内的存储基础设施就能够帮助用户解决数据访问的问题,全局文件系统允许多个主机上的多个用户并发访问文件数据,而这些数据则可能存储在多个地点的多种不同类型的存储设备上。

(4) 安全问题

某些特殊行业的应用,比如金融数据、医疗信息以及政府情报等都有自己的安全标准和保密性需求。虽然对于IT管理者来说这些并没有什么不同,而且都是必须遵从的,但是,大数据分析往往需要多类数据相互参考,而在过去并不会有这种数据混合访问的情况,因此大数据应用也催生出一些新的、需要考虑的安全性问题。

(5) 成本问题

大数据的"大",也可能意味着管理这些数据的代价不菲。而对于那些正在使用大数据环境的企业来说，成本控制是关键的问题。想控制成本，就意味着我们要让每一台设备都实现更高的“效率”，同时还要减少那些昂贵的部件。目前，像重复数据删除等技术已经进入主存储市场，而且现在还可以处理更多的数据类型，这都可以为大数据存储应用带来更多的价值，提升存储效率。在数据量不断增长的环境中，通过减少后端存储的消耗，哪怕只是降低几个百分点，都能够获得明显的投资回报。此外，自动精简配置、快照和克隆技术的使用也可以提升存储的效率。

很多大数据存储系统都包括归档组件，尤其对那些需要分析历史数据或需要长期保存数据的机构来说，归档设备必不可少。从单位容量存储成本的角度看，磁带仍然是最经济的存储介质，事实上，在许多企业中，使用支持 TB 级大容量磁带的归档系统仍然是事实上的标准和惯例。

对成本控制影响最大的因素是那些商业化的硬件设备。因此，很多初次进入这一领域的用户以及那些应用规模最大的用户都会定制他们自己的“硬件平台”而不是用现成的商业产品，这一举措可以用来平衡他们在业务扩展过程中的成本控制战略。为了适应这一需求，现在越来越多的存储产品都提供纯软件的形式，可以直接安装在用户已有的、通用的或者现成的硬件设备上。此外，很多存储软件公司还在销售以软件产品为核心的软硬一体化装置，或者与硬件厂商结盟，推出合作型产品。

(6) 数据的积累

许多大数据应用都会涉及法规遵从问题，这些法规通常要求数据要保存几年或者几十年。比如医疗信息通常是为了保证患者的生命安全，而财务信息通常要保存 7 年。而有些使用大数据存储的用户却希望数据能够保存更长的时间，因为任何数据都是历史记录的一部分，而且数据的分析大都是基于时间段进行的。要实现长期的数据保存，就要求存储厂商开发出能够持续进行数据一致性检测以及保证数据长期高可用性的高性能存储设备。

(7) 灵活性

大数据存储系统的基础设施规模通常都很大，因此必须经过仔细设计，才能保证存储系统的灵活性，使其能够随着应用分析软件一起扩容及扩展。在大数据存储环境中，已经没有必要再做数据迁移了，因为数据会同时保存在多个部署站点。一个大型的数据存储基础设施一旦开始投入使用，就很难再调整了，因此它必须能够适应各种不同的应用类型和数据场景。

(8) 应用感知

最早一批使用大数据的用户已经开发出了一些针对应用的定制的基础设施，比如针对政府项目开发的系统，还有大型互联网服务商创造的专用服务器等。在主流存储系统领域，应用感知技术的使用越来越普遍，它也是改善系统效率和性能的重要手段，所以，应用感知技术也应该用在大数据存储环境里。

(9) 面向“小用户”的“大数据”存储系统

依赖大数据的不仅仅是那些特殊的大型用户群体，作为一种商业需求，小型企业未来也一定会应用到大数据。我们看到，有些存储厂商已经在开发一些小型的“大数据”存储系统，主要吸引那些对成本比较敏感的用户。

6.3.3 用户信息行为大数据分析

近年来,用户行为分析研究已经逐步用到大数据集并取得了一些初步成果。事实型数据是情报信息研究工作的基石,特别在用户行为分析领域,可用于分析的用户实际行为数据越多,期望得到的用户行为知识也就越丰富和越可靠。用户行为分析不仅有利于互联网网站和导航系统设计与优化,还可以为市场营销、产品设计、客户关系改善等商业管理活动提供直接支持。然而大数据的出现也为用户商业信息行为分析带来了诸多新的挑战,主要体现在以下几个方面。

(1) 数据存储问题。相对于传统数据,大数据在规模上不只是量的增长,而且是质的变化。传统的用户行为分析在数据存储上主要依赖于数据仓库。但在大数据情况下,数据仓库将会面临两个问题和一个鸿沟。两个问题是数据移动代价过高和不能适应快速变化。一个鸿沟是巨型数据和数据处理能力之间的鸿沟。解决巨型数据的存储和处理问题是大数据用户行为分析的前提和基础。

(2) 信息规范问题。大数据的重要来源是机器生成数据和社交网站数据,这些数据中有许多半结构化的数据,不少数据还是原始数据。由于缺少对数据结构和含义的说明,大量数据是定义不清、真假不分的杂乱数据,这对数据的预处理工作提出了更高的要求。

(3) 知识组织问题。基于大数据的用户行为数据挖掘是一个持续和逐步累积的过程,由于数据量巨大,数据挖掘的结果需要存在云平台的不同数据节点中。面向大数据的知识组织需要具备高扩展性、支持动态更新、便于信息整合等特性。

(4) 信息安全与公民隐私问题。一方面,大数据中存在着许多用户隐私信息,例如个人检索浏览信息或手机定位信息。如何保证这些信息得到合法合理的利用,在何种情况下可以使用这些信息,需要有更清晰的法律或互联网行为规范。另一方面,大数据的处理很难限制在封闭的环境中运行,这种情况下,信息安全也从传统计算机网络安全、保密管理等可控安全管理变为无法确知安全隐患的不可控的安全管理。使得数据不会被盗用、泄露商业机密,处理数据开放与信息安全的矛盾,是用户行为分析能够成功应用的必要保障。

下面是关于大数据环境下用户信息行为研究的一个案例。

美国电商网站 eBay 每天要处理 100PB 的数据,其中包括 50TB 的机器数据,这对于 eBay 来说是个不小的挑战。在伦敦举行的 Gartner CRM 高峰论坛上,eBay 全球业务分析负责人 David Stephenson 做了演讲,他表示,他们做网站的目的很简单,就是要让交易成功。作为交易市场,eBay 的首要任务就是让销售者和消费者都能获得满意的体验。应对大数据,从提出正确的问题开始 eBay 借助分析软件更好地理解客户。Stephenson 希望能够将小商铺的个性化推荐成功运用到面向全球的 eBay 网站上。他表示:“在小商店,理解客户很重要。店主需要提供个性化的推荐、了解客户偏好、从客户身上不断学习。”网络测量数据对 Stephenson 来说还是陌生的新数据类型。eBay 会生成大量的网站分析数据,Stephenson 称之为“客户的足迹”。它可以鲜明地告诉工作人员谁来过他们的网站,都做了些什么。Stephenson 表示:“网站上能够提供和实体店购物同样的体验,客户可以比较不同的商品。我们也能够了解到客户的意图。”这些都在慢慢改变着 eBay。

eBay 的网站分析无所不至，就像是在每个顾客前面安装了摄像头一般。细致的网站分析也给数据管理带来困难。整个网站平均每月产生 1 亿小时的录像，客户数据多得难以想象。Stephenson 坦言："谁也没有办法每月处理 1 亿小时的数据。""我们只能尽量理解客户，应用数据科学技术利用更多的数据和更新类型的数据。" eBay 面临的是 1 亿的用户，3 万多种商品，每秒钟几千美元的交易。Stephenson 表示，交易数据还只是所有数据的"冰山一角"。

eBay 开始处理所有的客户行为数据。大数据给 eBay 带来的挑战，首先是要提出正确的问题。Stephenson 表示，要回答一个简单的问题，比如"昨天搜索某一关键字时，置顶显示的商品是什么?"，系统要处理 50 亿个浏览页面。因此，最重要的问题是要问关键的业务问题。

除了提出问题，Stephenson 还希望网站能够运行情感分析、网络分析和图片分析。这些都难以在传统交易性数据库中实现。eBay 把它的数据分析业务分发到三个平台，第一个是 Teradata 提供的传统企业数据仓库(EDW)。Stephenson 表示："核心交易系统必须具有极高的稳定性。我们每天要处理 50TB 的数据，系统绝对不能停机。" 2002 年，eBay 搭建了 13TB 的 Teradata 企业数据仓库，提供高效的大规模并行关系型数据库。截至目前，系统构建在上千个节点上，数据量已经增长到 14PB。说到用户行为数据，过去，eBay 只能保留 1%的样本，其他全部扔掉。Stephenson 介绍道："对于提出的很多问题，我们事先并不知道，我们是根据客户的行为数据决定问什么问题的。大概有 85%的问题是新问题。如果你只关注结构不关心数据，你就无法问出新问题，但如果你要存储所有的数据，数据量会大得根本无法分析。" 这其实是企业面临的一个困境，究竟应该扔掉一部分数据，还是把所有数据都保存。

为了解决这个问题，eBay 开始搭建它的第二个平台。七年前，公司开始搭建能够存储所有客户数据的平台。Stephenson 表示："对于客户行为数据，我们希望能够通过大数据方法将其保留。"eBay 需要一个能够管理几百 PB 各种类型数据、只需要 5 个人就能维护并且分析师可以轻松访问的产品。公司和 Teradata 合作，开发出一款有几百个用户定义功能的客户应用。该系统运行在商业硬件上，应用自有软件，能够处理所有客户数据，廉价存储数据。这就是著名的 eBay 开发的客户数据仓库 Singularity。该系统可以在 32 秒内运行临时查询。Stephenson 表示，那时 Hadoop 处理类似的查询要 30 秒。Stephenson 表示 Singularity 在网站的"A/B 测试"中发挥了重要作用，这可以比较出不同的产品组合中，哪种组合最受欢迎。eBay 用它测试了很多东西，比如测试网站消费者是否喜欢网站显示商品大图。这项技术还可以用于搜索提示，Stephenson 称之为"搜索栏里的经济学家"。eBay 可以根据用户已选择的话题或者已提出的问题，提供搜索查询建议。因为整个系统中，基本每一个问题都被问过了。通过这样的查询，eBay 销售者就可以了解到是否需要降价、包邮或提供其他优惠。除了企业数据仓库和 Singularity，eBay 还使用了 Hadoop，这就是它的第三个平台。eBay 部署了两个 2 万节点的 Hadoop 集群，能处理 80PB 的数据。有了这三个平台，eBay 终于可以实现对所有用户行为数据的存储与分析。

6.3.4 大数据环境下的信息安全与用户隐私

随着计算机网络技术和人工智能的发展，服务器、防火墙、无线路由等网络设备和数据挖掘应用系统等技术越来越广泛，为大数据自动收集效率以及智能动态分析性提供方便。但是，技术发展也增加了大数据的安全风险。一方面，大数据本身的安全防护存在漏洞。虽然云计算对大数据提供了便利，但对大数据的安全控制力度仍然不够，API(应用程序编程接口)访问权限控制以及密钥生成、存储和管理方面的不足都可能造成数据泄露。而且大数据本身可以成为一个可持续攻击的载体，被隐藏在大数据中的恶意软件和病毒代码很难被发现，从而达到长久攻击的目的。另一方面，攻击的技术提高了。在用数据挖掘和数据分析等大数据技术获取价值信息的同时，攻击者也在利用这些大数据技术进行攻击。

当然，大数据也为数据安全的发展提供了新机遇。大数据正在为安全分析提供新的可能性，对海量数据的分析有助于更好地跟踪网络异常行为，对实时安全和应用数据结合在一起的数据进行预防性分析，可防止诈骗和黑客入侵。网络攻击行为总会留下蛛丝马迹，这些痕迹都以数据的形式隐藏在大数据中，从大数据的存储、应用和管理等方面层层把关，可以有针对性地应对数据安全威胁。

1. 大数据存储安全策略

基于云计算架构的大数据，数据的存储和操作都是以服务的形式提供。目前，大数据的安全存储采用虚拟化海量存储技术来存储数据资源，涉及数据传输、隔离、恢复等问题。解决大数据的安全存储，一是数据加密。在大数据安全服务的设计中，大数据可以按照数据安全存储的需求，被存储在数据集的任何存储空间，通过 SSL(secure sockets layer，安全套接层协议层)加密，实现数据集的节点和应用程序之间移动保护大数据。在大数据的传输服务过程中，加密为数据流的上传与下载提供有效的保护。应用隐私保护和外包数据计算，屏蔽网络攻击。目前 PGP 和 TrueCrypt 等程序都提供了强大的加密功能。二是分离密钥和加密数据。使用加密技术可把数据使用与数据保管分离，把密钥与要保护的数据隔离开。同时，定义产生、存储、备份、恢复等密钥管理生命周期。三是使用过滤器。通过过滤器的监控，一旦发现数据离开了用户的网络，就自动阻止数据的再次传输。四是数据备份。通过系统容灾、敏感信息集中管控和数据管理等产品，实现端对端的数据保护，确保大数据损坏情况下有备无患和安全管控。

2. 大数据应用安全策略

随着大数据应用所需的技术和工具快速发展，大数据应用安全策略主要从以下几方面着手：一是防止 APT(advanced persistent threat，高级持续性威胁)攻击。借助大数据处理技术，针对 APT 安全攻击隐蔽能力强、长期潜伏、攻击路径和渠道不确定等特征，设计具备实时检测能力与事后回溯能力的全流量审计方案，提醒隐藏有病毒的应用程序。二是用户访问控制。大数据的跨平台传输应用在一定程度上会带来内在风险，可以根据大数据的密级程和用户需求的不同，将大数据和用户设定不同的权限等级，并严格控制访问权限。而且，通过单点登录的统一身份认证与权限控制技术，对用户访问进行严格的控制，有效地保证大数据应用安全。三是整合工具和流程。通过整合工具和流程，确保大数据应用安全处于大数据系统的顶端。整合点平行于现有的连接的同时，减少通过连接企业或业务线的 SIEM 工具的输出到大数据安全仓库，以防止这些被预处理的数据被暴露算法和溢出加工后的数据集。同时，通过设计一个标准化的数据格式简化整合过程，也可以改善分析算法的持续验证。四是数据实时分析引擎。数据实时分析引擎融合了云计算、机器学习、语义分析、统计学等多个领域，通过数据实时分析引擎，从大数据中第一时间挖掘出黑客攻击、非法操作、潜在威胁等各类安全事件，第一时间发出警告响应。

3. 大数据管理安全策略

云计算专家李志霄博士说："数据安全三分靠技术，七分靠管理。"通过技术来保护大数据的安全必然重要，但管理也很关键。大数据的管理安全策略主要有：一是规范建设。大数据建设是一项有序的、动态的、可持续发展的系统工程，一套规范的运行机制、建设标准和共享平台建设至关重要。规范化建设可以促进大数据管理过程的正规有序，实现各级各类信息系统的网络互连、数据集成、资源共享，在统一的安全规范框架下运行。二是建立以数据为中心的安全系统。基于云计算的大数据存储在云共享环境中，为了大数据的所有者可以对大数据使用进行控制，可以通过建设一个基于异构数据为中心的安全方法，从系统管理上保证大数据的安全。三是融合创新。大数据是在云计算的基础上提出的新概念，大数据时代应以智慧创新理念融合大数据与云计算，以智能管道与聚合平台为基础，提升数据流量规模、层次及内涵，在大数据流中提升知识价值洞察力。积极创造大数据公司技术融合平台，寻找数据洪流大潮中新的立足点，特别是在数据挖掘、人工智能、机器学习等新技术的创新应用融合创新。

大数据是信息化时代的"石油"。大数据转化为信息和知识的速度与能力将成为这个时代的核心竞争力之一，而大数据面临的安全挑战却不容忽视。只有大数据技术和大数据安全"两条腿"走路时，大数据才可以真正成为这个时代的驱动力量。

4. 案例

2012 年 3 月 29 日，美国奥巴马政府推出"大数据研究与开发计划"，提出"通过收集、处理庞大而复杂的数据信息，从中获得知识和洞见，提升能力，加快科学、工程领域的创新步伐，强化美国国土安全，转变教育和学习模式"。

为启动"大数据研究与开发计划"，美国国家科学基金会、国立卫生研究院、国防部等 6 大联邦机构宣布先期将共同投入超过 2 亿美元的资金，用于开发收集、存储、管理数字化数据的工具和技术，目标是：①开发能对大量数据进行收集、存储、维护、管理、分析和共享的核心技术；②利用这些技术加快科学和工程学领域探索发现的步伐，并加强国防安全，转变教学方式；③扩大从事大数据技术研发利用工作的人员数量。

其中，美国国家科学基金会和国立卫生研究院联合开展的"促进大数据科学与工程的核心技术"项目，将促进对大规模数据集进行管理、分析、可视化并从中抽取有用信息的核心科学技术的发展。而美国国家科学基金会也将实施一项全面的长期战略，包括从数据中获取知识的新方法、管理数据的基础设施、教育和队伍建设的新途径。

事实上，目前美国多家联邦机构正在或即将开展大量的大数据项目，涵盖国防、能源、航天、医疗等各个领域。为使各机构在大数据行动上实现配合和协调，美国网络与信息技术研发计划于 2011 年成立"大数据高级督导小组"，负责确定大数据国家计划目标，这也成为“大数据计划”诞生的契机。

数据是信息化时代的“石油”。未来国家的核心竞争力将在很大程度上依赖将数据转化为信息和知识的速度与能力，而这种转化速度和能力，实际上取决于大数据方面的技术能力。因此，美国事实上的基于大数据的信息网络安全战略应引起我们的高度重视，思考我们的应对措施。

美国一向非常重视信息网络安全，是最早制定和实施信息网络安全战略的国家，并随着形势的变化不断调整、完善其战略。美国政府在基于大数据的信息网络安全战略方面，充分体现出了其一贯特点：善于利用其综合优势，在保持其领先的长期定位下，不断推出变革性、引领性的信息网络安全国家战略，并通过有力的协调组织迅速落实。可以形象地说是“常忧患、起得早、协调好、干得快、不动摇”。

目前，全世界的各类海量数据正在不断汇总到美国（或美国公司）。美国在大数据时代的信息网络安全战略的最终目的，是实现其对信息化时代的各重要领域数据的寡头控制，如同对现实世界的油井和海上通道的事实控制一样，如我国不予以高度重视并有效应对，则我国有可能面临巨大的战略性风险。

因此，我国未来的信息网络安全战略，需注意加快解决传统信息网络安全中短板问题的同时，要更加重视面向未来的信息技术和产业层面的创新行动，必须在未来国家信息安全战略中高度重视大数据问题，并着力尽快凝聚各方共识、迅速行动、加大投入、形成合力，确保我国作为一个大国在大数据科学、工程与管理方面有所作为，并早日成为“大数据”强国。

第 7 章

信息资源安全管理

信息、信息处理过程及对信息进行处理和管理的工具(信息系统和信息网络)都是重要的资产。信息资源的保密性、完整性和可用性对保持竞争优势、效益、法律符合性和商业形象都是至关重要的。信息资源安全是任何国家、政府、部门、行业都必须十分重视的问题,是一个不容忽视的国家安全战略。

信息资源在存储、处理和交换过程中,都存在泄密或被截收、窃听、篡改和伪造的可能性,准确认识信息安全涵盖的范围、威胁,对信息安全进行管理,综合应用各种保密措施,实现信源、信号、信息三个环节的保护,才能达到信息资源安全的目的。

严格意义上讲,信息资源安全包括信息(内容)安全、信息系统安全、网络安全、计算机安全等,其核心内容是信息(内容)安全。而大部分教材、论文和专著讲到信息安全,都包括信息内容(内容)安全、信息系统安全、网络安全、计算机安全等,不区分信息资源安全和信息安全。因此,本章也将信息资源安全等同于信息安全。

你可以从本章了解到:

1. 信息资源安全概念;
2. 信息安全涵盖的范围;
3. 信息安全威胁、目标、原则和策略;
4. 信息安全管理;
5. 信息安全技术;
6. 信息安全管理标准。

7.1 信息资源安全概述

7.1.1 定义

信息资源安全包括信息(内容)安全、信息系统安全、网络安全、计算机安全等,简称信息安全。信息安全到目前为止还没有统一的定义。下面介绍具有代表性的几种定义。

中国工程院院士沈昌祥定义:信息安全是实体安全、运行安全、数据安全和管理安全。

一般教科书定义:信息安全主要包括实体安全、软件安全、运行安全和数据安全。

等级保护条例定义:中国公安部《信息安全等级保护管理办法》认为,信息安全是实体安全、运行安全、信息安全和人员安全保护。安全保护的直接对象是计算机信息系统,实现安全保护的关键因素是人。

英国 BS7799 信息安全标准定义:信息安全是使信息避免一系列威胁,保障商务的连续性,最大限度地减少商务的损失,最大限度地获取投资和商务的回报,涉及的是机密性、完整性和可用性。

归纳上述观点，本书将信息安全定义为：信息安全是物理安全、运行安全、数据安全和内容安全，其目的是避免组织或个人的信息遭受可能的一系列威胁，保障组织信息活动的连续性，最大限度地减少因信息而导致的组织损失，最大限度地获取因信息而产生的组织回报，涉及的是机密性、完整性和可用性。

7.1.2 信息安全发展

信息安全发展大致经历了4个时期。

第一个时期是通信安全时期，其主要标志是1949年香农发表的《保密通信的信息理论》。在这个时期通信技术还不发达，电脑只是零散地位于不同的地点，信息系统的安全仅限于保证电脑的物理安全以及通过密码（主要是序列密码）解决通信安全的保密问题。把电脑安置在相对安全的地点，不容许非授权用户接近，就基本可以保证数据的安全性了。这个时期的安全性是指信息的保密性，对安全理论和技术的研究也仅限于密码学。这一阶段的信息安全可以简称为通信安全。它侧重于保证数据在从一地传送到另一地时的安全性。

第二个时期为计算机安全时期，以20世纪70—80年代出现的《可信计算机评估准则》(TCSEC)为标志。在20世纪60年代后，半导体和集成电路技术的飞速发展推动了计算机软硬件的发展，计算机和网络技术的应用进入了实用化和规模化阶段，数据的传输已经可以通过电脑网络来完成。这时候的信息已经分成静态信息和动态信息。人们对安全的关注已经逐渐扩展为以保密性、完整性和可用性为目标的信息安全阶段，主要保证动态信息在传输过程中不被窃取，即使被窃取了也不能读出正确的信息；还要保证数据在传输过程中不被篡改，让读取信息的人能够看到正确无误的信息。1977年美国国家标准局(NBS)公布的国家数据加密标准(DES)和1983年美国国防部公布的可信计算机系统评价准则(Trusted Computer System Evaluation Criteria，TCSEC，俗称橘皮书，1985年再版)标志着解决计算机信息系统保密性问题的研究和应用迈上了历史的新台阶。

第三个时期是在20世纪90年代兴起的网络时代。从20世纪90年代开始，由于互联网技术的飞速发展，信息无论是企业内部还是外部都得到了极大的开放，而由此产生的信息安全问题跨越了时间和空间，信息安全的焦点已经从传统的保密性、完整性和可用性三个原则衍生出诸如可控性、抗抵赖性、真实性等其他原则和目标。

第四个时期是21世纪的信息安全保障时代，其主要标志是《信息保障技术框架》(IATF)。如果说对信息的保护，主要还是处于从传统安全理念到信息化安全理念的转变过程中，那么面向业务的安全保障，就完全是从信息化的角度来考虑信息的安全了。体系性的安全保障理念，不仅是关注系统的漏洞，而且是从业务的生命周期着手，对业务流程进行分析，找出流程中的关键控制点，从安全事件出现的前、中、后三个阶段进行安全保障。面向业务的安全保障不是只建立防护屏障，而是建立一个“深度防御体系”，通过更多的技术手段把安全管理与技术防护联系起来，不再是被动地保护自己，而是主动地防御攻击。也就是说，面向业务的安全防护已经从被动走向主动，安全保障理念从风险承受模式走向安全保障模式。信息安全阶段也转化为从整体角度考虑其体系建设的信息安全保障时代。

7.1.3 信息安全的意义

信息、信息处理过程及对信息进行处理和管理的工具(信息系统和信息网络)都是重要的资产。信息的保密性、完整性和可用性对保持竞争优势、资金流动、效益、法律符合性和商业形象都是至关重要的。信息安全是任何国家、政府、部门、行业都必须十分重视的问题,是一个不容忽视的国家安全战略。

然而,越来越多的组织及其信息系统和网络面临着包括计算机诈骗、间谍、蓄意破坏、火灾、水灾等大范围的安全威胁,诸如计算机病毒、计算机入侵、黑客攻击等手段造成的信息灾难已变得更加普遍,有计划而不易被察觉。

组织对信息系统和信息服务的依赖意味着更易受到安全威胁的破坏,公共和私人网络的互连及信息资源的共享增大了实现访问控制的难度。

中国的改革开放带来了各方面信息量的急剧增加,并要求大容量、高效率地传输这些信息。为了适应这一形势,通信技术发生了前所未有的爆炸性发展。除有线通信外,短波、超短波、微波、卫星等无线电通信也正在越来越广泛地应用。与此同时,国外敌对势力为了窃取中国的政治、军事、经济、科学技术等方面的秘密信息,运用侦察台、侦察船、侦察机、卫星等手段,形成固定与移动、远距离与近距离、空中与地面相结合的立体侦察网,截取中国通信传输中的信息。

从文献中了解一个社会的内幕,早已是司空见惯的事情。在20世纪后50年中,从社会所属计算机中了解一个社会的内幕,正变得越来越容易。不管是机构还是个人,正把日益繁多的事情托付给计算机来完成,敏感信息正经过脆弱的通信线路在计算机系统之间传送,专用信息在计算机内存储或在计算机之间传送,电子银行业务使财务账目可通过通信线路查阅,执法部门从计算机中了解罪犯的前科,医生们用计算机管理病历。最重要的问题是不能在对非法(非授权)获取(访问)不加防范的条件下传输信息。

传输信息的方式很多,有计算机局域网、互联网和分布式数据库,有蜂窝式无线、分组交换式无线、卫星电视会议、电子邮件及其他各种传输技术。信息在存储、处理和交换过程中,都存在泄密或被截收、窃听、篡改和伪造的可能性。不难看出,单一的保密措施已很难保证通信和信息的安全,必须综合应用各种保密措施,即通过技术的、管理的、行政的手段,实现信源、信号、信息三个环节的保护,借以达到保密信息安全的目的。

许多信息系统本身就不是按照安全系统的要求来设计的,所以仅依靠技术手段来实现信息安全有其局限性,所以信息安全的实现必须得到管理和程序控制的适当支持。确定应采取哪些控制方式则需要周密计划,并注意细节。信息安全管理至少需要组织中的所有雇员的参与,此外还需要供应商、顾客或股东的参与和信息安全的专家建议。

在信息系统设计阶段就将安全要求和控制一体化考虑,则成本会更低、效率会更高。

7.2 信息安全涵盖的范围

如图7-1所示,信息安全涵盖的范围包含物理安全、运行安全、数据安全和内容安全。

1. 物理安全

物理安全包括机密性和可用性。

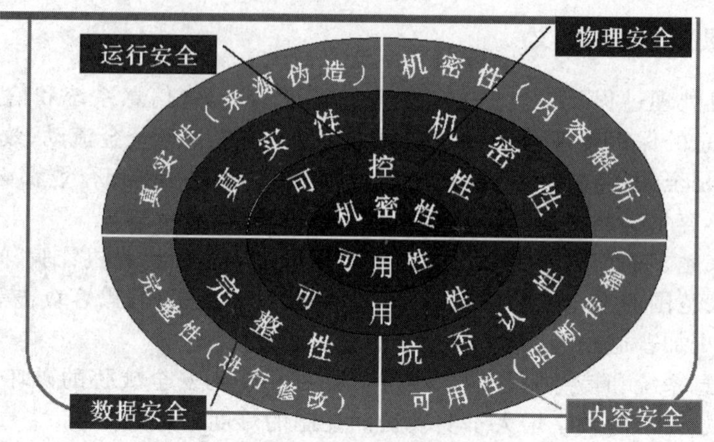

图 7-1　信息安全涵盖的范围

(1) 机密性：保证系统不以电磁的方式向外泄露信息。

(2) 可用性：保护系统至少能提供基本的服务。

2. 运行安全

运行安全包括可控性和可用性。

(1) 可控性：保证系统的机密性，使得系统任何时候不被非授权的人所恶意利用。

(2) 可用性：保证系统的正常运行，确保系统时刻能为授权人提供基本服务。

3. 数据安全

数据安全包括真实性、机密性、完整性和抗否认性。

(1) 真实性：保证数据的发送源头不被伪造。

(2) 机密性：保证数据在传输、存储等过程中不被获取、解析。

(3) 完整性：保证数据在传输、存储等过程中不被非法修改。

(4) 抗否认性：保证可用性，使得发送者无法否认所发布的信息内容。

4. 内容安全

内容安全包括真实性、机密性、完整性和可用性。

(1) 真实性(来源伪造)：保证路由器、域名的信息来源不被伪造。

(2) 机密性(内容解析)：保证信息内容不被捕获、解析。

(3) 完整性(进行修改)：保证信息内容不被删除或附加特定内容。

(4) 可用性(阻断传输)：保证信息内容在传输过程中不因阻断而不能送达目的地。

5. 各层之间的关系

信息安全是一个复杂的系统问题，本模型采用了分层解决的方案，从低层(物理安全)到高层(内容安全)，各层相对独立，又密切联系。同一个安全问题，各层都提供本层的解决方案，而各层之间又以递进的关系联系成一个整体，以确保“万无一失”。各层的联系如图 7-2～图 7-5 所示。

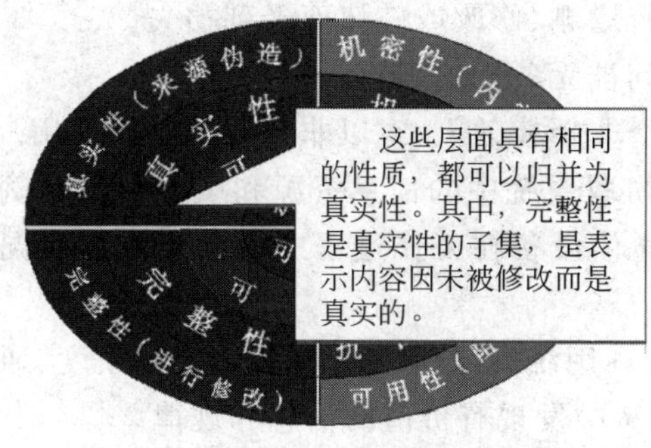

图 7-2　真实性

图 7-3　完整性

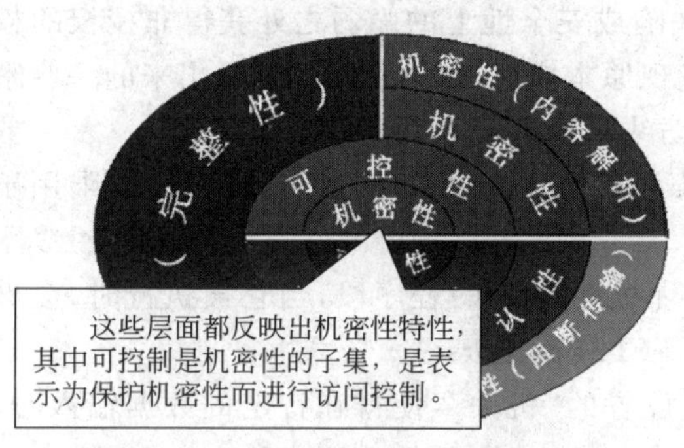

图 7-4　机密性

图 7-5　可用性

7.3　信息安全的威胁、目标、原则和策略

7.3.1　信息安全的威胁

1. 威胁的主要来源

（1）自然灾害、意外事故。

（2）计算机犯罪。

（3）人为错误，比如使用不当、安全意识差等造成。

（4）“黑客”行为。

（5）内部泄密。

（6）外部泄密。

（7）信息丢失。

（8）电子谍报，如信息流量分析、信息窃取等。

（9）信息战。

（10）网络协议自身缺陷，例如 TCP/IP 协议的安全问题等。

（11）嗅探，嗅探器可以窃听网络上流经的数据包。

2. 安全威胁

（1）信息泄露：信息被泄露或透露给某个非授权的实体。

(2) 破坏信息的完整性：数据被非授权地进行增删、修改或破坏而受到损失。

(3) 拒绝服务：对信息或其他资源的合法访问被无条件地阻止。

(4) 非法使用(非授权访问)：某一资源被某个非授权的人，或以非授权的方式使用。

(5) 窃听：用各种可能的合法或非法的手段窃取系统中的信息资源和敏感信息。例如对通信线路中传输的信号搭线监听，或者利用通信设备在工作过程中产生的电磁泄漏截取有用信息等。

(6) 业务流分析：通过对系统进行长期监听，利用统计分析方法对诸如通信频度、通信的信息流向、通信总量的变化等参数进行研究，从中发现有价值的信息和规律。

(7) 假冒：通过欺骗通信系统(或用户)达到非法用户冒充成为合法用户，或者特权小的用户冒充成为特权大的用户的目的。黑客大多是采用假冒攻击。

(8) 旁路控制：攻击者利用系统的安全缺陷或安全性上的脆弱之处获得非授权的权利或特权。例如，攻击者通过各种攻击手段发现原本应保密，但是却又暴露出来的一些系统"特性"，利用这些"特性"，攻击者可以绕过防线守卫者侵入系统的内部。

(9) 授权侵犯：被授权以某一目的使用某一系统或资源的某个人，却将此权限用于其他非授权的目的，也称作"内部攻击"。

(10) 特洛伊木马：软件中含有一个觉察不出的有害的程序段，当它被执行时，会破坏用户的安全。这种应用程序称为特洛伊木马(Trojan horse)。

(11) 陷阱门：在某个系统或某个部件中设置的"机关"，使得在特定的数据输入时，允许违反安全策略。

(12) 抵赖：这是一种来自用户的攻击，比如，否认自己曾经发布过的某条消息、伪造一份对方来信等。

(13) 重放：出于非法目的，将所截获的某次合法的通信数据进行复制，而重新发送。

(14) 计算机病毒：一种在计算机系统运行过程中能够实现传染和侵害功能的程序。

(15) 人员不慎：一个授权的人为了某种利益，或由于粗心，将信息泄露给一个非授权的人。

(16) 媒体废弃：信息被从废弃的磁碟或打印过的存储介质中获得。

(17) 物理侵入：侵入者绕过物理控制而获得对系统的访问。

(18) 窃取：重要的安全物品，如令牌或身份卡被盗。

(19) 业务欺骗：某一伪系统或系统部件欺骗合法的用户或系统自愿地放弃敏感信息等。

7.3.2 信息安全的目标

所有的信息安全技术都是为了达到一定的安全目标，其核心包括保密性、完整性、可用性、可控性和不可否认性五个安全目标。

(1) 保密性是指阻止非授权的主体阅读信息。它是信息安全一诞生就具有的特性，也是信息安全主要的研究内容之一。通俗地讲，就是未授权的用户不能够获取敏感信息。对纸质文档信息，我们只需要保护好文件，不被非授权者接触即可。而对计算机及网络环境中的信息，不仅要制止非授权者对信息的阅读，也要阻止授权者将其访问的信息传递给非授权者，以致信息被泄露。

(2) 完整性是指防止信息被未经授权主体的篡改。它是保护信息保持原始的状态，使信息保持其真实性。如果这些信息被蓄意地修改、插入、删除等，形成虚假信息将带来严重的后果。

(3) 可用性是指授权主体在需要信息时能及时得到服务的能力。可用性是在信息安全保护阶段对信息安全提出的新要求，也是在网络化空间中必须满足的一项信息安全要求。

(4) 可控性是指对信息和信息系统实施安全监控管理，防止非法利用信息和信息系统。

(5) 不可否认性是指在网络环境中，信息交换的双方不能否认其在交换过程中发送信息或接收信息的行为。

信息安全的保密性、完整性和可用性主要强调对非授权主体的控制。而对授权主体的不正当行为如何控制呢？信息安全的可控性和不可否认性恰恰是通过对授权主体的控制，实现对保密性、完整性和可用性的有效补充，主要强调授权用户只能在授权范围内进行合法的访问，并对其行为进行监督和审查。

除了上述的信息安全五性外，还有信息安全的可审计性、可鉴别性等。信息安全的可审计性是指信息系统的行为人不能否认自己的信息处理行为。与不可否认性的信息交换过程中行为可认定性相比，可审计性的含义更宽泛一些。信息安全的可鉴别性是指信息的接收者能对信息的发送者的身份进行判定。

7.3.3 信息安全的原则

为了达到信息安全的目标，各种信息安全技术的使用必须遵守一些基本的原则。

(1) 最小化原则。受保护的敏感信息只能在一定范围内被共享，履行工作职责和职能的安全主体，在法律和相关安全策略允许的前提下，为满足工作需要，仅被授予其访问信息的适当权限，称为最小化原则。敏感信息的“知情权”一定要加以限制，是在“满足工作需要”前提下的一种限制性开放。可以将最小化原则细分为知所必须和用所必须的原则。

(2) 分权制衡原则。在信息系统中，对所有权限应该进行适当的划分，使每个授权主体只能拥有其中的一部分权限，使他们之间相互制约、相互监督，共同保证信息系统的安全。如果一个授权主体分配的权限过大，无人监督和制约，就隐含了“滥用权力”、“一言九鼎”的安全隐患。

(3) 安全隔离原则。隔离和控制是实现信息安全的基本方法，而隔离是进行控制的基础。信息安全的一个基本策略就是将信息的主体与客体分离，按照一定的安全策略，在可控和安全的前提下实施主体对客体的访问。

在这些基本原则的基础上，人们在生产实践过程中还总结出一些实施原则，它们是基本原则的具体体现和扩展。包括整体保护原则、谁主管谁负责原则、适度保护的等级化原则、分域保护原则、动态保护原则、多级保护原则、深度保护原则和信息流向原则等。

7.3.4 信息安全的策略

信息安全策略主要有网络安全策略、应用系统安全策略、部门安全策略、设备安全策略和总体安全策略等。一个信息网络的总体安全策略,可以概括为“实体可信,行为可控,资源可管,事件可查,运行可靠”,总体安全策略为其他安全策略的制定提供总的依据。

1. 实体可信

实体指构成信息网络的基本要素,主要有网络基础设备、软件系统、用户和数据。

(1) 软硬设备可信:没有预留后门或逻辑炸弹等。

(2) 用户可信:防止恶意用户对系统的攻击破坏。

(3) 数据可信:数据在传输、处理、存储等过程中是可信的,防止搭线窃听、非授权访问或恶意篡改等。

2. 行为可控

(1) 用户行为可控:保证用户不要非授权使用本地计算机的各种软硬件资源(例如:内存、中断、I/O端口、硬盘等硬件设备,文件、目录、进程、系统调用等软件资源)做危害本系统或其他系统安全的事件。

(2) 网络接入可控:保证用户接入网络应严格受控,用户上网必须申请登记并许可。

(3) 网络行为可控:保证网络上的通信行为受到监视和控制,防止滥用资源、非法外联、网络攻击、非法访问和传播有害信息等恶意事件的发生。

3. 资源可管

保证对软硬件及数据等网络资源进行统一管理。主要资源有:路由器、交换机、服务器、邮件系统、目录系统、数据库、域名系统、安全设备、密码设备、密钥参数、交换机端口、IP地址、用户账号、服务端口等。

4. 事件可查

保证对网络上的各类违规事件进行监控记录,确保日志记录的完整性,为安全事件稽查、取证提供依据。

5. 运行可靠

保证网络节点在发生自然灾难或遭到摧毁时仍能不间断运行,具有容灾抗毁和备份恢复能力。保证能够有效防范病毒和黑客的攻击所引起的网络拥塞、系统崩溃和数据丢失,并具有较强的应急响应和灾难恢复能力。

7.4 信息安全管理

7.4.1 信息安全管理内容

信息安全管理包括组织机构、制度和技术三个方面,要通过组建完整的信息安全管理组织机构,设置安全管理人员,制定严格的安全管理制度,利用先进的安全管理技术对整个信息网络进行管理。

信息安全管理的主要内容有:

(1) 主要领导负责的逐级安全保护管理责任制，配备专职或兼职的安全员，各级职责划分明确，并有效开展工作。

(2) 明确运行和使用部门或岗位责任制，建立安全管理规章制度。

(3) 普及安全知识，对重点岗位职工进行专门培训和考核。

(4) 采取必要的安全技术措施。

(5) 对安全保护工作有档案记录和应急计划。

(6) 定期进行安全检测、风险分析和安全隐患整改。

7.4.2 信息安全事件与事件响应

1. 信息安全事件类型

(1) 用户(个人、企业等)安全事件：个人隐私或商业利益的信息在网络上传输时受到侵犯，其他人或竞争对手利用窃听、冒充、篡改、抵赖等手段侵犯用户的利益和隐私，破坏信息的机密性、完整性和真实性。

(2) 网络运行和管理安全事件：是对本地网络信息的访问、读写等操作过程中，出现的病毒、非法存取、拒绝服务和网络资源非法占用和非法控制等威胁，或遭受网络黑客的攻击。

(3) 保密部门安全事件：国家机要信息泄露，对社会产生危害，对国家造成巨大损失。

(4) 社会教育和意识形态安全事件：在网络上传播不健康的内容，对社会的稳定和人类的发展造成阻碍等。

2. 安全事件的响应

安全事件的响应处置包括以下 6 个阶段。

(1) 准备阶段：建立一组合理的防范、控制措施，建立一组尽可能高效的事件处理程序，获得处理问题必须的资源和人员，最终建立应急响应体系。

(2) 检测阶段：进行技术检测，获取完整系统备份，进行系统审计，分析异常现象，评估事件范围，报告事件。

(3) 控制阶段：制定可能的控制策略，拟订详细的控制措施实施计划，对控制措施进行评估和选择，记录控制措施的执行，继续报告。

(4) 根除阶段：查找出事件根源并根除之，确认备份系统的安全，记录和报告。

(5) 恢复阶段：根据事件情况，从保存完好的介质上恢复系统，一次完整的恢复应包括修改所有用户口令。数据恢复应十分小心，可以从最新的完整备份或从容错系统硬件中恢复数据，记录和报告。

(6) 追踪阶段：非常关键，其目标是回顾并整合发生事件信息，对事件进行一次事后分析，为下一步进行的民事或刑事的法律活动提供有用的信息。

7.4.3 信息安全服务

购买了软件、硬件等可靠的安全技术产品，还不能说信息安全是可靠的。在信息安全建设中，专业信息安全服务要利用科学的安全体系框架和方法论，建立全面、有层次的安全管理体系，是保障信息安全的基本保证。信息安全防范产品与安全服务相辅相成，二者不可或缺，各项服务措施相互联系，承上启下，成熟的安全服务体系在安全服务进行中起到重要的指导作用，可以有条不紊地为用户做好每一件工作。

信息安全服务的内容主要有安全咨询、安全系统规划、安全策略制定、安全系统集成、安全产品配置、安全培训、应急安全服务等，上述各种安全服务都是相辅相成的。

7.5 信息安全技术

信息安全技术是指在信息系统的物理层、运行层，以及对信息自身的保护(数据层)及攻击(内容层)的层面上，所反映出的对信息自身与信息系统在可用性、机密性与真实性方面的保护与攻击的技术，常用的技术有防火墙技术、数据加密技术、PKI/CA 技术、入侵检测技术、隔离技术。

7.5.1 防火墙技术

1. 防火墙内涵

如图 7-6 所示，防火墙是位于两个网络之间执行控制策略的系统(可以是软件或硬件，或者两者并用)，用来限制外部非法(未经许可)用户访问内部网络资源和内部非法向外部传递信息，而允许那些授权的数据通过。它是提供信息安全服务，实现网络和信息安全的基础设施。

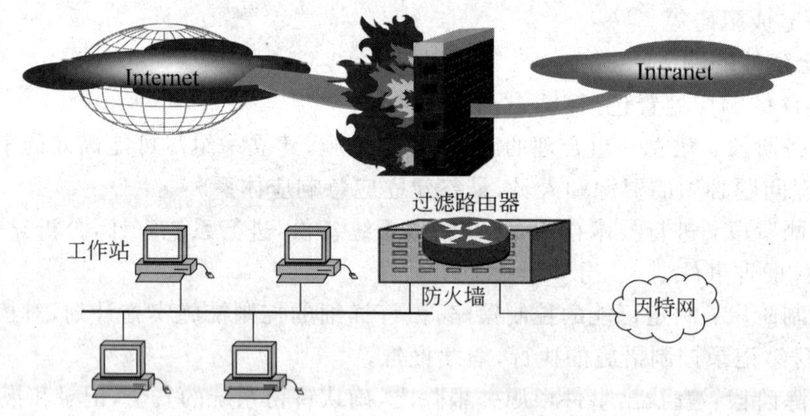

图 7-6 防火墙

在逻辑上，防火墙是一个分离器，一个限制器，也是一个分析器，有效地监控了内部网和 Internet 之间的任何活动，保证了内部网络的安全。

2. 防火墙类型

防火墙技术可根据防范的方式和侧重点的不同分为多种类型，但总体来讲可分为两大类：分组过滤和应用代理。

(1) 分组过滤(packet filtering)：作用在网络层和传输层，它根据分组包的源地址、目的地址和端口号、协议类型等标志确定是否允许数据包通过。只有满足过滤逻辑的数据包才被转发到相应的目的地出口端，其余数据包则被从数据流中丢弃。

分组过滤或包过滤，是一种通用、廉价、有效的安全手段。之所以通用，因为它不针对各个具体的网络服务采取特殊的处理方式；之所以廉价，因为大多数路由器都提供分组过滤功能；之所以有效，因为它能很大程度地满足组织的安全要求。

包过滤的优点是不用改动客户机和主机上的应用程序，因为它工作在网络层和传输层，与应用层无关。但其弱点也是明显的：由于过滤判别的只有网络层和传输层的有限信息，因而各种安全要求不可能充分满足；在许多过滤器中，过滤规则的数目是有限制的，且随着规则数目的增加，性能会受到很大的影响；由于缺少上下文关联信息，不能有效地过滤如 UDP（user datagram protocol，用户数据报协议）、RPC（remote procedure call protocol，远程过程调用协议）一类的协议；另外，大多数过滤器中缺少审计和报警机制，且管理方式和用户界面较差；对安全管理人员素质要求高，建立安全规则时，必须对协议本身及其在不同应用程序中的作用有较深入的理解。因此，过滤器通常是和应用网关配合使用，共同组成防火墙系统。

（2）应用代理（application proxy）：也叫应用网关（application gateway），它作用在应用层，其特点是完全阻隔了网络通信流，通过对每种应用服务编制专门的代理程序，实现监视和控制应用层通信流的作用。实际中的应用网关通常由专用工作站实现。

应用代理型防火墙是内部网与外部网的隔离点，起着监视和隔绝应用层通信流的作用。同时也常结合入过滤器的功能。它工作在 OSI 模型的最高层，掌握着应用系统中可用作安全决策的全部信息。

（3）复合型防火墙：由于对更高安全性的要求，常把基于包过滤的方法与基于应用代理的方法结合起来，形成复合型防火墙产品。这种结合通常有以下两种方案。

① 屏蔽主机防火墙体系结构：在该结构中，分组过滤路由器或防火墙与 Internet 相连，同时一个堡垒机安装在内部网络，通过在分组过滤路由器或防火墙上过滤规则的设置，使堡垒机成为 Internet 上其他节点所能到达的唯一节点，这确保了内部网络不受未授权外部用户的攻击。

② 屏蔽子网防火墙体系结构：堡垒机放在一个子网内，形成非军事化区，两个分组过滤路由器放在这一子网的两端，使这一子网与 Internet 及内部网络分离。在屏蔽子网防火墙体系结构中，堡垒主机和分组过滤路由器共同构成了整个防火墙的安全基础。

3. 防火墙与操作系统

防火墙应该建立在安全的操作系统之上，而安全的操作系统是指对操作系统的安全加固和改造，从现有的诸多产品看，对操作系统内核的安全加固与改造主要从以下几方面进行。

（1）取消危险的系统调用。

（2）限制命令的执行权限。

（3）取消 IP 的转发功能。

（4）检查每个分组的接口。

（5）采用随机连接序号。

（6）驻留分组过滤模块。

(7) 取消动态路由功能。

(8) 采用多个安全内核。

4. 防火墙的局限性

防火墙不是万能的，如防火墙不能防范不经过防火墙的攻击。例如，如果允许从受保护的网络内部向外拨号，一些用户就可能形成与 Internet 的直接连接。另外，防火墙很难防范来自于网络内部的攻击以及病毒的威胁。

7.5.2 数据加密技术

数据加密又称密码学，它是一门历史悠久的技术，指通过加密算法和加密密钥将明文转变为密文，而解密则是通过解密算法和解密密钥将密文恢复为明文。数据加密目前仍是计算机系统对信息进行保护的一种最可靠的办法。它利用密码技术对信息进行加密，实现信息隐蔽，从而起到保护信息的安全的作用。

1. 加密术语

如图 7-7 所示，数据加密的术语有：明文，即原始的或未加密的数据。通过加密算法对其进行加密，加密算法的输入信息为明文和密钥。密文，明文加密后的格式，是加密算法的输出信息。

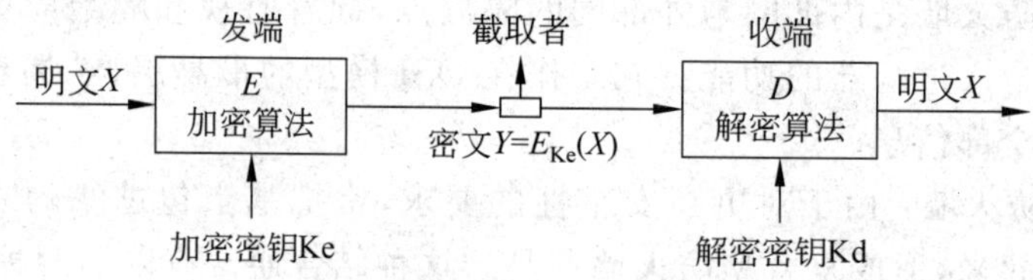

图 7-7 一般的数据加密模型

例如，采用替代密码方法，设明文 X＝GOOD，密文 Y＝HPPE，显然，明文中的字母“G”用密文中的“H”替代了，“O”用“P”替代了，“D”用“E”替代了，替代规律是将明文“GOOD”中的每一个字母按 26 个英文字母顺序 A～Z 向右移动 1 位变成了密文 HPPE。或者说，明文 X 经过右移 1 位加密运算得到了密文 Y。这里，X＝GOOD，加密算法 E＝右移，加密密钥 Ke＝1，Y＝HPPE，用数学方法表示为：$Y=E_{\mathrm{Ke}}(\mathrm{GOOD})=\mathrm{HPPE}$。显然，解密过程是加密过程的逆运算，即 $D_{\mathrm{Kd}}(Y)=X$ 或 $D_{\mathrm{Kd}}(E_{\mathrm{Ke}}(X))=X$，其中，Kd＝Ke＝1，加密密钥等于解密密钥，属对称加密体制。

2. 加密方法

(1) 替代密码

对于替代密码，每个字符都用字符表中向右移动一个固定数字的字符替代。例如，将明文字符的顺序保持不变，都左移 3 个字符，即密钥为 3。

明文 A B C D … W X Y Z

密文 D E F G … Z A B C

(2) 置换密码

置换密码是按某一规则重新排列明文中字符(或比特)的顺序。

例如，在发送方以 CHINA 在字母表中的顺序作为密钥，将明文按 5 个字符为一组写在密钥下，如：

密钥：C　H　I　N　A

顺序：2　3　4　5　1

明文：a　b　c　a　c

k　I　g　n　s

a　f　t　u　o

b　z　m　w　q

密文：csoqakabbifzcgtmanuw

两种密码均容易破译，一般作为复杂编码过程中的中间步骤。

(3) 数据加密标准

替代密码和置换密码两种方法的任意一种单独使用都是不够安全的，但是将这两种方法结合起来就能提供相当高的安全程度。数据加密标准(data encryption standard, DES)就采用了这种结合算法，它由 IBM 制定，并在 1977 年成为美国官方加密标准。

DES 的工作原理为：将明文分割成许多 64 位大小的块，每个块用 64 位密钥进行加密；实际上，密钥由 56 位数据位和 8 位奇偶校验位组成，因此只有 56 个可能的密码而不是 64 个。每块先用初始置换方法进行加密，再连续进行 16 次复杂的替换，最后再对其施用初始置换的逆。第 i 步的替换并不是直接利用原始的密钥 K，而是由 K 与 i 计算出的密钥 Ki。DES 具有这样的特性，其解密算法与加密算法相同，除了密钥 Ki 的施加顺序相反以外。

(4) 国际数据加密算法

国际数据加密算法(international data encryption algorithm, IDEA)是在 DES 算法的基础上发展起来的，在常规密钥密码体制中最为著名。IDEA 采用 128 比特密钥，因而更加不容易被攻破。

类似于 DES，IDEA 也是先将明文划分成一个个 64 比特长的数据分组，然后经过 8 次迭代和一次变换，得到 64 比特密文。对于每一次迭代，每一个输出比特都与每一个输入比特有关。

对于 128 比特长的密钥，密钥总数为 $2^{128}=3.4\times10^{38}$。采用穷举法，即按顺序从密钥空间取一个密钥，看能否将密文变成明文，如果不能，再试下一个。

以平均将密钥空间的一半进行搜索就可以找到密钥计算，若每微秒搜索 100 万次，则破译时间为 5.4×10^{18} 年。显然 128 比特的密钥是安全的。

(5) 公开密钥密码体制

公开密钥密码体制是指加密密钥(即公开密钥)PK 公开的，加密算法 E 和解密算法 D 也都是公开的，而解密密钥(即秘密密钥)SK 是保密的。虽然 SK 是由 PK 决定的，但却不能根据 PK 计算出 SK，即不能逆向推出。公开密钥算法的特点：

加密密钥 PK 对明文 X 加密后，再用解密密钥 SK 解密即得明文，即 $D_{SK}(E_{PK}(X))=X$。而且，加密和解密的运算可以对调，即 $E_{PK}(D_{SK}(X))=X$；加密密钥不能用来解密，即 $D_{PK}(E_{SK}(X))\neq X$。

在计算机上可以很容易地产生成对的 PK 和 SK，但从已知的 PK 不可能推导出 SK。

公开密钥密码体制在数字签名、认证等方面有着广泛的应用。

3. 加密技术

数据加密技术与防火墙配合使用是为提高信息系统及数据的安全性和保密性，防止秘密数据被外部剖析所采用的主要技术手段之一。随着信息技术的发展，网络安全与信息保密日益引起人们的关注。目前各国除了从法律上、管理上加强数据的安全保护外，从技术上分别在软件和硬件两方面采取措施，推动着数据加密技术和物理防范技术的不断发展。按作用不同，数据加密技术主要分为数据传输、数据存储、数据完整性的鉴别以及密钥管理技术四种。

(1) 数据传输加密技术

目的是对传输中的数据流加密，常用的方针有线路加密和端-端加密两种。前者侧重在线路上而不考虑信源与信宿，是对保密信息通过各线路采用不同的加密密钥提供安全保护。后者则指信息由发送端自动加密，并进入 TCP/IP 数据包回封，然后作为不可阅读和不可识别的数据穿过互联网，当这些信息一旦到达目的地，将被自动重组、解密，成为可读数据。

(2) 数据存储加密技术

目的是防止在存储环节上的数据失密，可分为密文存储和存取控制两种。前者一般是通过加密算法转换、附加密码、加密模块等方法实现；后者则是对用户资格、权限加以审查和限制，防止非法用户存取数据或合法用户越权存取数据。

(3) 数据完整性鉴别技术

目的是对介入信息的传送、存取、处理的人的身份和相关数据内容进行验证，达到保密的要求，一般包括口令、密钥、身份、数据等项的鉴别，系统通过对比验证对象输入的特征值是否符合预先设定的参数，实现对数据的安全保护。

(4) 密钥管理技术

为了数据使用的方便，数据加密在许多场合集中表现为密钥的应用，因此密钥往往是保密与窃密的主要对象。密钥的媒体有：磁卡、磁带、磁盘、半导体存储器等。密钥的管理技术包括密钥的产生、分配保存、更换与销毁等各环节上的保密措施。

7.5.3 PKI/CA 技术

PKI(public key infrastructure)指的是公钥基础设施。CA(certificate authority)指的是认证中心。PKI 从技术上解决了网络通信安全的种种障碍。CA 从运营、管理、规范、法律、人员等多个角度来解决了网络信任问题。由此，人们统称为“PKI/CA”。从总体构架来看，PKI/CA 主要由最终用户、认证中心和注册机构来组成。PKI/CA 的工作原理就是通过发放和维护数字证书来建立一套信任网络，在同一信任网络中的用户通过申请到的数字证书来完成身份认证和安全处理。

1. PKI/CA 术语

(1) 数字证书。数字证书就像日常生活中的身份证、驾驶证，在你需要表明身份的时候，必须出示证件来明确身份。

(2) 认证中心(CA)。一个认证中心是以它为信任源，由它维护一定范围的信任体系，在该信任体系中的所有用户、服务器，都被发放一张数字证书来证明其身份已经被鉴定过，并为其发放一张数字证书，每次在进行交易的时候，通过互相检查对方的数字证书即可判别是否是本信任域中的可信体。

(3) 注册机构。注册中心负责审核证书申请者的真实身份，在审核通过后，负责将用户信息通过网络上传到认证中心，由认证中心负责最后的制证处理。证书的吊销、更新也需要由注册机构来提交给认证中心做处理。总体来说，认证中心是面向各注册中心的，而注册中心是面向最终用户的，注册机构是用户与认证中心的中间渠道。

2. 数字签名

数据加密可以防止第三方获得真实数据。但是，这并没有解决通信双方有可能由于社会原因引起的纠纷：

(1) 否认：发送者事后不承认已发送过的文件。

(2) 伪造：接收者伪造一份来自发送者的文件。

(3) 篡改：接收者私自修改接收到的文件。

(4) 冒充：网络中某一用户冒充发送者或接收者。

数字签名(digital signature)是一种信息认证技术，它利用数据加密技术、数据变换技术，根据某种协议来产生一个反映被签署文件的特征和签署人特征，以保证文件的真实性和有效性的数字技术，同时也可用来核实接收者是否有伪造、篡改行为。

数据签名目的是反拒认，因而必须做到发送者对报文的签名，接收者能够核实，而发送者事后不能抵赖；接收者不能伪造对报文的签名。

数据签名的主要方法有：基于公开密钥的数字签名、基于秘密密钥的数字签名、报文鉴别。我们只介绍第一种基于公开密钥的数字签名。

签名过程：发送者 A 用其秘密解密密钥 SK_A 和解密算法 D 对报文 X 运算，将结果 $D_{SKA}(X)$传给接收者 B。B 用已知的 A 的公开加密密钥 PK_A 和加密算法 E 得出 $E_{PKA}(D_{SKA}(X))=X$。由于 A 的解密密钥 SK_A 只有 A 知道，所以除 A 外无人能产生密文 $D_{SKA}(X)$。这样，报文就被 A 签名了。

鉴别过程：假设 A 要抵赖曾发报文 X 给 B，B 可将 X 及 $D_{SKA}(X)$出示给第三方(法院等)。第三方很容易用 PK_A 去证实 A 确实发 X 给 B。反之，若是 B 将 X 伪造成 X'，则 B 不敢在第三方前出示 $D_{SKA}(X')$。这样就证明了 B 伪造了报文。

由过程可知，实现数字签名也同时实现了对报文来源的鉴别。但是，对传送的报文 X 本身却未保密。

为了同时实现数字签名和秘密通信，可以采用图 7-8 所示的方法。

因为，凡知道发送者身份的人，通过查阅手册便可获得发送者的公开密钥 P_{KA}，只要截到密文 $D_{SKA}(X)$，就能够理解电文内容。

3. PKI/CA 的作用

以数字证书为核心的 PKI/CA 技术可以对网络上传输的信息进行加密和解密、数字签名和签名验证，从而保证信息除发送方和接收方外不被其他人窃取；信息在传输过程中不被篡改；发送方能够通过数字证书来确认接收方的身份；发送方对于自己的信息不能抵赖。PKI/CA 解决方案已经普遍地应用于全球范围的电子商务中，为电子商务保驾护航，

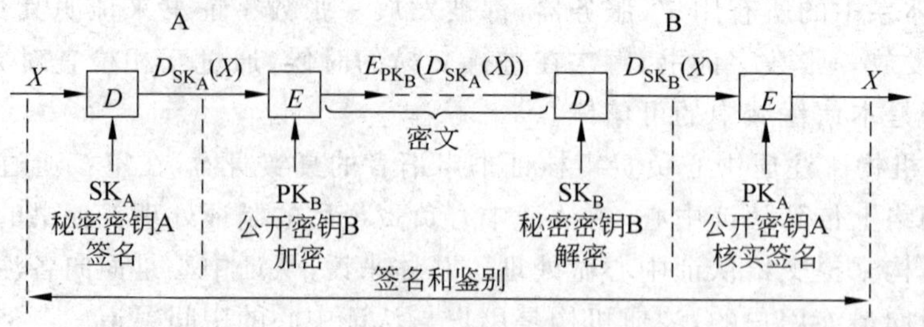

图 7-8 数字签名的加密传输

为电子商务的健康开展扫清了障碍。

7.5.4 隔离技术

隔离器有两种：物理隔离器和逻辑隔离器。

1. 物理隔离器

物理隔离器是一种不同网络间的隔离部件，通过物理隔离的方式使两个网络在物理连线上完全隔离，且没有任何公用的存储信息，保证计算机的数据在网际间不被重用。一般采用电源切换的手段，使得所隔离的区域始终处在互不同时通电的状态下（对硬盘、软驱、光驱，也可通过在物理上控制 IDE 线实现）。被隔离的两端永远无法通过隔离部件交换信息。

2. 逻辑隔离器

逻辑隔离器也是一种不同网络间的隔离部件，被隔离的两端仍然存在物理上有数据通道连接，但通过技术手段保证被隔离的两端无法可视，即逻辑上隔离。一般使用协议转换、数据格式剥离和数据流控制的方法，在两个逻辑隔离区域中传输数据。并且传输的方向是可控状态下的单向，不能在两个网络之间直接进行数据交换。

7.5.5 其他技术

1. VPN 技术

VPN 即虚拟专用网，是在一个公用网络（通常是因特网）建立一个临时的、安全的连接，是一条穿过混乱的公用网络的安全、稳定的隧道。通常，VPN 是对企业内部网的扩展，通过它可以帮助远程用户、公司分支机构、商业伙伴及供应商同公司的内部网建立可信的安全连接，并保证数据的安全传输。VPN 可用于不断增长的移动用户的全球因特网接入，以实现安全连接；可用于实现企业网站之间安全通信的虚拟专用线路，用于经济有效地连接到商业伙伴和用户的安全外联虚拟专用网。

VPN 架构中采用了多种安全机制，如隧道技术（tunneling）、加解密技术（encryption）、密钥管理技术、身份认证技术（authentication）等，通过上述的各项网络安全技术，确保资料在公众网络中传输时不被窃取，或是即使被窃取了，对方亦无法读取数据包内所传送的信息。

2. 智能卡技术

与数据加密技术紧密相关的另一项技术则是智能卡技术。所谓智能卡就是密钥的一种媒体，一般就像信用卡一样，由授权用户所持有并由该用户赋予它一个口令或密码字。该密码与内部网络服务器上注册的密码一致。当口令与身份特征共同使用时，智能卡的保密性能还是相当有效的。

3. 网络地址转换技术(NAT)

网络地址转换器也称为地址共享器(address sharer)或地址映射器，设计它的初衷是为了解决 IP 地址不足，现多用于网络安全。内部主机向外部主机连接时，使用同一个 IP 地址；相反地，外部主机要向内部主机连接时，必须通过网关映射到内部主机上。它使外部网络看不到内部网络，从而隐藏内部网络，达到保密作用，使系统的安全性提高。

4. 操作系统安全内核技术

除了在传统网络安全技术上着手，人们开始在操作系统的层次上考虑网络安全性，尝试把系统内核中可能引起安全性问题的部分从内核中剔除出去，从而使系统更安全。操作系统平台的安全措施包括：采用安全性较高的操作系统；对操作系统的安全配置；利用安全扫描系统检查操作系统的漏洞等。

美国国防部(DOD)技术标准把操作系统的安全等级分成了 D1、C1、C2、B1、B2、B3、A 级，其安全等级由低到高。目前主要的操作系统的安全等级都是 C2 级(例如，UNIX、Windows NT)，其特征包括：

(1) 用户必须通过用户注册名和口令让系统识别。

(2) 系统可以根据用户注册名决定用户访问资源的权限。

(3) 系统可以对系统中发生的每一件事进行审核和记录。

(4) 可以创建其他具有系统管理权限的用户。

B1 级操作系统除上述机制外，还不允许文件的拥有者改变其许可权限。

B2 级操作系统要求计算机系统中所有对象都加标签，且给设备(如磁盘、磁带或终端)分配单个或多个安全级别。

5. 入侵检测技术

入侵检测是防火墙的合理补充，帮助系统对付网络攻击，扩展了系统管理员的安全管理能力(包括安全审计、监视、进攻识别和响应)，提高了信息安全基础结构的完整性。它从计算机网络系统中的若干关键点收集信息，并分析这些信息，看看网络中是否有违反安全策略的行为和遭到袭击的迹象。入侵检测被认为是防火墙之后的第二道安全闸门，在不影响网络性能的情况下能对网络进行监测，从而提供对内部攻击、外部攻击和误操作的实时保护。这些都通过它执行以下任务来实现。

(1) 监视、分析用户及系统活动。

(2) 系统构造和弱点的审计。

(3) 识别反映已知进攻的活动模式并向相关人士报警。

(4) 异常行为模式的统计分析。

(5) 评估重要系统和数据文件的完整性。

(6) 操作系统的审计跟踪管理，并识别用户违反安全策略的行为。

对一个成功的入侵检测系统来讲，它不但可使系统管理员时刻了解网络系统(包括程序、文件和硬件设备等)的任何变更，还能给网络安全策略的制订提供指南。更为重要的是，它易于管理、配置简单，从而使非专业人员非常容易地获得网络安全。而且，入侵检测的规模还应根据网络威胁、系统构造和安全需求的改变而改变。入侵检测系统在发现入侵后，会及时作出响应，包括切断网络连接、记录事件和报警等。

通常，入侵检测系统按其输入数据的来源分为三种：基于主机的入侵检测系统，其输入数据来源于系统的审计日志，一般只能检测该主机上发生的入侵；基于网络的入侵检测系统，其输入数据来源于网络的信息流，能够检测该网段上发生的网络入侵；分布式入侵检测系统，能够同时分析来自主机系统审计日志和网络数据流的入侵检测系统，系统由多个部件组成，采用分布式结构。

6. 安全漏洞扫描技术

漏洞扫描器是一种自动检测远程或本地主机安全性弱点的程序。通过使用漏洞扫描器，系统管理员能够发现所维护的 Web 服务器的各种 TCP 端口的分配、提供的服务、Web 服务软件版本和这些服务及软件呈现在 Internet 上的安全漏洞。从而在计算机网络系统安全保卫战中做到“有的放矢”，及时修补漏洞，构筑坚固的安全长城。

一般可以将漏洞扫描器分为两种类型：主机漏洞扫描器(host scanner)和网络漏洞扫描器(network scanner)。

(1) 网络漏洞扫描器

网络漏洞扫描器是指基于 Internet 远程检测目标网络和主机系统漏洞的程序，如提供网络服务、后门程序、密码破解和阻断服务等的扫描测试。

(2) 主机漏洞扫描器

主机漏洞扫描器是指针对操作系统内部进行的扫描，如 UNIX、Windows NT、Liunx 系统日志文件分析，可以弥补网络型安全漏洞扫描器只从外面通过网络检查系统安全的不足。

除了上述两大类扫描器外，还有一种专门针对数据库作安全漏洞检查的扫描器，主要功能为找出不良的密码设定、过期密码设定、侦测登入攻击行为、关闭久未使用的账户，而且能追踪登入期间的限制活动等，数据库的安全扫描也是信息安全很重要的一环。

7.6 信息安全管理标准

7.6.1 英国 BS7799 标准

1. BS7799 简介

BS7799 标准是由英国标准协会(BSI)制定的信息安全管理标准，是目前国际上具有代表性的信息安全管理体系标准，标准包括如下两部分：BS7799—1：1999《信息安全管理实施细则》和 BS7799—2：1999《信息安全管理体系规范》。

BS7799—1：1999《信息安全管理实施细则》是组织建立并实施信息安全管理体系的一个指导性的准则，主要为组织制定其信息安全策略和进行有效的信息安全控制提供的一个大众化的最佳惯例。虽然，实施细则中的指南内容尽可能趋于全面，并提供一套国际现行安全控制的最佳惯例，但是，实施细则中所提供的控制方法并非对每个组织都是充分的，也不是对每个组织都是缺一不可的，它没有考虑实际信息系统在环境和技术上的限制因素，标准假设条款的实施是由具有合适资格和经验的人来承担或指导的。

BS7799—2：1999《信息安全管理体系规范》规定了建立、实施和文件化信息安全管理体系（ISMS）的要求，规定了根据独立组织的需要应实施安全控制的要求。即本标准适用以下场合。

（1）组织按照本标准要求建立并实施信息安全管理体系，进行有效的信息安全风险管理，确保商务可持续性发展。

（2）作为寻求信息安全管理体系第三方认证的标准。

BS7799 标准第二部分明确提出安全控制要求，标准第一部分对应给出了通用的控制方法（措施），因此可以说，标准第一部分为第二部分的具体实施提供了指南。但标准中的控制目标、控制方式的要求并非信息安全管理的全部，组织可以根据需要考虑另外的控制目标和控制方式。

其中 BS7799—1：1999 于 2000 年 12 月通过国际标准化组织（ISO）认可，正式成为国际标准，即 ISO/IEC17799：2000《信息技术-信息安全管理实施细则》。

2. 建立信息安全管理体系的意义

组织可以参照信息安全管理模型，按照先进的信息安全管理标准 BS7799 建立组织完整的信息安全管理体系并实施与保持，达到动态的、系统的、全员参与、制度化的、以预防为主的信息安全管理方式，用最低的成本达到可接受的信息安全水平，从根本上保证业务的连续性。

组织建立、实施与保持信息安全管理体系将会产生如下作用。

（1）强化员工的信息安全意识，规范组织信息安全行为。

（2）对组织的关键信息资产进行全面系统的保护，维持竞争优势。

（3）在信息系统受到侵袭时，确保业务持续开展并将损失降到最低程度。

（4）使组织的生意伙伴和客户对组织充满信心。

（5）如果通过体系认证，表明体系符合标准，证明组织有能力保障重要信息，提高组织的知名度与信任度。

（6）促使管理层坚持贯彻信息安全保障体系。

3. 实施信息安全管理体系的步骤

信息安全管理体系（ISMS）是一个系统化、程序化和文件化的管理体系，属于风险管理的范畴，体系的建立基于系统、全面、科学的安全风险评估。ISMS 体现预防控制为主的思想，强调遵守国家有关信息安全的法律法规及其他合作方要求，强调全过程和动态控制，本着控制费用与风险平衡的原则合理选择安全控制方式保护组织所拥有的关键信息资产，确保信息的保密性、完整性和可用性，保持组织的竞争优势和商务运作的持续性。

组织内部成功实施信息安全管理的关键因素为：

（1）反映商务目标的安全方针、目标和活动。

（2）与组织文化一致的实施安全的方法。

（3）来自管理层的有形支持和承诺。

（4）对安全要求、风险评估和风险管理的良好理解。

(5) 向所有管理者及雇员推行安全意识。

(6) 向所有雇员和承包商分发有关信息安全方针和标准的导则。

(7) 提供适当的培训和教育。

(8) 用于评价信息安全管理绩效及反馈改进建议的综合平衡的测量系统。

不同的组织在建立与完善信息安全管理体系时，可根据自己的特点和具体情况，采取不同的步骤和方法。但总体来说，建立信息安全管理体系一般要经过下列四个基本步骤。

(1) 信息安全管理体系策划与准备。

(2) 信息安全管理体系文件编制。

(3) 信息安全管理体系运行。

(4) 信息安全管理体系审核与评审。

如果考虑认证过程其详细的步骤如下。

(1) 现场诊断。

(2) 确定信息安全管理体系方针、目标和范围。

(3) 对管理层进行信息安全管理体系基本知识培训。

(4) 信息安全体系内部审核员培训。

(5) 建立信息安全管理组织机构。

(6) 信息资产分类。

(7) 风险评估。

(8) 选择确定风险控制手段。

(9) 制定信息安全方针手册。

(10) 制定各类控制程序。

(11) 制定适用性声明。

(12) 制订商业可持续性发展计划。

(13) 审核文件、发布实施。

(14) 体系运行。

(15) 内部审核。

(16) 外部审核初访。

(17) 外部正式审核。

(18) 颁发证书。

(19) 体系持续运行。

7.6.2 信息安全国际标准的发展情况

早在1967年10月，美国国防科学委员会就成立了一个任务组，解决远程访问资源共享计算机系统中的机密信息的安全保护问题。该任务组的报告导致美国国防部(DOD)及国家标准和技术研究所发起了一系列行动，以确定建立和评估安全的计算机系统所要解决的各种问题。1977年，美国国家标准局(NBS)公布了国家数据加密标准(DES)。1983年，美国国防部正式公布了DOD5200.28－STD《可信计算机系统评估准则》(TCSEC，也称橘皮书)，是大家公认的第一个计算机系统安全评估标准。1991年，欧洲四国(英、法、德、荷)提出了评价满足保密性、完整性、可用性要求的信息技术安全评价准则(ITSEC)。1993年,加拿大发布了加拿大可信计算机产品评价准则(CTCPEC);同年,美国在对TCSEC进行修改补充并吸收ITSEC优点的基础上,发布了信息技术安全评价联邦准则(FC)。1993年6月,美国又联合以上诸国并会同国际标准化组织(ISO)共同提出信息技术安全评价的通用准则(CC),到1999年10月(CC V2.1版发布)发展成为国际标准。

1. 可信计算机系统评估准则(TCSEC)

TCSEC作为军用标准,提出了美国在军用信息技术安全性方面的要求,后来延伸至民用领域。TCSEC中涉及两套访问控制政策和机制。一个是强制访问控制(MAC),另一个是自主访问控制(DAC)。强制访问控制是指授权不受一般用户的支配,而是系统按照安全政策的要求强加的一种访问控制;自主访问控制是根据主体的身份来限制对客体的访问。TCSEC中给出了6个基本的计算机安全要求,分别归属在政策(policy)、责任可查性(accountability)和保障(assurance)三个方面。TCSEC将计算机系统的安全划分为4类,从低到高分别为D、C、B、A,类下分为D1、C1、C2、B1、B2、B3、A1等7个安全级别。

D类安全等级:D类安全等级为最小保护等级,只包括D1一个级别,安全等级最低。D1系统只为文件和用户提供安全保护。D1系统最普通的形式是本地操作系统,或者是一个安全没有保护的网络。

C类安全等级:C类安全等级划分为C1和C2两类,能够提供审慎的保护,并为用户的行动和责任提供审计能力,属自主保护等级。C1系统的可信任运算基础体制通过将用户和数据分开来达到安全的目的,C1系统中的所有文档都具有相同的机密性。C2系统比C1系统加强了可调的审慎控制,通过登录过程、安全事件和资源隔离来增强这种控制。在连接到网络上时,C2系统的用户分别对各自的行为负责。C2较C1要求更严,具有C1系统中所有的安全特征。

B类安全等级:B类安全等级分为B1、B2和B3三类,具有强制性保护功能。B1系统满足:系统对网络控制下的每个对象都进行灵敏度标记;系统使用灵敏度标记作为所有强迫访问控制的基础;系统在把导入的非标记的对象放入系统前标记它们;灵敏度标记必须准确地表示其所联系的对象的安全级别;当系统管理员创建系统或者增加新的通信通道或I/O设备时,管理员必须指定每个通信通道和I/O设备是单级还是多级,并且管理员只能手工改变指定;单级设备并不保持传输信息的灵敏度级别;所有直接面向用户位置的输出都必须产生标记来指示关于输出对象的灵敏度;系统必须使用用户的口令或证明来决定用户的安全访问级别;系统必须通过审计来记录未授权访问的企图。

B2系统除必须满足B1系统的所有要求外,B2系统的管理员必须使用一个明确的、文档化的安全策略模式作为系统的可信任运算基础体制。B2系统必须满足:系统必须立即通知系统中的每一个用户所有与之相关的网络连接的改变;只有用户能够在可信任通信路径中进行初始化通信;可信任运算基础体制能够支持独立的操作者和管理员。

B3系统设有安全管理员,具有很强的监视委托管理访问能力和抗干扰能力,符合

B2 系统的所有安全需求。B3 系统满足以下要求：除了控制对个别对象的访问外，必须产生一个可读的安全列表；每个被命名的对象提供对该对象没有访问权的用户列表说明；B3 系统在进行任何操作前，要求用户进行身份验证，同时还会发送一个取消访问的审计跟踪消息；设计者必须正确区分可信任的通信路径和其他路径；可信任的通信基础体制为每一个被命名的对象建立安全审计跟踪；可信任的运算基础体制支持独立的安全管理。

A 类安全等级：A 系统的安全级别最高，只包含 A1 一个安全类别，属于验证保护级。A1 的显著特征是，系统的设计者必须按照一个正式的设计规范来分析系统，然后运用核对技术来确保系统符合设计规范。A1 系统必须满足：系统管理员必须从开发者那里接收到一个安全策略的正式模型；所有的安装操作都必须由系统管理员进行；系统管理员进行的每一步安装操作都必须有正式文档。

后来，为适应信息技术的发展，TCSEC 又陆续颁布了一系列的解释性文件，如"可信网络解释"(TNI)、"可信数据库解释"(TDI)和计算机安全子系统解释(CSSI)。

2. 技术安全性评估准则(ITSEC)

受 TCSEC 的影响和信息技术发展的需要，20 世纪 80 年代后期，一些欧洲国家纷纷开始开发自己的评估准则，法国、德国、荷兰和英国等很快就开始联合行动，并于 1991 年提出欧共体的 ITSEC。ITSEC 作为多国安全评估标准的综合产物，适用于军队、政府和商业部门。它以超越 TCSEC 为目的，将安全性要求分为"功能"和"保证"两部分。其中，"功能"是指为满足安全需求而采取的一系列技术安全措施，如访问控制、审计、鉴别、数字签名等；"保证"指确保"功能"正确实现及其有效性的安全措施。在 ITSEC 中还首次提出"安全目标"(ST)的概念，包括被评估产品或系统安全功能的具体规定及其使用环境的描述。

功能要求在测定上分 F1～F10 共 10 级，1～5 级对应于 TCSEC 的 D 到 A，6～10 级的概念为：

F6：数据和程序的完整性。

F7：系统可用性。

F8：数据通信完整性。

F9：数据通信保密性。

F10：包括机密性和完整性的网络安全。

"保证"要求分为 6 级，分别是测试(E1)、配置控制和可控交付(E2)、能访问详细设计和源码(E3)、详细的脆弱性分析(E4)、设计与源码明显对应(E5)、设计与源码在形式上一致(E6)。

3. 加拿大可信计算机产品评估准则(CTCPEC)

CTCPEC 1.0 版于 1989 年公布，1993 年公布了 3.0 版。作为 ITSEC 和 TCSEC 的结合，它综合了 ITSEC 和 TCSEC 两个准则的优点，将安全分为功能性要求和保证性要求两部分，专为政府需求而设计。功能性要求分为机密性、完整性、可用性、可控性四个大类。在每种安全要求下按程度不同分为 0～5 级以表示安全性上的差别。

4. 信息技术安全联邦准则(FC)

在20世纪90年代初,美国NSA和NIST联合起来对TCSEC作修订。首先,针对TCSEC的C2级要求提出了适用于商业组织和政府部门的最小安全功能要求(MSFR)。1992年底,美国在MSFR和加拿大CTCPEC的基础上,结合北美和欧洲有关评估准则概念,公布了FC草案1.0版。此标准引入了"保护轮廓"(PP)这一重要概念,每个保护轮廓都包括功能部分、开发保证部分和评测部分。其分级方式与TCSEC不同,充分吸取了ITSEC、CTCPEC中的优点,在美国的政府、民间和商业领域得到广泛应用。

5. 通用评估准则(CC)

1993年,美国NSA、NIST以及加拿大、英国、法国、德国和荷兰等六国七方组成CC工作组,制定国际通用的评估准则CC。1999年6月,ISO接纳CC 2.0版作为ISO/IEC15408草案,并定名为"信息技术－安全技术－IT安全性评估准则",但仍沿用CC作为其简称。1999年12月,ISO在广泛征求意见并进行一定修改后,正式颁布国际标准ISO/15408,对应的CC版本为2.1版。

通用评估准则(CC)是国际标准化组织统一现有多种准则的结果,是目前最全面的评价准则。该标准在制订过程中参照了TCSEC、FC、CTCPEC、ITSEC等其他准则,反映了信息技术安全的发展需要,是目前国际上大部分国家开始采用的标准。与TCSEC相比,CC的优点在于:它以整个信息技术为目标,将信息技术的安全评估问题纳入一个统一的准则框架;CC采用了"保护轮廓"(PP)和"安全目标"(ST)等概念,采用规范的格式使安全更易于表达;CC将安全要求分为"功能"和"保证"两部分,并允许按规范进行扩充。CC的评估等级分为EAL1、EAL2、EAL3、EAL4、EAL5、EAL6和EAL7共七个等级,每一级均需评估7个功能类,分别是配置管理、分发和操作、开发过程、指导文献、生命期的技术支持、测试和脆弱性评估。CC更适用于信息技术网络化、分布式时代的产品评估。

6. 我国信息安全保障工作的开展情况

从总体上看,我国对信息系统和信息的安全保障工作尚处于起步阶段,基础薄弱,水平不高,主要表现在:信息安全意识和安全防范能力薄弱,信息安全滞后于信息化发展;信息系统安全建设和管理的目标不明确;信息安全保障工作的重点不突出;信息安全监管体系尚待完善。

为了加强对信息系统的安全保护,我国参考美国的可信计算机系统评估准则(DoD 5200.28—STD,简称橘皮书)制定了国家强制性标准《计算机信息系统安全保护等级划分准则》(GB17859－1999),规定了安全等级保护的等级划分准则。基于计算机信息系统的可信计算机(TCB)将保护等级划为五级,通过规范、科学和公正的评定和监督管理,一是为计算机信息系统安全等级保护管理法规的制定和执法部门的监督、检查提供依据;二是为计算机信息系统安全产品的研制提供技术支持;三是为安全系统的建设和管理提供技术指导。稍后,我国有关专家又参照CC标准(ISO15408－1999)制定了《信息技术、安全技术、信息技术安全性评估准则》(GB/T18336—2001),定义了信息技术安全性评估的一般概念和原理,提出了评估的一般模型;提出一系列功能组件和保证组件,作为表达产品或系统安全功能要求和安全保证要求的标准方法。

7.7 中国信息系统安全等级保护

保障信息安全，维护国家安全、公共利益和社会稳定，坚持推进信息化建设与保障国家信息安全并重，不断提高基础信息网络和重要信息系统的安全保护水平，是当前信息化发展中迫切需要解决的重大问题。对信息系统划分安全等级、实施安全等级保护是十分重要的。

为了进一步提高信息安全的保障能力和水平，维护国家安全、公共利益和社会稳定，保障和促进信息化建设的健康发展，1994 年，国务院颁布的《计算机信息系统安全保护条例》第九条规定："计算机信息系统实行安全等级保护。安全等级的划分和安全等级保护的具体办法，由公安部会同有关部门制定。"由此拉开了我国信息系统安全等级保护的序幕。

2003 年中央办公厅、国务院办公厅转发的《国家信息化领导小组关于加强信息安全保障工作的意见》(中办发[2003]27 号)中明确提出："要重点保护基础信息网络和关系国家安全、经济命脉、社会稳定等方面的重要信息系统，抓紧建立信息安全等级保护制度，制定信息安全等级保护的管理办法和技术指南。"2004 年 9 月，公安部会同国家保密局、国家密码管理委员会和国务院信息化工作办公室，印发了《关于信息安全等级保护工作的实施意见》(公通字[2004]44 号)，进一步明确了实行信息安全等级保护制度及开展信息安全等级保护的重要意义："信息安全等级保护制度是国家在国民经济和社会信息化的发展过程中，提高信息安全保障能力和水平，维护国家安全、社会稳定和公共利益，保障和促进信息化建设健康发展的一项基本制度。"实行信息安全等级保护制度有利于提高信息系统安全建设的整体水平，提高信息安全保障能力；有利于维护国家安全和社会稳定，明确国家、法人和其他组织、公民的信息安全责任，加强信息安全管理；有利于保障和促进我国信息化建设健康发展，保障信息安全与信息化建设相协调；有利于优化信息安全资源的配置，为信息系统安全建设和管理提供系统性、针对性、可行性的指导和服务，有效控制信息安全建设成本；有利于推动信息安全产业的发展，带动信息系统安全保护产品的研制、生产和使用，促进国外先进技术和国内信息系统安全保护技术的有机融合，缩短国内安全保护技术与国外的差距，形成具有自主知识产权的信息安全产业。

2006 年 1 月，公安部等四部(局、室)联合下发了"关于印发《信息安全等级保护管理办法(试行)》的通知"，我国信息系统安全等级保护的基础工作已基本完成。2007 年，公安部等四部(局、室)又联合下发了"关于印发《信息安全等级保护管理办法》的通知"(公通字[2007]43 号)和"关于开展全国重要信息系统安全等级保护定级工作的通知"(公信安[2007]861 号)，并发布了《信息安全技术、信息系统安全等级保护定级指南》和《信息安全技术、信息系统安全等级保护基本要求》。至此，全国信息系统安全等级保护工作正式展开。

7.7.1 信息系统安全等级保护的原则

我国信息安全等级保护工作坚持"自主定级、自主保护"的原则。各信息系统运营使用单位和主管部门是信息安全等级保护的责任主体，根据所属信息系统的重要程度和遭到破坏后的危害程度，自主确定信息系统的安全保护等级。同时，按照所定等级，依照相应等级的管理规范和技术标准，建设信息安全保护设施，建立安全制度，落实安全责任，自主对信息系统进行保护。

信息安全等级保护的核心是对信息安全分等级、按标准进行建设、管理和监督，信息安全等级保护在实施过程中应遵循以下基本原则。

(1) 自主保护原则。国家、法人和其他组织、公民共同参与信息安全保护工作，按照国家相关规范和标准自主确定信息系统的安全等级，自行组织实施安全保护措施，分别承担相应的建设任务、明确具体的信息安全保护责任。

(2) 重点保护原则。根据信息系统的重要程度，集中资源重点保护涉及国家安全、经济命脉、社会稳定的基础信息网络和重要信息系统。这些系统包括：国家事务处理信息系统(党政机关办公系统)；金融、税务、海关、审计、工商、社会保障、能源、交通运输、国防工业等关系到国计民生的信息系统；教育、国家科研等单位的信息系统；公用通信、广播电视传输等基础信息网络中的信息系统；网络管理中心、重要网站中的重要信息系统和其他领域的重要信息系统。

(3) 同步建设原则。信息系统在新建、改建、扩建时应当同步建设信息安全设施，保障信息安全与信息化建设相适应。

(4) 适当调整原则。因信息和信息系统的应用类型、范围等条件的变化及其他原因，安全保护等级需要变更的，应当根据等级保护的管理规范和技术标准的要求，重新确定信息系统的安全保护等级。

7.7.2 信息系统安全等级保护的责任和义务划分

1. 国家的责任

国家通过制定统一的信息安全等级保护管理规范和技术标准，组织公民、法人和其他组织对信息系统分等级实行安全保护，对等级保护工作的实施进行监督和管理。

2. 信息安全监管部门的责任

信息安全监管部门包括公安机关、保密部门、国家密码工作部门等。信息安全监管部门代表国家制定等级保护管理规范和技术标准，组织公民、法人和其他组织对信息系统分等级实行安全保护，对等级保护工作的实施进行监督和管理。

公安机关负责信息安全等级保护工作的监督、检查和指导。国家保密工作部门负责等级保护工作中有关保密工作的监督、检查和指导。国家密码管理部门负责等级保护工作中有关密码工作的监督、检查和指导。涉及其他职能部门管辖范围的事项，由有关职能部门依照国家法律法规的规定进行管理。国务院信息化工作办公室及地方信息化领导小组办事机构负责等级保护工作的部门间协调。

在信息安全等级保护工作中，坚持“分工负责、密切配合”的原则。公安机关牵头，负责全面工作的监督、检查和指导，国家保密工作部门、国家密码管理部门配合，国务院信息化工作办公室及地方信息化领导小组办事机构协调。但涉及国家秘密的信息系统，主要由国家保密工作部门负责，其他部门参与、配合。

3. 信息系统主管部门、运营单位的责任

信息系统主管部门应当依照《信息安全等级保护管理办法》及相关标准规范，督促、检查、指导本行业、本部门或者本地区信息系统运营、使用单位的信息安全等级保护工作。

信息系统的运营、使用单位应当依照《信息安全等级保护管理办法》及其相关标准规范，履行信息安全等级保护的义务和责任。

在等级保护工作中，信息系统运营使用单位和主管部门按照"谁主管谁负责，谁运营谁负责"的原则开展工作，并接受信息安全监管部门对开展等级保护工作的监管。运营使用单位和主管部门是信息系统安全的第一责任人，对所属信息系统安全负有直接责任；公安、保密、密码部门对运营使用单位和主管部门开展等级保护工作进行监督、检查和指导，对重要信息系统安全负监管责任。由于重要信息系统的安全运行不仅影响本行业、本单位的生产和工作秩序，也会影响国家安全、社会稳定、公共利益，因此，国家必然要对重要信息系统的安全进行监管。

4. 公民、法人和其他组织的义务

公民、法人和其他组织应当按照国家有关等级保护的管理规范和技术标准开展等级保护工作，服从国家对信息安全等级保护工作的监督和指导，保障信息系统安全。信息安全产品的研制、生产单位，信息系统的集成、等级测评、风险评估等安全服务机构，依据国家有关管理规定和技术标准，开展相应工作，并接受国家信息安全职能部门的监督管理。

7.7.3 信息系统安全等级保护的组织保障

依据上述责任和义务划分，设计信息系统安全等级保护的组织结构，如图 7-9 所示，包括：

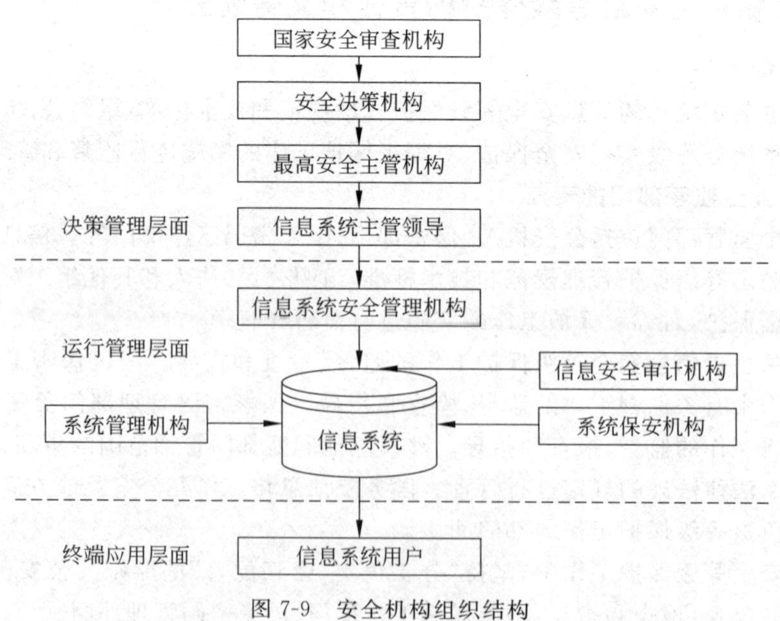

图 7-9 安全机构组织结构

(1) 安全审查机构。负责重要部门所应用的保密部件的密码编码的审查。

(2) 安全决策机构。确定安全措施实施的方针和政策。

(3) 最高安全主管机构。负责制定安全策略和安全原则。

(4) 信息系统主管领导。制定保密策略,协调安全管理,监督检查安全措施的执行情况。

(5) 信息安全审计机构。监视系统的运行情况,收集对系统资源的各种非法访问事件并记录分析处理。

(6) 安全管理人员。主要由安全管理机构负责人、安全管理员、安全审计员、保安员和系统管理员等组成。

7.7.4 信息系统安全保护等级划分

根据等级保护相关管理文件,信息系统的安全保护等级分为以下五级。

(1) 第一级。信息系统受到破坏后,会对公民、法人和其他组织的权益造成损害,但不损害国家安全、社会秩序和公共利益。这一级适用于一般的信息系统,由信息系统的运营、使用单位依据国家有关管理规范和技术标准进行保护。

(2) 第二级。信息系统受到破坏后,会对公民、法人和其他组织的合法权益产生严重损害,或者对社会秩序和公共利益造成损害,但不损害国家安全。适用于一定程度上涉及国家安全、社会秩序、经济建设和公共利益的一般信息系统,运营、使用单位应当依据国家有关管理规范和技术标准进行保护,国家信息安全监管部门对该级信息系统安全等级保护工作进行指导。

(3) 第三级。信息系统受到破坏后,会对社会秩序和公共利益造成严重损害,或者对国家安全造成损害。这一级适用于涉及国家安全、社会秩序、经济建设和公共利益的信息系统,运营、使用单位应当依据国家有关管理规范和技术标准进行保护,国家信息安全监管跨部门对该级信息系统信息安全等级保护工作进行监督和检查。

(4) 第四级。信息系统受到破坏后,会对社会秩序和公共利益造成特别严重损害,或者对国家安全造成严重损害。这一级适用于涉及国家安全、社会秩序、经济建设和公共利益的重要信息系统,运营、使用单位应当依据国家有关管理规范、技术标准和业务专门需求进行保护。国家信息安全监管部门对该级信息系统信息安全等级保护工作进行强制监督和检查。

(5) 第五级。信息系统受到破坏后,会对国家安全造成特别严重损害。这一级适用于涉及国家安全、社会秩序、经济建设和公共利益的重要信息系统的核心系统,运营、使用单位应当依据国家管理规范、技术标准和业务特殊安全需求进行保护,国家指定专门部门对该级信息系统信息安全等级保护工作进行专门监督和检查。

7.7.5 信息系统安全等级保护工作的实施步骤

对一个信息系统实施等级保护的过程中涉及的活动很多,很多活动需要重复执行以保证安全保护的有效性。在实施信息安全等级保护时,重在落实三项工作:对信息系统的分类,选择适当安全强度等级的安全措施;根据确定的信息系统安全保护等级的要求,对系统进行规划、设计和建设;评估信息系统的安全措施是否满足安全等级保护的要求,在此基础上判断是否允许信息系统投入运行。信息系统安全保护是一个不断循环和不断提高的过程，可以从系统定级、规划设计、系统建设、系统整改、运维管理、系统终止等信息系统的一个生命周期来确定等级保护实施的过程，如图 7-10 所示。

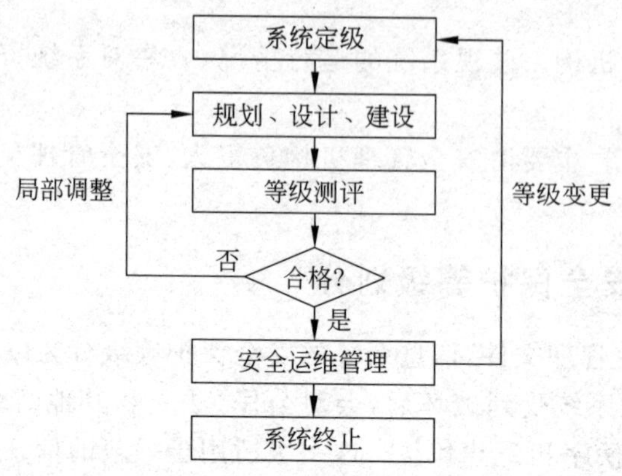

图 7-10　信息系统安全等级保护实施的基本过程

(1) 信息系统定级阶段。通过对信息系统调查分析，进行信息系统划分，确定其相对独立的信息系统的个数，确定定级对象，选择合适的定级方法，科学、准确地确定每个信息系统的安全等级。

(2) 安全规划、设计、建设阶段。通过安全需求分析判断信息系统的安全保护现状与国家等级保护基本要求之间的差距，确定安全需求，设计合理的、满足等级保护要求的总体安全方案，并制定出安全实施规划。然后通过安全方案的详细设计、安全产品的采购、安全控制的开发、安全控制的集成、机构和人员的配置、安全管理制度的建设、人员的安全技能培训等环节，按照《信息安全技术、信息系统安全工程管理要求》(GB/T 20282－2006)，完成信息系统安全的建设工作。

(3) 等级测评。根据等级保护的管理规范和技术标准要求对完成建设的信息系统进行测评，评估信息系统所采用的安全保护措施是否符合相应等级的安全保护的要求，确定信息系统是否需要就安全等级保护工作进行整改，从而得出能否投入运行或能否继续运行的结论。

(4) 安全运维管理阶段。对系统的运行进行管理和控制，对安全状态进行监控，对发生的安全事件及时响应处置，确保信息系统正常运行。通过定期的监督、检查使信息系统运营使用单位做好日常安全维护工作，通过持续改进等活动过程实现对信息系统的动态保护，确保系统满足相应等级的安全要求，达到相应等级的安全保护能力。

(5) 系统终止阶段。是对信息的过时或无用部分进行报废处理的过程，主要涉及对信息、设备、存储介质或整个信息系统的废弃处理。系统终止阶段的主要活动可能包括对信息的转移、暂存或清除，对设备迁移或废弃，对存储介质的清除或销毁；系统终止当要迁移或废弃系统组件时，核心关注点是防止敏感信息的泄露。

等级保护工作贯穿信息系统生命周期的各个阶段，等级保护的实施又分为针对新建信息系统和已建信息系统。如何对信息系统定级、如何对信息系统进行等级保护的测评是实施信息系统等级保护的两个重要方面。

7.7.6 信息系统安全保护等级级别的确定

信息系统的安全保护等级由两个定级要素决定：等级保护对象受到破坏时所侵害的客体和对客体造成侵害的程度。

等级保护对象受到破坏时所侵害的客体包括以下三个方面：公民、法人和其他组织的合法权益；社会秩序、公共利益；国家安全。

对客体的侵害程度由客观方面的不同外在表现综合决定。由于对客体的侵害是通过对等级保护对象的破坏实现的，因此，对客体的侵害外在表现为对等级保护对象的破坏，通过危害方式、危害后果和危害程度加以描述。等级保护对象受到破坏后对客体造成侵害的程度可以归结为：造成一般损害；造成严重损害；造成特别严重损害。

定级要素与信息系统安全保护等级的关系如表 7-1 所示。

表 7-1 定级要素与信息系统安全保护等级的关系表

受侵害的客体	对客体的侵害程度		
	一般损害	严重损害	特别严重损害
公民、法人和其他组织的合法权益	第一级	第二级	第二级
社会秩序、公共利益	第二级	第三级	第四级
国家安全	第三级	第四级	第五级

信息系统安全包括业务信息安全和系统服务安全，与之相关的受侵害客体和对客体的侵害程度可能不同，因此，信息系统定级也应由业务信息安全和系统服务安全两方面确定。

从业务信息安全角度考虑的信息系统安全保护等级称业务信息安全保护等级。从系统服务安全角度考虑的信息系统安全保护等级称系统服务安全保护等级。确定信息系统安全保护等级的一般流程如图 7-11 所示。

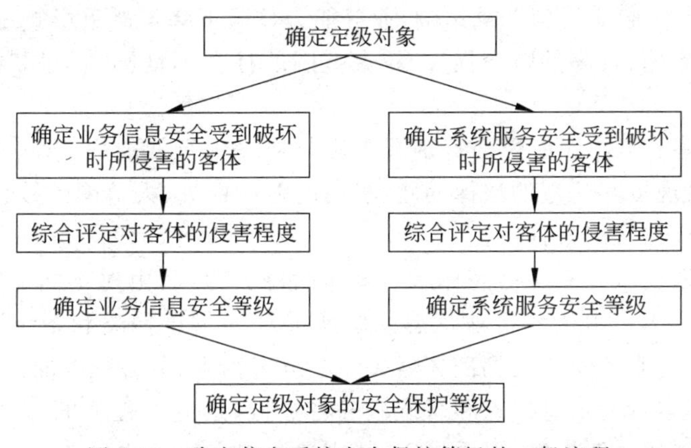

图 7-11 确定信息系统安全保护等级的一般流程

1. 确定定级对象

为了实施有效的控制，降低信息系统安全建设的成本，可将较大的信息系统划分为若干较小的可能具有不同安全保护等级的定级对象。作为定级对象的信息系统一般应具有：唯一确定的安全责任单位、信息系统的基本要素、承载单一或相对独立的业务应用等特征。

2. 确定受侵害的客体

定级对象受到破坏时所侵害的客体包括国家安全、社会秩序、公众利益以及公民、法人和其他组织的合法权益。

影响公民、法人和其他组织的合法权益是指由法律确认的并受法律保护的公民、法人和其他组织所享有的一定的社会权利和利益。

确定作为定级对象的信息系统受到破坏后所侵害的客体时，应首先判断是否侵害国家安全，然后判断是否侵害社会秩序或公众利益，最后判断是否侵害公民、法人和其他组织的合法权益。

各行业可根据本行业业务特点，分析各类信息和各类信息系统与国家安全、社会秩序、公共利益以及公民、法人和其他组织的合法权益的关系，从而确定本行业各类信息和各类信息系统受到破坏时所侵害的客体。

3. 确定对客体的侵害程度

侵害程度是客观方面的不同外在表现的综合体现，因此，应首先根据不同的受侵害客体、不同危害后果分别确定其危害程度。对不同危害后果确定其危害程度所采取的方法和所考虑的角度可能不同，例如系统服务安全被破坏导致业务能力下降的程度可以从信息系统服务覆盖的区域范围、用户人数或业务量等不同方面确定；业务信息安全被破坏导致的财物损失可以从直接的资金损失大小、间接的信息恢复费用等方面进行确定。

不同危害后果的三种危害程度描述如下。

一般损害：工作职能受到局部影响，业务能力有所降低但不影响主要功能的执行，出现较轻的法律问题，较低的财产损失，有限的社会不良影响，对其他组织和个人造成较低损害。

严重损害：工作职能受到严重影响，业务能力显著下降且严重影响主要功能执行，出现较严重的法律问题、较高的财产损失、较大范围的社会不良影响，对其他组织和个人造成较严重损害。

特别严重损害：工作职能受到特别严重影响或丧失行使能力，业务能力严重下降或功能无法执行，出现极其严重的法律问题、极高的财产损失、大范围的社会不良影响，对其他组织和个人造成非常严重损害。

信息安全和系统服务安全被破坏后对客体的侵害程度，由对不同危害结果的危害程度进行综合评定得出。由于各行业信息系统所处理的信息种类和系统服务特点各不相同，信息安全和系统服务安全受到破坏后关注的危害结果、危害程度的计算方式均可能不同，各行业可根据本行业信息特点和系统服务特点，制定危害程度的综合评定方法，并给出侵害不同客体造成一般损害、严重损害、特别严重损害的具体定义。

4. 确定定级对象的安全保护等级

在确定了业务信息安全和系统服务安全被破坏后受到侵害的客体及客体受侵害程度之后，分别根据表 7-2 和表 7-3 得到业务信息安全等级和系统服务安全等级。然后将这两方面的安全等级中的较高者确定为定级对象的安全保护等级。

表 7-2 业务信息安全保护等级矩阵表

业务信息安全被破坏时所侵害的客体	对相应客体的侵害程度		
	一般损害	严重损害	特别严重损害
公民、法人和其他组织的合法权益	第一级	第二级	第二级
社会秩序、公共利益	第二级	第三级	第四级
国家安全	第三级	第四级	第五级

表 7-3 系统服务安全保护等级矩阵表

系统服务安全被破坏时所侵害的客体	对相应客体的侵害程度		
	一般损害	严重损害	特别严重损害
公民、法人和其他组织的合法权益	第一级	第二级	第二级
社会秩序、公共利益	第二级	第三级	第四级
国家安全	第三级	第四级	第五级

此外，在信息系统的运行过程中，安全保护等级应随着信息系统所处理的信息和业务状态的变化进行适当的等级变更，尤其是当状态变化可能导致业务信息安全或系统服务受到破坏后的受侵害客体和对客体的侵害程度有较大的变化，可能影响到系统的安全保护等级时，应根据上面给出的定级方法重新定级。

7.7.7 信息系统安全保护等级的安全保护能力

安全保护能力是指系统能够抵御威胁、发现安全事件以及在系统遭到损害后能够恢复先前状态等的程度。

不同等级的信息系统应具备的基本安全保护能力如下。

第一级安全保护能力：应能够防护系统免受来自个人的、拥有很少资源的威胁源发起的恶意攻击、一般的自然灾难以及其他相当危害程度的威胁所造成的关键资源损害，在系统遭到损害后，能够恢复部分功能。

第二级安全保护能力：应能够防护系统免受来自外部小型组织的、拥有少量资源的威胁源发起的恶意攻击、一般的自然灾难以及其他相当危害程度的威胁所造成的重要资源损害，能够发现重要的安全漏洞和安全事件，在系统遭到损害后，能够在一段时间内恢复部分功能。

第三级安全保护能力：应能够在统一安全策略下防护系统免受来自外部有组织的团体、拥有较为丰富资源的威胁源发起的恶意攻击、较为严重的自然灾难以及其他相当危害程度的威胁所造成的主要资源损害，能够发现安全漏洞和安全事件，在系统遭到损害后，能够较快恢复绝大部分功能。

第四级安全保护能力：应能够在统一安全策略下防护系统免受来自国家级别的、敌对组织的、拥有丰富资源的威胁源发起的恶意攻击、严重的自然灾难以及其他相当危害程度的威胁所造成的资源损害，能够发现安全漏洞和安全事件，在系统遭到损害后，能够迅速恢复所有功能。

第五级安全保护能力：（略）。

信息系统安全等级保护应依据信息系统的安全保护等级情况保证它们具有相应等级的基本安全保护能力，不同安全保护等级的信息系统要求具有不同的安全保护能力。

基本安全要求是针对不同安全保护等级信息系统应该具有的基本安全保护能力提出的安全要求，根据实现方式的不同，基本安全要求分为基本技术要求和基本管理要求两大类。技术类安全要求与信息系统提供的技术安全机制有关，主要通过在信息系统中部署软硬件并正确配置其安全功能来实现；管理类安全要求与信息系统中各种角色参与的活动有关，主要通过控制各种角色的活动，从政策、制度、规范、流程以及记录等方面做出规定来实现。

基本技术要求从物理安全、网络安全、主机安全、应用安全和数据安全等几个层面提出；基本管理要求从安全管理制度、安全管理机构、人员安全管理、系统建设管理和系统运维管理等几个方面提出，基本技术要求和基本管理要求是确保信息系统安全不可分割的两个部分。

第8章 信息资源管理案例

前7章介绍了信息资源管理的基本理论和原理，即信息资源管理的相关概念、信息资源分布规律与管理原则、狭义信息资源管理、广义信息资源管理、信息系统管理、信息资源开发与利用方法和信息资源安全管理。本章组织5个案例将这些基本理论和原理应用于企业、商务和公共事业单位等领域，进一步对信息资源管理理论和方法加以深入解读，并帮助读者探索信息资源管理在其所在组织的应用方法，提供一些解决实际应用中可能遇到的问题的经验借鉴。

你可以从本章了解到：

1. 企业信息系统建设实践；
2. 高等学校信息资源管理；
3. 医院信息资源管理；
4. 数据挖掘应用；
5. 信息系统安全等级保护实践。

8.1 GF集团公司信息系统建设

信息技术是当代最具潜力的新生产力，信息资源已成为国民经济和社会发展的战略资源，信息化水平已成为现代化水平和综合国力的重要标志。企业信息化就是围绕提高企业经济效益和竞争力的目标，充分利用电子信息技术，不断扩大信息技术在企业经营中的应用和服务，提高信息资源的共享程度。我国经济建设要坚持以信息化带动工业化，以工业化促进信息化，走新型工业化道路。因此一个企业的信息化建设是关系企业生存与发展的大事。GF集团基于目前的管理现状，以提高经济效益为核心，实施企业信息化工程，促进各项管理工作，充分利用管理信息为经营决策服务，达到了预期效果。

8.1.1 案例背景

GF集团有限公司成立于1984年，是全国最大的塑料综合加工基地之一，国家大型一档企业，国家重点高新技术企业，中国塑料加工工业协会副理事长单位。集团主要立足于高新技术及基础设施两大产业，经营的主业有塑料产业（塑料薄膜、塑料管材、塑料建材、木塑新材料和工程材料）和非金属产业。同时，集团投资建设与综合运营国内高速公路，积极探索加工业与基础设施产业有机结合的企业发展之路。

集团公司下辖15个子公司，包括两家上市公司。公司现有职工达3 000多人，总资产达35亿元，塑料综合加工能力达35万吨，位居全国同行业前茅。主要产品通过了ISO 9001—2000质量保证体系认证。在国家权威机构历年产品抽检中，公司产品均以全优质量顺利通过。2003年实现销售收入12.93亿元,利税1.35亿元,实力雄厚,综合经济效益位居全国同行业前列。集团目前正处于跨越式发展阶段,为了进一步夯实基础,加快管理创新、技术创新,提高生产运作效率和管理决策水平,在集团范围内应用和推广信息技术,推进企业信息化,成为集团战略发展重要手段之一。

当时(案例编写时)集团处于战略发展的第二阶段,是加速发展阶段,作为一个大型的企业集团,必须走向国际化,把自身主动推向境外,引入外资。由于受到自身产品制造工艺和运输问题的制约,集团积极运作异地建厂。技术创新、管理创新、制度创新和产品资产资本运作作为公司发展的整体脉搏。公司在未来的发展中,突出"以塑为主",确定以塑料产业、非金属产业为经营主业。按照长远发展规划,第一阶段(1998—2003年)目标已经实现;第二阶段(2004—2007年)为2007年实现销售收入65亿元,塑料综合加工能力达60万吨;第三阶段(2008—2010年)为2010年实现四个100的宏伟目标:塑料综合加工能力达100万吨(其中塑料薄膜年生产能力30万吨,塑料型材和木塑新材料年生产能力30万吨,塑料管材年生产能力40万吨);非金属超细粉年产量达100万吨;资产总产量达100亿元(含高速公路);年销售收入达100亿元。主要发展目标:①塑料。为了实现2010年100万吨的生产能力的目标,需新增50万吨生产能力,其中塑料薄膜年生产能力在现有20万吨基础上新增10万吨,塑料型材和木塑新材料年生产能力在现有10万吨基础上新增20万吨,塑料管材年生产能力在现有15万吨基础上新增25万吨。②非金属。为了实现2010年100万吨的生产能力目标,在现有40万吨基础上,通过开发重质和轻质碳酸钙品种,新增60万吨。

GF集团的信息化基础水平参差不齐,总地来说还处于初级阶段,集团的管理手段大部分还处于手工状态,员工信息素养还有待进一步提高。主要体现在以下部分。

(1) 集团处于快速成长期,现代的办公设备在集团内已出现,如电脑等设备,但这些设备大多用来单机办公,在少数公司,只限于在局域网内通过共享文件的方式,在网络上简单共享。部分单位曾经尝试过Lotus OA系统,但还处于实验阶段,没有成熟和大范围应用。

(2) 集团内的少数公司,已经使用不同的信息系统,这些系统属于不同公司的产品,各系统之间的数据整合存在问题,各个系统独自工作,分管各个功能,系统间的数据通过手工处理进行共享,通过手工做出报表;部分子系统通过接口函数和中间文件,进行数据交换,但还是要通过人工交接数据。

(3) 集团内部子公司中,基本上都有现代办公的概念,先进办公设备都有不同程度的普及,但只限于对传统手工的电算化尝试,没有整体应用信息系统概念,没有从业务流程优化和决策支持角度探讨信息化作用。

(4) 集团内有的公司由于其业务需要,先进办公设备的普及程度及应用程度较高,有的公司在用不同厂家的管理子系统,但这些设备的应用大部分只限于单机的设计办公,各个管理子系统之间也没有形成很好的集成,为管理服务。

(5) 集团内没有进行系统的信息化方面知识培训,员工对信息化的作用和意义还停留在一般了解的程度上。

(6) 从集团人员学历构成来看,员工基本以中专为主,管理层主要以大专以上为主,只有很少部分中高层人员对信息化有深刻理解，绝大部分员工对信息化的理解还处于概念性认识阶段，对信息化的内涵理解还有待进一步提高。

(7) 从企业文化看，企业十分强调企业文化的建设，强调对员工的培养和培训，强调技术创新、体制创新和管理创新，但对信息化的作用和内涵宣传不够，员工对信息化的作用和影响认识不足，主动应用信息技术的积极性还不强。

(8) 从集团人员的年龄结构来看，员工以中青年为主，具有接受和学习新知识、新思想的能力，具有适应信息化的能力。

(9) 集团内现在没有正式的信息化人员的职务编制，基本上仅限于"网管"的概念。总地来说，集团目前的员工信息素养相对于信息化的需求来说，比较欠缺，但员工具有提高信息素养的潜力。

8.1.2 建设思路

针对 GF 集团管理现状，GF 集团实施企业信息化工程应以提高经济效益为核心，抓好各项管理基础工作，充分利用管理信息为经营决策服务。为了使企业信息化工程达到预期效果，拟从以下几方面推进工作。

(1) 完善基本业务与规范业务流程，推行工作现场的 5S 管理，进行业务流程重组，保证基本业务流程及其管理的科学性与高效率。这项工作是企业信息化工程成功的基础。

(2) 强化内部控制制度的建设，保证基本业务管理决策信息的真实性、可靠性和有用性。这项工作是企业信息系统可靠、有用的基石。

(3) 建立与健全企业预算管理体系，使企业形成对各项业务的科学监控与管理体系。这项工作是实现企业经营目标、使企业各项工作可以被科学地监督、控制与管理的基础。

(4) 建立与完善绩效考评系统，提升激励与约束机制，提高管理信息决策与控制系统的效率。这项工作是实现企业战略目标以及提高各部门、各岗位人员工作效率的重要动力和保证。

内部控制、预算管理与绩效管理共同组成了企业管理控制与决策体系，内部控制是基础，预算管理是方法与手段，绩效管理是动力源泉。

(5) 优化集团控制模式以及注重信息化对集团管理控制模式的影响，信息化使企业高层具有更强的控制能力，管理组织趋向扁平化。

(6) 建立集团营销体系，提高产品市场占有率。信息化为建立集团营销体系提供先进的技术条件。

(7) 建立学习型组织，不断提升员工素质与能力，提高企业的应变能力，构建企业集团的核心竞争力。

经济全球化、网络化、知识化与信息处理技术的发展对组织产生了深刻的影响，组织变革成为组织生存、发展不可忽视的重要问题，学习型组织成为适应环境变化的、保持企业竞争力不断提高的重要的组织形态。

8.1.3 ERP 的实施

ERP 是将企业所有资源进行整合集成管理，简单地说是将企业的三大流——物流、资金流、信息流进行全面一体化管理的管理信息系统。由于不同的ERP软件设计的思路及方法不同,所以ERP软件功能模块的划分也有所不同。但是各种ERP软件的原理却是一致的。

1. 总体目标

根据总体规划、分步实施的原则,综合运用现代管理技术、信息技术,实现企业管理过程中有关人、设备、生产和经营四要素信息流和公司现代化管理系统于一体的现代管理体系,尽可能减少人力和资源的浪费,实现本企业的整体优化,显著提高企业的经济效益和社会效益,将企业建成具有显著的核心竞争力的现代化大型集团企业。

在工程的设计、开发和运行过程中,培养一支既具有实际工作能力又具备较高理论水平的技术队伍,同时造就一支具有现代企业管理思想、掌握现代管理手段的高素质管理队伍。

工程建设技术上要求系统结构简单合理、功能全面可靠、信息资源共享、存储合理规范、运行稳定快速、扩展简便易行。

实现集团财务管理,使得整个集团财务成为一个完整的财务管理体系;实现集团进销存管理;实现集团的生产管理和物流管理;实现集团内部预算、考核和绩效考核体系;实现对生产、销售、财务等方面的辅助决策。

2. 设计原则

整个系统坚持"向下兼容"的原则,充分利用企业现有的系统和相关设备。面向全局,综合集成,准确获取原始数据,避免数据重复录入,提高数据利用率,最大可能地满足企业管理的需要。

保证系统的安全、稳定、可靠,防止各种不合法访问,考虑系统的正确和健壮,有一定容错和纠错能力。

系统的经济实用和开放先进相结合,在满足总体要求前提下,尽量采用成熟的新技术,不贸然采用最新、未得到广泛认可、不成熟的技术。

建立一个规范标准的系统,符合行业标准和政策法规,坚持良好的开放性,是系统与其他系统兼容和进一步扩充的根本保证。

有良好的协作性与独立性,既要充分体现现有部门之间、现有应用系统之间的合作性,又要全面体现各个部门的职能、各应用系统的差异。既要把握全局,又要从小处着眼,使系统能成为一个有机整体。

3. 关键环节

(1) 企业上下高度重视

成立项目实施领导小组。小组由主管总经理、信息中心主任、软件公司实施顾问及各部门业务骨干组成。其主要职责是在主管总经理的领导下,对ERP项目负责规划、培训、组织、协调工作,确保项目按计划、分步骤地顺利实施。

(2) 总体规划、分步实施

按照总体规划、分步实施的要求,将整个ERP工程分为三个阶段,第一个阶段运行财务管理系统中的成本核算系统、管理会计系统,并对全集团财务系统进行集成。第二阶段运行销售管理系统、仓存管理系统和存货核算系统。第三阶段运行采购管理系统、生产计划系统和车间管理系统。

(3) 做好培训工作

培训工作包括：计算机基础培训、软件应用培训、编码培训、业务流程培训、初始数据准备培训等。使各位业务人员学会使用计算机，学会用计算机进行业务处理。上述培训纳入企业人力资源的培训计划，认真考勤与考核，《培训成绩单》作为人力资源管理档案保存。扎扎实实做好培训工作是顺利实施ERP项目的关键。

(4) 业务流程再造

业务流程再造是在深入调研、广泛讨论的基础上，按照“科学、合理、高效”的原则，继承企业传统管理的先进经验，改进不合理的工作流程，充分利用计算机程序化的特点，对科学的业务流程进行固化和强化。对业务流程再造时要深入调查研究，要结合软件的功能，反复讨论。既不能脱离企业的实际，又不能离开软件的功能去搞业务流程重组。

(5) 做好数据初始准备

数据初始准备包括两方面的工作，一是按照计算机管理的需要，将销售业务、客户信息，采购业务、供应商信息，仓储业务、物料(原材料、辅助材料、产成品)编码和管理属性进行确定；另一方面是将运行前的财务数据、库存数据录入计算机。科学编码体系是ERP系统顺利运行的基础。作为一个企业离不开物资、设备、部门、人员，要进行计算机管理也就需要一系列的原材料编码、辅助材料编码、设备编码等。编码时，既要考虑软件的要求，又要考虑保管人员的方便，还要满足财务凭证处理的需要，过细会给今后的工作带来不必要的繁杂；过粗，又不能满足管理上的某些需求。为了使编码科学合理，应对有关人员进行《编码原则与方法培训》，在此基础上将编码工作分解给各个项目组成员，分头完成各自所在部门分管的编码任务，并组织有关部门负责人进行讨论确定。

(6) 现场指导，跟踪服务

ERP项目正式运行，标志着新的业务流程和用计算机代替手工处理各项业务的开始。为了保证每一个环节都能在规定的时间运用新的手段、遵循新的流程完成任务，项目组一方面每日利用网络系统监控系统的运行情况，发现问题及时纠正。另一方面组织项目组人员现场指导、跟踪服务，哪里是关键，哪里就有项目实施人员。项目切换之初，项目实施成员要全力以赴协助业务管理人员做好各类单据的开制、查询与审核，实现各部门的业务流程规范化、正规化。

(7) 做好第一个月的结账工作

第一个月能否按时、准确结账，标志着系统运行的成功与失败。因此，要保证财务能够顺利结账，就必须统揽全局，适时监控整个系统的运行情况，发现哪个环节有问题，就果断采取措施，及时解决问题。不能等问题成了堆，到月底才发现、月底再解决，那样工作就会被动。要把工作做在前头，协调并及时处理系统出现的意外。

4. 集团ERP系统总体逻辑结构

这是一个复杂庞大的系统，有不同类型的设备和软件，安装在不同的地点，由不同的人使用和管理，因此，在系统建立之初一定要考虑好体系结构，要有一定的开放性、兼容性。

总体结构设计由应用层、服务层、资源层这三大层次组成。其中资源层由各种外部底层资源组成，如网络设备、数据库系统、操作系统、现场仪表设备等，是整个系统的物质基础；服务层由各种公用组件构成，如权限管理、身份认证、安全管理、日志管理及其他公共服务系统等，是整个系统的软件运行基础平台；应用层由各种业务系统组成，是整个系统的核心实体。其分层模型见图 8-1。

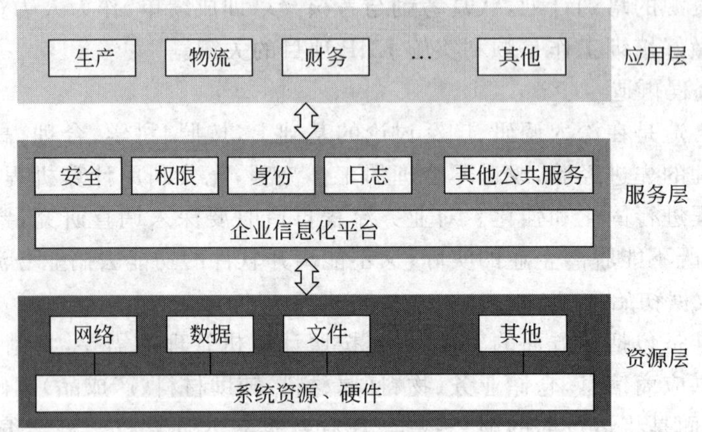

图 8-1 系统分层模型

资源层的计算机网络是整个系统运行的基础，网络操作服务平台应该是基于局域网络和 TCP/IP 协议集的，为实现全企业网的网络管理，采用 SNMP 网管操作平台；为确保企业网的安全性，实现网络连接及隔离，采用防火墙等多种安全措施和防护手段；网络应用支持与开发工具包括网络服务功能、外部资源连接以及应用系统开发工具等组成部分。网络服务功能包括信息查询、发布等，支持电子邮件、域名服务、文件传输服务、资源共享等。外部资源连接的功能是实现 Web 服务与集团管理信息数据库的互连。系统开发工具是开发基于企业网开放式平台的多种应用软件系统的开发工具，包括系统互连、面向对象的多种网络应用开发工具。

服务层的软件运行基础平台主要实现了以下功能：安全认证、权限管理、信息化基础编码管理、信息化参数管理、数据字典及配置管理、通用查询配置管理、工作流引擎、消息服务、数据库选择与连接等系统功能和图形组件、报表组件等开发用公用组件和构件。平台是其他应用系统的统一基础，由一系列可配置的组件、工具、开发规范和接口标准组成。平台实现了内网和外网统一的信息访问入口和安全认证，不同应用系统统一的参数、用户、权限和日志管理。

应用层是系统运行的核心，主要由各种业务系统和应用系统组成，如生产信息系统、质量信息系统、设备管理、财务管理等，以及相关的软件接口。主要目的是提高管理水平和工作效率，通过大量的基础应用和基础数据，为管理层提供科学、准确、实时的统计数据，建立合理的管理系统和科学决策辅助系统。

5. 实施阶段

ERP 系统主要由各个子公司实施，但必须按照集团的统一规划，确保财务等重要的信息流能够在整个集团内畅通无阻。根据总体规划、分步实施的原则，结合 GF 集团的现状、发展规划，将整个 ERP 工程分为若干阶段，各阶段建设内容如下。

(1) 第一阶段

全集团财务信息系统建设已具备良好的工作基础，本阶段是对这方面工作的完善，包括建设财务管理系统中的成本核算、管理会计等系统，并对全集团财务系统进行集成。本阶段的建设目标就是实现全集团财务管理的全面信息化，实现各分公司与集团总部财务管理系统的集成，为集团决策层提供动态、实时的资金信息。

(2) 第二阶段

本阶段实施进销存管理系统。在集团各子公司建设进销存管理系统，并实现进销存管理系统与财务管理系统的集成及与OA系统的无缝连接。

(3) 第三阶段

本阶段投入运行人力资源管理、生产管理系统和车间管理系统等。GF集团主导产品的生产过程为流程式生产，生产流程相对简单，因此我们建议将生产管理系统放在本阶段实施。建设目标是各子系统与财务管理系统的集成及与OA系统的无缝连接。

6. 实施风险分析与管理

ERP系统的应用是一项高风险、高投入项目，成功与否受到诸多因素的影响，从系统选型到上线实施的整个过程存在种种风险。因此企业有必要对风险有充分认识，建立一套行之有效的风险管理机制，从而提高ERP系统的实施成功率，最终提高企业的管理水平。ERP项目实施的风险类型大致分为实施风险、管理风险两部分。

(1) 实施风险

实施风险包括需求评估风险、选型风险、沟通不畅风险等。

需求评估风险：企业对ERP及企业信息化的理解程度不一样，企业自身的信息化程度也不同，选型时不清楚自己的需求，对系统的要求大而全，没有考虑到企业的实际情况。要防范这种风险，企业应该练好内功。

选型风险：企业片面追求功能全面的软件或性能存在问题的便宜软件。要防范这种风险，企业应该对软件公司与软件产品的功能及信息技术、ERP产品的完整性、产品客户的案例、软件售后服务和服务体系及涵盖地区进行了解与对比，另外在综合考虑企业使用系统预算的基础上，选出最符合本身情况的信息化解决方案。

沟通不畅风险：企业领导和业务骨干在业务工作和项目实施工作之间如何协调时间，这其实是项目进行过程中经常让人为难的问题。通过事先沟通来提高项目会议效率、委派项目会议"代理人"等固然都是可行的办法，但如果没有领导和业务骨干脚踏实地地来赶时间、挤时间、加班加点，等到业务叫急的时候，项目日程一拖再拖往往是必然的。

(2) 管理风险

管理观念冲突的风险：使用ERP系统，与企业原有的管理思想碰撞，有一个融合的过程，必定会影响到企业的业务流程和组织架构，也会影响到一部分人员的工作和利益。这就会直接影响到ERP项目的实施。企业能否从管理的角度真正把系统用起来，积极主动地进行企业流程的重组和优化，是系统实施的一个关键因素。否则企业投入的人力、物力、财力到头来也付之东流。

项目组织的风险：大量的实践表明，实施ERP关键在于企业的总体素质，更直接取决于决策者的重视力度。有好的强有力的项目团队，能够保证项目工作顺利进行。项目团队的搭建原则上应以业务部门为主，IT 部门为辅。ERP 项目实施的参与者，不但要完成本职工作，还要完成项目要求的大量工作。若要保证这些人能对项目工作非常投入，需要项目领导协调好。高层领导必须经常关心 ERP 的应用情况，并支持 ERP 项目组考核工作，使 ERP 的实施工作可以持之以恒。

7. ERP 带来的社会经济效益

(1) 经济效益分析

① 由于各部门统一以系统中同一计划数据为基础进行生产组织、材料采购及生产用料发放，从而能提高公司整体工作的协调性与计划性，减少加班时间，缩短加工周期，提高设备利用率，降低材料采购成本，有效地控制库存水平，保证了企业实现均衡连续生产，避免了不必要的浪费。

② 利用现代化的管理工具，将大大缩短全集团制订计划的周期。

③ 信息系统的应用，将提高全公司的劳动生产率，尤其是在提高管理人员的工作效率方面。

(2) 社会效益分析

ERP 系统的成功实施，将为 GF 集团带来巨大的社会效益，主要体现在以下几个方面。

① 为化工塑胶行业及大型国有企业集团的 ERP 项目建设提供宝贵经验。

② 系统运行采用第一现场数据原则，保证了数据的准确性、客观性、有效性和真实性，促进了公司基础管理工作及现场管理水平的提高，为 GF 集团在业界带来良好的声誉。企业内部信息流通的快速准确，可以实现及时准确地与外界交换信息、取得信息，增强企业的竞争优势。

③ 系统在实施中融入先进的管理经验，因此也是企业全员学习世界先进管理思想的现场教材，有利于提升企业管理者的管理水平和员工的知识水平，加速企业向学习型组织的迈进。

④ 系统的有效运行将成为提高企业国际竞争力、市场应变力的有力工具。

8.1.4 PDM 的实施

PDM 的体系结构如图 8-2 所示。包含用户层、功能层、面向对象层和支撑层等四层结构。

在一个企业中实施 PDM，通常要涉及技术和企业内组织关系等因素，因此，PDM 的实施是一项比较复杂的任务，是一个需要在合理的规划下分阶段逐步完善的过程。PDM 的实施主体主要是各个子公司。首先要构筑子公司内部协作环境，即在 PDM 系统上建筑基本实施环境，然后进一步完善 PDM 系统。这一过程一般分 4 个阶段：

1. 企业过程重组

这是实施 PDM 系统的第一步，也是最重要的一步。通过对企业各过程及组织等方面的分析，对过程进行改进并建立过程模型。同时，根据职能对不同的人员赋予不同的权限。

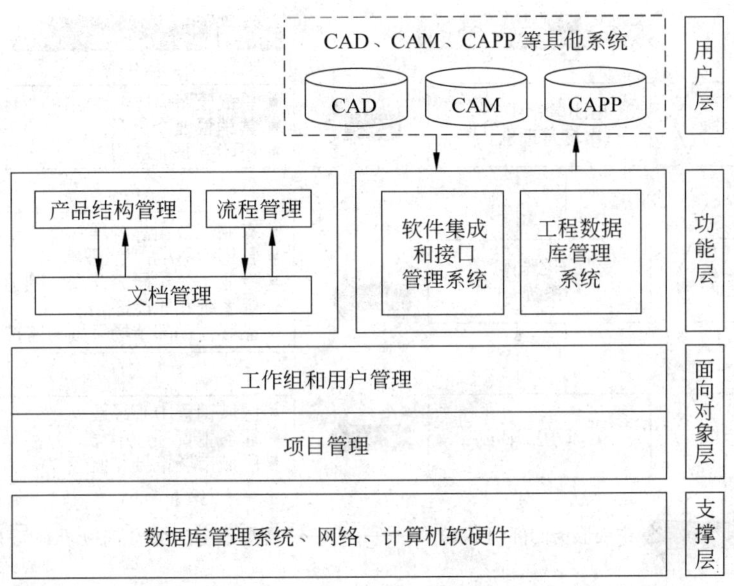

图 8-2　PDM 系统的体系结构

2. 建立电子仓库

在这一阶段，主要是根据企业所涉及的各种数据类型和其用途合理配置电子仓库，建立企业数据共享的基本环境。

3. 建立工作流程

基于企业的过程模型，在 PDM 系统中建立企业内部各种工作流程，优化企业的工作规范。

4. 建立产品配置

通过对企业产品及其相关数据的分析，在 PDM 系统中，建立产品数据结构树、零件库和产品配置项，并按企业需求实施应用软件集成。

8.1.5　CRM 的实施

CRM 的核心是"了解客户需求，倾听客户需求，以客户为中心，360 度关怀客户"。它的本质是一种循序渐进的方法，通过先进的现代通信技术、数据库技术和决策支持技术收集有关客户的所有资料，并且加以分析，找出对企业经营有用的信息，然后将这些信息用来辅助决策及规划相关的企业营运活动，并且加以实行的一套完整思想和程序。

1. CRM 的总体设计

GF 集团的 CRM 的基本架构如图 8-3 所示。

2. 建立 CRM 项目组织实施体系

(1) CRM 项目决策委员会

成员：总经理、主管营销的副总和其他高级管理人员。

主要职责：公司 CRM 项目的最高决策机构，决策项目重大方案，审批项目资金计划，协调项目重大资源投入；决策项目实施中的重大问题；监督指导项目实施情况；参加项目

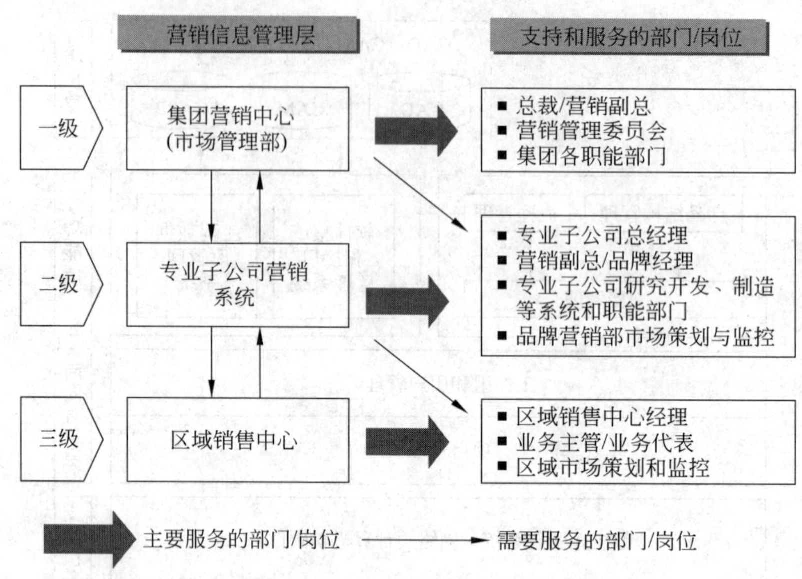

图 8-3　CRM 三级管理体系

月例会和特别会议。

(2) 项目经理

主要职责：对项目目标总负责；代表公司全面组织领导 CRM 项目的建设实施和管理组织协调。

(3) 市场业务、销售业务和客户服务工作组

各项核心业务工作组主要职责：所负责的分项业务的客户需求与功能定义；业务模式与流程规划设计；分模块功能目标设计；业务模式优化与流程重组分析；数据关键节点设计；数据样本点采集与功能测试方案建议；项目各种文档资料建立。

(4) IT 系统实现业务工作组

主要职责：参与各项业务模式和流程分析及设计；参与业务模式优化与流程重组论证；从技术和系统角度对各项业务的 CRM 系统的功能目标设计进行论证；对各项业务实现的技术方案进行论证并提供技术支持；根据应用开发需要进行应用程序的开发规划和质量要求设计；负责建立 CRM 项目的各种技术文档资料。

(5) 培训推广工作组

主要职责：参与各项业务模式和流程分析及设计；参与业务模式优化与流程重组论证；并根据各分项业务模块的业务规划与系统设计，组织培训和交流；根据业务推进情况牵头组织对与项目有关的各类人员和客户进行培训和辅导；牵头并负责策划对整个项目的内外部宣传推广工作；一个 CRM 项目的实施会涉及企业、软件供应商，有时还有咨询机构。企业的员工往往与供应商的专员对许多问题的看法不太一致，因为他们的立场和角度不一样，因此要进行深层次的协调和沟通。而作为项目团队的“核心”——项目经理，可谓“任重而道远”。

3. CRM 项目实施流程

(1) 分析与规范。确定综合性的需求分析，确定系统规范。

(2) 项目计划和管理。项目管理者应是供应商同企业之间的沟通桥梁，这一角色可由专业咨询公司经验丰富的顾问人员担任。另外，还需任命一名来自企业的系统管理员，作为内部系统专家。除制订项目实施计划外，本阶段还包括组建和培训项目工作组。

(3) 系统配置与定制。重新配置和定制 CRM 软件系统，以适应企业的具体商业需求。伴随必要的技术培训，使员工能尽量自己解决技术问题。同时，所有新的软硬件都应在本阶段安装好。

(4) 原型、兼容测试和系统重复运行。企业员工将在此阶段熟悉安装程序和所安装系统的方方面面，同时，对系统进行的所有必要修改也在此阶段完成。数据转换这一关键任务也属于这一阶段。供应商的实施专家和企业的 IT 人员之间将进行大量的沟通。

(5) 主导系统和质量保证测试。此阶段包括大量的培训。"培训者"应负责培训所有的终端用户和管理层如何使用新系统。为了让这一方法有效，"培训者"必须接受由软件供应商或咨询顾问进行的培训，成为新系统专家。主导系统应该是一个可重复运行的系统完美原型。开始应同小型的用户全体合作，对新系统进行测试。这些质量保证测试应制成文档，提供给项目工作组管理员。

(6) 最后实施和推广。准备好一份实施指南，简单列出实施前或实施过程中必须完成的每一项任务。本阶段还包括对所有用户的正规培训。确定一系列的预期效果后，通常必须通过正规的培训来达到预期目的。培训必须以计划阶段确定的需要为基础。一个执行良好的培训计划决定着成败。

(7) 持续支持。应配备全职的内部系统管理员。为积累专业技能，系统管理员应从计划阶段就开始接触 CRM 系统。因为 CRM 软件系统的技术支持是一项艰巨的工作，所以务必让供应商提供综合性的支持计划，以进一步支持内部工作组。

8.1.6 EC 的实施

1. EC 的总体设计

基于当时电子商务的整体发展趋势和 GF 集团的情况，设计集团的总体电子商务解决方案，主要分为以下三个部分。

(1) 门户管理。门户管理帮助企业快速地建立企业的宣传门户站点，包括站点首页、企业新闻以及上市企业的股票信息和公告等内容，也可以灵活设置特定的栏目，并在完全基于浏览器的站点管理端对站点的内容进行维护。这样降低了站点内容维护的技术难度，也意味着降低了维护工作量，并使得企业站点内容可以按照定制的审批流程进行审批和自动发布，显著提高了信息发布的速度和便捷程度。

(2) 网上销售。为企业提供了面向消费者的网上商城，网上商城包括用户注册、商品查询、在线支付等主要功能，建立消费者园地等模块的新闻发布和讨论区功能，使得整个系统的新闻和讨论区实现统一维护，简化工作流程。

(3) 网上采购。网上采购部分包括供应商注册、需求发布、需求查询和网上洽谈等模块，使得企业的采购和企业内部的办公系统的工作流程紧密结合在一起，将实际的采购信息存储在后台数据库中。

从上面的系统整体框架出发，系统设计了八个功能模块(新闻与信息发布、行政管理系统、信息资源管理系统、人力资源管理系统、知识管理系统、销售管理系统、业务流程管理、和 ERP 等的接口模块)。用户通过"企业门户",完成各个不同部分的集成应用。

2. 实施主体

与 CRM 建设类似,EC 建设分两个层次:集团电子商务、部分专业公司电子商务系统。集团电子商务系统由集团负责规划、协调和建设,而各专业公司电子商务系统的建设由各专业公司负责。如同其他系统建设一样,整个电子商务系统必须在集团的统一规划下,由信息化领导小组进行统一领导协调,由集团信息中心进行技术规范,使整个电子商务系统能自成一个完备体系,并成为集团信息化的一个有机组成部分。

3. 实施阶段与技术路线

集团总部的主要任务是负责集团的网站建设和维护;建立整个集团的信息发布管理机制;审批子公司的重大信息发布。各子公司的主要任务是负责本公司的网站建设和维护;在因特网上进行电子商务活动;遵守集团的信息发布机制管理。根据集团的发展目标和信息化总体规划,电子商务系统的建设分三个阶段。

(1) 第一阶段(近期目标):

① 企业实施电子商务的准备。

研究制定企业电子商务的整体规划和技术方案,做好资金、技术和人才准备。

② 企业内部网站的整合,建立集团统一的信息发布平台。

对集团内各个子公司的网站进行规划整合,根据集团现状,主要建立集团总部网站和两个上市公司的门户网站,撤掉其他分公司网站。并且将这三个网站进行统一规划、设计和管理,实现集团对外信息发布功能。

(2) 第二阶段(中期目标):

① 实现内部沟通和交流平台。

② 实现与外界联系渠道,加强企业外部资源的利用。各子公司通过集团网站进行电子商务活动(上市子公司可以通过自己的网站,同时也要与集团的网站无缝连接)。通过加强企业间的供应链管理、客户资源管理,密切企业与供应商、销售商的联系,跟踪技术、客户、市场,确保对市场变化的及时了解、迅速反应与竞争优势,部分实现电子商务的功能。

(3) 第三阶段(远期目标):

① 集团建立统一的销售平台,进行统一的电子商务。在企业内部信息资源整合的基础上,实现内部信息系统与电子商务系统的连通,借助企业内部系统,实现企业人力、财力、物力和技术资源的优化,在企业间实现信息采集、交流和共享的基础上,以信息流向资金流、物料流递进,以信息平台向交易平台升级,积极稳妥地开展电子商务。

② 建立电子商业社区。企业信息化发展到一定阶段,要从自身的信息化转向建立基于互联网的电子商业社区。通过互联网,在同业和上下游企业间开展贸易和业务协同,以信息的实时交互实现信息共享,减少中间环节、消除信息障碍。

电子商务的建设涉及集团的各个方面。系统的建设遵循总体规划、分步实施、分阶段见效的原则。把整个开发和实施分成若干阶段,确定相应的阶段任务和目标,便于控制开发的进程。第一步,整合现有网络资源,建设好门户网站的雏形,进行信息发布和宣传。

第二步，建设B—B网络平台，实施网上原材料采购。第三步，建设B—C网络平台，推出产品的网上销售。首先实施集团本部，再实施塑业股份、国通管业等业务量比较大的公司，最后是其他所属公司。

4. 风险分析

电子商务不仅使业务流程合理化，同时也带来了一些新的风险。

(1) 技术风险。电子商务技术使得公司更易受到技术失误的影响。除了断电、系统功能差错和服务器的能力瓶颈等问题，持续的网络化趋势增加了网络受到病毒感染和黑客攻击的危险，而可能严重影响到整个业务流程。如果系统出现差错，不仅会使销售瘫痪，还会造成对公司信任度的长期丧失，并危及公司的声誉。

(2) 责任风险。责任风险可能会加倍。互联网自动在向全世界提供销售。这就意味着网络供应商们要面对许多不同的法律要求。从一国到另一国消费者受保护的程度大大不同。目前来看，关于哪种纠纷适用哪种法律、索赔应如何处理还没有一个共识。对于网络供应商而言，它们将不得不面对许多很难预料的法律纠纷，而这是一个很大的风险。

在互联网上保护好客户的个人信息对于建立客户的信任是非常重要的。如果客户信息被一家公司或第三方滥用，这不仅会导致客户信任的丧失，还会导致责任索赔。尤其是对一些新公司而言，雇员本身带有更高的责任风险。这增加了对管理人员和职业责任险的需求。

(3) 信用风险和财务安全风险。在网上销售中，信用风险将会增加，尤其在企业对企业的电子商务领域中。虽然多数商品是在有供货商的信用保证下发送的，但互联网的使用意味着交易伙伴可采取匿名的形式，从而造成更大的信用风险。

(4) 营运风险。随着业务流程中由外部采购占主导地位的趋势增强，营运风险也会增大，如交付延迟或不完整。在过去这种风险总是在内部解决。然而，随着外购，在内部对这种风险进行管理的机会也减少了。

8.1.7 OA的实施

1. 系统实施阶段规划

根据信息化总体目标和发展阶段，OA系统的实施阶段目标如下。

(1) 第一阶段(近期目标)：

① 集团总部公文流转、档案管理等。

② 各分公司公文流转、档案管理等。

③ 总部与分公司之间信息沟通，信息的上传下达。

(2) 第二阶段(中期目标)：

① 逐步实现集团内部信息系统与办公系统的有效对接。

② 逐步实现外部信息系统与办公系统的有效对接。

(3) 第三阶段(远期目标)：

① 建立统一的资源中心。

② 建立统一协同办公平台，建立唯一的办公信息门户入口，企业所有的人员根据其权限和职责通过协同办公系统获取到他能获取到的所有信息。

2. 总体设计框架

GF集团及其所属公司门户式办公自动化系统构架的构建原则是：系统要具有安全性、实用性、文档管理和业务流程的规范性以及系统可扩展性、易管理性等特征。系统以企业门户网站的形式有效地实现系统内企业信息（管理与发布）、各类应用（业务流程与处理）、工作流管理与知识管理（交流与协作）的集成。结合GF集团的实际，OA系统总体框架分为三大部分：信息门户、应用门户和系统管理。

信息门户作为企业门户的主要部分，通过企业门户中的各类信息内容栏目和信息窗口，集成来自应用门户内的已经过审批后的各种信息。

应用门户实现各种业务需求，如信息发布、文件处理、档案管理、信息交流等行政办公各项事务的集成。应用门户内所涉及的业务模块基于统一的系统管理基础，进行事务处理。应用门户系统设计需要满足各业务模块之间的松耦合性，可以在不改变系统框架的基础上，方便地进行扩展和伸缩。

系统管理用于对整个OA系统进行维护，包括对用户注册、组织结构、角色定义、权限处理以及其他进行系统管理的关键信息。同时系统管理需要考虑到为规范文件和档案的管理维护统一的数据字典等功能。

3. 内部电子邮件系统

电子邮件系统是协同办公的基础，根据集团的现实状况和业务需求及今后的发展方向，从集团的实际出发，在集团公司总体网络平台上，建立统一的电子邮件系统。

系统具备以下要求。

（1）客户机/服务器结构，具有管理、开发和数据集成功能的电子邮件系统。

（2）电子协作、工作流自动化的实现工具。

（3）开放式、交互式的Web服务器。

（4）强大功能的复制和分布计算/移动计算。

集团和各个子公司以自己的局域网为内部通信平台，集团和各个子公司以自己的信息中心作为本公司Intranet网的中心并实现其他所属部门的连接，其接点都是Intranet的组成部分。邮件系统总体规划的模块结构如图8-4所示。集团的电子邮件架构如图8-5所示。

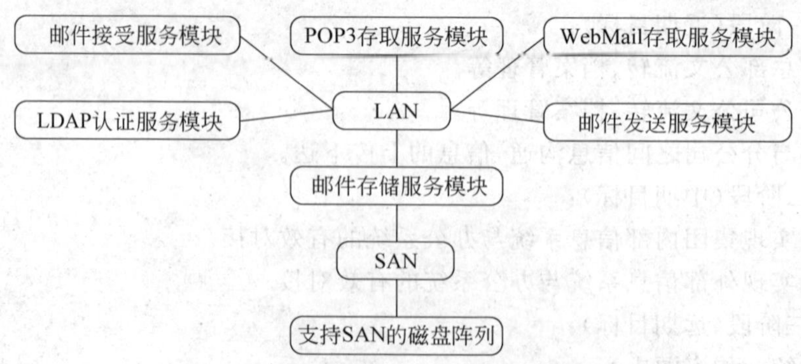

图8-4 邮件系统总体规划的模块结构示意图

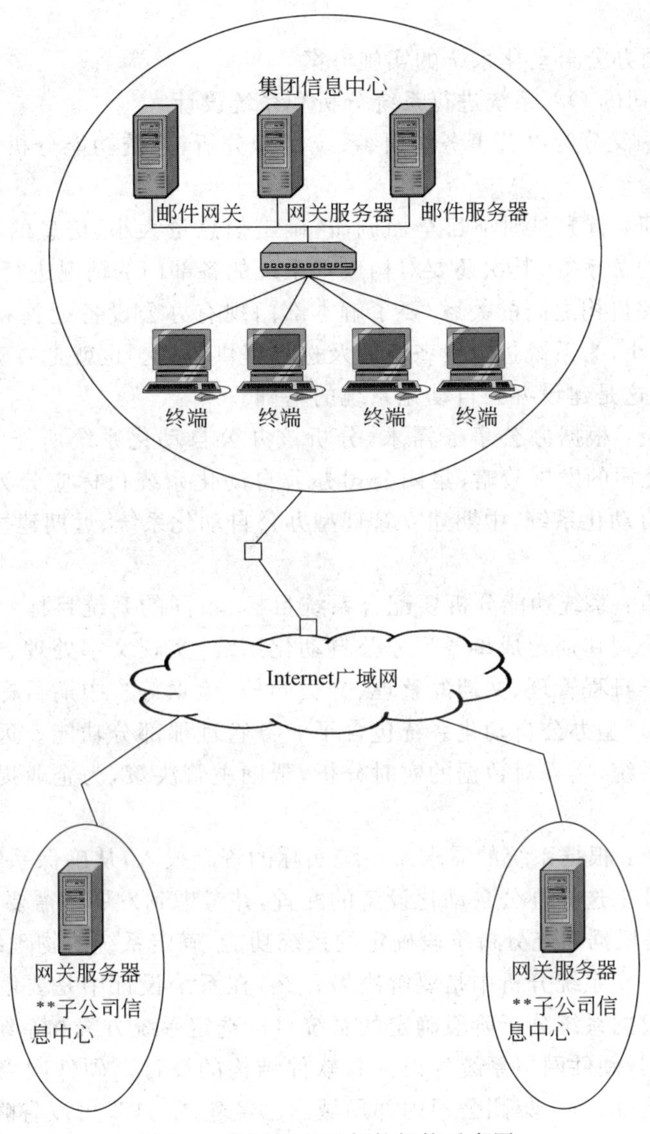

图 8-5　集团的电子邮件架构示意图

4. 实施步骤

办公自动化系统的建设是一项复杂系统工程，涉及集团的各个方面。

原则上，项目的实施分三个层次：首先实施集团本部，再实施塑业股份、国通管业等需求迫切的公司，最后是其他所属公司。

系统的建设应遵循总体规划、分步实施、分阶段见效的原则。把整个开发和实施分为若干阶段，确定相应阶段的任务和目标，便于控制开发进程。原则上，办公自动化系统的实施分为四个步骤：系统分析设计、系统平台搭建和基本系统的试运行阶段、全面试运行阶段、验收和正式应用阶段。但是由于集团公司与各子公司之间的差异，导致在办公自动化实施过程中存在差异，以下将分开论述二者的办公自动化实施的具体方案。

5. 实施方案

(1) 集团公司办公自动化系统的实施方案

① 对集团公司的OA系统进行系统分析和系统设计

在系统分析中又分为办公事务调研、系统目标分析、系统功能分析、系统配置分析及可行性论证等。

办公事务调研：首先是对项目全面调研，确定信息量大小、信息的类型、信息的流程和内外信息需求的关系等，其次还要对构成本系统的各部门的情况进行调研，了解本部门与相关部门及相关机构之间的关系，要了解本部门现有办公设备配置和办公资源的使用情况、工作能力大小，为系统进行设备配置及选择提供依据。也就是要确定办公自动化系统的功能和目的，这是建设办公自动化系统的基础。

系统目标分析：根据办公事务需求，分析该办公自动化系统所能完成的基本任务。考虑到GF集团公司的发展策略，集团公司办公自动化系统目标应分为三个阶段：初期建立事务型办公自动化系统、中期建立管理型办公自动化系统、远期建立决策型办公自动化系统。

系统功能分析：系统功能分析要配合系统目标，不同的系统目标对应的系统功能是不相同的。集团公司初期建成事务型办公自动化系统，实现文字处理、文档管理、电子报表、电子邮件、电子日程管理、文档的整理、分类归档、检索等。中期目标是建成管理型办公自动化系统，管理型办公自动化系统包含了业务管理那部分功能。远期目标是建成决策型办公自动化系统，实现对数据的实时分析，帮助主管决策，为企业提供一种优秀的辅助决策工具。

系统配置分析：根据系统的需求及系统实际的资金投入，从确保系统的先进性、实用性、可靠性、经济性来选择办公自动化设备的配置，并考虑到发展的需要。

系统设计：是根据系统分析阶段确定的系统功能，确定系统的物理结构，即由逻辑模型得出物理模型。在系统分析中是要解决做什么，在系统设计中是要解决怎么做。该阶段的主要任务是根据系统分析阶段确定的系统目标选定系统方案和系统结构。为了实现系统功能，需要进行硬件网络系统的设计和软件结构的设计。硬件网络设计主要是计算机硬件和网络的选择，由于集团公司内部局域网已经建成，这步可以省略。程序设计交给实施单位进行，但是根据企业的发展策略，程序设计也应从初级到高级，先实现基础事务功能，循序渐进。值得注意的是为了适应企业对办公自动化需求的变化，进行OA系统设计时，应将程序的编写和运作模式分开，当需求变化时，不需改变程序，只需在程序界面上对运作模式作出相应的调整。这样，企业的管理体制或业务流程发生变化时，不必重新设计或修改软件，就能适应集团公司需求的变化。

② 系统平台搭建和系统的运行

集团公司内部的局域网已经搭建完成。

初期：应实现的基本系统功能主要是一些日常事务处理功能：文字处理、文档管理、电子报表、电子邮件、电子日程管理、文档的管理、分类归档、检索等。同时应该着手打造GF集团的企业门户，使集团公司成为整个集团的信息门户，公布集团内部的重要信息。收集相关的数据，如各个子公司的财务数据库、市场数据等各方面数据库，为以后的管理和决策提供充足的依据。

中期：不断完善、发展相关的数据库，在数据库中集成各个子公司的财务等信息，保证集团公司领导对各个子公司的销售、财务、客户等资料的实时查阅。实现集团公司与子公司之间的公文运转、信息交流和信息共享，快速有效地接收各种上级机关文件、下级子公司的上报信息。实现在线会议、多媒体会议等功能。通过异地通信，实现对外地的子公司进行监控。

远期：在初期和中期工作的基础上建立决策分析办公自动化系统，建立起一个符合集团公司的决策分析工具，为集团公司领导做决策提供帮助。实现对各个子公司的绩效和各子公司运营班子的功效评估。实现对市场的预测和对竞争者信息的实时把握。

③ 项目的验收和正式运行

项目的验收包括公司自己验收和专家验收。首先集团公司根据 OA 系统的规划、设计说明书对 OA 系统进行检验，审核系统是否达到预期的效果。在此基础上邀请专家进行验收。

(2) 各个子公司系统实施方案

各个子公司的系统实施方案大部分可以借鉴集团公司的实施方案，但是同时又具有其特殊性。以下主要考虑各个子公司的特殊性所导致的系统实施方案的区别。

① 对各个子公司进行系统分析和系统设计

和集团公司一样，在系统分析中也分为办公事务调研、系统目标分析、系统功能分析、系统配置分析及可行性论证几步。具体的分析内容同集团公司一样。各个子公司的系统设计确定系统功能。子公司的系统功能主要集中在对自身财务、销售、内部工作流、内部事务的管理上。

② 系统平台的搭建和系统运行

各个子公司根据自身情况（有的子公司已建好局域网，甚至已启用办公自动化系统）搭建、完善自身的网络建设，建设自身的网络通信平台。

初期：各个子公司的系统功能模块也要一项一项地释放运行。初期要实现日常办公模块（文档管理、文字处理、电子邮件等）。收集整理相关信息：客户信息、市场信息、竞争对手信息等。

中期：实现网络订单。实现各个子公司与集团公司之间快速、准确的信息、报表传递。实现与库存信息、生产信息的集成，使各企业领导可以实时了解生产信息和库存信息等重要信息，从而制订出正确的生产、销售计划。实现各个子公司与旗下代理分销商之间的信息交流，有助于各子公司领导调整生产、库存。

远期：实现网络信息资源的有效利用和办公管理流程的计算机网络管理。通过对不断完善的生产信息数据库、销售信息数据库、市场信息数据库、竞争对手信息数据库等重要的数据库的数据分析，实现市场预测、竞争对手评估等决策功能，帮助各子公司领导进行决策。

8.1.8 各系统间的集成

1. ERP与CRM的集成

CRM侧重于企业前端与客户交互和分析工作的管理,ERP着眼于企业内部的管理。如果ERP和CRM单独运行,就形同一个个"信息孤岛"。企业业务的运行迫切需要将这些信息孤岛有效地整合在一起。系统集成要遵循开放化和标准化原则,不同的系统要做到开放化必须在软件上遵循统一的数据元素标准、信息分类编码标准、用户视图标准和数据库表等最基本的标准。

CRM和ERP的集成方案包括:

(1) 数据同步:CRM和ERP中的数据进行同步,比如客户记录、产品描述、库存信息等等。同步的方式包括实时同步和批处理。

(2) 业务整合:有的时候需要CRM和ERP共同进行某项业务操作。比如订单,销售人员在CRM中提交,订单自动传递到ERP中,ERP自动处理该订单,安排生产等。

(3) 组织架构:ERP与CRM的组织架构必须保证一致。

(4) 物料信息、申请和退料:CRM需要ERP中存有物料编码、物料描述、物料类型、物料组、销售价格、成本等信息。CRM处理物料申请,审批后确定是否需要创建ERP销售订单、转储单等单据。退料则在CRM中生成退货单,提交CRM审批后在ERP中创建退货订单。在接到实物后在ERP中确认收货,同时ERP将收货数量和单据状态传回CRM。

(5) 订单管理:CRM接受用户申请产生订单,并自动将该订单数据传给ERP的订单管理模块,保证CRM中的数据与ERP中数据的一致性。

(6) 发货:ERP中对销售订单、转储单发货的同时发数据给CRM,在CRM中修改对应单据的状态。

(7) 客户信息:ERP和CRM的客户编号、描述等数据必须统一。

(8) 库存:CRM接受ERP发货单的具体物料和数量。CRM中管理在线库存量与ERP发货量相关联。

(9) 财务结算与销售统计:在CRM中得出审核后的劳务费,在ERP中生成财务凭证,结算后CRM与ERP中的结算状态与结算单据对应;ERP中统计销售量,传给CRM进行决策分析。

2. PDM与ERP的集成

有关人、财、物、产、供、销的管理信息主要包含管理信息系统MIS和制造资源计划系统MRPⅡ。目前,MIS和MRPⅡ已集成在一起,成为ERP。MIS具有企业经营规划、生产预测、生产成本核算、财务管理、人事管理、车间作业控制和设备管理等功能。制造资源计划系统MRPⅡ包括销售管理、主生产计划、物料需求计划MRP、生产作业计划、采购管理、能力需求计划、数据管理和库存管理等8个模块。

ERP中的许多信息来自CAD/CAPP/CAM系统,除了图形数据外,还应包括:任务进度数据、估计成本、技术指标参数;开发方法数据、任务状态数据;工装、设备需求、能力数据、BOM、工艺定额等。另外,ERP还有来自管理部门的产品数据、工艺数据、开工数据、变更数据；变更原因、库存信息、物料信息；产品测试结果、在制品状态；设备状态信息；加工能力信息。从ERP到CAD/CAPP/CAM之间传递的数据应含有：开发任务书；技术指标、时间要求、修改任务书；任务书审核、计划日期、产品接收报告。从计算机辅助质量管理CAQ到ERP的数据应含有：质量统计、质量检验信息、产品零件报废信息、产品质量报告。从ERP到CAQ的数据应含有：质量目标、次品报告、用户质量信息、质量处理信息、质量成本信息、生产作业计划、进货计划、工装设备及加工人员情况、各项成本。

8.1.9 总结与讨论

GF公司经过一番艰苦的努力，完成了集团信息化建设的第二阶段，实现了该阶段的目标。而这也给集团的发展带来了很多益处。

(1) 借助于先进的信息技术，搭建高速畅通的信息通道，建立企业内部的信息交流平台，优化工作流程，提高办公效率。实现"内外部网络通、服务器通、办公网站通、企业邮件通以及日常管理维护通"的"五通"需求。其中："网络通"指局域网物理连通，并且可以实现安全的Internet；"服务器通"指要安装配置企业级的信息系统及协同工作服务器(软件)，以确保系统的稳定性等；"办公网站通"指后台服务器部署完，前台要开发各种应用功能如邮件收发、工作计划、人员管理等，并能够通过一个网站为企业内所有员工提供服务；"企业邮件通"指企业每个员工有自己的专有企业邮箱，方便进行企业内、外部的沟通；"日常管理维护通"指需要充分的技术支持与工具来保证系统的长期正常使用。

(2) 依托现代计算机网络和信息处理技术，构建高效、敏捷和畅通的销售网络，科学地利用与调配网络中的各种资源(包括资金、销售商、供应商、物品、运输和信息资源等)，并有效地进行控制，快速跟踪市场需求的变化，最大限度地满足客户的需求，为客户提供优质的产品和服务。通过销售网络的逐步扩展，增大市场份额，为企业创造良好的经济效益。

合理配置产品资源，平衡各经销商的库存，便于集团掌握产品资源的分布和流向；销售网络中实现信息共享，各分销商可以随时了解网络中各种产品的动态库存和可销售数量，及时满足客户的需求，提高对客户的服务质量。

建立畅通的物流渠道，实现物品从采购、仓储到配送、销售的全过程的动态管理。各分公司(分销商)及连锁店能与公司实时传送产品订单信息；公司能及时处理各分公司(分销商)及连锁店的发货请求，并安排调货；销售网络中各业务部门和各仓库实现管理信息化，以便各部门合理制订采购和销售计划，准确调配产品，及时安排配送，减少库存积压，防止断货发生。

通过销售管理与财务管理的集成，实现物流伴生的资金流的管理信息化，自动产生从产品采购、仓储、配送到销售各环节产生的财务数据，准确掌握和控制营销各环节的成本，掌握客户的应收账款和回款情况，提高企业的经济运行质量。

通过对销售网络数据的汇总和分析，产生各种分析报表和图表，为企业领导提供决策的依据。

(3) 依托信息技术充分了解客户。企业要从根本上来设法在正确的时机向正确的客户销售更多正确的产品/服务，企业能够确切知道"客户真正需要什么"。企业现在更迫切需要建立客户知识库，这就要求企业加强对客户资源的管理，借用信息技术这一手段，全面掌握客户信息，建立客户知识库，通过对客户知识的分析，做到交叉销售、追加销售、客户保留、客户获取、客户再生和客户体验，企业要实现客户资源价值的最大化。

(4) 通过对门户网站的整合设计，使门户网站成为企业展示自己的舞台；通过与内部各系统之间的有效整合，使门户网站成为企业与外部环境的有效协作平台。增加企业与外部环境的有效沟通，使企业经营永续。

(5) 企业需要培养自己的信息化人才，能够对各个系统进行管理、维护和二次开发；能够根据企业内部各种结构的调整，对相关系统进行相应的调整；逐渐掌握先进的信息技术，了解技术的发展方向，为企业把关。

8.2 HF-Tech 大学信息资源管理

目前我国信息化进程正处于关键的转型时期，即从传统的信息资源建设阶段向新兴的信息资源管理阶段迈进，而高校是国家培养人才和进行科研活动的关键部门，大量的信息资源在这里被创造和利用，各类信息资源在这里集散并互相交融，因此高校信息和信息资源的管理就显得尤为重要。首先，它可以最大限度地整合高校现有信息资源，实现信息资源的有效利用；其次，可以大幅度拓宽高校信息技术的利用范围，从整体上加快高校信息化进程。同时，完善的信息管理体系还可以最大地优化信息资源内容，提升信息资源价值，进而满足社会对信息资源的需求，提高社会整体文明程度。接下来将以案例的形式对HF-Tech 大学信息(资源)管理的实践情况进行介绍，试图使人们对信息管理的相关理论，特别是信息规划以及信息管理的组织、领导和控制在高等学校信息管理中的应用有更为具体和深刻的认识。

8.2.1 案例背景

1. HF-Tech 大学及其信息资源管理概述

HF-Tech 大学是一所全国重点大学，通过"十五"、"十一五"发展规划的实施，学科建设取得新进展，跻身"211 工程"建设高校和"985 工程"优势学科创新平台建设行列，本科教学评估获得优秀佳绩，人才培养质量稳步提高，科研实力和科技创新能力明显增强，人才队伍建设扎实推进，管理体制改革进一步深化，办学条件显著改善，学校的综合实力和办学整体水平显著提升，为学校下一步的发展奠定了坚实基础。该校的信息化建设在国家"十一五"和"211 工程"建设中得到了长足的发展。伴随着信息化建设，信息管理工作也取得了较好的成绩。目前，该校完成了基础网络布线工程、网络设备购置与安装、基本网络服务、用户管理及计费系统、基本供电系统、科研教学管理系统、一卡通服务系统等建设内容，形成"数字化校园"的基础框架。具体包括以下几方面。

基础设施建设：实现了各主要校区间的光缆互连，为多校区教学与管理奠定了计算机网络通信基础；完成了校园网千兆骨干网二次升级，实现了全校建筑物的千兆连接；各校区校园网均部署三层核心交换设备，负责所在区域内以及与中心机房的网络交换。

内容建设：围绕数字化校园建设，建设应用系统平台，充实和完善校园网站功能，充分利用网络向师生提供各方面的服务，向国内外社会各界展示学校改革与发展成果。

服务应用：全面推行了校园“一卡通”服务，广泛开展了校园网络应用服务，开展了一定的高性能计算服务。

在取得成绩的同时，该校信息化建设和信息管理工作仍存在较大困难和不足，主要表现在思想认识不到位、技术力量薄弱、信息共享不够、投入不足等方面。

2. HF-Tech 大学信息资源

高校信息管理是指高校为达到预定的目标，运用现代的管理方法和手段对高校相关的信息资源和信息活动进行规划、组织、协调和控制，以实现对高校信息资源的管理开发和有效利用。HF-Tech 大学的信息资源主要包括：图书文献信息资源、电子信息资源和管理信息资源三大类。

(1) 图书文献信息资源

包括由学校各个部门保管的各类图书、期刊、报纸、小册子以及学位论文、专利、标准、会议记录、其他出版物等。这类信息经过加工、整理，较为系统、准确、可靠，便于保存与利用，但也存在信息相对滞后、部分信息尚待证实的情况。从整体上说，这类信息当前数量较大，是该校师生员工利用率较高的信息资源。这些资源主要由图书馆、档案馆和校史馆保存和管理，校友会、各个学院、职能部门等单位也有一些该类信息资源。从存储形式上，可以分为纸质文献档案信息资源和电子文献档案信息资源两种形式。纸质的文献档案信息资源如图书馆的馆藏图书、期刊等，电子文献档案信息资源可分为中文类和英文类两大类。其中中文类电子文献档案信息资源有超星电子图书、万方数据库资源系统、方正电子图书、标准文库(标准委员会)、中国科技论文在线、重庆维普资源系统、中国学术期刊网等。英文类的文献档案信息资源也很多，如 Web of knowledge、SCIE(Web of science)、ISI Proceedings(ISTP)(CPCI)、Inspec、Ei Village、IEEE/IET Electronic Library(IEL)、ELSEVIER、Emerald、Springer LINK、John Wiley 等。

HF-Tech 大学图书文献信息资源(见图 8-6)包括中外文图书 60 万种，核心和重要期刊7 000 种，数据库 600 个，电子期刊 6 万种，10 个重点学科的机构知识库，本地资源容量达到 150TB。该校师生可以通过各种不同的方式对这些信息进行访问和利用。

(2) 电子信息资源

除了文献出版类信息资源，电子信息资源也是 HF-Tech 大学极为丰富的信息资源。从服务对象上讲，教学类信息资源、科研类信息资源和学习服务类信息资源是其中的主要内容。教学类信息资源主要包括：英语教学网、大学课程在线、精品课程建设网、外语资源库、中国高等学校教学资源网等。

围绕着国家级、省级和校级等各个不同层次的精品课程建设，HF-Tech 大学也进行了多门课程的多媒体资源建设和网络课程资源建设。网络课程信息资源建设是近年来 HF-Tech 大学教学资源建设的重中之重，涵盖了多媒体资源、课程作业资源、题库、作业资源等多项内容，如图 8-7 所示。教学类资源建设的最终目标是以课程为依托，以教学资源建设为核心，建立一流、稳定、高效的教学平台，实现本科生和研究生课程的网上辅助教学，最大程度地提高教学质量和效率。具体体现在三个方面：为教师提供有效的网络授课环境，为学生提供有效的网络学习环境和为教学的状况评估提供科学依据。

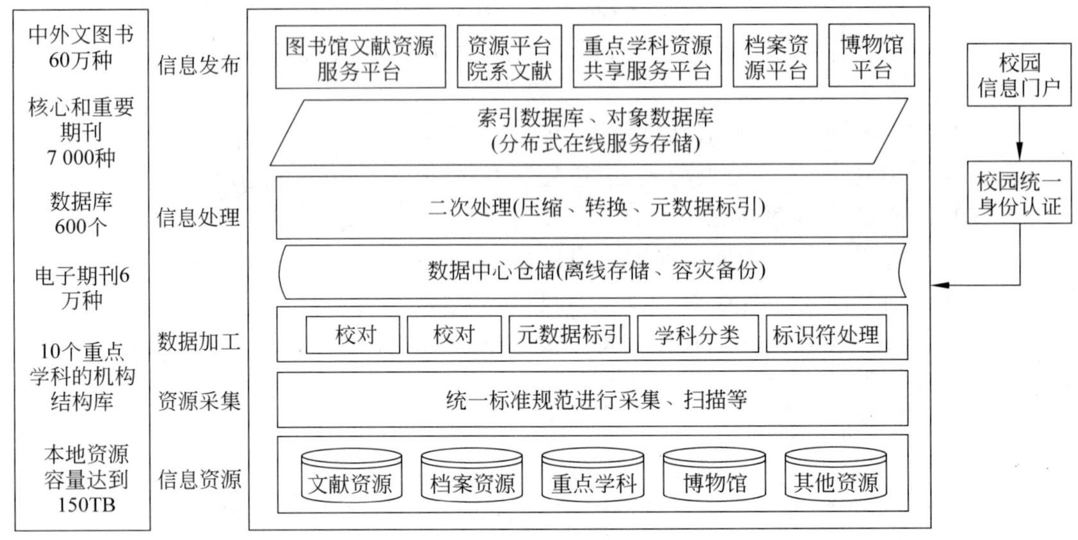

图 8-6 HF-Tech 大学图书文献信息资源

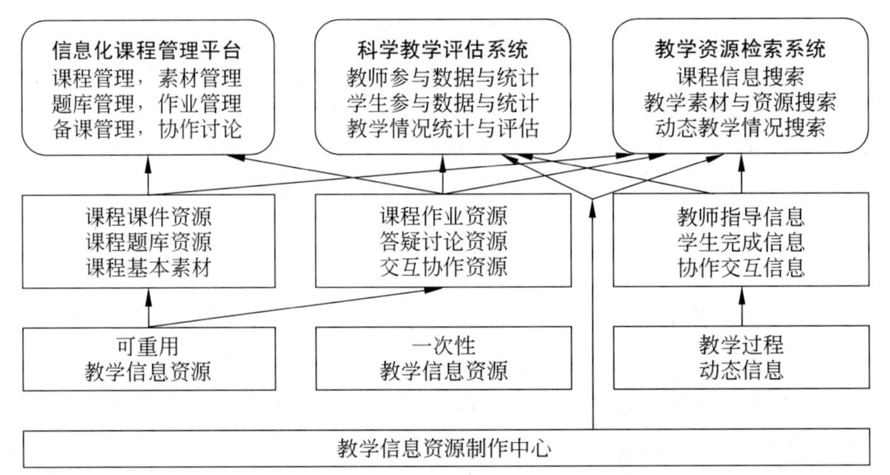

图 8-7 HF-Tech 大学网络课程信息资源

科研类信息资源是指面向科研服务和科研过程中产生和使用的信息资源，该类信息资源以学科资源为核心，以促进学科交叉、提高科研创新能力为目标，面向科研人员。HF-Tech 大学科研类信息资源主要集中在科研部门网站后台数据库、科研信息系统数据库以及各个学科的科研资源中心。学术科研资源中心和科研信息化平台相互依托，共同为 HF-Tech 大学“创建一流研究型大学”服务（见图 8-8）。HF-Tech 大学科研类信息资源建设的目标是力争建成具有国际先进水平的开放式科研服务平台和学术科研资源中心。

HF-Tech 大学科研部门建立了自己的科研信息服务网站，称为“科研信息管理服务平台”，这里也是科研信息资源相对集中的地方，主要包括国家、省部级和校级项目申报信息、横向项目申报信息、科研成果信息、知识产权信息、论文论著信息、科研动态信息、科研

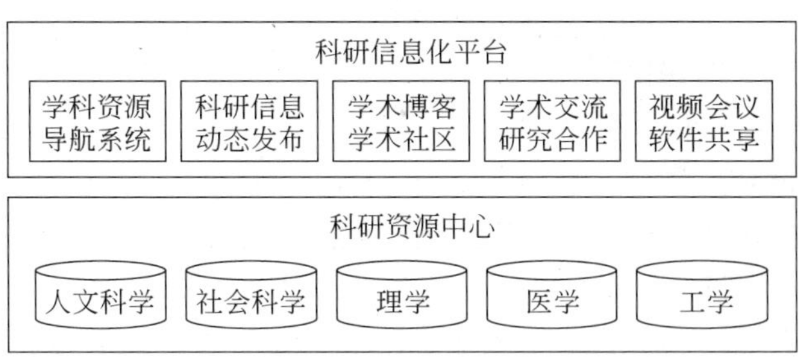

图 8-8 HF-Tech 大学科研信息化平台与科研资源中心

统计信息等。这些信息为 HF-Tech 大学科研工作提供了重要的信息服务支持。

学习和服务类信息资源主要为学生和教师提供学习、娱乐、生活等方面的服务。HF-Tech 大学的该类信息资源主要包括：英语频道、软件学习 FTP、新东方网络学习库、在线视频转播、新闻频道、教育报告、网络学习平台（网络课程与学习）等。此外，HF-Tech 大学还根据该大学的学科特点和所处地域的优势，建立和拥有多个特色数据库，形成了一定规模的特色信息资源，主要有徽州建筑文化特色数据库、汽车工程特色数据库、徽商特色数据库、李鸿章特色数据库、陈独秀特色数据库等。

（3）管理信息资源

管理信息资源主要是学校管理过程中产生、收集、保存、管理和利用的信息资源。HF-Tech 大学该类信息资源也较为丰富，主要包括学生综合管理信息资源、会计与财务管理信息资源、学位与研究生管理信息资源、人事综合管理信息资源、资产与后勤管理信息资源、综合办公信息资源、基本建设管理信息资源等。

① 学生综合管理信息资源：学生入学登记、特困生管理信息、违纪信息、奖学金和助学金管理信息、大学生实践项目管理信息、学生勤工助学管理信息等。

② 会计与财务管理信息资源：教师工资管理信息、差旅费报销信息、医药费报销信息、实验室建设项目经费管理信息、大额资金管理信息、精品课程建设经费管理信息等。

③ 学位与研究生管理信息资源：研究生基本信息、课程信息、导师信息、学位管理信息、答辩信息等。

④ 人事综合管理信息资源：年度师资需求计划、教师招聘信息、教师岗前培训信息、教师薪酬管理信息、教师离退休管理信息、兼职教授和校外人员管理信息等。

⑤ 资产与后勤管理信息资源：教学楼管理信息、教师住宅管理信息、青年教师公寓管理信息、维修和维护信息等。

⑥ 综合办公信息资源：招生录取信息、学校资金信息、教师基本信息、学生基本信息、宿舍信息、行政和后勤人员信息、会议信息、通知公告信息等。

⑦ 基本建设管理信息资源：招标信息、投标信息、项目过程管理信息、项目验收信息等。

3. HF-Tech 大学信息化和信息管理取得的成绩

HF-Tech 大学是我国较早开展信息网络建设的高校之一。经过几十年的建设和发展，目前该校信息化和信息管理工作已经具备了较高的基础，创造了一个良好的信息化环境，成为全校师生学习、工作和生活不可或缺的一部分，对该校“创建世界高水平大学”战略的全面实施起到了重要保障作用。

(1) 基础设施初具规模

该校网络基础设施是国内高校规模较大的校园网络之一。在存储基础设施方面，搭建了完整的数据存储、在线备份和远程容灾的信息数据安全保护体系。

(2) 教学科研成绩显著

一是教育观念和教学模式发生了转变，主要体现在网上备课、网络授课和网上交流、网上自学等方面。二是教育资源建设日渐完善。如中华文化系列讲座、国家教学名师课、国家级精品课以及大学课程在线。

(3) 电子校务稳步发展

该校已经成为国内电子校务应用最为广泛的高校之一。电子校务的业务范围已经覆盖学生教务、学生工作、财务、人事、仪器设备、房产、外事、科研、组织干部、保卫、宿舍、办公、协同服务、综合服务、公共服务等多个领域；用户涉及学生、教职工、管理人员、校领导和校外相关人员。

(4) 电子文献形成保障

电子文献的保障主要体现在两个方面：一是各种数字资源学科门类基本齐全，主要体现在：①引进国内外学术电子资源已达近 500 个数据库；②网上全文期刊 48 000 多种；③各类电子图书和学位论文等近 15 万册。二是资源访问量飞速增长，主要体现在：①电子资源的检索每年在 1 000 万次以上；②全文下载每年达 1 000 多万篇；③资源平台的访问点击率每年在 1.5 亿次。

(5) 形象建设在探索前行

主要体现在：一是主页的栏目、内容、功能日趋丰富完善；二是二级主页建设发展迅速，已建成 160 余个；三是信息传播渠道丰富多样，如新闻网、网络电视直播平台、网络广播系统等。

8.2.2 HF-Tech 大学信息规划

HF-Tech 大学信息化建设与管理办公室根据校信息化工作指导委员会的授权并在其指导下，进行了 HF-Tech 大学信息化建设规划纲要及实施方案(2006—2015 年)的编制工作。该信息规划涵盖信息规划纲要定位、总体目标、建设内容、标志工程、预期效益、方针和步骤、保障条件、资金匡算和总结等内容。

1. 信息规划纲要定位

首先，信息规划纲要是学校总体规划的重要组成部分，主要表现在两个方面：一是推动办学理念的变革，主要体现在培养高素质创新人才以及高水平的管理、服务队伍；二是创造良好的环境，主要体现在提升办学实力、知识创新能力和增强学校综合竞争力。

其次，信息规划纲要属于学校中长期专项规划。

2. 总体目标

HF-Tech 大学中长期信息规划的总体目标是：进一步完善学校信息化建设的管理体制，整合学校的人力资源、空间资源和经费资源，使得学校的信息化建设和信息资源管理利用达到可持续发展的目标。通过基础设施、教学、科研、电子校务、信息资源和形象化等方面的建设，到2015年，力争使HF-Tech大学信息化和信息管理整体水平能够达到世界高水平大学的要求，为HF-Tech大学创建世界高水平大学做出应有的贡献。

3. 建设内容

(1) 基础设施：增强网络可用性，提升网络性能；优化核心的网络基础服务。

(2) 教学信息化：以课程为核心，以教学资源建设为目标，实现本科生和研究生课程的网上辅助教学。建立一流、稳定、高效的教学平台最大程度地提高教学质量和效率。

(3) 科研信息化：主要建设科研信息化平台和学术科研资源中心。以学科资源为核心，以促进学科交叉、提高科研创新能力为目标，面向科研人员。力争建成具有国际先进水平的开放式科研服务平台。

(4) 电子校务：建立覆盖全校的综合业务管理服务系统，最终形成一个统一、集成化的电子校务环境。

(5) 文献资源：建立统一的采集加工、管理与存储以及服务平台。建立一个整体化、数字化、自动化、网络化的信息资源保障系统。

(6) 形象建设：以学校中英文主页及二级中英文主页建设为核心，以完善基于网络的信息传播渠道为手段，展示学校的视觉形象、行为形象和办学理念，体现学校的文化底蕴和文化特色；推动学校的开放性建设。

4. 标志工程

HF-Tech大学中长期信息规划确定以下项目为该校信息化和信息管理中长期建设的标志性工程：教学环境支撑平台；科研创新支撑平台；电子校务示范应用；校园信息门户建设；领导科学决策支持；评估指标体系建设；信息资源综合管理和利用平台。

5. 预期效益

通过各种有效的、便捷的信息服务，为教学科研提供强有力的支持，为"创建世界高水平大学"做出贡献。具体包括：网络与国际先进水平同步；数字化图书馆处于国际先进水平；全面实现本科生和研究生网上辅助教学；重点学科建成资源数据库；电子校务应用国内领先。

6. 方针和步骤

为了实现HF-Tech大学信息化和信息管理目标，该校制定了以下方针：需求主导，重点突破；规范标准，资源共享；学科优先，校务示范；协调发展，避免重复。

同时，制定了信息化和信息管理工作分基础准备(技术准备、标准规范建立)、关键性发展(示范工程建设)、提高性完善(示范推广、应用扩展、体制完善)等三步进行。

7. 保障条件

为了顺利实现信息规划中的目标，使得信息化和信息管理工作步入理性、健康、有序的可持续发展之路，学校需要提供的保障条件主要有：完善管理体制；制定政策法规；规范与标准制定；保障经费来源；充实人才队伍；加强交流与合作。

8. 资金匡算

HF-Tech大学信息化和信息管理工作所需资金由学校统筹解决。其中，信息资源建设、管理与利用投入占26%，形象建设投入占3%，电子校务投入占16%，基础设施投入占43%，教学投入占6%，科研投入占6%。

9. 总结

本规划是HF-Tech大学信息管理工作的重要依据，满足创建国内高水平大学信息管理工作的需要。对HF-Tech大学来说，信息管理和信息化是一个复杂的系统工程、一项长期而艰苦的工作，做好学校的信息管理工作是实现该校跨越式发展的重要推动力和关键因素，也是该校创建国内知名大学的重要组成部分。为此，该校必须抓住机遇，抓紧时机，把握核心与关键，实现信息管理和信息化工作的快速稳健发展。

8.2.3 HF-Tech大学信息管理组织

1. 信息管理组织结构

虽然HF-Tech大学信息化和信息管理工作已具备了一定的基础，但总体上仍处于信息管理发展期，采用CIO机制的条件尚不成熟。如果校长直接主管信息化和信息工作，则很可能分散本来就异常繁忙的该校校长的精力。为此HF-Tech大学建立了信息化和信息管理工作指导委员会来分担校长的信息管理决策职责。信息化和信息管理工作指导委员会是HF-Tech大学组织信息管理的最高决策机构，领导信息管理部门。信息与网络中心、图书馆、档案馆等专门的信息管理部门和各个学院、各个处室内部的信息管理组织是管理执行机构，信息化和信息管理工作指导委员会和信息管理部门结合构成HF-Tech大学的信息管理组织，承担相应的信息管理职责，如图8-9所示。该委员会由校长、信息工作分管副校长、图书馆馆长、信息与网络中心主任、各学院院长，教务处、研究生院、科研处、财务处等一些重要职能部门的处长，以及其他相关人员组成。信息和网络中心是全校信息管理人员比较集中的地方，有信息系统开发、信息管理、信息安全等各个不同方面的技术骨干，这些人员和其他单位的信息管理人员一起，构成了全校信息管理工作的队伍。这样的组织形式为该校信息管理工作的高效运作奠定了重要基础。

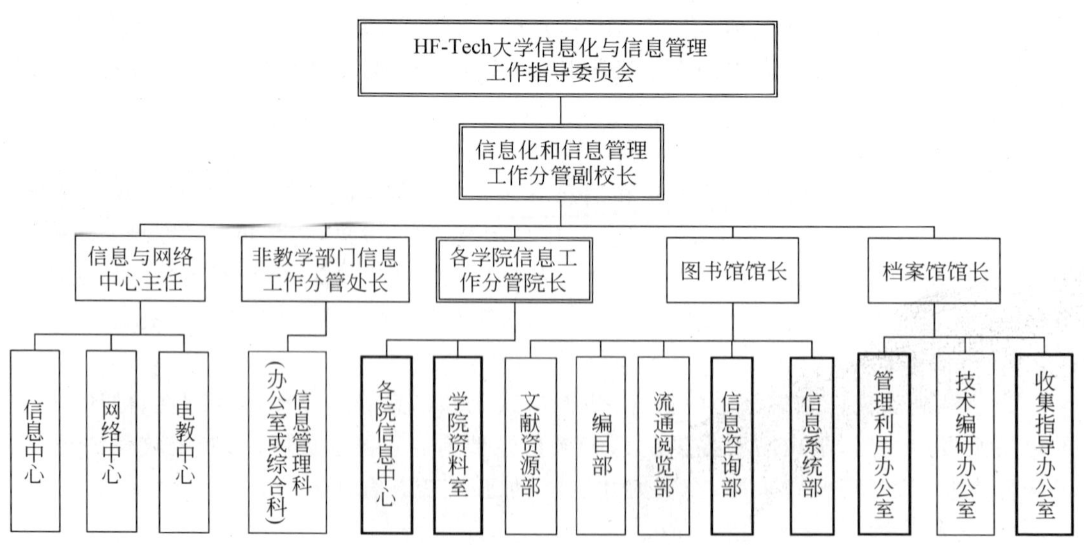

图8-9 HF-Tech大学信息管理的组织结构简图

HF-Tech 大学信息化和信息管理工作指导委员会每年不定期召开信息化和信息管理工作会议，对学校信息化工作、信息规划、信息管理等各个方面的重大问题进行讨论，指引 HF-Tech 大学信息管理的发展方向，对校园网和一些重要的信息系统进行讨论和规划，明确信息与网络中心、图书馆和其他信息管理部门的职能岗位与工作标准，对学校的信息管理规章制度进行修改或对新的信息管理规则制度进行讨论和表决。会议最后会形成决议，作为学校未来一段时期信息管理工作指导和实施指南。该委员会的日常工作由一位副校长负责，除了信息与网络中心属于其直接管理外，他还负责协调全校各个学院和各个非教学单位的信息管理、信息安全、信息化推进和信息服务工作。

2. 信息管理组织部门和岗位设置

HF-Tech 大学根据学校信息化和信息管理工作的需要，设置了符合自身业务和管理需要的信息管理部门和岗位。下面分别从专门的信息管理部门、学院和非教学单位三个方面进行介绍。

(1) 专门的信息管理部门的岗位设置

HF-Tech 大学专门的信息管理部门主要包括信息与网络中心、图书馆和档案馆。下文以信息与网络中心、档案馆为例进行说明。

信息与网络中心设置了信息中心、网络中心、电教中心三个部门，相应地，设置了信息部主任、网络部主任和电教部主任三个科级岗位，各个岗位都有明确的岗位职责和任职条件。

信息部主任的岗位职责是：负责数字化校园的总体建设规划；学校信息标准的制定与发布；学校公共数据平台、统一身份认证平台、统一信息门户的建设与管理；学校核心业务系统的建设、集成、研发、技术支持、管理与服务；学校公共信息服务体系的建设；学校的信息安全等级保护；招生、迎新等信息服务工作。信息部主任的任职条件是：副高及以上技术职称(或长期主持信息管理系统研制并做出突出贡献者)，或硕士及以上学历；熟悉学校的信息化建设，具有较强的软件编程开发能力；有大型信息系统的管理、应用、开发经验，具有较高的业务水准。

网络部主任的岗位职责是：负责校园网络的基础设施建设；网络规划与应用；网络运行维护、技术支持、用户管理与服务；网络出口与连接的管理；网络信息安全检测与管理；校园网站建设与管理；校园网用户账户管理与服务；服务器托管等工作。网络部主任的任职条件是：副高及以上技术职称或硕士及以上学历；熟悉学校校园网建设、维护与管理；有校园网管理、应用、开发经验，具有较高业务水准。

电教部主任的岗位职责是：负责学校现代教育技术的推广、应用与培训；多媒体教学环境设施的建设与管理；多媒体教学技术支持、管理与服务；精品课程的录制与网站管理；网络教学资源的建设与管理；校内有线电视及自办节目的管理与维护等工作。电教部主任的任职条件是：副高及以上技术职称，或硕士及以上学历；熟悉现代教育技术专业知识，有多媒体教学设施建设与教学技术支撑；具有较丰富的管理与维护经验，具有较高业务水准。

信息部、网络部、电教部等各科级部门下设各个工作室，如网络部设置了校园网信息管理工作室、校园网信息技术工作室、电子邮件管理工作室、校园论坛管理工作室等，信息部设置了信息系统集成工作室、大型信息系统管理工作室、信息安全等级保护工作室、招生、迎新等信息服务工作室等。各个工作室一般有3～8人不等,各自都有明确的职责。

校园网站信息管理工作室设主管1名,副主管2名,网站信息和安全管理人员8人。

档案馆则设置了三个科级办公室,即技术编研办公室、收集指导办公室和管理利用办公室。技术编研办公室:主要负责全馆档案计算机和档案馆主页的维护、全馆工作人员计算机技术培训;全馆档案编研工作的组织和计划;档案馆的对外宣传工作;编写档案工作简报,及时向有关单位发送档案工作的最新信息,通过计算机网络和其他形式对本馆工作进行宣传。收集指导办公室:主要负责全校档案工作业务指导、宣传有关档案工作法规、开展档案收集与征集工作、全校兼职档案工作人员的培训等项任务。管理利用办公室主要负责全馆档案的借阅和利用工作、库房管理、档案整理、接受收集指导办公室移交的档案等项工作任务。

技术编研办公室设主任1名,副主任1名,一般信息管理人员5名;收集指导办公室设主任1名,副主任1名,一般信息管理人员6名;管理利用办公室设主任1名,副主任2名,一般信息管理人员12名。

(2)各学院信息管理岗位设置

HF-Tech大学各个学院的信息工作主要集中在两块,学科期刊文献资料和学院网站、学院信息系统的运行和维护。因此,各个学院大都通过设置资料室和学院信息中心保证信息管理工作的有序进行。如管理学院信息中心,设置主任1名,管理和技术人员3人。此外,学院党委办公室、教学办公室、研究生办公室、学生办公室也有专门的人员负责各自范围内的信息管理工作,但没有设置专职的信息管理人员。

(3)非教学单位信息管理岗位设置

HF-Tech大学各个非教学型单位的信息工作一般由各个业务办公室的专人负责。如教学运行处办公室秘书就负责以下信息管理工作。

① 协助主任做好对各办公室(中心)发文(含网上发布通知及信息动态)的格式、内容的审核工作,并做好发布工作。

② 人才培养相关信息的收集、汇总、发布及上报。

③ 一般工作会议的落实,并做好会议记录。

④ 各类通知、一般性文字材料等的撰写、分类保管,以及管理制度的汇编、管理。

学科与学位建设处也类似,其办公室由秘书负责具体的信息管理工作,包括:

① 负责学科建设相关信息资源数据库的建立、更新与维护。

② 负责学科数据统计上报工作及信息发布。

8.2.4 HF-Tech大学信息管理领导

HF-Tech大学信息化和信息管理指导委员会是该校信息工作的最高决策机构,其主要职责包括负责贯彻执行国家和地方政府关于工业和信息化工作的法律、法规、规章和方针、政策;研究起草信息化和信息管理工作的综合性管理措施并会同有关方面组织实施;负责提出学校信息化固定资产投资规模和方向;规划和组织学校重点信息化建设项目;负责学校信息化项目的立项审批;会同有关部门监督信息化建设专项经费的使用;统筹推进学校信息化工作，负责组织制定相关政策并协调信息化建设中的重大问题；指导协调信息资源的开发利用及高校信息化、数字化校园和电子校务系统建设；组织协调信息安全保障体系的建立；协调处理网络与信息安全重大事件；会同有关部门加强对信息网络安全技术、设备和产品的监督管理；负责指导制定学校信息管理专业人才的发展规划，并监督有关部门组织实施。

除了信息化和信息管理指导委员会外，学校校长、信息工作分管副校长在信息管理领导中也扮演着不可或缺的重要角色。信息与网络中心主任、图书馆馆长和档案馆馆长也是信息管理工作的重要领导者和实施者，后面我们将以信息与网络中心主任为例进行说明。

1. HF-Tech 大学校长与学校信息管理

HF-Tech 大学校长在该校信息管理中发挥着不可替代的重要作用，他不仅热心于学校的信息管理工作，同时亲自参与和领导。学校很多重大的信息化工程都是由他亲自挂帅的。该校校长清楚地认识到信息管理工作和信息系统项目的重要性、复杂性和艰巨性，高度重视和支持信息管理工作，并实实在在地参与到了信息管理和信息系统的建设过程中，保证了信息化和信息管理措施的有效贯彻实施，并保证了资金的顺利到位。

2. 信息管理工作分管副校长

HF-Tech 大学信息管理工作分管副校长是全面负责该校信息工作的校领导。在 HF-Tech 大学，他相当于 CIO 的角色。他既懂信息技术，又懂业务和管理，集战术和战略管理于一身，作为校领导，是学校最高层的决策者之一。HF-Tech 大学对该领导岗位提出了技术能力、商业头脑、管理技能和从业经验等多方面的要求，例如：

(1) 应具备一定的技术知识，如信息系统开发知识、数据库知识、Internet 知识、局域网知识、信息集成知识、计算机网络硬件知识、网络安全知识等，以保证其懂得如何将最合适的技术运用于学校，帮助学校实现目标。

(2) 应具有管理和规避风险的能力，协调学校、工业界、政府和 IT 软硬件厂商之间关系的能力，一定的财务知识以及对高校信息化发展的较强判断能力。

(3) 应具有制定业务策略、领导学校信息化工作走向成功的能力，有出色的信息管理工作组织能力，能管理学校信息资源并协调业务部门的资源与优先权。

(4) 有敏锐的观察力，能处理模糊或不明朗的情况等。

此外，HF-Tech 大学还要求担任该岗位的人员具有较丰富的工作经验，在担任该岗位前至少在正处级岗位上工作五年以上。

3. 信息与网络中心主任

HF-Tech 大学信息与网络中心主任也在该校的信息管理领导工作中扮演着重要的角色。他既是一些重大信息管理决策的参与者，也是信息管理工作的具体实施者和领导者。该岗位在大学为正处级单位。信息与网络中心主任要具有较强的领导能力、工作能力、实际经验和心理素质。思想政治素质方面要求有：

(1) 能够全面贯彻科学发展观和构建社会主义和谐社会。具有较强的政治理论水平，能够认真贯彻执行党的路线、方针、政策。

(2) 具有较强的政策执行能力及规划、管理、协调、沟通能力，综合素质好，管理能力强，工作业绩突出。

(3) 具有较强的口头表达和写作能力，具有较强的团队合作能力。

在业务能力上要求熟悉并掌握现代信息技术、校园网运行与管理、信息系统开发与管理知识等；熟悉国家有关信息与网络工作的法规和政策，了解学校信息与网络管理工作的基本情况；具有相关专业背景，熟悉信息工作，思维敏捷，有较强的组织领导能力；具有正高级专业技术职务，并有从事管理工作的经历；具有较好的计算机网络和科研网络应用的经验。

8.2.5 HF-Tech 大学信息管理控制

HF-Tech 大学信息管理控制制度是保证信息化快速稳步推进和信息管理工作有效开展的保障。HF-Tech 大学有专门的信息管理控制制度，如《HF-Tech 大学校园网用户守则(试行)》、《HF-Tech 大学校园网使用和安全管理条例(试行)》、《HF-Tech 大学学生上网管理办法(试行)》等；同时，也有融入其他管理制度之中的信息管理控制制度，如《HF-Tech 大学科研管理制度》里面就有关于军工项目和涉及国防、国家安全等领域重大科技攻关项目的信息管理和保密条例。下面重点介绍专门的信息管理控制制度。

总体来说，HF-Tech 大学信息管理控制制度包括三个层面：国家信息系统与网络安全相关的法律法规，HF-Tech 大学所处的安徽省信息系统和互联网管理法规，以及《HF-Tech 大学校园网用户守则(试行)》、《HF-Tech 大学校园网使用和安全管理条例(试行)》、《HF-Tech 大学学生上网管理办法(试行)》等学校层面的信息管理规定。该校学校层面的信息管理规定是依据国家和安徽省相关的信息和网络法律法规，由 HF-Tech 大学各个具体信息管理部门制订并通过学校信息化与信息管理工作指导委员会审核通过和实施的。这些规定是对国家和安徽省相关法律法规的进一步明确、补充和完善，充分考虑了 HF-Tech 大学信息管理工作的实际情况和特点，更有针对性。如《HF-Tech 大学学生上网管理办法(试行)》由学校信息化与信息管理工作指导委员会 2001 年授权信息与网络中心的网络安全与紧急响应工作组负责制订，2002 年 3 月完成初稿，4 月完成终稿，5 月 28 日通过该校信息化与信息管理工作指导委员会表决通过，6 月 1 日起正式实施。该管理方法为实现该校信息资源共享以及网络和信息安全通畅等方面提供了可操作性强的有力保障。其内容分为总则、网络系统管理、信息管理、处罚办法等四大条十六款，可以说较为全面，既涉及信息管理流程制度，也涉及信息责任制度，还涉及信息质量控制制度以及信息系统使用监控和评价制度。这些内容相互联系和渗透、相辅相成，和其他相关法律法规和管理制度一起共同构筑了 HF-Tech 大学信息和网络安全的屏障，有力地保障了该校信息资源的有效管理与合理利用。下面举例进一步说明。

属于信息管理流程制度的条款有第二条第二款："任何个人使用网络前必须首先到学校网络中心以真实身份办理入网手续。未办理入网手续，任何个人不得非法私自将计算机接入校园网。"

属于信息管理责任制度的条款有第三条第三款："校园网的所有用户有义务向网络管理员和有关部门报告违法犯罪行为和有害的、不健康的信息，如发现此种情况，网络安全员或用户必须在 24 小时内报告网络中心、校保卫处、宣传部或分管校领导。"

属于信息质量控制制度的有第二条第一款"……不得在网络上发布不真实的信息……",以及第三条第一款:"不得制作、查阅、复制和传播有碍社会治安和不健康的、有伤风化的信息。"

属于信息系统使用监控和评价制度的条款有第三条第五款:"信息系统实行安全等级保护(指访问、浏览、更新、修改等操作权限和范围)。"

8.2.6 HF-Tech 大学数字化校园与管理创新

近年来,随着社会信息化的大力推广,信息技术在学校教育中的应用呈快速发展之势,很多高校都在建设各自的校园网,并通过教育科研网与 Internet 互联,开发了不同水平和范围的数字化教育管理和网上教育应用平台。在教育信息化浪潮的推动下,还出现了一些教育管理的商品化系统,如博学 E-school 系统等。这些系统一般都实现了教育管理的部分功能,如教学管理、学生管理、教务管理等,但仍没有形成完整的解决方案,信息共享仍然存在较大的困难,系统的信息规范也不统一,数据的不一致性比较严重,信息管理的宽度和深度都不够,因此还没有能力对领导层的决策提供足够的支持,对信息的深层次应用也有待于进一步的研究开发。

利用现代教育技术,改变传统教育模式,建立数字化校园是我国高等教育的发展趋势和改革方向。目前我国高校处于传统意义上的高校向数字化校园的转变时期,以传统意义上的高校为主,数字化校园刚刚起步。所谓数字化校园是以计算机、网络和多媒体技术相结合为代表的信息技术应用的最新成果,是在现代教育学思想的指导下,对传统教育模式革新创建的适应现代化教育发展进程的新型教育环境。它是一种全新的教育模式与教育环境相结合的典范,是深化教育改革的一场革命。数字化校园为全社会提倡终身教育提供了必要条件,受益将涉及社会的每一个人。这是一个关系到全民族劳动力素质提高,事关我国在世界上的竞争能力的大事,同时是一项跨学科、富有挑战性的研究课题,能否成功发展关键取决于是否能得到最新的信息技术成果的支持。

HF-Tech 大学的教师和研究生一起实现了数字化校园管理系列软件,并已在该校稳定运行,效果良好。该系统在保证高校管理的规范化、网络化、电子化等方面也起到了支撑和约束作用。系统技术先进,功能全面,具有完全自主知识产权,有良好的推广价值。相对于传统的高校管理信息系统,HF-Tech 大学数字化校园使得学校信息管理工作迈向了新的层次,主要体现在:

(1) 建有高速宽带的校园网络基础设施。

(2) 主校区和各个分校区(北区、新区)具有良好的校园互连网络相通,在网络世界就像一个校区一样方便。

(3) 教育对象除了本科生和研究生,还扩展到校外在职学历、学位和职业教育。

(4) 把现行的各种教育管理、学习、教学、科研、后勤保障及服务融于校园数字化网络系统之中,运用信息技术来管理运作学校的各项日常工作,提高了教学、管理工作效率和现代化办学水平。

(5) 改革了传统的以课堂授课为主的简单的教学模式。通过使用网络信息技术、多媒体等技术为学生教师提供丰富多彩的教学手段和良好便捷的学习环境,有效地激发了学生学习的积极性和创造性，实现以教师为主的被动填鸭式的学习模式向以学生为主的主动个性化学习模式转变。

8.2.7 总结与讨论

当前，信息技术飞速发展，信息资源的作用日益显现。以 HF-Tech 大学为代表的很多高校都建立了专门的信息管理部门，并且引进先进信息技术和专门管理人才，使得高校信息管理工作取得了一定实效。本案例介绍了 HF-Tech 大学信息管理的实践，特别是该校信息化现状、信息资源分布、数字化校园与管理以及信息管理组织、领导、控制。通过这些介绍，有助于人们对信息管理的理论有更为具体的认识。

从 HF-Tech 大学信息管理的实践来看，还存在着信息管理方法先进性不足、管理人员素质参差不齐、管理模式陈旧缺乏创新等问题。这些问题在很大程度上阻碍着该校信息资源管理水平的提高，也不利于学校信息化进程的整体推进。为进一步提高 HF-Tech 大学为代表的高校信息管理水平，可以考虑从以下几个方面进行尝试和努力。

一是进一步提高学校各级管理人员对信息管理重要性的认识。当前我国高校各级管理人员对信息管理认识不足、重视程度不够。据中国互联网络中心对网络信息资源数量的调查显示，在所有不同类型的网站中，教育科研网站仅占 5.1%，这反映出教育机构对信息资源认识相对不足，利用现代技术手段收集信息进行科研教学工作的总体意识不强。因此，要更好地推进高校信息化建设、提升高校信息管理水平，就应该从根本上改变高校管理人员的落后意识和陈旧观念，使他们充分认识到信息资源在日常教学和科研工作中的重要地位，从战略高度上来重视信息资源的开发和利用，加大对信息资源管理的投入力度，这样就可以为信息资源管理在高校中规范化和制度化提供决策支持和资金保障，在高校信息资源管理层中上下形成合力，营造重视信息资源管理工作的良好氛围，努力建设管理型和信息化高校。

二是进一步优化整合高校信息管理机构，加强部门间相互协作，从根本上提高高校信息管理工作的效率。目前在我国的很多高校中都设有专门的信息管理部门，信息管理的模式较为单一和陈旧，这就造成了信息管理机构烦冗和效率低下的现状。同时各部门间彼此独立，各自为政，缺少必要的交流与协作，这在很大程度上制约着信息资源的正常流动。只有将高校信息资源管理机构优化整合，才能有效地减少管理成本和不必要的重复劳动，增加高校信息资源的价值和利用率。同时，要建立一套标准、规范的高校信息资源库，使高校信息资源的获取、传递、处理、储存、控制建立在全面、系统、科学的基础之上，保证信息资源的完整、准确和及时。另外，高校各部门之间应增进交流协作，促进信息资源的快速流动，实现信息资源的高效管理和广泛共享。

三是进一步加大高校信息管理人员的培训力度，提高相关人员的业务素质。一些高校信息资源管理部门未能受到足够的重视，导致信息资源管理成为一些高校日常管理工作中的一个盲区，一些没有经过专门培训和系统学习的人员直接上岗，最终造成一些高校信息管理水平长期呆滞不前、信息资源流动和更新缓慢的现状，阻碍了高校信息化的进程。因此，高校应当发挥其自身人才优势，大力培养具有良好信息素养和较强专业技术能力的高水平复合型信息资源管理人才，并将其择优输送到高校信息管理部门，给高校信息管理层输入新鲜的血液，这样就为高校信息管理水平的提高打下一个坚实的人力基础，使高校信息管理朝向正规化和专业化的方向发展。同时，在引进人才之后，应当建立完善的激励和竞争机制。

四是在管理手段上主要利用现代信息技术，使信息管理与高校信息化、数字化建设全面并轨。高校信息资源数量巨大，内容庞杂，信息资源开发和利用过程中所涉及的部门和人员范围较广。高校在信息管理人员的吸纳和培训过程中，也应当将信息技术作为重要的考核内容和标准，将信息资源管理的全过程统一纳入高校信息化建设的轨道中来，以实现高校信息资源更加有效和准确的管理。

8.3 AHU 医院信息资源管理

医院信息(资源)管理就是对医院信息的收集、处理过程的管理，让信息为医疗、科研和管理服务。即按照医院信息的特点，科学的处理信息，建立管理信息系统和情报资料工作的管理，开发信息资源，使信息为医疗和管理服务。信息管理是医院现代化建设的客观要求，医院信息管理部门必须掌握信息的内容和分类，及时、完整、有效地收集医院的有关信息，并进行科学的分析和处理。充分合理地利用信息为医院管理服务是医院生存和发展的要求，也是医院管理水平的重要标志。随着现在医学科技的发展，医院的专业化程度越来越高，各个专业之间的合作也越来越强，对疾病和病人的信息收集日趋深广，信息的流动量和流动频率不断增加，客观上要求医院实施现代化的信息管理，通过对信息的充分利用来提高医疗水平和工作效率。下文以 AHU 医院为例，介绍医院信息资源及其组织和管理工作。

8.3.1 案例背景

AHU 医院是国家卫生部认定的三级甲等医院。目前全院落设置病床 1 400 张，设临床科室 37 个、医技科室 19 个、临床教研室 19 个。医院现有在职职工近 2 000 人，年门诊量近 120 万人次，年住院病人近 4 万人次，年大小手术近 2 万台次。医院的现代化医疗、科研设备不断充实，万元以上医疗设备 500 多台，大型医疗设备包括美国产 GE1.5 超导核磁共振成像系统、西门子螺旋滑环式 CT、电子直线加速器、彩色多普勒超声诊断仪、全自动生化分析仪和准分子眼科激光治疗仪等，为诊断、治疗的准确、高效、高质量和承担重大科研课题提供了雄厚的技术保证。

在过去的十几年间，AHU 医院已经建立了较为完善的信息化平台体系，如医院急诊管理系统、住院管理系统等，基本实现了医院业务的初步信息化。各种临床信息系统(CIS)，包括 CPOE、EMR 的建设与应用已经初具规模，LIS(检验信息系统)应用成熟。近年来，随着国家和卫生部医学信息标准化步伐的加快和一系列像《卫生信息标准框架》、《医院信息基本数据集》、《公共卫生基本数据集》、《社区医疗信息系统基本功能规范和基本数据集》、《健康卡数据和公钥基础设施标准》等标准制定的启动，该医院也正在走向高端、全面精细化的信息管理方向。

在信息管理组织方面，AHU 医院建立了一支高效精干的信息管理队伍，从事信息系统运行监控、数据库管理与维护、用户管理、系统安全、数据安全、网络管理、网络安全、应用技术支持、内容管理(ECM)、系统集成、实现及管理,网络、硬件、软件的维护维修,以及对各级、各类系统使用人员的培训。当前,一些最新信息技术开始引入医院管理,越来越多先进的硬件和软件平台被使用;信息系统实施范围广泛,越来越多的CIS应用系统被采用。虽然信息管理工作的投入增长较快,但和医院快速发展带来的对信息化和信息管理的需求相比仍显不足,在数据表达和交换两方面都缺乏标准,并且医院信息管理人才缺乏。

8.3.2 AHU医院的信息资源及其作用

1. AHU医院信息资源

随着现代医学的发展,医学信息也在迅猛增加,信息资源作为医院最为宝贵的一大资源,能否对其加以充分利用,将直接影响到医院的生存和发展。为了更好地利用医学信息资源,就要对医院分散、庞杂的信息资源进行收集、加工处理,使其能更为方便地为全院医护人员利用,充分发挥其价值。

AHU医院的信息资源主要包括病案、档案、医学图书资料和医院管理信息等。

(1) 病案

病案是AHU医院最重要的信息资源。病案包括门诊病历和住院病历,它记载了病人门诊期间或住院期间自始至终的诊断治疗过程,是病人病情变化及治疗方法和过程的原始记录。可为医疗、科研、教学等提供第一手资料,是医院特有的医疗信息资源,能反映出各时期的医疗技术水平;同时病案作为医疗资料,对于病人的再治疗、医疗法律鉴定、医疗保险等起到了举足轻重的作用。

(2) 档案

医院的档案是在医院各项活动中形成的原始资料。AHU医院档案由文书档案、科研档案、基建档案、会计档案、设备档案、教学档案等构成。

(3) 医学图书、期刊等资料

医学图书、期刊等资料也是AHU医院重要的信息资源。医学期刊具有时效性强,报导医学的最新进展,发表医学观点的作用。医务人员可借助图书、期刊了解医学动态,获得最新医学信息,更新知识。医学图书、期刊发挥着传播现代医学信息的重要作用。

(4) 医院管理信息

医院在管理过程中积累下来的各种管理信息也是AHU医院的重要信息资源。例如挂号信息、收费信息、药品采购消耗信息、材料采购消耗信息、床位利用信息、医护人员信息、医护人员管理档案等。这些信息资源的积累和利用对于提高AHU医院管理效率和水平具有重要的意义。

医护人员对信息的需求既有原始的档案资料,又要有比较系统的理论、数据、参考资料,还要求提供最新的学科信息。为了便于医护人员从多种信息源中获取所需要的信息,AHU医院信息处对医院病案、档案、图书信息进行了一体化管理和综合开发利用,从而适应了现代化医院管理需要的信息管理模式。

此外,AHU医院还加强对各种信息收集整理,建立完善的病案、档案等收集制度和收集网络，建立了高效的书刊采访制度，保障各种信息资料的完整；同时，规范病案、档案、图书、期刊利用的有关规章制度，严格办理借阅手续等。

AHU 医院对病案、档案、图书、管理信息等信息资源实施计算机管理，建立了自动化检索系统，形成了各具特色的数据库，这些信息资源的电子化为病案、档案、图书信息一体化管理创造了十分有利的条件。

2. 信息资源对 AHU 医院管理的作用

信息资源是医院维持动态平衡的要素，医院的市场竞争、业务的发展、人员素质的提高、技术的更新、管理水平的提高等都离不开医院信息管理，信息是医院开展各项活动的先导。具体来说，信息资源对 AHU 医院具有以下重要作用。

(1) 医院在经营管理过程中，一切活动都离不开信息的支持。以上信息资源是 AHU 医院宝贵的财富。它们是医院中人流、物流、信息流这三大资源之一，既是医院管理的对象，又是医院管理的基础。

(2) 是 AHU 医院所有计划决策的依据。计划和决策是管理的重要职能，这一职能的实现需要大量信息的支持，准确完善的信息为正确计划和决策提供依据。

(3) 是 AHU 医院管理中组织和协调的手段。组织和协调的整个过程都需要运用信息，既要收集组织内部各要素相互作用的信息，以了解组织状况，同时，要通过信息的传递来协调组织内部要素。

(4) 是 AHU 医院管理中有效控制的工具。控制是按规定的任务和目标，使医院医疗和各项工作按规定标准、规章制度、常规程序等有序运转。控制的过程实质上就是信息反馈的过程，信息的反馈是进行控制的工具。

(5) 信息和信息资源直接推动医院的医疗、科研、教学、管理工作。20 世纪 80 年代，AHU 医院开始采用计算机建立财务管理网络信息系统和局部网络建设，在 20 世纪 90 年代先后建立人事管理系统、图书管理系统、病案管理系统、医院统计管理系统、药品管理系统、总务管理系统、住院病人信息管理系统。各个临床科室、实验室、行政办公室、门诊住院收费、药品、试剂、仪器、物资等全部实行现代化管理，从而提高了工作效率，推动了 AHU 医院医疗、科研、教学和管理工作。

8.3.3 AHU 医院信息中心

过去国内医院信息部门组织形式各不相同，信息管理工作分散在图书馆、计算机室(网络中心)、统计室、病案室等部门，后来有的医院成立了专门的信息管理部门，但其隶属关系亦不相同，有的隶属于院长直接领导下的职能科室，有的隶属于具有管理职能的业务科室。由于医院信息管理部门是由几个科室拼凑组成，并且各室的专业不同，因此普遍存在一个科室下各干各的现象，信息管理不能形成合力，其职能作用得不到充分发挥。信息部门的职责一般也只停留在单一地维护信息系统设备、维持收费记账和药品数量管理系统的日常运转和维护上。随着医院等级评审的开展，信息部门的地位和作用随着管理职能改变而发生相应的变化，信息管理工作的重要性、必要性和不可取代的地位就会充分体现出来，信息管理部门逐渐成为现代化医院科研管理基础和中心。

在这样的背景下，AHU 医院也成立了专门的信息管理、信息技术和信息服务部门——信息中心(Information Center at AHU, IC-AHU),负责全院信息系统和网络的规划、建设、运转、培训、继续教育、科研支持和信息服务等工作。IC-AHU 属于院长直接领导下的职能科室,参与医院管理决策。信息中心设主任 1 人,副主任 2 人。信息中心为处级单位,下面设置各工作室。工作室设组长,为科级单位,负责各室的数据提供。这样层层负责,层层落实,集中力量,为全院提供纵向到顶、横向到边的全方位信息管理服务。

IC-AHU 的职能作用主要是:承上启下,担负起向上(决策层)精确、快速呈报全医院的经营状况、医院医疗信息,向下通过计算机网络准确传达实施领导层的管理控制信息和决策信息,即作为一个权威信息部门来管理医院综合信息,并利用现代化的管理知识和网络化的信息系统收集和处理信息,经过归纳汇总分析后,为医院领导层提供有价值的信息参考,为医疗科研提供优质的信息服务使医院信息成为医院工作计划和决策的依据,它是指导医院工作使之系统协调运行的手段。近年来,面对新的形势 AHU 医院建立了较为完善的信息中心管理运作机制,转变过去原有的职能,特别是转变了过去那种单一以维护信息系统设备、维持收费记账和药品数量管理系统运转为主的工作观念。

在 IC-AHU 人员配置上,AHU 医院紧密围绕两个工作重点,一个工作重点是维护计算机网络和信息系统,使其正常运作。另一个工作重点是随时为管理决策层提供最为快速、最为准确的医院经营和医疗信息,同时又为快速贯彻管理层的管理思想和决策提供传递和实施的途径。为此医院在配置人员时,除了招聘和配置管理人员、维护人员外,还要有为数不少的开发人员。

8.3.4 AHU 医院管理信息系统

20 世纪后半叶,在生物医学和计算机科学之间诞生了一门新兴学科——医学信息学(medical informatics, MI)。医院信息系统(hospital information system,HIS)是医学信息学中的重要分支和组成部分。伴随着医院运行机制的转变,医院信息系统已经成为现代化医院必不可少的重要基础设施与支撑环境。按照国家卫生部在《医院信息系统基本功能规范》中所给出的定义,医院信息系统是指利用计算机软硬件技术、网络通信技术等现代化手段,对医院及其所属各部门对人流、物流、资金流、信息流等进行综合管理,对在医疗活动各阶段中产生的数据进行采集、存储、处理、提取、传输、汇总、加工生成各种信息,从而为医院的整体运行提供全面的、自动化的管理及各种服务的信息系统。

自 20 世纪 90 年代中期,AHU 医院开始进行面向各个业务过程的 HIS 系统建设,到 2006 年,已经建成了较为完善的集成化 HIS 系统,简称 AHU-HIS 系统。在充分考虑医院信息系统功能规范要求的基础上,结合临床医院的应用特点,整个 AHU-HIS 系统可分为二十多个子系统,即门诊挂号、诊间管理、门诊收费、门诊药房、住院管理、中心药房(住院药房)、药库管理、制剂室管理、病案管理、医技科室、财务管理、医务管理、护理管理、科教管理、图书资料、固定资产、设备管理、物资管理、人事管理、经济运行分析、行政办公自动化、职工医保、社区医疗服务及领导查询系统等。当时已开发完成并实施应用的有门诊挂号、诊间管理、门诊收费、门诊药房、住院管理、中心药房(住院药房)、药库管理、制剂室管理、医疗设备、物资管理、人事管理、教育管理等子系统。根据 AHU 医院的数据流量、流向及数据处理过程,也可以将整个 AHU-HIS 系统划分为临床诊疗部分、药品管理部分、经济管理部分、综合管理与统计分析部分和外部接口部分等5个部分。

AHU医院于1998年底运行了AHU-HIS系统中的门诊挂号、门诊收费、诊间管理、药库药房管理、住院管理等子系统，全面实现了医疗业务信息电子化。后来，其他子系统也先后投入使用。AHU-HIS系统的应用极大地提高了该院医疗服务与管理的效率，取消了划价环节，前台挂号、收费操作比手工快两倍以上，门诊系统中长期存在的挂号时间长、划价时间长、缴费时间长、就诊时间短的“三长一短”现象有了较大改观，诊间系统通过实施库存检查，减少了处方药品的缺药现象，大大提高了病人满意程度。通过药库、药房二级管理系统的应用，杜绝了缺药少药、药品流失、过期等现象，每年可为医院增加收入数十万元。通过住院系统的应用全面实现了住院病人管理、费用管理和医嘱处理的电子化，自动生成静脉、口服、肌注、护理四大单，及时对病人住院费用进行核算，减少了住院病人欠费、漏费，提高了住院周转率及医疗服务水平。在应用中，广大医护人员普遍反映系统界面友好、便于应用。经过短期培训，普通医护人员的操作速度均比手工操作有较大提高，为信息系统在医院的全面应用打下了基础。

AHU-HIS是典型的以病人医疗信息为核心的采用临床信息管理模式的医院信息系统，已经成功跨越了HIS系统在中国发展的初级阶段，即以财务管理为核心的管理信息系统。此外，AHU医院日常运行中不断强化管理意识，以医院信息化促进医院管理的现代化、科学化，不仅规范了医院自身的管理模式和管理流程，提高医院工作效率，还完善了医院的运行机制。

未来的AHU-HIS系统将向智能化、大规模一体化的方向发展。AHU医院的决策者和信息技术人员正在研究将人工智能、数据挖掘、云计算技术等用于医院信息化和信息管理中，努力实现面向分布式海量数据处理的智能化和大规模一体化的新一代HIS系统。大规模一体化医院信息系统也称第二代医院信息系统，它不仅扩大了传统的医院信息系统的信息服务范围，而且从信息服务向智能服务发展。日益增多的医院信息系统开始装入了医学专家系统、护理专家系统、辅助诊断系统等，使医院信息系统能为医生和病人所用。用人工智能技术和方法分析医院信息系统的数据，开发医院信息系统的智能人机界面，开发智能监护系统，同时，将人工智能技术和知识工程技术的运用系统与医院信息系统集成，在管理系统上提供智能服务。同时，云计算技术也为HIS系统的进一步发展提供了广阔的机遇，包括空间异构数据处理、集成，海量数据存储、计算和信息快速获取。

8.3.5 数字化医院及其诱发的AHU管理变革

首先，我们来看一下发生在AHU医院急诊部的一个案例。2010年11月16日中午，AHU急诊部门口，5辆120救护车警灯闪烁、呼啸往来，气氛异常紧张。原来，满载乘客的某公交车先后与一辆小轿车和一辆双层长途客车相撞，造成20人不同程度受伤，其中6人面部损伤、4人骨折、1人出现气胸。急救随即展开。医务人员迅速对伤者进行分诊，按照危重伤情、中等伤情和一般伤情分别在伤者手臂系上了醒目的红、黄、绿3种彩环。与此同时，分诊台通过网络将每个伤者的基本情况传递到各工作站及医生的电脑屏幕上。在伤者进来之前，CT室、B超室、化验室、药房以及主治医生，已经根据初步信息做好了诊治准备。按照轻重缓急，各小组紧急就位，重者立即进行手术抢救，轻者按正常医疗程序进行诊断治疗。伤势最为严重、系着红色臂环的李先生被医务人员推进了急救室，他已经没有了呼吸，初步诊断已无生命特征。急救在急诊部夏主任的指挥下紧张有序地展开，肌肉注射、气管插管、循环按压……生命特征在第6分钟时出现在监视仪屏幕上，心跳、血压恢复。下一个流程又随即启动，李先生被送往数字影像室拍片，他的影像资料马上传输至医院后楼外科专家诊断终端的电脑上，医生立即做出初步诊断，向抢救室等待的医务人员发送处置信息。两分钟后，病人被送回抢救室。此时专家组成员同时到达，展开进一步的诊疗。不到两个小时，19名伤员均处置完毕。

目前国际急救医学领域把危重的多发伤、严重创伤或失血性休克患者的伤后1小时称为"黄金1小时"。AHU医院数字化手段的运用，为快速处置、挽救生命争取了宝贵时间。该院数字化急诊部改变了传统的急救模式，为抢夺"黄金1小时"奠定了良好条件。

数字化医院是由数字化医疗设备、计算机网络技术和医院业务软件组成的综合信息系统。数字化急诊部，是AHU医院建设数字化医院的一个缩影，它是将CT、B超、数字CR等影像检查系统、全自动生化分析仪化验检测系统、生命监测及急救设备系统、创伤急救手术系统、数据分析及决策处理系统、药品综合支持系统和留观隔离后续分流系统等综合急救系统，整合在一个2 000平方米的平台上，形成独有的院中院模式。与传统急救模式的明显区别在于，它最大限度地缩短了急诊病人在挂号后，患者及病情信息在检查、照相、化验、B超、CT、诊断、处置、手术、维持等各个不同科室和环节的流动，将上述科室和环节高效整合在一个24小时运转的平台上，并通过数字化技术手段，使各种病情信息实现了零距离，病人在空间的流动，也从多个科室之间浓缩到一个部门之内，最大限度地争取了抢救时间。

显然，数字化医院充分体现了以病人为中心，以服务为半径的医院管理新模式。它有助于医院实现资源整合、流程优化、降低运行成本、提高服务质量、工作效率和管理水平。数字化医院，是20世纪70年代由美国人提出的，数字化医院自20世纪80年代初传入我国。20世纪90年代后期，AHU医院投资1 000多万元，开始打造数字化医院。目前，AHU医院已经成为信息资源高度共享，服务临床、服务科研的高水平数字化医院。

到大中型医院看病，人们普遍头痛的是挂号难、就诊难、交费难、取药难、看病短。而在AHU医院，以病人为中心的临床信息管理系统，让病人在挂号、收费、取药、诊疗等过程中享受人性化服务，既方便了患者，也极大地提高了医院临床一线的工作效率。在数字化系统的协助下，数字和生命健康达成了完美的超级链接，人们能体会到数字化网络为AHU带来的方便快捷：病人在挂号处通过病人标识条码化系统获得其在本院的唯一条码标识。到诊区后，经分诊台计算机分诊（或不分诊）后就诊；到诊室后，医生从门诊医生工作站调出其病历，了解病史，询问和检查完后，在计算机上开出电子处方。以前医生的很多时间是花在书写病人基本信息、开检查项目及处方上，而现在的数字化系统实现了无纸化，只需点击电脑内已提前设置好的词条，再稍加修改就行；病人拿着计算机打印的带有病人条码的检查、检验申请单，在门诊收费处通过条码扫描仪直接提取病人费用收费，这边病人还在付钱，那边药房根据网上传过来的处方已经准备好了药品，整个流程快捷有序。

数字化医院给 AHU 医院组织结构带来的变革主要表现在组织机构的扁平化、弹性化和网络化。从 AHU 医院建设数字化医院的实践来看，数字化医院的主要特征可以概括为：

(1) 医院内的医疗、教学、科研、管理实现网络化。

(2) 数字化推动医院集团化、区域化并改变医院原有的工作模式。建立区域性的影像中心实现医学图像网络传输。建立区域性的中心实验室实现检查结果网上传输，节约资源。实现医学文献资料的共享。建立区域性的各类医学服务中心，使卫生资源获得最大程度利用。

(3) 病人获得最方便、快捷的服务，实现网上预约就诊、网络安排床位、预知医师及医疗过程。医疗保健和监护实现网络化，信息高度共享。

(4) Internet 和远程医疗结合在医院、医生的日常事务中。

8.3.6 总结与讨论

AHU 医院在信息基础设施、信息系统建设和信息资源建设等方面工作较为扎实，也取得了很好的效果。在信息管理组织上，医院现有的组织结构较为合理，组织方式也较为有效。医院信息中心成为整个医院信息管理工作的核心部门。当前存在的问题主要有以下几个方面。

一是医院的信息管理计划性不强，有一些信息工作缺乏周密的计划和安排，导致一些临时性的信息工作较多，信息管理人员疲于应付；有的信息管理工作因为缺乏计划而导致实施时问题较多或较为混乱，既缺乏效率也影响了工作效果。

二是信息资源的利用还不够充分。目前，AHU 医院已经积累了大量的病例和诊疗数据，但是这些数据大都束之高阁，缺乏有效的数据挖掘工具和管理方法，信息资源的利用率很低。

三是信息管理的继续教育和培训工作尚需进一步加强。目前，AHU 医院已经面向主要业务人员开展了几期培训，主要是信息系统操作的简单培训，培训工作做得不够细致，更缺乏信息技术和管理意识的教育和培养。目前，仍有一些医生，特别是年龄较大的医生觉得信息系统的操作较为烦琐，思想上对信息化和信息管理的重要性认识不足。同时，信息中心信息管理人员接受继续教育和进一步深造的机会较少，不利于新知识的学习和自身业务能力的提升。

四是智能化信息管理平台有待发展和应用。在国外，医疗信息的智能化管理已经成为医院信息管理的一个新热点，如利用人工智能技术和智能化软件进行乳腺癌的早期探测、诊断、辅助治疗甚至护理。紧跟世界医疗信息管理的发展前沿，开发符合医院自身特点的智能化信息资源挖掘、管理和利用软件是未来 AHU 医院提升信息管理水平和能力的必由之路。

8.4 IDFP-growth 算法在连锁快餐业关联菜品挖掘中的应用

随着网络技术和数据库技术的发展，人类已经进入了大数据的时代，如何从海量数据中发现和利用有用信息变得越来越有挑战性。关联规则是数据挖掘的重要研究方向，可用于发现交易数据库中不同商品之间的联系，反映顾客购买行为模式，有助于企业进行商业决策。

8.4.1 FP-growth 算法

2000 年韩家炜等学者提出了不产生候选项集的频繁模式增长(frequent pattern growth)算法，简称 FP-growth 算法。

FP-growth 算法采用分而治之的策略，将事务数据库中的所有信息压缩到频繁模式树 FP-tree 结构中，同时保持项集之间的关联关系。FP-tree 是一种输入数据的压缩表示，通过逐个读入事务数据库中的事务，并把每个事务映射到 FP-tree 中的一条路径来构造。FP-tree 结构中包含了事务数据库中的所有关联关系。

FP-tree 主要由 3 个部分组成(见图 8-10)：

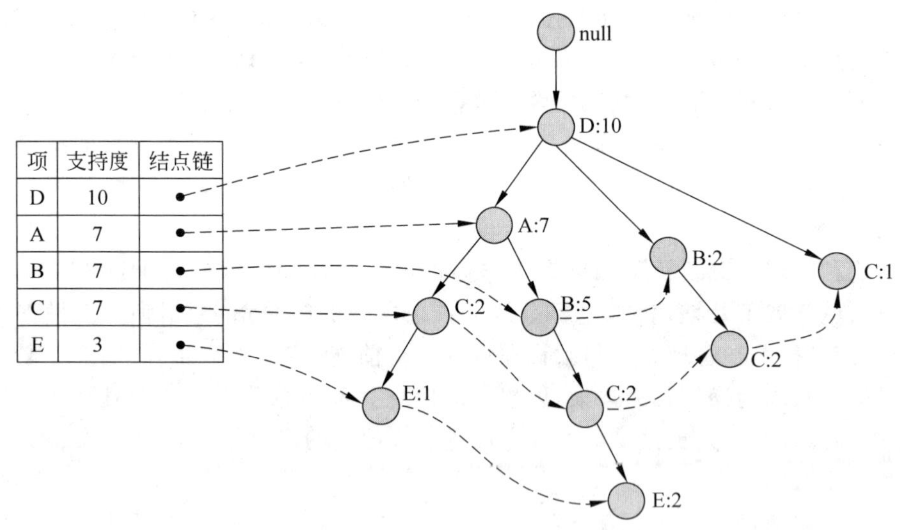

图 8-10 FP-tree 结构示意图

(1) 树根结点 root，用“null”表示。

(2) 项前缀子树集合(item prefix subtree)是根结点的孩子。子树中的结点主要由项名、支持度计数和结点链组成。项名指结点的名称，支持度计数是指已出现的包含该项的事务数，结点链是头表中指向 FP-tree 中具有相同项名称结点的链表。

(3) 频繁项头表(frequent-item header table)。表中每个条目包括项名、支持度计数和结点链的头指针。

挖掘频繁项集时，将 FP-tree 分成一些条件子树，每个条件子树对应一个频繁项，从而获得频繁项集，然后挖掘出关联规则。综上所述，FP-growth 算法主要分为两个过程：

(1) 根据原始的事务数据库构造 FP-tree 结构。

(2) 在 FP-tree 上递归挖掘频繁模式。

由于事务数据库中某些事务中有相同的项，FP-tree 可以通过共享这些重叠的前缀来达到压缩数据库的目的，同时以紧凑的数据结构来组织数据，高度浓缩了数据库，保证了对频繁项集的挖掘是完备的。

FP-growth 算法将整个事务数据库压缩到一个高度压缩的树型结构中，避免了重复访问事务数据库，同时 FP-growth 算法打破了 Apriori-like 框架避免生成大量的候选项集，避免了巨大的资源浪费。

FP-growth 算法虽然将整个事务数据库压缩到一个高度压缩的树型结构中，避免了重复访问事务数据库，但是当遇到数据稠密度高的大型数据库时，构建的 FP-tree 结构可能会由于占用内存过大而无法完全放入计算机内存，从而导致数据挖掘失败，无法找到频繁项集。

8.4.2 案例背景

近年来中国连锁快餐业快速发展，有广阔的市场空间。在大都市中的上班族们在追求速度、便捷的同时，更加追求健康和营养，这就是客户心中的现代快餐。中式快餐有着巨大的消费群体和市场需求，但如何将快餐做好做强是现在连锁快餐业所面临的问题。

老乡鸡是安徽省最大的连锁快餐企业，仅老乡鸡快餐餐厅在全国已达 300 余家并且还在持续发展中。老乡鸡主要提供以“肥西老母鸡汤”为特色的一系列快餐菜品。老乡鸡快餐实行 24 小时营业制，并提供全天候外卖送餐的服务，给顾客带来了便利的消费感受。

老乡鸡连锁快餐餐厅主要分布在繁华的闹市、车站等人流量大的地方，每天拥有巨大的客流量。随着业务量的发展，如何设计出更加合理的套餐组合、菜单，以及如何为顾客更好地推荐菜品已成为老乡鸡进一步发展的迫切需求。但是老乡鸡快餐餐厅每日产生的交易记录数量异常庞大，靠人和统计工具难以揭示其联系。

著名的“啤酒和尿布”的案例是营销界的神话，本是两种毫无关联的商品，沃尔玛超市却从超市大量的交易数据中发现这两个商品之间的关联性，然后改变超市货架的摆放，从中获得了大量的利益。同理，如果能应用相关算法对老乡鸡庞大的交易数据库中的数据进行挖掘，得出顾客最喜爱的菜品以及不同菜品之间的联系，可使其做出合适的营销策略以提高其客单价，从而进一步提升商业利益。

8.4.3 解决方案

1. IDFP-growth 算法的提出

针对 FP-growth 算法存在的瓶颈问题(超大的内存需求)，不少专家学者提出了许多改进的算法，例如 P-tree 算法、FP-growth * 算法、H-Min 算法等。其中李志云和刘喜苹等人提出了一种挖掘大型数据库的关联规则新算法，该算法是将大型数据库分解，分别对各个子数据库进行处理，缓解了 FP-growth 算法对内存的巨大需求，实验证明该算法适用于较大型数据库的挖掘。而后高俊等人又提出了一种 MFP 算法，MFP 算法只需要扫描事务数据库一次，就将事务数据库转换成 MFP 树，然后对 MFP 树进行关联规则挖掘，实验证明该算法具有较高的时间效率。

综合以上两种改进算法中的先进技术，本书提出了一种面向大型数据库挖掘的 FP-growth 改进算法——IDFP-growth(Improved Division Frequent Pattern growth)算法。

IDFP-growth 算法将事务数据库分解成若干子数据库，将各子数据库分别压缩进 IDFP-tree 结构中，然后将从各子 IDFP-tree 结构中挖掘的模式都放入集合 C 中，合并集合 C 中的相同模式及支持度计数，完成所有子数据库的挖掘任务后删除集合 C 中不满足最小支持度的模式，得到事务数据库中的频繁模式集 FC。

IDFP-growth 算法中的输入及输出信息分别为：

输入：事务数据库 D；最小支持度阈值 minsup。

输出：频繁模式集 FC。

IDFP-growth 算法的具体过程如下。

(1) 扫描事务数据库 D，找到 D 中所有 1-项集集合及其相应的支持度计数。删除支持度计数不满足最小支持度阈值 minsup 的 1-项集，根据 1-项集的支持度计数降序排列，得到频繁 1-项集集合 $F1=\{Im, Im\text{-}1, \cdots, I2, I1\}$。

(2) 扫描事务数据库 D，删除数据库中每条事务中存在的非频繁项，即删除每条事务中不在频繁 1-项集 F1 中的项，并降序排列事务中剩余的项，这样事务数据库 D 中的每条事务都按 F1 中的顺序降序排列，可以得到数据库 D′。

(3) 扫描数据库 D′，将首项为 $Ii(i=1,2,\cdots,m\text{-}1,m)$ 的事务分别存放到相应的数据链表 $Vi(i=1,2,\cdots,m\text{-}1,m)$ 中，$V=\{V1,V2,\cdots,Vm\text{-}1,Vm\}$ 是一个保存数据库 D′中所有事务和事务间关联信息的链表组。

(4) 创建链表 Vi 的子 IDFP-tree 结构，由于 Vi 中的事务均以 Ii 为首项且各项按照频繁 1-项集支持度计数降序排列，因此构建的 IDFP-tree 能最大程度共享前缀路径，减少了 IDFP-tree 的宽度，提高了构建 IDFP-tree 结构的效率。

(5) 构建 IDFP-tree，其结构如图 8-11 所示。

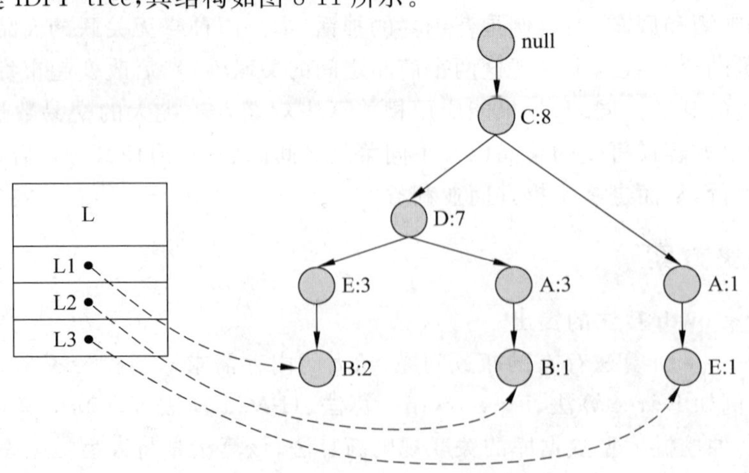

图 8-11 IDFP-tree 结构示意图

设 IDFP-tree 中结点所存储项的名称为 name,项的支持度计数为 count。

① 建以 root 为标记的根结点。

② 然后从数据链表 $V1$ 中导出第一条事务 E,调用 create_IDFP-tree(e|E,root)方法构建子 IDFP-tree 结构,其中 E 为一个事务,e 为 E 中的一个项,root 为根结点。如果在 IDFP-tree 中已存在子女结点 N,使得 N. name=e. name,则 N. count++;否则创建新的子结点 N,使得 N. name=e. name 且 N. count=1,同时让 N 指向其父结点,并将结点 N 添加到其父结点的子结点链表中,如果 e 不为空,则递归调用 create_IDFP-tree (e|E, root)。

FP-growth 算法中,发现频繁项集是通过频繁项头表(head table)中存储的结点及 FP-tree 中的结点链遍历频繁 1-项集。IDFP-tree 结构舍弃了频繁项头表,而是在构建压缩结构过程中,创建单链表 L,L 中存放了一组指向 IDFP-tree 结构中叶结点的指针,指针与叶结点一一对应,IDFP-growth 算法挖掘频繁项集也从该单链表指针指向的叶结点开始。

create_IDFP-tree(e|E, root)的伪代码如图 8-12 所示。

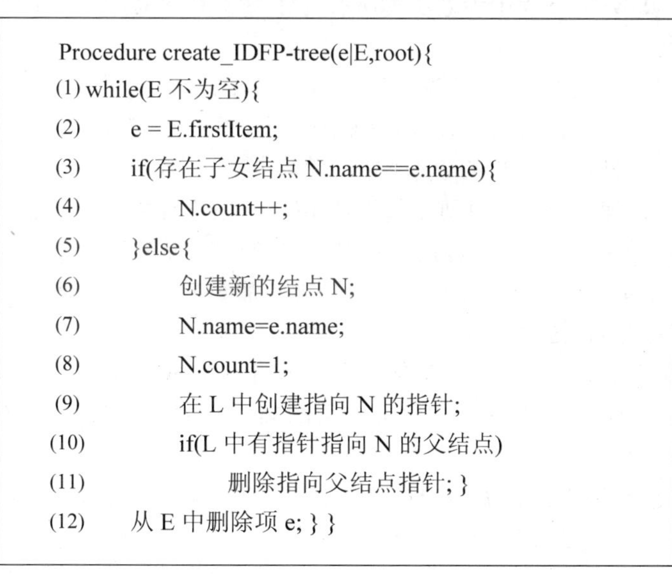

```
Procedure create_IDFP-tree(e|E,root){
while(E 不为空){
    e = E.firstItem;
    if(存在子女结点 N.name==e.name){
        N.count++;
    }else{
        创建新的结点 N;
        N.name=e.name;
        N.count=1;
        在 L 中创建指向 N 的指针;
        if(L 中有指针指向 N 的父结点)
            删除指向父结点指针; }
    从 E 中删除项 e; } }
```

图 8-12 create_IDFP-tree(e|E, root)的伪代码

(6) 创建 IDFP-tree 后,找到单链表 L 中第一个指针指向的叶结点,并获取叶结点的支持度计数 count,找到从叶结点到根结点 root 路径上经过的所有结点,并将这些结点进行路径组合形成模式集,模式集中的所有集合的支持度计数均为该条路径上叶结点的支持度计数 count。然后,将该条路径上产生的所有模式放入集合 C 中,如果 C 中已存在相同模式,则将相应模式的计数值相加,这样就完成了一条路径上的模式发现。接着对该条路径上所有结点的计数值减去叶结点计数 count,如果叶结点的父结点还有其他子结点或父结点为根结点,则删除指向叶结点的指针,否则将指针指向其计数值不为 0 的祖先结点。当单链表 L 为空时即完成所有叶结点的处理,找到树的所有模式集。

(7) 重复步骤(4)～(6)，直到完成所有子 IDFP-tree 的构建与挖掘。删除集合 C 中不满足最小支持度阈值 minsup 的项集，剩下的就是所有的频繁模式集。最后可根据频繁模式构造候选关联规则，然后根据最小置信度阈值 minconf 筛选有用的关联规则。

2. IDFP-growth 算法在老乡鸡关联菜品挖掘中的应用

老乡鸡连锁快餐使用科脉软件公司的餐饮管理软件管理集团的 300 余家餐厅，每个餐厅都通过 POS 终端收银，餐厅每日的交易记录全部汇集到老乡鸡总部的数据库中，具有非常好的信息化基础。本文挖掘关联菜品需要的数据主要来自老乡鸡连锁快餐数据库中的两张表，即顾客点餐信息表和菜品信息表。

(1) 数据预处理

为了提高数据挖掘的质量，使得挖掘结果更为准确，必须要提高数据的质量，因此需要进行数据预处理。数据预处理主要包括数据清洗和数据集成。

① 数据清洗

数据清洗主要包括对含噪声数据的处理、对错误数据和缺失数据的处理、对冗余数据的处理。经过数据清洗，d_t_food_Bills_2012 表中为老乡鸡所有餐厅中 2012 年单品销售的菜品的订单，d_t_food_Bills_tc 表中为老乡鸡所有餐厅中 2012 年套餐销售的菜品的订单。

② 数据集成

通过数据清洗，得到 2012 年清洗后的顾客点餐信息表(d_t_food_Bills_2012)只有顾客对单品销售的菜品的订单记录，需要对该表中属于同一张订单上的菜品进行集成，还原顾客点餐信息，才能进行下一步的数据挖掘工作。

首先，在源数据库 kmfxzb 中创建数据表 menu，用于存放经过数据集成后的订单，表 menu 中的每条记录为一张订单，包括订单号和订单中的所有菜品号。数据表 menu 的结构中 id 为主键，设置为自动增长；cBill_C 为顾客点餐的订单号，为唯一标识；item 为该张订单上的所有菜品号，以逗号分隔。

其次，在数据库 kmfxzb 中创建集成每张订单上菜品的函数 fun_combMenu，该函数根据订单号 cBill_C 将属于同一张订单上的菜品集成，菜品之间以逗号分隔，函数的返回值为菜品集成后的订单。

完成数据清洗和数据集成后，数据表 menu 中的数据即为挖掘关联菜品的事务数据。数据集成后，表 menu 中共有 2×106 条事务，图 8-13 为表 menu 中的部分数据。

id	cBill_C	item
6593206	001205080148	07.006,07.004,07.007,07.038
6593210	001205080152	07.428,07.003,07.004,07.264
6593216	001205080159	07.003,07.010,08.001,07.016,07.677,07.007,07.004,07.617,07.024
6593234	001205080180	07.259,07.024,07.004,07.006
6593239	001205080186	07.259,07.281,07.004,07.024,07.006,07.007,07.617,07.670,07.669,07.316,07.428
6593243	001205080193	07.264,07.259,07.281,07.678,07.670,07.677
6593261	001205080211	07.259,07.281,07.316,07.677
6593309	001205080268	07.008,07.259,07.678,07.264
6593316	001205080278	07.007,07.011,07.281,07.264,07.006
6593318	001205080280	07.008,07.264,07.005,07.033,07.037,07.281,07.003,07.639,07.618

图 8-13 menu 表中的部分事务数据

(2) menu 表中关联菜品数据挖掘

采用 IDFP-growth 算法对表 menu 中的事务数据进行挖掘，发现其中的关联菜品。根据以往销售经验在连锁快餐业中最小支持度阈值设定为 10%。也就是说，在每 100 张订单中同时有 10 张订单都点到某种菜品，那么就认为这种菜品在关联分析中是有意义的。运行实现 IDFP-growth 算法的程序挖掘事务数据表 menu 中的频繁项集，得到数据表 menu 中菜品的频繁项集如表 8-1 所示。

表 8-1　menu 中的频繁项集

序号	频 繁 模 式		支持度
	菜 品 号	菜 品 名 称	
1	{07.281}	{梅菜扣肉}	42.2
2	{07.006}	{凤爪蒸豆米}	36.3
3	{07.004}	{红烧鸡杂}	33.0
4	{07.007}	{鸡汁腊鱼}	30.2
5	{07.259}	{小鸡炖蘑菇}	21.7
6	{07.316}	{酱蒸凤肚}	18.6
7	{07.618}	{肥西老母鸡汤小份}	18.3
8	{07.008}	{白斩鸡}	14.4
9	{07.317}	{鸡丝娃娃菜}	13.8
10	{07.670}	{竹笋蒸鸡翅}	11.5
11	{07.020}	{凉拌木耳}	10.3
12	{07.011}	{鸡汁蛋卷}	10.2
13	{07.024}	{鸡汤炖豆腐}	10.0
14	{07.006,07.281}	{凤爪蒸豆米,梅菜扣肉}	15.3
15	{07.004,07.281}	{红烧鸡杂,梅菜扣肉}	14.3
16	{07.007,07.281}	{鸡汁腊鱼,梅菜扣肉}	12.3
17	{07.004,07.006}	{红烧鸡杂,凤爪蒸豆米}	11.6
18	{07.007,07.006}	{鸡汁腊鱼,凤爪蒸豆米}	11.4
19	{07.259,07.281}	{小鸡炖蘑菇,梅菜扣肉}	10.6
20	{07.007,07.004}	{鸡汁腊鱼,红烧鸡杂}	10.2

从表 8-1 中可以发现，当设定最小支持度阈值为 10%时，从数据表 menu 中发现了 20 个频繁项集。频繁 1-项集有 13 个，分别为：{梅菜扣肉}，{凤爪蒸豆米}，{红烧鸡杂}，{鸡汁腊鱼}，{小鸡炖蘑菇}，{酱蒸凤肚}，{肥西老母鸡汤小份}，{白斩鸡}，{鸡丝娃娃菜}，{竹笋蒸鸡翅}，{凉拌木耳}，{鸡汁蛋卷}，{鸡汤炖豆腐}；频繁 2-项集有 7 个，分别为{凤爪蒸豆米，梅菜扣肉}，{红烧鸡杂，梅菜扣肉}，{鸡汁腊鱼，梅菜扣肉}，{红烧鸡杂，凤爪蒸豆

米}，{鸡汁腊鱼，凤爪蒸豆米}，{小鸡炖蘑菇，梅菜扣肉}，{鸡汁腊鱼，红烧鸡杂}。频繁1-项集和频繁2-项集的支持度均满足最小支持度阈值10%的要求。

同时计算表8-1中所有频繁2-项集的置信度，根据最小置信度阈值发现强关联规则，置信度计算结果如表8-2所示。

表8-2 频繁2-项集置信度

序号	频繁项集	关联规则	置信度
1	{凤爪蒸豆米，梅菜扣肉}	{凤爪蒸豆米⇒梅菜扣肉}	42.2%
		{梅菜扣肉⇒凤爪蒸豆米}	36.4%
2	{红烧鸡杂，梅菜扣肉}	{红烧鸡杂⇒梅菜扣肉}	43.3%
		{梅菜扣肉⇒红烧鸡杂}	33.9%
3	{鸡汁腊鱼，梅菜扣肉}	{鸡汁腊鱼⇒梅菜扣肉}	40.6%
		{梅菜扣肉⇒鸡汁腊鱼}	29.1%
4	{红烧鸡杂，凤爪蒸豆米}	{红烧鸡杂⇒凤爪蒸豆米}	35.1%
		{凤爪蒸豆米⇒红烧鸡杂}	31.8%
5	{鸡汁腊鱼，凤爪蒸豆米}	{鸡汁腊鱼⇒凤爪蒸豆米}	37.8%
		{凤爪蒸豆米⇒鸡汁腊鱼}	31.4%
6	{小鸡炖蘑菇，梅菜扣肉}	{小鸡炖蘑菇⇒梅菜扣肉}	42.7%
		{梅菜扣肉⇒小鸡炖蘑菇}	21.9%
7	{鸡汁腊鱼，红烧鸡杂}	{鸡汁腊鱼⇒红烧鸡杂}	30.2%
		{红烧鸡杂⇒鸡汁腊鱼}	27.7%

根据经验设定最小置信度 minconf = 35%，根据表8-2中各个频繁项集的置信度结果可以筛选出强关联规则，即为老乡鸡连锁快餐菜单中的关联菜品，得到关联菜品如表8-3所示。

表8-3 关联菜品挖掘结果

序号	关联菜品	序号	关联菜品
1	{凤爪蒸豆米⇒梅菜扣肉}	5	{小鸡炖蘑菇⇒梅菜扣肉}
2	{梅菜扣肉⇒凤爪蒸豆米}	6	{红烧鸡杂⇒凤爪蒸豆米}
3	{红烧鸡杂⇒梅菜扣肉}	7	{鸡汁腊鱼⇒凤爪蒸豆米}
4	{鸡汁腊鱼⇒梅菜扣肉}		

3. 关联菜品挖掘结果分析

(1) 针对受欢迎菜品的分析

从表8-1中可以发现：满足最小支持度阈值的这几个菜品中，顾客喜欢程度由高到低的排序为{梅菜扣肉}>{凤爪蒸豆米}>{红烧鸡杂}>{鸡汁腊鱼}>{小鸡炖蘑菇}>

{酱蒸凤肚}>{肥西老母鸡汤小份}>{白斩鸡}>{鸡丝娃娃菜}>{竹笋蒸鸡翅}>{凉拌木耳}>{鸡汁蛋卷}>{鸡汤炖豆腐}。从菜品的排序来看,"梅菜扣肉"为支持度最高的菜品,几乎每10个人中就有5个人点了梅菜扣肉。

(2) 针对关联菜品的分析

由关联规则{凤爪蒸豆米⇒梅菜扣肉}和{梅菜扣⇒肉凤爪蒸豆米}可以知道"凤爪蒸豆米"和"梅菜扣肉"为关联菜品,一般顾客会同时点这两种菜品,其中关联规则{凤爪蒸豆米⇒梅菜扣肉}的置信度为42.2%,关联规则{梅菜扣肉⇒凤爪蒸豆米}的置信度为36.4%,说明顾客点了"凤爪蒸豆米"再点"梅菜扣肉"的可信度比顾客先点"梅菜扣肉"再点"凤爪蒸豆米"的可信度要高。

(3) 营销建议

① 根据挖掘出的关联菜品和受顾客欢迎的菜品,老乡鸡可以调整菜单上的菜品排列顺序和摆放布局。例如从挖掘结果中可以发现,最受大众欢迎的菜品为"梅菜扣肉",其次为"凤爪蒸豆米"、"红烧鸡杂"、"鸡汁腊鱼"等。

② 老乡鸡可以将关联菜品摆放在一起,可以将关联菜品"凤爪蒸豆米"和"梅菜扣肉"摆放在菜单的同一地方,当顾客点了"凤爪蒸豆米"时看到"梅菜扣肉"极可能会再点一份"梅菜扣肉",或者点了"梅菜扣肉"也会顺便再点一份"凤爪蒸豆米",增加客单价;对于单向关联规则如{鸡汁腊鱼⇒梅菜扣肉}、{红烧鸡杂⇒凤爪蒸豆米}等,可以将第二种菜品紧接着摆放在第一种菜品的后面,顾客点餐时如果点了第一种菜品,那么顾客点第二种菜品的概率会大大增加。

③ 老乡鸡可以将关联性强的菜品作为搭配,再分别配上一些时令蔬菜等其他配菜推出套餐,同时适当调整套餐的销售价格。如:"凤爪蒸豆米"和"梅菜扣肉"、"红烧鸡杂"和"梅菜扣肉"、"小鸡炖蘑菇"和"梅菜扣肉"、"鸡汁腊鱼"和"梅菜扣肉"、"鸡汁腊鱼"和"凤爪蒸豆米"、"红烧鸡杂"和"凤爪蒸豆米"作为搭配。这样既能推动顾客选择比较喜欢而又经济实惠的套餐,又能提升顾客对企业的满意度,树立好的企业形象,带动好的口碑,发展更多的潜在顾客。

8.4.4 总结与讨论

近几年来,在互联网应用、电子商务等领域产生的数据量呈现出快速增长的趋势。随着连锁快餐业信息系统的建设越来越成熟,顾客点餐、收银都有专门的信息系统管理软件,企业业务系统中存储了大量的业务数据。如何分析和利用这些庞大的数据资源成为眼下亟须解决的问题。在餐饮业中,关联菜品是指顾客消费的时候,最有可能同时购买哪几种菜品,如同沃尔玛超市发现的啤酒和尿布之间的关联性一样,关联菜品是顾客比较喜欢且喜欢搭配点餐的几种菜品。一旦企业发现了关联菜品,就能够针对性提出营销方案,并且对菜单的排序等方面进行改善,从而增加企业的营业额,因此挖掘关联菜品具有重要的商业意义。由于连锁快餐企业餐厅多、规模大,所有餐厅统一管理,每日都产生大量的交易数据,因此挖掘关联规则的任务也就更加艰巨。

正如实践是检验真理的唯一标准,解决问题的方法来源于我们对实际问题的思考。对生活中庞大事务数据库中数据潜在关联关系的思考推动了数据挖掘算法的进一步改进。本案例从数据挖掘中的经典 FP-growth 算法入手，提出一种改进的 FP-growth 算法——IDFP-growth 算法。通过使用 IDFP-growth 算法对安徽老乡鸡连锁快餐餐厅的顾客点餐数据进行挖掘，按照关联规则算法对事务数据格式的要求，对数据进行了数据清洗和数据集成，挖掘结果显示了顾客对老乡鸡菜品的喜爱程度，同时还发现菜品之间的关联关系，为企业未来的营销决策活动提供了可靠依据。虽然 IDFP-growth 算法对数据挖掘的改进作用只是暂时的，随着社会的不断发展，会有更好的数据挖掘算法出现，但是只要重视对数据挖掘技术的应用，企业就能更好地应对未来社会的竞争与挑战，立于不败之地。

8.5 X 省邮政金融网中间业务系统安全等级保护

信息系统安全等级保护是国家信息安全保障体系中的一项基础性、制度性工作。包括定级工作和按照等级要求进行保护。定级工作是开展信息系统建设、整改、测评、备案、监督、检查等后续工作的基础和依据。根据规定，不同级别的信息系统在等级保护的各个方面具有不同的要求。

本文首先简单介绍了 X 省邮政金融网中间业务系统的部署情况，然后以该公司为例阐述了在信息系统安全等级保护工作中如何确定定级对象，受侵害的客体以及对客体的侵害程度，最终确定信息系统安全保护等级，然后根据定级的结果参照相应的国家标准对该系统实施安全等级保护。

8.5.1 案例背景

X 省邮政金融网中间业务系统于×年×月×日由×省邮政局科技立项，省邮政信息技术局自主研发。目前该系统由技术局运行维护部负责运行维护。省邮政局是该信息系统业务的主管部门，省邮政局委托技术局为该信息系统定级的责任单位。此系统是由计算机及其相关的和配套的设备、设施构成的，是按照一定的应用目标和规则对邮储金融中间业务信息进行采集、加工、存储、传输、检索等处理的人机系统。整个网络分为两部分，第一部分为省数据中心，第二部分为市局局域网。在省数据中心的核心设备部署了华为的 S**三层交换机……在省数据中心的网络中配置了两台与外部网络互联的边界设备：天融信 NGFW 4**防火墙和 Cisco 2**路由器……省数据中心网络中剩下的一部分就是与下面各个地市的互联。其中主要设备部署的是……整个省数据中心网络中的所有设备系统都按照统一的设备管理策略，只能现场配置，不可远程拨号登录。整个信息系统的网络系统边界设备可定为 NGFW 4** 与 Cisco 2**。Cisco 2** 外联的其他系统都划分为外部网络部分，而 NGFW 4** 以内的部分包括与各地市互联的部分都可归为中心的内部网络，与中间业务系统相关的省数据中心网络边界部分和内部网络部分都是等级保护定级的范围和对象。在此次定级过程中，将各市的网络和数据中心连同省中心统一作为一个定级对象加以考虑，统一进行定级、备案。各市的网络和数据中心还要作为整个系统的分系统分别进行定级、备案。

该信息系统业务主要包含：中国移动代收费、中国联通代收费、代理国债、批量工资代发、批量水电气等费用代扣、代收烟草款等业务，并新增加了代收国税、地税，代办保险等业务。系统针对业务实现的差异分别提供实时联机处理和批量处理两种方式。其中：通过网络与第三方机构的连接，均采用约定好的报文格式进行通信，业务处理流程实时完成。

业务处理系统以省集中结构模式，负责各类中间业务的业务处理，包括与第三方实时连接、接口协议转换、非实时批量数据的采集、业务处理逻辑的实现、与会计核算系统的连接等。

8.5.2 解决方案

受理X省邮政金融网中间业务系统安全等级保护测评工作的A测评机构提出了测评工作的流程，具体如图8-14所示。X省邮政金融网中间业务系统的测评工作主要有以下内容。

1. X省邮政提出测评申请

为了积极响应公安部、国务院信息办等部门发出的关于开展全国重要信息系统安全等级保护定级工作的通知，X省邮政相关负责人向当地的信息系统安全等级测评机构提出了测评申请。在提出申请的同时，X省邮政还提供了相关的文档：系统安全测评申请书、系统应用需求及安全设计方案、系统安全管理机构及管理制度汇编、系统自测分析报告。

X省邮政相关人员分析确定金融网中间业务信息包括：代收费情况信息，缴费公民、法人和其他组织的个人(单位)信息，欠费情况，以及代收费的银行、电信、燃气、税务、保险等部门的信息等，属于公民、法人和其他组织的专有信息。该业务信息遭到破坏后，所侵害的客体是公民、法人和其他组织的合法权益。侵害的客观方面(客观方面是指定级对象的具体侵害行为、侵害形式以及对客体造成的侵害结果)表现为：一旦信息系统的业务信息遭到入侵、修改、增加、删除等不明侵害(形式可以包括丢失、破坏、损坏等)，会对公民、法人和其他组织的合法权益造成影响和损害，可以表现为：影响正常工作的开展，导致业务能力下降，造成不良影响，引起法律纠纷等。上述结果的程度表现为严重损害，即工作职能受到严重影响，业务能力显著下降，出现较严重的法律问题、较大范围的不良影响等。根据《定级指南》，确定业务信息安全保护等级为二级。

该系统属于为国计民生、经济建设等提供服务的信息系统，其服务范围为全省范围内的普通公民、法人等。该业务信息遭到破坏后，所侵害的客体是公民、法人和其他组织的合法权益，同时也侵害社会秩序和公共利益但不损害国家安全。客观方面表现的侵害结果为：可以对公民、法人和其他组织的合法权益造成侵害(影响正常工作的开展，导致业务能力下降，造成不良影响，引起法律纠纷等)；可以对社会秩序公共利益造成侵害(造成社会不良影响，引起公共利益的损害等)。根据《定级指南》的要求，出现上述两个侵害客体时，优先考虑社会秩序和公共利益，另外一个不做考虑。上述结果的程度表现为：对社会秩序和公共利益造成严重损害，即会出现较大范围的社会不良影响和较大程度的公共利益的损害等。查《定级指南》知，由于侵害的客体有两个，侵害的程度也有两个，则系统服务安全保护等级为第二级。

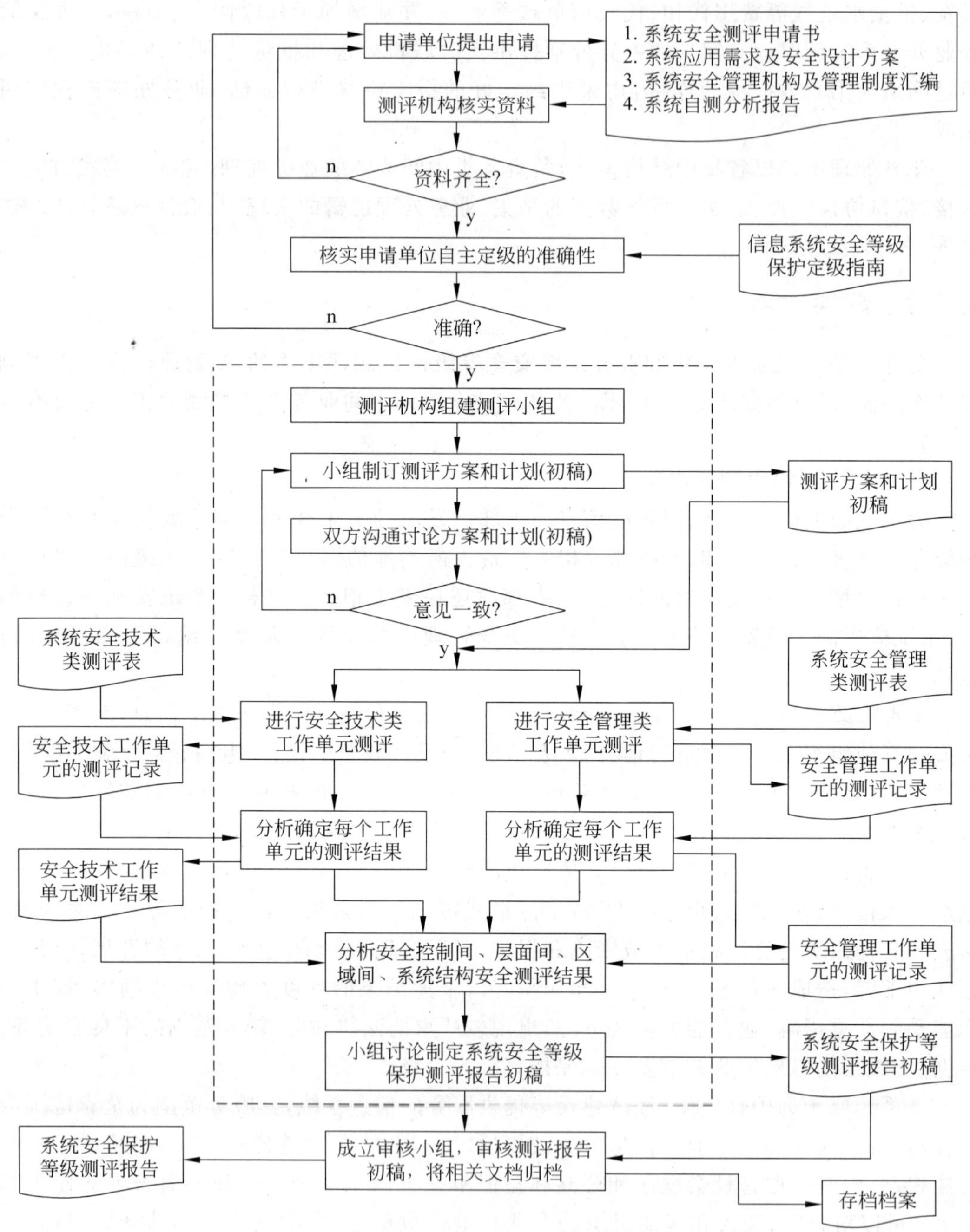

图 8-14 确定信息系统安全保护等级的一般流程

2. 测评机构核实自评等级

受理X省邮政申请的A测评机构通过文档阅读、实地考察等各种方式全面综合地了解X省邮政金融网中间业务系统的信息。在充分正确理解《定级指南》的基础上判断X省邮政对其金融网中间业务系统的定级准确。

3. 测评机构制定测评方案和测评计划

A 测评机构迅速调集组织内部骨干人员组建了专门负责 X 省邮政金融网中间业务系统测评工作的测评小组，在与 X 省邮政金融网中间业务系统管理团队充分沟通协调的前提下，制定了测评方案和测评计划（初稿），经过双方多次讨论，确定了最终版本的测评方案和测评计划。

4. 测评机构实施测评

A 测评机构分别从安全技术类和安全管理类对 X 省邮政金融网中间业务系统进行测评，在此工作结束后形成安全技术工作单元的测评记录和安全管理工作单元的测评记录。小组成员分析确定每个测评单元的工作成果，形成安全技术（管理）工作单元测评结果。然后，测评小组成员分析安全控制间、层面间、区域间系统结构安全测评结果。测评人员讨论沟通形成 X 省邮政金融网中间业务系统安全等级保护测评报告初稿。A 测评机构重新在组织内抽取骨干人员形成审核小组，对由测评小组提交的测评报告初稿进行审核，最终形成 X 省邮政金融网中间业务系统安全等级保护测评报告终稿，并存档。

8.5.3 总结和讨论

现代社会强烈依赖大规模的关键系统基础设施来维持生活质量，保持经济增长，保障国家安全。这种依赖在给现代生活带来巨大便利性的同时也带来了很多的不确定因素。为了最大程度地降低信息系统的不确定性和风险，保障我国计算机信息系统基础设施的安全与健康发展，我国相关部门决定对计算机信息系统实施安全等级保护制度，由此来督促各相关部门对信息系统的监管和保护工作，从而保证 IT 给国家和社会带来更大的经济效益。当前的信息系统安全等级保护是否还存在某些不足呢？怎样才能将信息系统的安全等级保护工作落到实处，而非表面文章，这些都是值得我们深思的。

参考文献

[1] 马费成.信息资源开发与管理[M].北京：电子工业出版社,2009.

[2] 肖明.信息资源管理[M].北京：电子工业出版社,2008.

[3] 李兴国,顾东晓.信息管理学[M].第3版.北京：高等教育出版社,2011.

[4] 柯平.信息管理概论[M].北京：科学出版社,2007.

[5] 杜栋.信息管理学教程[M].北京：清华大学出版社,2007.

[6] 唐纳德·A.马灿德.信息管理[M].吕传俊,译.北京：中国社会科学出版社,2002.

[7] 司有和.信息管理学通论[M].北京：机械工业出版社,2011.

[8] 杨善林,刘业政.管理信息学[M].北京：高等教育出版社,2010.

[9] 乌家陪,谢康,王明明.信息经济学[M].北京：高等教育出版社,2007.

[10] 周三多,陈传明.管理学[M].北京：高等教育出版社,2010.

[11] 胡昌平.管理学基础[M]. 武汉：武汉大学出版社,2010.

[12] 汪克夷.管理学[M]. 大连：大连理工大学出版社,2009.

[13] 赵丽芬.管理学概论[M].上海：立信会计出版社,2009.

[14] [美]理查德·L.达夫特.管理学[M].韩经纶,韦福祥,等,译.北京：机械工业出版社,2003.

[15] 孙耀君.西方管理学名著提要[M]. 江西：江西人民出版社,2009.

[16] 霍国庆.企业战略信息管理[M].北京：科学出版社,2001.

[17] 杨锡怀,冷克平,王江.企业战略管理[M].第3版.北京：高等教育出版社,2010.

[18] 张秀玉.企业战略管理[M]. 北京：北京大学出版社,2011.

[19] [英]理查德·科赫.公司战略[M].邵海华,肖维青,译. 上海：上海远东出版社,2002.

[20] 高复先.信息资源规划——信息化建设基础工程[M]. 北京：清华大学出版社,2002.

[21] 葛乃康.信息工程建设监理[M]. 北京：电子工业出版社,2002.

[22] 张德.组织行为学[M].北京：高等教育出版社,2008.

[23] 李剑锋.组织行为学[M].北京：中国经济出版社,2002.

[24] [美]理查德·L.达夫特.组织理论与设计[M].宋继红,等,译.大连：东北财经大学出版社,2002.

[25] [美]德鲁克.创新与创业精神[M].上海：上海人民出版社,2002.

[26] [德]迈诺尔夫·迪尔克斯.组织学习与知识创新[M].上海社会科学院知识与信息课题组,译.上海：上海人民出版社,2001.

[27] [美]彼得·圣吉.第五项修炼——学习型组织的艺术与实务[M]. 郭进隆,译.上海：上海三联书店,2002.

[28] 王众托.企业信息化与管理变革[M]. 北京：中国人民大学出版社,2001.

[29] 王淼,杜玉敏.海尔市场链与业务流程再造[J].企业活力,2001(8).

[30] 马士华,林勇,陈志祥.供应链管理[M]. 北京：高等教育出版社,2011.

[31] 王广宇.客户关系管理方法论[M].北京：清华大学出版社,2004.

[32] 刘吕吉.国民经济管理学[M]. 北京：法律出版社,2000.

[33] 黄亚钧,袁志刚.宏观经济学[M].北京：高等教育出版社,2009.

[34] [印度]AlexisLeon.企业资源计划[M].朱岩,译. 北京：清华大学出版社,2002.

[35] 程控,革扬.MRPⅡ/ERP原理与应用[M]. 北京：清华大学出版社,2006.

[36] 瞿彭志.网络营销[M].北京：高等教育出版社,2009.
[37] 方美琪.电子商务概论[M].北京：清华大学出版社,2009.
[38] 孙宝文,王天梅.电子商务系统建设与管理[M].北京：高等教育出版社,2008.
[39] 陈德人,施敏华,吴志航,汪燕云.电子商务系统结构[M].北京：高等教育出版社,2008.
[40] 杨坚争,杨晨光.电子商务基础与应用[M].西安：西安电子科技出版社,2010.
[41] 魏志春.公共事业管理[M].上海：上海教育出版社,2004.
[42] 黄梯云,李一军.管理信息系统[M].北京：高等教育出版社,2009.
[43] 马海群.信息法学[M].北京：科学出版社,2002.
[44] 姚国章,吴倚天.中国电子政务案例[M].北京：北京大学出版社,2007.
[45] 冯惠玲.政府信息资源管理[M].北京：中国人民大学出版社,2006.
[46] 李兴国,钟金宏,顾东晓.管理信息系统[M].大连：东北财经大学出版社,2011.
[47] 李兴国,杨颖,顾东晓.管理信息系统案例[M].北京：清华大学出版社,2010.
[48] 李兴国,王春元.信息网络安全管理基础教程[M].合肥：安徽人民出版社,2008.
[49] Thomas S Bateman, Scott A Snell. Management: Competing in the New Era[M]. 5th ed. New York: The McGraw-Hill Companies Inc,2002.
[50] Stanley B Block, Geoffrey A Hirt. Foundations of Financial Management[M]. 10th ed. New York: The McGraw-Hill Companies Inc,2010.
[51] James A O'Brien. Introduction to Information Systems[M]. 11th ed. New York: The McGraw-Hill Companies Inc,2002.
[52] Hemry C Lucas, Jr. Introduction Technology for Management[M]. 6th ed. New York: The McGraw-Hill Companies Inc,1999.
[53] 李兴国,石勇.决策网路计划中的方案决策问题研究[J].工程建设与设计,2006(9).
[54] 李兴国,张炳明.企业业务流程再造的成功要素探析[J].情报杂志-图书情报科学研究年刊,2006(上).
[55] 李兴国,李世林.供应链信息系统成功模型探究[J].情报科学,2004(增刊).
[56] 李兴国,王磊.影响知识联盟内部知识分享的要素研究[J].情报杂志,2005(4).
[57] 李兴国,李世林.基于知识的供应链合作机制研究[J].情报杂志,2005(7).
[58] 李兴国,于海峰.基于数据挖掘的银行客户关系管理体系结构[J].合肥工业大学学报(自然科学版),2004(7).
[59] 李健,杜建华.对高校信息资源建设的思考[J].电脑知识与技术,2005(8).
[60] 刘本科.高等学校信息资源管理应用集成平台的建设研究[J].信息技术与信息化,2005(4).
[61] 林红.高校信息资源管理论谈[J].徐州工程学院学报,2006(7).
[62] 贾炜韬,丁耀武.高校信息资源建设与利用的现状及对策[J].教育理论与实践,2005(8).
[63] 顾东晓,李兴国.建设开放型动态资源库 实现高校精品课程的可持续发展[J].教育信息化,2006(8).
[64] 陆江锋.高校组织结构的构建与优化[J].扬州大学学报,2004(12).
[65] 白庆珉.关于高校信息资源管理的研究[J].图书馆工作与研究,2004(6).
[66] 侯瑜.略论当前高校改革的基本趋势及发展对策[J].航海教育研究,2004(4).
[67] 许斌华,尹生良,万洁.论高校内部管理组织机构及运行机制[J].高等农业教育,2005(9).
[68] 张慈珍.论网络环境下高校信息资源建设存在的问题与对策[J].湘南学院学报,2006(6).
[69] 应哲.浅谈高校教育信息化建设的意义及对策[J].教育信息化,2004(1).
[70] 郝晓冰.谈高校教育信息化建设[J].教学研究,2006(5).

[71] 金芳芳,李兴国.面向数字化校园的学位和研究生教育信息系统[J].合肥工业大学学报(自然科学版),2003.

[72] 刘耀文.学习型社会下高校内部组织机构的改革[J].焦作师范高等专科学校学报,2006(4).

[73] 阮丽君,李启厚,周炼,等.高校科研管理信息化建设探讨[J].中国高校科技与产业化,2006(S1).

[74] 康小明,陆建明.医院组织机构变革的作用与发展方向[J].医院管理论坛,2006(2).

[75] 余本功.基于HL7标准的电子病历(EPR)研究[D].合肥:合肥工业大学,2005.

[76] 钟金宏,李兴国. 医学影像建档与通信传输系统综述[J].计算机工程与应用,2003,39(14).

[77] [美]J H Van Bemmel,M A Musen.医学信息学[M].包含飞,郑学侃,译.上海:上海科技出版社,2002.

[78] 汪传睿,陈振,郭兴凯.安徽省信息化问题和对策思考[J].情报理论与实践,2005(28).

[79] 周子君,崔涛,冯文.美国卫生信息传输标准(HL7)[J].《国外医学》医院管理分册,2001(1).

[80] 董建成.我国医院信息系统现状及原因分析[J].中华医院管理杂志,2003(4).

[81] 牛丽华,吴限忠.知识管理给科研型组织人力资源管理带来的启示[J].农业科研经济管理,2004(3).

[82] 刘雅.政府信息网络系统规划设计的基本原则和方法[J].信息化建设,2001,42(10).

[83] 汪玉凯.中国政府信息化与电子政务[J].办公自动化,2002,37(2).

[84] 寿志勤,靳鹏,等.中国电子政务发展综述[J].预测,2002,129(5).

[85] 顾东晓,李兴国,胡萍.SM方法在政府采购招标流程再造中的应用[J].中国管理科学与工程论坛会议论文集,2006.

[86] 任明伦,杨善林.智能决策支持系统——研究现状与挑战[J].系统工程学报,2002(5).

[87] Liang Changyong, Ma Xijun, Yang Shanlin. Model Decomposing and Simulating Algorithm Based on QSIM[J]. On Management Science & Engineering,2001(1).

[88] RenMinlun, Liang Changyong, Yang Shanlin. Capacity Planning Via Multi-Agents Collaboration [J]. On Management Science & Engineering,2001(1).

[89] Zhu Weidong, RenMinlun, Yang Shanlin. A Framework for Synthetic Intelligent Decision Support System Based on Internet Information Extraction[J]. Computer Science and Technology in New Century,2001: 23-25.

[90] 杨晶.信息资源开发利用的重要性[J].商业评论,2013(3).

[91] 查先进,开发利用信息资源实现社会福利最大化[J].图书情报工作,2010(20).

[92] 韩明.应用多元统计分析[M].上海:同济大学出版社,2013.

[93] 何晓群.应用多元统计分析[M].北京:中国统计出版社,2010.

[94] 赵卫东.商务智能[M].北京:清华大学出版社,2011.

[95] 曹莉,文海玉.应用数理统计[M].哈尔滨:哈尔滨工业大学出版社,2012.

[96] 何书元.数理统计[M].北京:高等教育出版社,2012.

[97] 张红,陈飞.商务智能研究综述[J].中国卫生信息管理,2012(3).

[98] 刘红光.数据挖掘在网络信息资源管理中的应用[J].技术与应用,2011(18).

[99] 张巧.商务智能发展现状与趋势分析[J].中国证券期货,2009(2).

[100] Polat K, Günes S. A novel hybrid intelligent method based on C4.5 decision tree classifier and one-against-all approach for multi-class classification problems [J]. Expert Systems with Applications, 2009, 36(2).

[101] Nielsen T D, Jensen F V. Bayesian networks and decision graphs[M]. Berlin: Springer, 2009.

[102] Weinberger K Q, Saul L K. Distance metric learning for large margin nearest neighbor

classification[J]. The Journal of Machine Learning Research,2009(10).

[103] Abe S. Support vector machines for pattern classification[J]. Springer,2010.

[104] 马振萍. Web 3.0 环境下用户信息行为研究[J]. 数字技术与应用,2011(6).

[105] Lenca P, Meyer P, Vaillant B, et al. On selecting interestingness measures for association rules: User oriented description and multiple criteria decision aid[J]. European Journal of Operational Research,2008,184(2).

[106] 于泽涵. 移动网络中的大数据用户行为研究与分析[J]. 信息通信,2014(1).

[107] 冯锐,杨红美. 基于案例推理的问题解决[J]. 现代远程教育研究,2011(2).

[108] Armbrust M, Fox A, Griffith R, et al. A view of cloud computing[J]. Communications of the ACM,2010,53(4).

[109] 严军,倪志伟,等. 案例推理在汽车故障诊断中的应用[J]. 计算机应用研究,2009(10).

[110] 冯登国,张敏,张妍,徐震. 云计算安全研究[J]. 软件学报,2011(1).

[111] 周茜,于炯. 云计算下基于信任的防御系统模型[J]. 计算机应用,2011,31(6).

[112] 杨海燕. FP-growth 算法在连锁快餐业关联菜品挖掘中的应用研究[D]. 合肥:合肥工业大学,2013.

教学支持说明

▶▶ 课件申请

尊敬的老师：

您好！感谢您选用清华大学出版社的教材！为更好地服务教学，我们为采用本书作为教材的老师提供教学辅助资源。该部分资源仅提供给授课教师使用，请您直接用手机扫描下方二维码完成认证及申请。

任课教师扫描二维码
可获取教学辅助资源

▶▶ 样书申请

为方便教师选用教材，我们为您提供免费赠送样书服务。授课教师扫描下方二维码即可获取清华大学出版社教材电子书目。在线填写个人信息，经审核认证后即可获取所选教材。我们会第一时间为您寄送样书。

任课教师扫描二维码
可获取教材电子书目

清华大学出版社

E-mail: tupfuwu@163.com
电话：8610-83470332 / 83470142
地址：北京市海淀区双清路学研大厦B座509室
网址：http://www.tup.com.cn/
传真：8610-83470107
邮编：100084